Conhecimento e *interesse*

JÜRGEN HABERMAS

Conhecimento e *interesse*

Tradução e apresentação
Luiz Repa

Título original: *Erkenntnis und Interesse*

Direitos de publicação reservados à:
Fundação Editora da Unesp (FEU)
Praça da Sé, 108
01001-900 – São Paulo – SP
Tel.: (0xx11) 3242-7171
Fax: (0xx11) 3242-7172
www.editoraunesp.com.br
www.livrariaunesp.com.br
feu@editora.unesp.br

CIP – Brasil. Catalogação na publicação
Sindicato Nacional dos Editores de Livros, RJ

H119c

Habermas, Jürgen
Conhecimento e interesse / Jürgen Habermas; tradução Luiz Repa. – 1. ed. – São Paulo: Editora Unesp, 2014.
21 cm. (Habermas)

Tradução de: *Erkenntnis und Interesse*
ISBN 978-85-393-0530-8

1. Filosofia. I. Título. II. Série.

14-13080 CDD: 100
CDU: 1

A publicação desta obra foi amparada por um auxílio do Goethe-Institut, fundado pelo Ministério alemão de Relações Exteriores.

Editora afiliada:

Wilfried Berghahn
(1930-1964)
Ao amigo inesquecível

Sumário

Introdução à Coleção

Se desde muito tempo são raros os pensadores capazes de criar passagens entre as áreas mais especializadas das ciências humanas e da filosofia, ainda mais raros são aqueles que, ao fazê-lo, podem reconstruir a fundo as contribuições de cada uma delas, rearticulá-las com um propósito sistemático e, ao mesmo tempo, fazer jus às suas especificidades. Jürgen Habermas consta entre estes últimos.

Não se trata de um simples fôlego enciclopédico, de resto nada desprezível em tempos de especialização extrema do conhecimento. A cada passagem que Habermas opera, procurando unidade na multiplicidade das vozes das ciências particulares, corresponde, direta ou indiretamente, um passo na elaboração de uma teoria da sociedade capaz de apresentar, com qualificação conceitual, um diagnóstico crítico do tempo presente. No decorrer de sua obra, o diagnóstico se altera, às vezes incisiva e mesmo abruptamente, com frequência por deslocamentos de ênfase; porém, o seu propósito é sempre o mesmo: reconhecer na realidade das sociedades modernas os potenciais de emancipação e seus obstáculos, buscando apoio em pesquisas empíricas e nunca deixando de justificar os seus próprios critérios.

Certamente, o propósito de realizar um diagnóstico crítico do tempo presente e de sempre atualizá-lo em virtude das transformações históricas não é, em si, uma invenção de Habermas. Basta se reportar ao ensaio de Max Horkheimer sobre "Teoria Tradicional e Teoria Crítica", de 1937, para dar-se conta de que essa é a maneira mais fecunda pela qual se segue com a Teoria Crítica. Contudo, se em cada diagnóstico atualizado é possível entrever uma crítica ao modelo teórico anterior, não se pode deixar de reconhecer que Habermas elaborou a crítica interna mais dura e compenetrada de quase toda a Teoria Crítica que lhe antecedeu – especialmente Marx, Horkheimer, Adorno e Marcuse. Entre os diversos aspectos dessa crítica, particularmente um é decisivo para compreender o projeto habermasiano: o fato de a Teoria Crítica anterior não ter dado a devida atenção à política democrática. Isso significa que, para ele, não somente os procedimentos democráticos trazem consigo, em seu sentido mais amplo, um potencial de emancipação, como nenhuma forma de emancipação pode se justificar normativamente em detrimento da democracia. É em virtude disso que ele é também um ativo participante da esfera pública política, como mostra boa parte de seus escritos de intervenção.

A presente Coleção surge como resultado da maturidade dos estudos habermasianos no Brasil em suas diferentes correntes e das mais ricas interlocuções que sua obra é capaz de suscitar. Em seu conjunto, a produção de Habermas tem sido objeto de adesões entusiasmadas, críticas transformadoras, frustrações comedidas ou rejeições virulentas – dificilmente ela se depara com a indiferença. Porém, na recepção dessa obra, o público brasileiro tem enfrentado algumas dificuldades que esta Coleção pretende sanar. As dificuldades se referem principalmente à ausência de tradução de textos importantes e à falta de uma padronização terminológica nas traduções existentes, o que, no mínimo, faz obscurecer os laços teóricos entre os diversos momentos da obra.

Incluímos na Coleção praticamente a integralidade dos títulos de Habermas publicados pela editora Suhrkamp. São cerca de quarenta volumes, contendo desde as primeiras até as mais recentes publicações do autor. A ordem de publicação evitará um fio cronológico, procurando atender simultaneamente o interesse pela discussão dos textos mais recentes e o interesse pelas obras cujas traduções ou não satisfazem os padrões já alcançados pela pesquisa acadêmica, ou simplesmente inexistem em português. Optamos por não adicionar à Coleção livros apenas organizados por Habermas ou, para evitar possíveis repetições, textos mais antigos que foram posteriormente incorporados pelo próprio autor em volumes mais recentes. Notas de tradução e de edição serão utilizadas de maneira muito pontual e parcimoniosa, limitando-se, sobretudo, a esclarecimentos conceituais considerados fundamentais para o leitor brasileiro. Além disso, cada volume conterá uma apresentação, escrita por um especialista no pensamento habermasiano, e um índice onomástico.

Os editores da Coleção supõem que já estão dadas as condições para sedimentar um vocabulário comum em português, a partir do qual o pensamento habermasiano pode ser mais bem compreendido e, eventualmente, mais bem criticado. Essa suposição anima o projeto editorial desta Coleção, bem como a convicção de que ela irá contribuir para uma discussão de qualidade, entre o público brasileiro, sobre um dos pensadores mais inovadores e instigantes do nosso tempo.

Comissão Editorial

Antonio Ianni Segatto
Denilson Luis Werle
Luiz Repa
Rúrion Melo

Apresentação à edição brasileira

Às vezes é preciso defender uma obra contra a avaliação retrospectiva de seu próprio autor. É o caso de *Conhecimento e interesse*, um dos livros mais instigantes de Jürgen Habermas e, ainda assim, motivo de autocríticas severas, como demonstram os dois posfácios publicados nesta edição. Neles, Habermas não esconde o incômodo que este livro de 1968 representa para o desenvolvimento posterior de seu pensamento. Tudo se passa como se tal obra representasse um grande fracasso, um mal-entendido congênito e uma estratégia de curto alcance. Por outro lado, o leitor atento não deixará de perceber que o livro tanto contém os desdobramentos que se seguirão depois, como também potencialidades de uma outra abordagem, não menos interessante, a começar pelo fato de que antecipa tendências hoje em voga.

No entanto, antes de enumerar os pontos principais pelos quais a obra naufraga aos olhos de Habermas e, em seguida, alguns aspectos em que ela pode apontar para desdobramentos não seguidos, é preciso expor os traços mais gerais da argumentação que estrutura o livro.

O ambiente em que *Conhecimento e interesse* se originou foi marcado pela assim chamada "querela do positivismo", na qual Adorno e Habermas se bateram contra Karl Popper e Hans Albert, no início dos anos 1960. A obra de 1968 dá continuidade ao debate quando parte da premissa de que o positivismo significa, antes de tudo, a denegação da experiência de reflexão no âmbito da teoria do conhecimento. Isso implica a transformação dessa linha de pensamento filosófico na disciplina da Teoria da Ciência. Trata-se, então, de reconstruir a história do pensamento que levou à vitória do positivismo, à imposição da teoria positivista da ciência sobre a teoria do conhecimento, inaugurada pela filosofia moderna e amadurecida com Kant. A questão sobre as condições de possibilidade do conhecimento, tratadas por Kant como condições transcendentais configuradas pelo sujeito do conhecimento, é substituída pela justificação de metodologias científicas já aplicadas e filosoficamente emagrecidas. O positivismo se sustentaria na denegação da reflexão do e sobre o sujeito do conhecimento, sendo, ao mesmo tempo, uma operação reflexiva.

Contudo, o que na época, e mesmo hoje, se sente como enorme provocação é o fato de que, nessa reconstrução da vitória do positivismo, a atenção se volte menos para os méritos do vencedor do que para os deméritos dos vencidos. É o que se anuncia com a tese, para lá de espantosa, segundo a qual "após Kant a ciência não foi mais pensada a sério filosoficamente". Em especial, isso significa dizer que nem Hegel, nem Marx – cujas críticas à filosofia moderna anterior poderiam ter levado adiante a teoria do conhecimento como teoria da sociedade – estabeleceram de fato um novo patamar para a investigação epistemológica; pelo contrário, ambos suspenderam, cada um a seu modo, a validade do questionamento próprio da teoria do conhecimento. E nesse sentido contribuíram para o avanço do positivismo, que, por assim dizer, não tinha ninguém à sua frente.

Ao mesmo tempo, os conceitos hegelianos de experiência, dialética da eticidade e luta por reconhecimento, assim como o conceito marxiano de autoprodução da espécie por meio do trabalho social, são recolhidos como balizas tanto para a teoria social como para a teoria do conhecimento. Se, de um lado, Habermas quer corrigir o idealismo hegeliano pelo materialismo de Marx, do outro lado, caberia evitar uma redução das lutas de classe ao âmbito do trabalho, mostrando que elas podem ser vistas também como lutas por reconhecimento e, além disso, não são estranhas a uma dialética da eticidade em que a identidade de cada um é determinada pelo outro que é renegado. O conflito social ganha, assim, uma dimensão normativa interna – os envolvidos não se batem unicamente por interesses materiais na manutenção de propriedade e poder; junto com isso, e mais fundamentalmente, eles se batem por e contra o congelamento de relações de reconhecimento excludentes, formas de vida ideologizadas que paralisam a gramática intersubjetiva.

Mas, em primeiro plano, Habermas recolhe nesses conceitos os alicerces para a principal ideia a ser contraposta ao positivismo: o conhecimento das ciências, sempre no plural, é determinado de maneira "quase transcendental" por interesses da espécie humana em sua reprodução contínua. Trata-se aí de "interesses condutores do conhecimento" que não se escoram em um sujeito transcendental, mas nas condições fundamentais de reprodução da espécie humana. Portanto, seriam antropologicamente enraizados e, embora contingentes do ponto de vista da teoria da evolução, se encontrariam na base de cada etapa histórica de formação da espécie. Essas condições são o trabalho e a interação.

A ideia de interesses determinando o conhecimento não poderia soar mais antipositivista – se é que não vai de encontro a toda teoria da objetividade científica. Caberia então atestar esse vínculo entre conhecimento e interesse a partir de uma autorreflexão das próprias abordagens metodológicas das ciências. Para essa tarefa se apresenta a reconstrução das reflexões, repletas de percalços, de Charles Sanders Peirce e Wilhelm Dilthey, ou seja, nos âmbitos das ciências da natureza e das ciências do espírito.

O pragmatismo de Peirce revelaria o nexo entre o conhecimento da natureza e o interesse técnico de tornar disponíveis os processos naturais para a reprodução material da sociedade humana – como Marx já demonstrava, em outra perspectiva, na ligação entre as forças produtivas e o "eterno metabolismo com a natureza" que é trabalho, em que pesem as diferenças históricas das formas de trabalho. Dessa maneira, Habermas religa as ciências naturais ao interesse técnico próprio dos contextos de ação instrumental, de trabalho.

O historicismo de Dilthey tem uma função análoga na reconstrução habermasiana. A história do pensamento metodológico das assim chamadas ciências do espírito deixa vestígios de uma autorreflexão sobre o procedimento hermenêutico que, em última instância, tornaria palpável, atrás das tentativas contínuas de interpretar um texto, uma obra, uma ação, uma cultura, o laço com o interesse prático de preservar e ampliar a interação sociocultural. A hermenêutica é relançada, assim, ao âmbito da ação comunicativa cotidiana, em que os atores sociais buscam se compreender reciprocamente sobre suas construções simbólicas.

No entanto, o interesse técnico na disposição sobre os recursos naturais e o interesse prático no tecido sociocultural das relações intersubjetivas não esgotam a perspectiva do livro. Pelo contrário, em muitos aspectos, é mais importante o passo seguinte, em que Habermas apresenta o interesse pela emancipação como constitutivo do saber partindo das reflexões metodológicas de Freud sobre a psicanálise. Pois aqui se trata de lidar, em primeiro lugar, com um dos traços distintivos da Teoria Crítica, segundo o conceito que Max Horkheimer formulara em seu escrito "Teoria tradicional e Teoria Crítica", de 1937. Para ele, a Teoria Crítica se distingue da tradicional, antes de tudo, porque a primeira se determina *intrinsecamente* pelo interesse na emancipação, enquanto a segunda, como no positivismo, recusa toda determinação de interesses como não científica por princípio. Nesse sentido, o que Habermas tenta realizar em *Conhecimento e interesse* é, em grande medida, uma fundamentação da Teoria Crítica.

A psicanálise freudiana se lhe apresenta, então, como um modelo metodológico de Teoria Crítica porque ela faz um uso sistemático da autorreflexão, se supomos desde o início que a situação dialógica entre analista e analisando constitui o ponto de partida fundamental. Afinal, o que move o diálogo seriam a força e a necessidade de autorreflexão, o interesse por emancipar-se de uma série de ilusões sistemáticas que prendem o paciente em uma rede de deformações da linguagem, impedindo-o de conhecer a si mesmo e ao outro. Na interpretação de Habermas, os conceitos basilares da psicanálise, como recalque, inconsciente, pulsão, devem ser remetidos a operações de distorção e privatização da linguagem, cujo processo o analista reconstrói para o paciente, de modo que este possa se recordar do que foi tirado da comunicação pública.

Por si só, essa interpretação da psicanálise baseada na ideia de uma distorção sistemática da linguagem e, junto com isso, sua determinação como teoria *crítica*, com estatuto próprio diferente das ciências empírico-analíticas e das ciências hermenêuticas, mereceria múltiplos comentários, caso se possa levantar a viseira da fidelidade ortodoxa. Atendo-se à economia do texto, ela serve para rearticular os fios da reconstrução da história do pensamento de Hegel até Dilthey.

No fundo dessa rearticulação, encontra-se o ponto de vista segundo o qual a reflexão sobre o vínculo de todo saber com interesses é um processo de autorreflexão emancipatória, e, portanto, há uma espécie de primado do interesse pela emancipação sobre os interesses técnico e prático do conhecimento. Desse modo, também uma reflexão da história da espécie sobre seu processo de formação, determinado pelas dimensões do trabalho e da interação, está intrinsecamente ligada ao interesse pela emancipação. Sem dúvida, a dominação, como conceito complementar da emancipação, não é, como o trabalho e a interação, uma condição antropológica fundamental, mas é uma constante histórica que depende do recalque imposto ao vínculo entre interesse e conhecimento.

Dessa maneira, a reconstrução da história da espécie, da qual depende toda teoria social crítica, tem uma afinidade prática e metodológica fundamental com a reconstrução psicanalítica, ou seja, é determinada ela também pelo interesse na emancipação. Evidentemente, nesse raciocínio as ilusões neuróticas passam a ter o valor sistemático de ideologias coletivas.

É claro que toda a argumentação de *Conhecimento e interesse* pode aparecer sob uma outra luz, quando passamos a enfatizar as interpretações reconstrutivas um tanto inéditas dos autores abordados. Como fará mais tarde habitualmente, Habermas opera recortes de reconstrução com uma função sistemática, isto é, eles visam mais à solução de um problema presente do que à interpretação historiográfica no sentido tradicional.

Seja como for, a reconstrução que Habermas faz de si mesmo, quer dizer, de *Conhecimento e interesse*, presta-se mais a apontar caminhos problemáticos do que potencialidades teóricas e práticas. Entre os diversos problemas recolhidos por ele, caberia destacar: o envelhecimento do ensejo crítico, já que o próprio positivismo se enfraqueceu no debate epistemológico, pelo menos desde a obra de Thomas Kuhn; o fato de que a reflexão da história da espécie remete ainda à ideia de sujeito como fundamento, e, portanto, o livro permaneceria parcialmente preso ao assim chamado "paradigma da filosofia da consciência"; o esgotamento da teoria do conhecimento como "via régia" para a fundamentação da Teoria Crítica, em contraposição a uma teoria social crítica direta, voltada para os paradoxos da modernização capitalista; a confusão entre estratégias teóricas distintas, vale dizer, entre as concepções kantiana e marxiana (junto com Hegel e Freud) de *crítica*; por fim, a incompatibilidade com o diagnóstico de época sobre o capitalismo tardio, que muda o sentido da crítica da ideologia.

Limito-me aos dois últimos pontos. Já no seu ensaio *Técnica e ciência como "ideologia"*, também do ano de 1968, Habermas considera um tanto caduca a ideia marxiana de ideologia como elemento fundamental da reprodução da ordem capitalista. A dominação no capitalismo tardio não promete mais nada a não ser a eficiência de sua própria reprodução, portanto, oculta pouca coisa a respeito de si mesma. Nesse aspecto, Habermas aproxima-se de posições próprias dos seus antecessores, Adorno em especial, segundo as quais a ideologia se converte em todos os mecanismos culturais de mera imposição do existente. Não há propriamente um véu de seda que encobriria uma realidade danificada. Para Habermas, a ideologia consiste, em última instância, na substituição de questões práticas sobre a vida boa e justa por questões técnicas e administrativas a respeito do melhor funcionamento da sociedade como sistema ou, de modo mais amplo, na substituição da discussão comunicativa aberta para a imposição de uma racionalidade instrumental redutora.

Com isso, também as próprias ideias hegelianas de dialética da eticidade e luta por reconhecimento perdem sua força, uma vez que os conflitos sociais se reportam não a um rasgo no tecido das relações de reconhecimento recíproco, que põe pelo menos dois atores em antagonismo, ao mesmo tempo que dependem um do outro. Ao contrário, os conflitos se reportam, antes de tudo, a um processo de invasão de sistemas de ação instrumental, como a economia capitalista e a administração estatal, no âmbito das ações comunicativas, criando um sem-número de patologias sociais – argumento que constituirá o cerne da *Teoria da ação comunicativa*, de 1981.

Ao mesmo tempo, Habermas acusa uma confusão de modelos de crítica. Caberia distinguir entre a crítica e a reflexão que apreende interesses como determinantes do quadro quase transcendental das ciências – o momento kantiano – e a crítica como autorreflexão que aponta para a origem e a superação de um contexto de dominação – o momento marxiano (e freudiano). Essa distinção resulta então na diferença que Habermas passa a perseguir durante os anos 1970, entre crítica da dominação e reconstrução de padrões universais de racionalidade, sobretudo a racionalidade da ação comunicativa, que valem como critérios normativos da crítica – e, com isso, ele abre o caminho para um projeto de Teoria Crítica sustentado no desenvolvimento de "ciências reconstrutivas".

Nesse sentido, *Conhecimento e interesse* conteria as duas variantes de "reconstrução" desdobradas (ou modificadas) na obra subsequente. Trata-se, em primeiro lugar, de uma reconstrução da história da teoria com propósito sistemático de solucionar problemas, e nesse caso a reconstrução discerne os conceitos fundamentais de uma teoria, contrastando-os com os rumos efetivos da teoria (no mais das vezes sob pressão histórica e ideológica) e as potencialidades não realizadas (no mais das vezes só perceptível retrospectivamente). Em segundo lugar, a reconstrução pode ser uma via direta de estabelecer padrões de racionalidade na prática social efetiva, a fim de, igualmente, medir potencialidades não realizadas mas necessárias para a constituição de formas de vida emancipadas. Nesse segundo caso, Habermas observará uma reconstrução "horizontal" das estruturas de racionalidade, realizada no horizonte das sociedades contemporâneas, e uma reconstrução "vertical", de caráter lógico-estrutural, por um lado, e empírico e histórico, por outro, pela qual se busca explicar a sequência de desenvolvimento daquelas estruturas descobertas no presente.

Não há muita dúvida na literatura especializada sobre a centralidade desses pontos na evolução do pensamento habermasiano, pelo menos até os anos 1990. Mas tampouco há dúvidas quanto à força de movimentos que podem ser vistos como contrapartidas. Principalmente no que diz respeito à caducidade da interpretação da luta social como luta por reconhecimento. Aqui, basta mencionar que Axel Honneth lança mão do argumento de *Conhecimento e interesse* para afirmar a atualidade de uma ideia hegeliana que Habermas, infelizmente a seus olhos, deixou pelo caminho.

De outro lado, a pesquisa atual sobre o conceito de reconstrução não se limita a considerar *Conhecimento e interesse* a origem do conceito. Pelo contrário, mais forte é a tendência de ver nessa obra uma concepção própria de reconstrução que foi modificada em seguida. Pois aqui não se trata de diferenciar os momentos de crítica e reconstrução para religá-los por uma série de mediações, mas de operar desde o início com uma reconstrução que é imediatamente crítica, pois lida diretamente com o processo de surgimento de patologias – como é o caso da reconstrução psicanalítica. A "paixão da crítica", o impulso emancipador do sofrimento causado pela distorção da linguagem, desempenharia aí um papel determinante. Além disso, a relação entre teoria e práxis é colocada em um plano diferente, já que o critério de verdade da teoria volta a depender da práxis de transformação: o acerto da reconstrução é imediatamente a emancipação em relação a uma ilusão.

Independentemente de sua pertinência, esses contrapontos se justificam já pelo fato de alimentar a leitura de uma obra que, se foi de fato abandonada por seu autor, não deixou de viver por conta própria.

Luiz Repa

Prefácio

Eu empreendo a tentativa, historicamente direcionada, de reconstruir a pré-história do positivismo contemporâneo com o propósito sistemático de analisar o nexo de conhecimento e interesse. Quem investiga o processo de dissolução da teoria do conhecimento, o qual deixou em seu lugar a teoria da ciência, escala as etapas abandonadas da reflexão. Trilhar novamente esse caminho em uma perspectiva voltada para trás, para o ponto de partida, pode ajudar a restituir a experiência esquecida da reflexão. Denegar a reflexão – isso *é* o positivismo.

A análise do nexo de conhecimento e interesse deve apoiar a afirmação de que a crítica do conhecimento só é possível como teoria da sociedade. Essa ideia se encontra implicada na teoria marxiana da sociedade, ainda que não se possa derivá-la nem da autocompreensão de Marx, nem da marxista. Contudo, eu mesmo não investigo o contexto objetivo no qual se efetua o desenvolvimento filosófico que vai de Hegel a Nietzsche, e me limito a seguir de modo imanente o movimento do pensamento. Esta consequência se impõe: somente ao preço do diletantismo eu poderia recorrer a uma teoria da sociedade à qual gostaria primeiro de *obter* acesso por meio de uma autorreflexão da ciência.[1] Para tanto é dado o primeiro passo. A investigação não pode, por isso, pretender mais do que o valor relativo de prolegômenos.

Os pontos de vista sistemáticos que guiam esta investigação foram expostos, pela primeira vez, em minha aula inaugural em Frankfurt, em junho de 1965.[2] O capítulo sobre positivismo, pragmatismo e historicismo remonta às lições do semestre de inverno em Heidelberg, entre 1963 e 1964. Sem as discussões com Karl-Otto Apel, que se estendem até os tempos de estudante, sem seus estímulos e sem sua oposição, essa concepção não teria encontrado sua forma presente.[3]

Nesta concepção, a psicanálise ocupa, na qualidade de um exemplo, um lugar importante. Parece-me conveniente declarar que meus conhecimentos se restringem ao estudo dos escritos de Freud; não posso me apoiar sobre as experiências práticas de uma análise. Aprendi muito, entretanto, com as discussões de quarta-feira entre os colaboradores do Instituto Sigmund Freud, as quais se realizaram sob a orientação de Alexander

---

1 Uma proposta de interpretação para a análise do contexto social no qual o positivismo surgiu, assumindo hoje uma função ideológica, é um dos conteúdos de meu ensaio consagrado a Herbert Marcuse, *Técnica e ciência como "Ideologia"*.

2 Habermas, *Erkenntnis und Interesse*.

3 O segundo volume de Radnitzky (*Contemporary Schools of Metascience*) se ocupa com a abordagem da "hermenêutica e dialética"; ele retoma aí teses que remontam a Adorno, a Apel e a meus trabalhos, elaborando-as sob o pano de fundo da teoria analítica da ciência. Uma vez que essa publicação apareceu só após a conclusão de meu manuscrito, eu me limito a indicar de maneira genérica os muitos pontos de contato.

Mitscherlich. Estou em dívida de agradecimento com Alfred Lorenzer, que me permitiu ler o manuscrito de sua investigação sobre o papel metodológico da compreensão na psicanálise, mesmo antes de sua conclusão. A ele eu devo mais estímulos do que posso tornar reconhecível por meio de referências.

J. H.
Frankfurt, abril de 1968.

I
A crise da crítica do conhecimento

Se quiséssemos reconstruir a discussão filosófica dos tempos modernos na forma de uma audiência de tribunal, esta teria sido convocada para decidir sobre uma única questão: como é possível o conhecimento confiável? Só o século XIX cunhou o termo "teoria do conhecimento"; o assunto que é retrospectivamente chamado assim é o assunto da filosofia moderna em geral, pelo menos até o limiar do século XIX. O esforço peculiar do pensamento racionalista e do empirista voltava-se certamente em igual medida para a demarcação metafísica do domínio de objetos e para a justificação lógico-psicológica da validade de uma ciência da natureza que se destaca pela linguagem formalizada e pelo experimento. No entanto, por mais que a nova física, que unificou com tanta eficácia o rigor da forma matemática e a abundância de uma empiria posta sob controle, fosse o modelo de um saber claro e distinto, a ciência moderna coincidia muito pouco com o conhecimento em geral. Naquela época, a posição da filosofia em relação à ciência é caracterizada justamente pelo fato de um conhecimento filosófico imperturbável se limitar a conceder um lugar legítimo à ciência. As teorias do conhecimento não se restringiam à explicação do conhecimento proveniente das ciências empíricas – elas não se reduziam à teoria da ciência.

Continuou-se a proceder desse modo mesmo quando a própria metafísica dos novos tempos, já organizada em torno do problema do conhecimento possível, foi colocada em dúvida. Também Kant, por cujo questionamento lógico-transcendental a teoria do conhecimento tomou pela primeira vez consciência de si mesma, entrando com isso na dimensão que lhe é peculiar, também ele atribui ao conhecimento da razão uma posição soberana perante a ciência. A crítica do conhecimento continua a se referir a um sistema de faculdades do conhecimento, no qual a razão prática e a faculdade de julgar reflexionante se inserem de maneira tão evidente quanto a própria crítica – precisamente uma razão teórica que se certifica dialeticamente não apenas de seus limites, mas também de sua própria ideia. A racionalidade abrangente de uma razão que se faz transparente a si mesma não se reduzia a um sumário de princípios metodológicos.

Só a metacrítica, à qual a crítica do conhecimento se submete em virtude de uma autorreflexão sem concessões, só a crítica de Hegel ao questionamento lógico-transcendental de Kant conduz ao resultado paradoxal de a filosofia não propriamente mudar sua posição em relação à ciência, mas antes abandoná-la por completo. Eu gostaria, por isso, de defender a tese de que, após Kant, a ciência não foi mais pensada a sério filosoficamente. Pois a ciência só se deixa conceber nos termos da teoria do conhecimento – e isso significa: como *uma* categoria do conhecimento possível – na medida em que o conhecimento não é equiparado exaltadamente ao saber absoluto de uma grande filosofia, nem às cegas com a autocompreensão cientificista do exercício factual de pesquisa. Em ambos os casos, fecha-se a dimensão em que se pode constituir um conceito de ciência no âmbito da teoria do conhecimento, ou seja, um conceito em que a ciência se legitime e se torne compreensível partindo do horizonte do conhecimento possível. Perante um saber absoluto, o conhecimento científico parece necessariamente canhestro; a única tarefa remanescente é então a dissolução crítica das barreiras que caracterizam o saber positivo. Por outro lado, onde falta em geral um conceito de conhecimento que transcenda a ciência vigente, a crítica do conhecimento se resigna a ser teoria da ciência; esta se restringe à regulamentação pseudonormativa da pesquisa estabelecida. A posição da filosofia em relação à ciência, que outrora podia se designar pelo nome de teoria do conhecimento, é minada por conta do movimento do próprio pensamento filosófico: a filosofia é repelida dessa posição pela filosofia. A teoria do conhecimento iria ser substituída doravante por uma metodologia que foi abandonada pelo pensamento filosófico. Pois a teoria da ciência, que desde os meados do século XIX passa a receber a herança da teoria do conhecimento, é uma metodologia exercida de acordo com a autocompreensão cientificista das ciências. "Cientificismo" se refere aqui à fé da ciência em si mesma, vale dizer, a convicção de que nós não podemos continuar a entender a ciência como *uma* forma do conhecimento possível, antes temos de identificar o conhecimento à ciência. Entrando em cena com Comte, o positivismo se serve de elementos tanto da tradição empirista como da racionalista a fim de solidificar *a posteriori* a fé da ciência em sua validade exclusiva, em vez de refletir sobre ela, e a fim de clarificar com base nessa fé a estrutura das ciências. O positivismo contemporâneo levou a cabo essa tarefa com uma sutileza digna de nota e com um êxito incontestável.

É por isso que *hoje* toda discussão sobre as condições do conhecimento possível precisa se reportar ao patamar alcançado pela teoria analítica da ciência. Nós não podemos regressar de imediato à dimensão da investigação que caracteriza a teoria do conhecimento – dimensão que o positivismo saltou de maneira irrefletida, porque ele recaiu no seu todo para aquém da etapa de reflexão assinalada por Kant. Todavia, parece-me recomendável fazer uma análise sobre o contexto de surgimento da doutrina positivista, antes de reportar-nos à discussão atual; pois uma futura investigação sistemática a respeito da base de interesses sobre a qual se apoia o conhecimento científico não pode reproduzir abstratamente a teoria do conhecimento, pois se limitaria a retroceder a uma dimensão que, de início, Hegel abriu com a autocrítica radical da teoria do conhecimento, mas que depois voltou a obstruir.

Hegel conseguiu demonstrar contra Kant que a autorreflexão fenomenológica do conhecimento é uma radicalização necessária da crítica do conhecimento; mas, preocupado, como eu creio, com os pressupostos da filosofia da identidade, ele não a efetuou de maneira consequente. Marx, cujo materialismo histórico exigia ainda mais a continuidade da autorreflexão hegeliana, não compreendeu sua própria concepção e, em razão disso, acabou completando a demolição da teoria do conhecimento. Assim, o positivismo pôde esquecer o entrelaçamento da metodologia das ciências com o processo objetivo de formação da espécie humana, erigindo, sobre a base do esquecido e do recalcado, o absolutismo da pura metodologia.

1. A crítica de Hegel a Kant: radicalização ou superação da teoria do conhecimento

Hegel substituiu as tarefas da teoria do conhecimento pela autorreflexão fenomenológica do espírito. Ele inicia a *Fenomenologia do espírito* com um argumento que retornará em contextos posteriores.[1] A filosofia crítica requer que o sujeito cognoscente, antes de confiar em seus conhecimentos adquiridos diretamente, se certifique das condições do conhecimento que é em princípio possível para ele. Só lançando mão de critérios seguros a respeito da validade de nossos juízos nos é possível examinar se podemos estar certos também de nosso saber. Porém, como a faculdade de conhecimento, antes de conhecer, poderia ser investigada criticamente, se também essa mesma crítica tem de pretender ser conhecimento?

> A exigência é, portanto, esta: deve-se conhecer a faculdade de conhecer antes de conhecer; é a mesma coisa que querer nadar antes de entrar na água. A investigação da faculdade de conhecer é ela própria cognoscente, ela não pode chegar àquilo a que quer chegar, porque ela mesma é isso.[2]

Toda teoria consequente se enreda, desde o início, nesse círculo; ele não pode ser evitado porque a crítica parte de pressuposições que permanecem em suspenso na qualidade de pressupostos provisoriamente não problemáticos, mas fundamentalmente problematizáveis. Essa via do "procedimento

1 Cf. Hegel, Vorlesungen über die Geschichte der Philosophie, p.555 et seq.; Id., *Enzyklopädie*, 1830, §10, p.43 et seq.

2 Hegel, Vorlesungen über die Geschichte der Philosophie, p.555-556.

problemático", que Reinhold adotou à sua época, continua a ser recomendada ainda hoje, em contextos metodológicos, pelo lado positivista: não é possível, assim se argumenta, problematizar todas as estipulações ao mesmo tempo. A série de pressupostos que determinam a cada caso o sistema de referências de uma investigação precisa ser suposta como não problemática para dar andamento à investigação. A iteração variável desse procedimento deve oferecer uma garantia suficiente de que, em princípio, todas as pressuposições poderão ser colocadas em questão. A escolha do primeiro sistema de referências e a sequência serial dos passos seguintes da investigação permanecem, no entanto, arbitrários. Uma dúvida radical está excluída, visto que o procedimento repousa sobre um convencionalismo que exclui uma fundamentabilidade de seus princípios. Ora, a teoria do conhecimento é, de acordo com sua pretensão filosófica, um empreendimento que visa o todo; trata-se para ela da justificação crítica das condições do conhecimento possível em geral. Ela não pode renunciar à radicalidade, e isto significa: a incondicionalidade da dúvida. O sentido do método de sua abordagem se inverteria no contrário se ela amarrasse de antemão a crítica às condições, isto é, se as deixasse valer como pressupostos que devem possibilitar de início a crítica do conhecimento, sem que sejam elas mesmas submetidas às formas da crítica do conhecimento. Visto que a teoria do conhecimento, com a pretensão de autofundamentação e de fundamentação última, recebe a herança da filosofia das origens, é-lhe indispensável a estratégia do começo desprovido de pressuposições.[3] É assim que Hegel pode louvar Reinhold,

---

3 Adorno, *Zur Metakritik der Erkenntnistheorie*. Cf. a introdução, particularmente p.14 et seq.

que enxergou aquele círculo da teoria do conhecimento, e no entanto rejeitar ao mesmo tempo o procedimento problemático que irá derivar dele: aquele "discernimento correto não altera a constituição de tal procedimento, antes expressa imediatamente a insuficiência dele".[4]

O argumento de Hegel é concludente. Ele se volta contra a intenção da filosofia das origens. Pois o círculo em que a teoria do conhecimento se enreda inevitavelmente faz lembrar que a crítica do conhecimento não se apodera da espontaneidade de uma origem; como reflexão, ela permanece dependente de algo prévio, ao qual ela se dirige, sendo ela própria, ao mesmo tempo, procedente dele. Assim, condenada à posterioridade, a crítica do conhecimento se reporta às formações da consciência que ela encontra de início empiricamente; mas a escolha do ponto de apoio não é convencional. A certeza sensível é o título para a consciência natural de um mundo cotidiano no qual nos encontramos submetidos, desde sempre, a uma contingência inevitável. Ele é objetivo no sentido de que a própria força de rememoração da reflexão parte dessa camada da experiência, cujo dogmatismo ela perscruta. Reflexivamente a consciência não é capaz, seja como for, de tornar transparente nada mais que o próprio contexto de surgimento. O círculo, que Hegel computa como má contradição da teoria do conhecimento, justifica-se na experiência fenomenológica por ser uma forma da própria reflexão. Faz parte da estrutura do "saber-se" que é preciso ter conhecido para poder conhecer explicitamente: só algo sabido previamente pode ser rememorado como resultado e perscrutado em sua gênese. Esse movimento é a experiência

4 Hegel, *Enzyklopädie*, p.43-44.

da reflexão, e sua meta é o conhecimento que a filosofia crítica afirmava sem mediações.

Ao se proceder assim, a crítica do conhecimento já não pode mais pretender resgatar a intenção da filosofia das origens. Porém, não se consegue discernir por que, junto com essa intenção, também a própria crítica do conhecimento deva ser abandonada: basta-lhe se desembaraçar de uma falsa consciência, voltando-se contra si mesma na forma de uma metacrítica. Hegel, no entanto, crê que seu argumento atinge não só essa falsa consciência, mas a abordagem da teoria do conhecimento enquanto tal:

> Entretanto, se o temor de cair em erro introduz uma desconfiança na ciência, que sem semelhantes inquietações se põe em obra e conhece efetivamente, então não se pode abstrair por que, inversamente, não se deva introduzir uma desconfiança nessa desconfiança, e temer que esse medo de errar seja já o próprio erro. De fato, ele pressupõe como verdade algo, ou melhor, muitas coisas, apoiando suas inquietações e consequências sobre esse algo, o qual é preciso examinar antes se ele é a verdade.[5]

Com razão, Hegel critica as pressuposições inconfessas da teoria do conhecimento; só que a exigência de submeter também esta à crítica, ele a levanta em concordância com a estratégia da dúvida incondicionada. Portanto, seu argumento não pode restringir de nenhum modo a desconfiança, a forma moderna de ceticismo que a filosofia crítica introduz, cabe-lhe somente radicalizá-la. A fenomenologia teria de reconstruir a instância

5 Id., *Phänomenologie des Geistes*, p.64-65.

da dúvida que a teoria do conhecimento ocupa, tomando-a como o caminho percorrido do desespero: Hegel o vê, mas afirma, no mesmo átimo, que o medo de errar é o próprio erro. Por isso, às escondidas, o que se destina a ser crítica imanente se transforma em negação abstrata. Aquele círculo junto ao qual a teoria do conhecimento deve curar sua falsa consciência, e pelo qual ela pode tomar consciência de si mesma como reflexão, é tomado por Hegel como signo da inverdade da filosofia crítica em geral. Ao perscrutar o absolutismo de uma teoria do conhecimento baseada em pressuposições irrefletidas, ao demonstrar que a reflexão é mediada por algo prévio, ao destruir assim uma renovação da filosofia das origens que ocorreria sobre os fundamentos do transcendentalismo, ele julga sobrepujar a crítica do conhecimento enquanto tal. Essa opinião se insinua porque Hegel supõe desde o início um conhecimento do absoluto como dado, cuja possibilidade, porém, caberia ser provada e tanto mais de acordo com os critérios de uma crítica do conhecimento radicalizada.

É assim, pois, que algo de dúbio se adere à *Fenomenologia do espírito*. Certamente, da experiência fenomenológica deve resultar de maneira cogente e imanente o ponto de vista do saber absoluto, mas, enquanto absoluto, esse saber não necessita propriamente de justificação, recorrendo-se à autorreflexão fenomenológica do espírito – e, a rigor, nem sequer é capaz disso. Essa ambiguidade da fenomenologia do espírito tira, da crítica de Hegel a Kant, a força que teria sido preciso para afirmar uma teoria do conhecimento refletida: limitada à filosofia transcendental, ela não resistiu a seus adversários positivistas.

Hegel se volta contra a teoria do conhecimento como *organon*. Aqueles que concebem a operação da crítica do conhecimento na forma de um exame dos meios do conhecimento partem de um modelo de conhecimento que acentua ou a atividade do sujeito cognoscente ou a receptividade do processo de conhecimento. O conhecimento aparece mediado ou por um *instrumento*, com base no qual formamos os objetos, ou por um *medium*, através do qual a luz do mundo alcança o sujeito.[6] Ambas as versões concordam em que o conhecimento se define transcendentalmente pelo meio do conhecimento possível. O

6 A versão do processo do conhecimento como instrumento deixa à mão de Hegel o fio condutor para uma interpretação da crítica kantiana da razão que antecipa surpreendentemente alguns pontos de vista do pragmatismo. Cf., sobretudo, Hegel, Vorlesungen über die Geschichte der Philosophie, p.555: "O conhecer é representado como um instrumento [...] portanto, antes que se possa ir à verdade mesma, é preciso primeiro conhecer a natureza, a espécie de seu instrumento. Ele é ativo; seria preciso ver se ele é capaz de desempenhar o que é exigido – empacotar o objeto [...] É como se fosse possível lançar-se sobre a verdade com espetos e estacas". A estética transcendental pode então ser interpretada de modo instrumental da seguinte maneira: "A coisa [*Sache*] é representada assim: existem lá fora coisas em si [*Dinge an sich*], mas sem tempo e sem espaço; ora, chega a consciência, e ela tem anteriormente tempo e espaço nela mesma, como a possibilidade da experiência, assim como, para comer, ela tem boca e dentes etc., como condições do comer. As coisas que são comidas não têm a boca e os dentes, e, como o comer atrai as coisas, elas são atraídas pelo espaço e pelo tempo; como as coisas estão entre a boca e os dentes, elas estão no espaço e no tempo" (ibid., p.563). Uma vez que "instrumentos" da constituição orgânica servem aqui de exemplo, essa passagem contém já pontos de contato com o pragmatismo de uma antropologia do conhecimento dotada de infraestrutura biológica, o qual passa por uma ampliação em termos de história da espécie. Cf. as ponderações relativas à teoria do conhecimento no artigo de Lorenz, Gestaltwahrnehmung als Quelle wissenschaftlicher Erkenntnis, p.255 et seq.

modelo do conhecimento como um *medium*, através do qual o estado de coisas em si verdadeiro aparece de maneira refratada, torna evidente que mesmo a autocompreensão contemplativa da teoria tem de ser refuncionalizada, caso ela venha a se introduzir no questionamento da crítica, no sentido de uma teoria do conhecimento como *organon*. Para Hegel, a tarefa da filosofia crítica apresenta-se então de tal modo que ela se certifica das funções do instrumento ou do *medium*, a fim de poder separar no juízo, no resultado do processo de conhecimento, os acréscimos inevitáveis do sujeito e o conteúdo propriamente objetivo. Nesse caso, a objeção está ao alcance da mão:

> Se nós voltamos a retirar de uma coisa formada o que o instrumento operou nela, então a coisa – aqui, o absoluto – nos volta a ser justamente tanto quanto era antes desse esforço, que se mostra assim supérfluo [...] Ou, se o exame do conhecer, que nós representamos como um *medium*, ensina-nos [em vez do modo de efeito do instrumento] a conhecer a lei da sua refração dos raios, então não ajuda igualmente em nada extraí-la no resultado; pois o conhecer não é a refração do raio, mas o raio mesmo, através do qual a verdade nos toca.[7]

É manifesto que essa objeção só vale sob a pressuposição de que haja, independentemente das condições subjetivas do conhecimento possível, algo como um conhecimento em si ou um saber absoluto. Hegel imputa à teoria do conhecimento um conceito privativo de conhecimento subjetivamente turvado, mas que resulta apenas da confrontação com o próprio con-

---

7 Hegel, *Phänomenologie des Geistes*, p.64.

ceito hegeliano de conhecimento absoluto. Porém, para uma filosofia crítica que não receia as próprias consequências, não pode haver, como mostra o princípio kantiano da unidade sintética da apercepção enquanto princípio supremo de todo uso do entendimento, um conceito explicitável de conhecimento independentemente das condições subjetivas da objetividade do conhecimento possível: nós podemos certamente simular ter a ideia de um conhecimento que não seria o "nosso", mas só vinculamos um sentido a essa ideia na medida em que a obtemos de uma variação do conhecimento possível "para nós", na qualidade de conceito limite. Ele permanece algo derivado e não pode servir, por seu turno, de padrão de medida pelo qual se poderia pôr em relação aquilo de que ele é obtido. A concepção da filosofia transcendental a respeito do conhecimento mediado por um *organon* implica que as funções do instrumento constituem somente o sistema de referências no interior do qual são possíveis, em geral, os objetos do conhecimento. A noção que Hegel imputa à filosofia transcendental, "de que o absoluto estaria de um lado, e que o conhecer, para si e separado do absoluto, de outro lado, seria ainda assim algo real", faz parte antes do seu próprio sistema de referências. Pois é Hegel quem se refere à relação absoluta de sujeito e objeto; nessa relação, de fato, um *organon* mediador do conhecimento só pode ser pensado como causa do turvamento subjetivo e não como condição da objetividade possível do conhecimento. Para a filosofia crítica, as coisas se apresentam de maneira diferente. Uma vez que o *organon* gera o mundo no interior do qual a realidade pode aparecer de maneira geral, ele se limita sempre a desvendar essa realidade sob as condições de seu funcionamento, e não a encobri-la. É somente sob o pressuposto de que a realidade aparece de modo geral que este ou aquele elemento individual de realidade pode ser encoberto – a não ser que suponhamos uma relação absoluta, independente daquele instrumento, entre a realidade e o processo de conhecimento. Porém, sem identificar as condições do conhecimento possível, não poderemos de modo algum falar, sob os pressupostos da filosofia transcendental, de conhecimento em sentido pleno. A crítica de Hegel não procede, portanto, de forma imanente; a objeção contra a teoria do conhecimento como *organon* já pressupõe o que esta, por sua vez, coloca justamente em questão: a possibilidade do saber absoluto.

Por outro lado, a crítica de Hegel contém também um momento que se justifica. O desdobramento de ambos os modelos de conhecimento, o de instrumento e o de *medium*, põe à luz do dia uma *série de pressuposições implícitas* de uma crítica do conhecimento que, segundo sua pretensão, seria isenta de pressupostos. Desde o início ela precisa saber mais do que pode saber confessadamente. A crítica que sabe que o conhecimento é mediado por um *organon* precisa trazer, junto com isso, determinadas representações tanto sobre o sujeito cognoscente quanto sobre a categoria do saber correto; pois a organização da faculdade de conhecimento, tomada a título de sumário das condições transcendentais sob as quais é possível o conhecimento, nós a reconstruímos partindo, por um lado, dos juízos considerados certos e, por outro, do eu para o qual há a certeza. Em segredo, conferimos à crítica do conhecimento, já no princípio, um conceito determinado de ciência e de sujeito cognoscente. Ora, a forma moderna de ceticismo reivindica, na qualidade de única pressuposição, o propósito de não se render à autoridade dos pensamentos de outrem, examinar tudo por si mesmo e seguir autonomamente as próprias convicções. No começo da crítica não se encontra nada senão o propósito radical da dúvida incondicionada. De Descartes a Kant, a própria dúvida não carece de nenhuma fundamentação, visto que ela é legitimada por si mesma na qualidade de um momento da razão. Tampouco a consciência que se critica carece do exercício na dúvida metódica, visto que esta é o *medium* no qual a consciência se constitui como consciência certa de si mesma. Trata-se de afirmações de evidência que hoje já não convencem mais a título de suposições fundamentais do racionalismo. À dúvida radical, que não precisa ser fundamentada nem exercitada, não se imputa mais um papel transcendental, mas, quando muito, um papel ligado à psicologia do conhecimento. É por isso que na teoria da ciência mais recente entra no lugar da dúvida metódica uma atitude crítica que está comprometida com os princípios do racionalismo, mas que por seu turno não é capaz de nenhuma fundamentação.[8] O racionalismo é assunto de fé, uma opinião como qualquer outra; permanece inalterado, no entanto, seu valor posicional para o começo sem pressupostos da crítica do conhecimento e, com isso, para uma autocompreensão absolutista, que a filosofia transcendental partilha com a metodologia hodierna. Hegel contrapõe ao propósito abstrato da dúvida incondicionada um ceticismo que se consuma a si mesmo:

> A série de suas configurações que a consciência percorre por esse caminho é [...] a história detalhada da *formação* da própria consciência para a ciência. Aquele propósito representa a forma-

8 Popper, *Die offene Gesellschaft und ihre Feinde*, p.304-305.

ção, no modo simples do propósito, como imediatamente feita e concluída; porém, esse caminho é, contra essa inverdade, a implementação efetiva.[9]

A teoria do conhecimento presume não reivindicar nada senão seu puro propósito de duvidar radicalmente. Na verdade, ela se apoia em uma consciência crítica que é o resultado de um processo inteiro de formação. Assim, ela é a usufruidora de uma etapa da reflexão que ela não pode admitir e, por conta disso, tampouco legitimar.

A primeira pressuposição, com a qual começa a teoria do conhecimento, é um conceito normativo de ciência: uma determinada categoria de saber, encontrada previamente, é considerada por ela um conhecimento prototípico. Kant recorre de maneira característica, já no prefácio da *Crítica da razão pura*, ao exemplo da matemática e da física da época. Ambas as disciplinas se destacam por um progresso, assim parece, relativamente constante. Elas satisfazem um critério que Kant reveste na fórmula estereotipada da "via segura da ciência". Outras disciplinas, que pretenderam falsamente o nome de ciência, são caracterizadas, em contraposição a isso, por um tatear por meros conceitos. Entre elas consta a metafísica. Seu procedimento é, medido por aquele signo pragmático do progresso do conhecimento, infrutífero. É por isso que Kant queria "que, seguindo o exemplo do geômetra e do pesquisador da natureza, nós efetuássemos uma revolução integral com a metafísica". A operação de uma crítica da razão especulativa pura supõe desde o início a obrigatoriedade normativa de uma *determinada*

9 Hegel, *Phänomenologie des Geistes*, p.67-68.

categoria de saber. Pressupondo que os enunciados da matemática e da física da época valem a título de conhecimento fiável, a crítica do conhecimento aproveita os princípios que se comprovaram naqueles processos de pesquisa e, partindo deles, faz ilações a respeito da organização de nossa faculdade de conhecimento. Em virtude do exemplo dado pelos pesquisadores da natureza, que conceberam que a razão discerne somente o que ela mesma produz segundo seu projeto, Kant não se sente apenas encorajado psicologicamente a alterar por completo a metafísica de acordo com o mesmo princípio; antes, ele depende sistematicamente daquele exemplo, visto que a crítica do conhecimento, isenta de pressupostos só em aparência, precisa iniciar com um critério prévio sobre a validade dos enunciados científicos, isto é, um critério não demonstrado e, ainda assim, aceito como obrigatório.

E também a metodologia mais recente obtém poder pseudonormativo pelo fato de se limitar a destacar uma categoria determinada do saber tradicional como protótipo da ciência, para generalizar em seguida os procedimentos que possibilitam uma reconstrução desse saber, convertendo-o em uma definição de ciência. Em contraposição a isso, Hegel insiste em que um saber que *entra em cena* como ciência é de início saber fenomênico* – *um* asseverar seco vale, porém, tanto quanto um outro. A ciência que apenas entra em cena tampouco é mais fidedigna pelo fato de que nós nos fiamos na asseveração de

* *Erscheinendes Wissen*: literalmente, saber que aparece, aparecente. Adotamos, porém, o termo "fenomênico", já que o verbo "*erscheinen*" alude à "*Erscheinung*", fenômeno, o que corresponde à ideia hegeliana de uma *fenomenologia* do espírito (N. T.).

que ela seria a ciência autêntica ou a ciência verdadeira, decidindo-nos contra outras formas de saber que entram em cena com a mesma pretensão. A crítica incipiente do conhecimento precisa abster-se de um pré-julgamento sobre o que há de valer a título de ciência; a princípio, ela se confronta apenas com as pretensões concorrentes do saber fenomênico. Ela tem de se entregar, por isso, ao desenvolvimento desse saber fenomênico:

> Só o ceticismo que se dirige à extensão inteira da consciência fenomênica torna [...] o espírito habilitado para examinar o que é a verdade, provocando um desespero nas representações, nos pensamentos e nas opiniões chamados de naturais, a respeito dos quais é indiferente nomeá-los próprios ou alheios, e os quais preenchem e afligem a consciência, que vai *diretamente* ao exame, mas que, de fato, é incapaz, por causa disso, daquilo que ela quer empreender.[10]

Como exposição do saber fenomênico, a crítica do conhecimento retoma o fio da experiência fenomenológica sucedida no mundo da vida cotidiana, recorrendo às formações que a consciência natural se conferiu e nas quais nos encontramos previamente – "na medida em que o saber fenomênico é nosso objeto, suas determinações são tomadas também de início tal como elas se apresentam imediatamente; e é certo que elas se apresentam como elas foram apreendidas".[11] Com isso, a investigação da crítica do conhecimento não recai no dogmatismo do senso comum; sua crítica se dirige também contra si mesma,

10 Hegel, *Phänomenologie des Geistes*, p.68.
11 Ibid., p.70-71.

sem reserva alguma, de sorte que ela não supõe singelamente os critérios com base nos quais ela pode examinar; ao reeditar o processo de formação da consciência, ela observa como a cada etapa os padrões da etapa precedente se dissolvem, surgindo novos padrões.

Mediante essa operação, também *a segunda pressuposição* com que começa a crítica do conhecimento se torna problemática, a saber: a suposição de um sujeito de conhecimento pronto ou, dito de outro modo, um conceito normativo de eu. Kant queria instituir um tribunal para que se emitisse uma sentença sobre os enganos que lançam a razão na discórdia consigo mesma em seu uso desligado da experiência. Sobre a implementação do tribunal, Kant não fazia nenhuma ideia; pois nada lhe parecia mais certo que a consciência de si, na qual "Eu sou dado a mim" como o "Eu penso" que acompanha todas as minhas representações. Ainda que a unidade transcendental da consciência de si possa ser concebida somente no andamento da investigação a partir das realizações da apercepção originária, já no seu início a identidade do eu precisa ser levada em conta por causa da indubitada experiência transcendental da autorreflexão. Hegel, por sua vez, discerne que a crítica do conhecimento de Kant começa com uma consciência não transparente para si mesma. A consciência expectante da fenomenologia se sabe como um elemento incluso na experiência da reflexão. Em primeiro lugar, a gênese, que parte da consciência natural, precisa ser reconstruída até chegar ao ponto de vista que o expectador fenomenológico adotara provisoriamente; depois, a posição da crítica do conhecimento pode coincidir com a consciência de si constituída de uma consciência que se inteirou de seu processo de formação, purificando-se assim de elementos contingentes. O sujeito da certificação a ser operada pela crítica do conhecimento não está como que pronto para o chamado da consciência que quer ir diretamente ao exame; ele só é dado a si mesmo com o resultado de uma autocertificação.

Somente a crítica do conhecimento que dissolveu na dúvida radical os conceitos normativos de ciência e de eu é remetida ao que Hegel chama de *experiência fenomenológica*. Esta se desenrola no *medium* de uma consciência que distingue reflexivamente entre o em si do objeto e ela mesma, para a qual o objeto é dado. A passagem da intuição ingênua do objeto, que é em si para o saber reflexivo do ser-para-ela desse em si, leva a consciência a fazer consigo mesma junto a seu objeto uma experiência que, enquanto tal, é de início dada somente para nós, os observadores fenomenológicos:

> O *surgimento* do novo objeto, que se apresenta à consciência sem que ela saiba como isso lhe sucede, é o que para nós se passa, por assim dizer, por trás de suas costas. Acontece por isso em seu movimento um momento do *ser em si* ou do *ser para nós*, que não se apresenta para a consciência, que está tomada pela própria experiência; porém, o *conteúdo* do que surge para nós é *para ela*, e nós concebemos apenas o lado formal dele ou seu surgir puro; *para ela*, o que surgiu é somente objeto, *para nós*, ao mesmo tempo, como movimento ou vir a ser.[12]

As dimensões do *em si*, *para ela* e *para nós* designam o sistema de coordenadas no qual se desenrola a experiência da reflexão. Mas, durante o processo de experiência, alteram-se os valores

12 Ibid., p.74.

em todas as dimensões, inclusive na terceira: o ponto de vista do fenomenólogo, a partir do qual se apresenta "para nós" o caminho do saber fenomênico, só pode ser adotado por antecipação, até que ele se gere a si mesmo na experiência fenomenológica. Também "nós" somos incluídos na reflexão, que em cada uma de suas etapas é caracterizada de novo por uma "reversão da consciência".

Por conta disso, porém, revela-se caduca a *última pressuposição* implícita com que começa uma crítica do conhecimento abstrata: a distinção entre razão teórica e razão prática. A crítica da razão pura supõe um conceito de eu diferente daquele da crítica da razão prática: ao eu como unidade da consciência de si se contrapõe o eu como vontade livre. Como se fosse evidente, a crítica do conhecimento é separada de uma crítica da ação racional. Essa distinção torna-se, no entanto, problemática se a própria consciência crítica procede, antes de qualquer coisa, da reflexão sobre a história de surgimento da consciência. Nesse caso, ela é o elemento, mesmo que seja o final, de um processo de formação no qual a cada etapa se comprova um novo discernimento sobre uma nova atitude, a saber: a reflexão rompe – isso vale já para a primeira etapa, para o mundo da certeza sensível – uma falsa visão das coisas e, ao mesmo tempo, o dogmatismo de uma forma de vida que se tornou hábito. Na falsa consciência, saber e querer não estão ainda separados. Os resíduos das destruições da falsa consciência servem de degraus na escada da experiência da reflexão. Como mostra o âmbito prototípico da experiência biográfica, as experiências que ensinam são as negativas. A reversão da consciência significa: a dissolução de identificações, a ruptura de fixações, a destruição de projeções. O fracasso do estado de consciência sobrepujado se traduz ao mesmo tempo em uma atitude nova e refletida, na qual se toma consciência, sem distorções, da situação tal como ela é. Este é o caminho da negação determinada, que guarda distância do ceticismo vazio "que no resultado vê apenas o *puro nada* e abstrai que esse nada é determinadamente o nada *daquilo de que ele resulta*".[13] Na elucidação do que significa a reversão da consciência, Hegel reitera "que [...] o resultado respectivo que deriva de um saber não verdadeiro não deve convergir em um nada vazio, mas deve ser apreendido necessariamente como nada *daquilo do qual* ele é o *resultado*; um resultado que contém o que o saber precedente tem de verdadeiro nele".[14]

Essa figura de negação determinada concerne não a um nexo lógico imanente, mas ao mecanismo do progresso de uma reflexão na qual razão teórica e razão prática são uma só. O momento afirmativo, que se inscreve justamente na negação de uma constituição da consciência existente, torna-se plausível se consideramos que nessa consciência se entrelaçam categorias da concepção do mundo e normas de ação. Uma *forma de vida*, que se tornou abstração, não pode ser negada sem deixar vestígios, não pode ser revolucionada sem consequências práticas. No estado revolucionado é retido o estado sobrepujado, visto que o discernimento do novo consiste justamente na experiência da substituição revolucionária da antiga consciência. Uma vez que a relação entre os estados sistêmicos que se seguem é produzida por uma negação determinada nesse sentido, e não

13 Ibid., p.68.
14 Ibid., p.74.

por um nexo lógico ou causal, nós falamos em um processo de formação. Um estado definido ao mesmo tempo por operações cognitivas e por posturas sedimentadas só pode ser sobrepujado se for um estado analiticamente rememorado. Um estado passado que fosse segregado e meramente recalcado [*verdrängt*] manteria sua força sobre o estado presente. Aquela relação, porém, assegura continuidade a um contexto ético de vida que volta a ser destruído a cada nova etapa de reflexão; ela possibilita, na sequência das identificações abandonadas, uma identidade resistente do "espírito". Essa identidade do espírito, da qual se toma consciência como identidade dialética, contém *em* si a diferença entre razão teórica e razão prática, pressuposta confiantemente pela teoria do conhecimento; ela não pode ser definida com referência a essa diferença.

Hegel radicaliza a abordagem da crítica do conhecimento submetendo suas pressuposições à autocrítica. Graças a isso, ele destrói o fundamento seguro da consciência transcendental, a partir do qual parecia seguro o traçado de limites *a priori* entre determinações transcendentais e empíricas, entre validade e gênese. A experiência fenomenológica se desenrola em uma dimensão na qual as determinações transcendentais se formam a si mesmas. Nela não há nenhum ponto firme absoluto; somente a experiência da reflexão enquanto tal se deixa elucidar sob o título de processo de formação. As etapas da reflexão, através das quais a consciência crítica, de início apenas antecipada, precisa se elevar arduamente até chegar a si mesma, podem ser reconstruídas mediante a reiteração sistemática das experiências que são constitutivas na história da espécie. A *Fenomenologia do espírito* ensaia essa reconstrução em três turnos: na travessia pelo processo de socialização do indivíduo, pela história universal da espécie e pela história da espécie que se reflete nas formas do espírito absoluto: religião, arte e ciência.[15]

A consciência crítica, com a qual a teoria do conhecimento vai diretamente ao exame, se produz como o resultado da observação fenomenológica tão logo se tenha tornado transparente para essa observação a gênese de seu próprio ponto de vista a partir da apropriação do processo de formação da espécie. Ora, Hegel afirma no fim da *Fenomenologia do espírito* que aquela consciência crítica seria saber absoluto. Essa afirmação não é fundamentada por Hegel; com efeito, ele nem mesmo podia conduzir essa demonstração, visto que ele não satisfaz a condição formal de uma travessia fenomenológica pela história da natureza. Pois o saber absoluto só seria pensável, de acordo com a abordagem da investigação fenomenológica, como resultado de uma reiteração sistemática dos processos de formação da espécie humana *e* da natureza *em um único processo*.

Ora, não é lá muito provável que Hegel tenha deixado passar um "erro" tão elementar. Se, a despeito daquele argumento, ele nunca nutriu alguma dúvida de que a fenomenologia do espírito conduz e tinha de conduzir ao ponto de vista do saber absoluto e, com isso, ao conceito de ciência especulativa, então isso dá antes testemunho de uma autocompreensão da fenomenologia que diverge da nossa interpretação. Hegel crê, com a investigação fenomenológica, não radicalizar, mas antes tornar supérflua a abordagem da crítica do conhecimento. Ele supõe que a experiência fenomenológica se mantém desde o

---

15 Lukács, *Der junge Hegel*, p.592 et seq.

início no *medium* de um movimento absoluto do espírito e, por isso, precisa terminar necessariamente no saber absoluto.[16] Nós, em contrapartida, seguimos a argumentação do ponto de vista de uma crítica imanente a Kant. Para aquele que não se deixa guiar pela pressuposição da filosofia da identidade, a conjunção funesta se dissolve: certamente, com a radicalização da abordagem da crítica do conhecimento, a construção da consciência fenomênica rompe a limitação da filosofia transcendental em relação a uma dúvida que é incondicionada só em aparência; porém, de modo algum ela garante o acesso a um saber absoluto, seja ele qual for. A experiência fenomenológica não se mantém, como a experiência empírica, no interior dos limites dos esquemas definidos transcendentalmente; antes, na construção da consciência fenomênica se introduzem as experiências fundamentais nas quais se sedimentam as próprias alterações de tais esquemas da concepção de mundo e da ação. A experiência da reflexão retém aqueles momentos destacados nos quais o sujeito como que se vê por cima dos próprios ombros e percebe como se desloca, atrás de

16 Hegel fortalece mais tarde essa concepção, em várias passagens: "Na *Fenomenologia do espírito* [...] eu apresentei a consciência em seu movimento progressivo, desde a primeira oposição imediata entre ela e o objeto até o saber absoluto. Esse caminho atravessa todas as formas da *relação da consciência com o objeto* e tem por seu resultado o *conceito de ciência*. Portanto, esse conceito não carece aqui (abstraindo que ele próprio procede no interior da lógica) de nenhuma justificação, já que ele a recebeu naquele lugar; e ele não é capaz de nenhuma outra justificação a não ser esse engendramento de si mesmo por meio da consciência, para a qual as suas próprias figuras se dissolvem todas nele, como na verdade" (Hegel, *Logik*, v.1, p.29; cf. também p.53).

suas costas, a relação transcendental entre sujeito e objeto; ela rememora os limiares da emancipação na história da espécie. Isso não exclui, porém, impulsos contingentes para a história transcendental da consciência. As condições sob as quais se forma a cada vez um novo quadro transcendental da aparição de objetos poderiam ser provocadas pelo próprio sujeito sob circunstâncias contingentes – por exemplo, por meio de um progresso das forças produtivas, como supõe Marx. Nesse caso, não seria produzida uma unidade absoluta de sujeito e objeto. Só esta, porém, colocaria a consciência crítica, na qual por fim acaba se resumindo a rememoração fenomenológica, na posição do saber absoluto.

Em 1807, Hegel defendeu, contudo, essa concepção. A introdução da *Fenomenologia* é concluída com a frase:

> Ao se impelir [a consciência] rumo à sua verdadeira existência [na via da experiência fenomenológica], ela alcançará um ponto, onde ela se despoja de sua ilusão de estar presa a algo estranho, que é apenas para ela e como um outro, ou onde a aparência se torna igual à essência, e sua exposição coincide com esse ponto da ciência autêntica do espírito; e finalmente, ao apreender ela mesma essa essência sua, ela designará por si mesma a natureza do saber absoluto.[17]

No entanto, aparece já aqui uma contradição que é encoberta apenas retoricamente. Se a fenomenologia somente engendra o ponto de vista do saber absoluto, e este coincide com a posição da ciência autêntica, então a própria construção

17 Id., *Phänomenologie des Geistes*, p.75.

do saber fenomênico não pode pretender o *status* de ciência. Para Hegel, a aparente aporia de um conhecer *antes* do conhecer, que ele repreende na teoria do conhecimento, renova-se como uma aporia de fato, de sorte que agora a fenomenologia tem de ser ciência antes de toda ciência possível. Hegel havia publicado de início a *Fenomenologia* como primeira parte do sistema da ciência. Na época, ele estava convicto de que as figuras da consciência fenomênica seguem-se umas às outras com necessidade e, "mediante essa necessidade, esse próprio caminho para a ciência já é *ciência*".[18] No entanto, Hegel podia reivindicar *retrospectivamente* uma necessidade no progresso da experiência fenomenológica apenas do ponto de vista do saber absoluto. Vista daqui, a relação da fenomenologia do espírito com a lógica se apresenta da seguinte maneira:

> A consciência é o espírito como saber concreto, mais precisamente, saber embaraçado na exterioridade; mas o movimento progressivo desse objeto baseia-se somente, como o desenvolvimento de toda vida natural e espiritual, sobre a natureza das *essencialidades puras*, que constituem o conteúdo da lógica. A consciência, como o espírito fenomênico, o qual se liberta por seu caminho de sua imediatez e de sua concreção externa, torna-se saber puro, que se dá por objeto àquelas essencialidades puras, como elas são em si e para si.[19]

Sob esse ponto de vista, porém, a investigação fenomenológica perderia sua especificidade e seria rebaixada ao nível de

18 Ibid., p.74.
19 Id., *Logik*, v.1, p.7.

uma filosofia real do espírito.[20] Se o movimento progressivo fenomenológico da consciência, como "toda vida natural e espiritual", se baseasse no nexo lógico das essencialidades que são em si e para si, então seria negligenciada aquela relação peculiar que capacita a fenomenologia a ser uma introdução à filosofia: que o próprio observador fenomenológico, que não pode ainda se encontrar no ponto de visão da lógica, está incluído no processo de formação da consciência. Sua posição dependente se mostra no fato de que ele precisa começar com a certeza sensível, com algo imediato.

A fenomenologia expõe não o processo de desenvolvimento do espírito, mas a apropriação desse processo por uma consciência que, mediante a experiência da reflexão, tem de se libertar por ela mesma da concreção externa até chegar ao saber puro. É por isso que ela mesma não pode ser já ciência e precisa, porém, poder reivindicar validade científica.

A ambiguidade permanece. Nós carecemos de uma certificação fenomenológica do conceito de ciência somente na medida em que não estamos certos das condições do saber possível, eventualmente absoluto. Nessa medida, ela radicaliza apenas o que a crítica do conhecimento sempre intentou. Por outro lado, a fenomenologia, se ela de fato alcança a meta declarada, o saber absoluto, acaba fazendo de si mesma algo supérfluo; mais ainda: ela impugna o questionamento da crítica do conhecimento enquanto tal, o que é a única coisa que a legitima. Quando muito, nós poderíamos nesse caso considerar a fenomenologia

20 Na *Enciclopédia*, com efeito, o título é usado nesse sentido: a fenomenologia do espírito designa ali (*Enzyklopädie*, §413-439) uma etapa no desdobramento do espírito subjetivo.

uma escada que, após termos galgado até o ponto de visão da lógica, deveríamos jogar fora. De certo modo, foi também assim que Hegel procedeu mais tarde com a *Fenomenologia*. Como se sabe, ele não a retomou no sistema das ciências; em seu lugar aparece na *Enciclopédia* um assim chamado conceito preliminar para a ciência da lógica.[21] Contudo, no outono de 1831, Hegel começa as preparações para uma segunda edição da *Fenomenologia* e faz uma anotação pessoal: "Trabalho peculiar dos primeiros tempos, não retrabalhar". É manifesto que Hegel quis manter a *Fenomenologia* em sua antiga forma, mas na mesma função que o novo conceito preliminar da lógica, *deixando-a ao lado* do sistema em seu todo. Desse modo, a ciência, apresentada na qualidade de sistema, poderia explicitar seu ponto de visão perante uma consciência que se encontra ainda fora do sistema e precisa ser motivada, antes de tudo, para a decisão de querer pensar de maneira pura.[22] Sendo uma tal autointerpretação da ciência, que compreende a necessidade de uma consciência embaraçada na aparência, a *Fenomenologia* teria de desenvolver sua linha de pensamento a partir do ponto de vista da ciência especulativa, porém não cientificamente e sim didaticamente. Essa autocompreensão posterior da *Fenomenologia* baseia-se

21 Escrito de maneira sucinta na *Enciclopédia* de Heidelberg, esse conceito preliminar foi ampliado por Hegel em Berlin com cerca de sessenta parágrafos. Em uma carta (Hegel, *Briefe*, v.3, p.126), ele profere a esse respeito: "Essa introdução se tornou um tanto mais difícil para mim, já que ela pode se encontrar apenas antes e não no interior da filosofia". Cf. sobre isso a introdução da nova edição da *Enziklopädie*, de Pöggeler e Nicolin, p.IX et seq.

22 Essa é a tese da investigação penetrante de Fulda, *Das Problem einer Einleitung in Hegels Wissenchaft der Logik*.

em uma reinterpretação da intenção inicial. Todavia, Hegel pôde efetuar comodamente essa reinterpretação, visto que a *Fenomenologia* esteve sempre presa a uma ambiguidade. Ela tinha de supor como incerto o ponto de vista do saber absoluto, o qual ela mesma deveria engendrar inicialmente e o qual só podia engendrar pelo caminho de uma radicalização da crítica do conhecimento – e, no entanto, ela o pressupôs de fato como tão certo que desde o primeiro passo se cria mais elevada que a atividade da crítica do conhecimento.

A crítica do conhecimento de Kant se deixa dirigir por um conceito empírico de ciência dado na figura da física de sua época, obtendo dele os critérios da ciência possível. Hegel mostra que uma crítica do conhecimento que segue sem reservas sua própria intenção tem de renunciar a pressuposições dessa espécie, fazendo antes com que o padrão de medida da crítica derive da experiência da reflexão. Hegel chega ao conceito de ciência especulativa porque não procede de maneira consequente e relativiza, sob as pressuposições da filosofia da identidade, a crítica do conhecimento enquanto tal. Perante aquela norma, as ciências que procedem metodicamente, sejam as da natureza, sejam as do espírito, revelam-se não mais que limitações do saber absoluto, ridicularizando-se. O resultado paradoxal de uma *radicalização ambígua da crítica do conhecimento* não é, por consequência, uma posição esclarecida da filosofia em relação à ciência; quando a filosofia se afirma como ciência autêntica, desaparece da discussão a relação entre filosofia e ciência em geral. Com Hegel, surge o mal-entendido fatal de que a pretensão que a reflexão racional levanta contra o pensar abstrato do entendimento seria sinônima da usurpação do direito das ciências autônomas por parte de uma filosofia que entra em cena, tanto agora como antes, a título de ciência universal. Já o primeiro golpe de vista sobre o progresso científico, realizado independentemente da filosofia, iria desmascarar essa pretensão, como sempre mal-entendida, considerando-a mera ficção. É sobre isso que se ergue o positivismo. Somente Marx poderia ter-lhe contestado a vitória. Pois ele acompanhou a crítica de Hegel a Kant, sem partilhar a suposição fundamental da filosofia da identidade, a qual inibe Hegel de fazer uma radicalização inequívoca da crítica do conhecimento.

2. A metacrítica de Marx a Hegel: síntese mediante o trabalho social

No último de seus manuscritos econômico-filosóficos da época de Paris (1844), Marx se confronta com a *Fenomenologia do espírito*;[23] ele se ocupa sobretudo com o capítulo conclusivo dedicado ao saber absoluto. Marx segue a estratégia de desligar a exposição da consciência fenomênica do quadro dado pela filosofia da identidade, a fim de pôr à luz do dia os elementos de uma crítica que nela se oculta e que amiúde já "ultrapassa de longe o ponto de vista hegeliano". A propósito disso, ele se refere aos parágrafos 381 e 384 da *Enciclopédia*, nos quais se efetua a passagem da filosofia da natureza para a filosofia do espírito, enunciando-se a suposição fundamental tacitamente antecipada pela *Fenomenologia*:

> O espírito tem *para nós a natureza* por sua *pressuposição*, da qual ele é a *verdade* e, com isso, o *absolutamente primeiro*. Nessa verdade,

23 Mega, I, 3, p.150 et seq.

> a natureza desapareceu, e o espírito resultou como a ideia que chegou a seu ser para si, cujo *objeto* é *o conceito*, tanto quanto este é como o *sujeito*.[24]

Para Marx, ao contrário, é a natureza o absolutamente primeiro em relação ao espírito; a natureza não pode ser concebida como o outro do espírito, que ao mesmo tempo estaria junto a si mesmo em seu outro. Pois, se a natureza fosse o espírito no estado de sua perfeita alienação [*Entäußerung*], ela teria sua essência e sua vida, na qualidade de espírito petrificado, não em si, mas fora de si mesma. Existiria de antemão a garantia de que, na verdade, a natureza só poderia ser aquela que o espírito rememora reflexivamente ao retornar a si mesmo a partir dela.

"A exterioridade não pode ser entendida aqui", assim Marx comenta a *Enciclopédia*,

> como a sensibilidade que se exterioriza, aberta à luz e ao homem sensível; essa exterioridade tem de ser tomada aqui no sentido da alienação, de um erro, de uma enfermidade que não deve ser [...] Uma essência que é falha não apenas para mim, para meus olhos, tem fora de si algo que lhe falta. Isto é, sua essência é um outro é que ela mesma. Por isso, a natureza há de se superar [*aufheben*] a si mesma para o pensador abstrato, visto que ela já é posta por ele como uma essência superada segundo a potência.[25]

Esse selo da filosofia da identidade impresso sobre o saber absoluto vem a se romper caso a exterioridade da natureza,

24 Hegel, *Enziklopädie*, §381.

25 Mega, I, 3, p.171-172.

tanto a natureza circundante objetiva quanto a natureza corporal subjetiva, não seja exterior apenas em aparência para a consciência que se encontra previamente nela, mas antes evidencie a imediatez de um substrato do qual o espírito depende de maneira contingente. Então é a natureza que é pressuposta em relação ao espírito, mas no sentido de um processo natural que se compõe em igual medida tanto do ser natural homem quanto da natureza que o circunda, e não no sentido idealista de um espírito que, na qualidade de ideia que é para si, pressupõe um mundo natural para si mesmo.[26]

Ao idealismo objetivo, que quer tornar conceitual o ser em si da natureza a título de uma pressuposição do espírito absoluto que não foi descoberta pelo espírito subjetivo, Marx não contrapõe um materialismo raso. É claro que ele parece, de início, apenas renovar o naturalismo da antropologia feuerbachiana.[27] Em oposição a Feuerbach, Marx acentua certamente, além dos atributos corporais de um organismo dependente

26 "O *manifesto* que, como a ideia *abstrata*, é passagem, *vir a ser* da natureza, é, como manifesto do espírito que é livre, o *pôr* da natureza como *seu* mundo; um pôr que é, como reflexão, ao mesmo tempo o *pressupor* do mundo como natureza independente" (Hegel, *Enzyklopädie*, §384).

27 "Se o ser humano corporal real, encontrando-se sobre a terra firme e redonda, inspirando e expirando todas as forças naturais, põe suas forças reais, objetivas, como objetos estranhos mediante sua alienação, então o pôr não é sujeito [...] A essência objetiva [...] cria, põe apenas objetos, visto que ele é posto por objetos, visto que ele é natureza por origem [...] Logo, no ato de pôr, ele não cai de sua 'atividade pura', incidindo em um criar do objeto, seu produto objetivo confirma apenas sua atividade objetiva" (Mega, I, 3, p.160).

do seu entorno (receptividade sensível, carência, emotividade, vulnerabilidade), os modos de comportamento adaptativo e as manifestações ativas da vida de um "ser natural ativo". Mas, na medida em que Marx atribui à "atividade objetiva" o sentido ainda inespecífico de que o homem, como todo organismo, "pode manifestar sua vida apenas em objetos sensíveis reais",[28] ele permanece preso no círculo das noções naturalistas.

Porém, já a primeira tese contra Feuerbach vai além disso.[29] O discurso sobre o homem como uma essência objetiva tem aqui o sentido não de uma antropologia, mas de uma teoria do conhecimento: "o lado ativo" que o idealismo desenvolveu em oposição ao materialismo deve ser concebido em termos materialistas. Se Marx vê a falha principal do materialismo até então existente no fato de que "o objeto, a realidade, a sensibilidade é apreendida apenas sob a forma do objeto ou da intuição, não, porém, como atividade humana sensível, como práxis, não subjetivamente", então a "atividade objetiva" ganha o sentido específico de uma constituição de objetos que, enquanto objetos naturais, partilham com a natureza o momento do ser em si, mas, em virtude da atividade do homem, trazem em si mesmos o momento da objetividade produzida. A atividade objetiva é concebida por Marx, de um lado, como operação transcendental; a ela corresponde a estrutura de um mundo no qual a realidade aparece sob as condições da objetividade de objetos possíveis. De outro lado, Marx vê aquela operação transcendental fundada em processos reais de trabalho.

---

28 Ibid.

29 Marx; Engels, *Werke*, v.3, p.5.

O sujeito da constituição do mundo não é uma consciência transcendental em geral, mas a espécie humana concreta, que reproduz sua vida sob condições naturais. Que esse "processo de metabolismo" assuma a forma de processos do trabalho social é algo que depende da constituição física desse ser natural e de algumas constantes de seu entorno natural.

Marx denomina "trabalho" uma "condição de existência do homem, independente de todas as formas de sociedade, uma necessidade natural e eterna, para mediar o metabolismo entre homem e natureza, portanto, a vida humana".[30] No plano antropológico, a natureza se divide na *natureza subjetiva* do homem e na *natureza objetiva* de seu entorno, mediando-se ao mesmo tempo pelo processo de reprodução do trabalho social:

> O trabalho é primeiramente um processo entre o homem e a natureza, um processo no qual o homem faz a mediação com a natureza por meio de seu metabolismo, regulando e controlando-o em virtude de seu próprio ato. Ele se contrapõe à matéria natural como um poder natural. As forças naturais pertencentes à sua corporeidade, braços e pernas, cabeça e mão, ele as põe em movimento a fim de se apropriar da matéria natural em uma forma útil para sua própria vida.[31]

Mas, uma vez que é somente na mediação com a natureza subjetiva do homem por meio de processos do trabalho social que a natureza circundante se constitui *para nós como natureza objetiva*, o trabalho não é apenas uma categoria antropologica-

30 Marx, *Das Kapital*, v.1, p.47.
31 Ibid., p.185.

mente fundamental, é ao mesmo tempo uma categoria ligada à teoria do conhecimento. O sistema das atividades objetivas cria as condições factuais da reprodução possível da vida social *e, ao mesmo tempo*, as condições transcendentais da objetividade possível dos objetos da experiência. Se nós concebemos o homem sob a categoria de um animal fabricante de instrumentos,[32] visamos, com isso, um esquema de ação *e* de concepção de mundo de uma só vez. O trabalho é, na qualidade de processo natural, mais do que um mero processo natural, ele regula o metabolismo *e* constitui um mundo:

> O homem não é apenas ser natural, ele é ser natural humano; isto é, um ser que existe para si mesmo, portanto, um ser genérico, e como tal ele tem de se confirmar e se firmar tanto em seu ser como em seu saberLogo, os objetos humanos não são nem naturais, tais como se apresentam imediatamente, nem o sentido humano, tal como é imediatamente, tal como é objetivo, é sensibilidade humana. Nem a natureza objetiva nem a natureza subjetiva estão imediatamente disponíveis de maneira adequada ao ser humano.[33]

No materialismo, portanto, o trabalho tem o valor de síntese. Contudo, tão logo nós entendemos o trabalho social como uma síntese despida de seu sentido idealista, surge o perigo de um mal-entendido lógico-transcendental. A categoria de trabalho ganharia então, inopinadamente, o sentido de uma práxis de vida constituinte do mundo em geral. Essa concepção

32 Ibid., p.189.

33 Mega, I, 3, p.162.

se impõe tanto mais quando interpretamos os escritos antropológicos de Marx tomando como fio condutor as análises do mundo da vida realizadas pelo último Husserl. Uma variante fenomenológica do marxismo ressoou, no começo dos anos 1930, em alguns trabalhos de Herbert Marcuse, o qual se atava ainda a Heidegger.[34] Após a guerra, ela encontrou adeptos no círculo de influência de Sartre.[35] Em alguns países socialistas, ela hoje predomina na interpretação de Marx.[36] Só que Marx jamais concebeu o processo de trabalho, por mais que ele considerasse sensato "observá-lo de início independentemente de toda forma social determinada",[37] como o fundamento para a construção de estruturas de sentido invariantes de mundos da vida sociais possíveis. O trabalho social é fundamental apenas na qualidade de categoria de mediação entre a natureza objetiva e a subjetiva. Ele designa o *mecanismo* de desenvolvimento na história da espécie. Mediante o processo de trabalho, altera-se não somente a natureza elaborada, mas, também, com os produtos do trabalho, a própria natureza de carência dos sujeitos trabalhadores. É por isso que Marx completa a frase "Nem a natureza objetiva nem a natureza subjetiva estão imediatamente disponíveis de maneira adequada ao ser humano", acrescentando, logo em seguida:

---

34 Cf. minha investigação: "Zur Diskussion um Marx und den Marxismus". In: *Theorie und Praxis*, p.261 et seq.

35 Sartre, *Kritik der dialektischen Vernunft*.

36 É representativo o livro do filósofo de Praga, Kosík, *Die Dialektik des Konkreten*; cf. também os trabalhos do círculo filosófico em torno da revista *Praxis*, publicada em Zagreb, ano de 1965 e seguintes; sobre isso, cf.: Petrovic, *Marx in the Midtwentieth Century*.

37 Marx, *Das Kapital*, v.1, p.185.

> Como tudo que é natural precisa surgir, também o homem tem seu ato de surgimento, a história, que, porém, é para ele um ato de surgimento sabido e, por isso, se supera com consciência como ato de surgimento. A história é a verdadeira história natural do homem.[38]

Visto que o animal fabricante de instrumentos se destaca sobre todas as espécies animais graças à forma de reprodução do trabalho social, a espécie humana não se caracteriza por nenhuma constituição invariante, natural ou transcendental, mas somente por um mecanismo da hominização. O conceito de "essência do homem", próprio da história da espécie, desmascara a antropologia como aparência, da mesma maneira que a filosofia transcendental. Em contraposição aos momentos fugazes das execuções, produções e satisfações singulares, resulta dos processos de trabalho, como Hegel já havia observado no instrumento, um universal que vai se acumulando nas forças produtivas. Dado que essas produções permanentes, as forças produtivas acumuladas, alteram por sua vez o mundo no interior do qual os sujeitos se relacionam com seus objetos, não pode haver uma essência fixa da espécie nem como forma de vida transcendental nem na figura empírica de um padrão cultural fundamental biologicamente condicionado:

> Essa soma de forças produtivas, capitais e formas de relação social, que todo indivíduo e toda geração encontra como algo dado, é o fundamento real do que os filósofos representam como

38 Mega, I, 3, p.162.

"substância" e "essência do homem", do que eles apoteosaram e combateram.[39]

Se Marx reconhece na história da indústria, ou seja, no desenvolvimento do sistema do trabalho social, "o livro aberto das forças humanas essenciais, a psicologia humana sensivelmente presente",[40] então o que ele tem em mente não é um contexto empírico, trata-se antes de um contexto histórico de constituição. As etapas da consciência fenomênica são determinadas pelas regras transcendentais da concepção de mundo e da ação. Nesse quadro, a "natureza objetiva" é dada, em cada caso, para um determinado sujeito social. Mas esse próprio quadro se altera historicamente, na dependência de uma "natureza subjetiva" que, por seu turno, se forma mediante os resultados do trabalho social. A célebre frase de que a formação dos cinco sentidos seria um trabalho da história inteira até então é para ser tomada literalmente. A investigação materialista da história visa as categorias da sociedade que determinam em igual medida os processos reais da vida e as condições transcendentais da constituição de mundos da vida.

Em oposição ao Hegel da *Fenomenologia*, Marx está convicto de que a autorreflexão da consciência se depara com as estruturas subjacentes do trabalho social, descobrindo aí a síntese entre o ser natural homem, objetivamente ativo, e a natureza que o circunda objetivamente. Marx não levou essa síntese ao seu conceito, ela se lhe insinua de maneira mais ou menos vaga. O próprio conceito de síntese lhe teria sido suspeito, embora

---

39 Marx; Engels, Deutsche Ideologie, p.38.
40 Marx, Ökonomisch-philosophische Manuskripte, p.121.

a primeira tese sobre Feuerbach contenha abertamente a recomendação de aprender com o idealismo, na medida em que ele compreende o "lado ativo" do processo de conhecimento. De todo modo, nós podemos extrapolar, com base em algumas alusões, a respeito de como pensar o trabalho social na qualidade de síntese entre o homem e a natureza. Temos de nos certificar desse conceito materialista de síntese se queremos entender por que se encontram em Marx todos os elementos para uma crítica do conhecimento radicalizada pela crítica de Hegel a Kant – embora eles não estejam reunidos na construção de uma teoria materialista do conhecimento.

Síntese, no sentido materialista, se distingue do conceito desenvolvido na filosofia idealista por Kant, Fichte e Hegel, antes de tudo porque ela não produz nenhum nexo lógico. Ela não é a operação de uma consciência transcendental, não é o pôr de um eu absoluto e menos ainda o movimento de um espírito absoluto, ela é a operação, *em igual medida* empírica e transcendental, de um sujeito da espécie que se produz historicamente. Kant, Fichte e Hegel podem recorrer ao material de proposições enunciadas, à forma lógica do juízo: a unidade de sujeito e predicado é o resultado paradigmático daquela síntese de acordo com a qual se pensa a atividade da consciência, do eu ou do espírito. Assim, a lógica fornece a matéria na qual se sedimentaram as operações sintetizadoras. Kant se atém à lógica formal a fim de obter da tábua de juízos as categorias do entendimento; Fichte e Hegel se atêm à lógica transcendental, seja para reconstruir a partir da apercepção pura o estado de ação [*Tathandlung*] do eu absoluto, seja para reconstruir a partir das antinomias e dos paralogismos da razão pura o movimento dialético do conceito absoluto. Em contrapartida, se a síntese se efetua no *medium* não do pensamento, mas do trabalho, como Marx supõe, então o substrato no qual ela encontra sua sedimentação é o sistema do trabalho social e não um contexto de símbolos. O ponto de apoio para uma reconstrução das operações sintéticas não é a lógica, mas antes a economia. Não é a associação de símbolos conforme a regras, mas sim os processos da vida social, a produção material e a apropriação dos produtos, o que fornece então a matéria na qual a reflexão pode se apoiar para que se tome consciência das operações sintéticas subjacentes. A síntese já não aparece mais a título de atividade do pensamento, mas como produção material. O modelo para o processo de reprodução orgânico da sociedade é dado antes pelas produções da natureza do que pelas do espírito. É por isso que, em Marx, a *crítica da economia política* entra no lugar que era ocupado, no idealismo, pela *crítica da lógica formal*.

Marx declara terminantemente

> que a tão célebre 'unidade do homem com a natureza' existia na indústria desde os primórdios e em toda época existiu de maneira diversa conforme o desenvolvimento maior ou menor da indústria, assim como a 'luta' do homem com a natureza, até chegar ao desenvolvimento de suas forças produtivas sobre uma base correspondente.[41]

A síntese mediante o trabalho social não é uma síntese absoluta. Algo como uma síntese absoluta só pode ser pensado sob as pressuposições da filosofia da identidade. O modelo hegeliano de um espírito que se conhece na natureza como em

41 Marx; Engels, Deutsche Ideologie, p.43.

seu outro combina duas relações de reflexão: a relação, posta na autorreflexão, do sujeito solitário consigo mesmo e aquela relação, posta na intersubjetividade, de um sujeito que conhece e reconhece no outro um sujeito, assim como este também o faz inversamente nele. Na identidade absoluta de espírito e natureza, retém-se da primeira relação o momento da diversidade na unidade, assim como se retém da segunda relação o momento da unidade na diversidade. O espírito absoluto é a identidade de espírito e natureza, de modo que o sujeito se saiba idêntico consigo mesmo na consciência de si; mas nessa unidade é posta igualmente a não identidade de espírito e natureza, de modo que um sujeito se sabe absolutamente distinto de um outro. Disso resulta que a diversidade absoluta é pensada ainda como uma relação entre sujeitos. Por isso, aquilo mesmo que unifica a identidade de espírito e natureza com sua não identidade pode ser pensado à maneira daquela síntese graças à qual se realiza a identidade de um eu. *Um* dos dois momentos que são mediados determina a própria categoria de mediação: a síntese é pensada ainda como absoluta de acordo com o modelo da autorreflexão.

Marx, por sua vez, apreende a natureza não sob a categoria de um outro sujeito, ao contrário, apreende o sujeito sob a categoria de uma outra natureza. É por isso que ele não concebe a unidade de ambos, que, com efeito, só pode ser produzida por um sujeito, como uma unidade absoluta. Dado que o sujeito é originariamente um ser natural, e a natureza não é na origem sujeito, como no idealismo, a unidade, que só pode ser tributária da atividade de um sujeito, permanece sendo uma unidade imposta de certa maneira pelo sujeito à natureza. Uma ressurreição da natureza não pode ser pensada de modo consequente nos termos do materialismo, por mais que o jovem Marx e as mentes especulativas da tradição marxista (Benjamin, Bloch, Marcuse e Adorno) se sintam atraídos por essa herança da mística. A natureza não se ajusta sem resistências às categorias sob as quais o sujeito a concebe, diferentemente do modo pelo qual um sujeito pode se ajustar, com base no reconhecimento recíproco, à compreensão de um outro sujeito sob categorias vinculantes para ambos. A unidade que se produz entre o sujeito social e a natureza "na indústria" não consegue eliminar a autonomia da natureza e o resto de estranheza insuperável presa à sua facticidade. Como correlato do trabalho social, a natureza objetivada mantém as duas coisas: *autonomia* e *exterioridade* em relação ao sujeito que dispõe dela. Sua autonomia se manifesta no fato de que nós aprendemos a dominar os processos naturais somente na medida em que nos submetemos a eles: essa experiência elementar está inscrita no discurso sobre as "leis" da natureza, às quais temos de "obedecer". A exterioridade da natureza se mostra na contingência de suas constantes últimas: na natureza permanece, independente do quão longe se estenda nosso poder de disposição técnica sobre ela, um cerne substancial que não se descerra a nós.

O processo de produção, regulado no interior do sistema do trabalho social, é uma forma de síntese entre homem e natureza que, por um lado, vincula a objetividade da natureza à atividade objetiva dos sujeitos, mas, por outro, não supera a independência de sua existência:

> Essa atividade, esse trabalho e criação sensíveis e perenes, essa produção é a tal ponto o fundamento de todo o mundo sensível, como ele existe agora, que, se ela fosse interrompida ainda que

> só por um ano, Feuerbach encontraria uma alteração enorme não apenas no mundo natural, mas também o mundo humano inteiro e sua própria faculdade de intuição, e mesmo sua própria existência desapareceriam muito rapidamente. Todavia, a prioridade da natureza externa continua a existir, e isso tudo não tem nenhuma aplicabilidade sobre o homem [...] originário; mas essa distinção só tem sentido na medida em que se considera o homem como distinto da natureza. De resto, essa natureza precedente à história não é certamente a natureza na qual vive Feuerbach, não é a natureza que hoje em dia não existe mais em parte alguma, excetuando talvez algumas ilhas de corais australianas de origem recente.[42]

Marx conta com algo como uma natureza em si. Ela tem prioridade sobre o mundo humano. Pois ela subjaz aos sujeitos trabalhadores enquanto seres naturais, tanto quanto se introduz em seus processos de trabalho. Na qualidade de natureza subjetiva dos homens e como natureza objetiva que circunda os homens, ela é desde sempre, porém, o componente de um sistema do trabalho social, ou seja, se divide em dois momentos do mesmo "processo de metabolismo". Embora tenhamos de pressupor a natureza, do ponto de vista da teoria do conhecimento, como algo que é em si, nós mesmos só temos acesso à natureza no interior da dimensão histórica aberta pelos processos de trabalho, na qual a natureza, na figura do homem, faz mediação consigo mesma como natureza objetiva, a qual constitui o chão e o entorno do mundo humano. A "natureza em si" é, por conseguinte, uma abstração em que somos compelidos a pensar; mas nos deparamos com a natureza somente

42 Ibid., p.44.

no horizonte do processo histórico-universal de formação da espécie. A "coisa em si" kantiana reaparece sob o título de uma natureza precedendo a história humana. Ela tem a função, importante no âmbito da teoria do conhecimento, de manter a natureza em seu todo como contingente, preservando, apesar de sua inserção histórica no contexto universal de mediação dos sujeitos trabalhadores, a sua facticidade incontornável contra a tentativa idealista de dissolvê-la no mero ser exterior a si do espírito.

A síntese mediante o trabalho social, assim se pode resumir a reflexão feita até o momento, não produz um nexo lógico, nem funda uma unidade absoluta entre homem e natureza. Da mesma maneira que na apercepção originária de Kant, no conceito materialista de síntese deve-se manter a diversidade de forma e matéria. Sem dúvida, as formas são categorias não originalmente do entendimento, mas da atividade objetiva; e a unidade da objetividade dos objetos possíveis se forma não na consciência transcendental, mas no círculo funcional da ação instrumental – porém, a matéria dada toma forma tanto no processo de trabalho quanto no processo de conhecimento: "O homem pode proceder em sua produção somente como a natureza mesma, isto é, *somente alterando as formas da matéria*".[43] Pois o processo de trabalho se apresenta "como conformação, submissão dos objetos a um fim subjetivo; transformação deles em resultados e receptáculos da atividade subjetiva".[44] Se, no entanto, compararmos os elementos do processo de trabalho com os do processo de conhecimento – portanto, o material

43 Marx, *Das Kapital*, v.1, p.47.

44 Id., *Grundrisse der Kritik der Politischen Ökonomie*, p.389.

de trabalho, os instrumentos de trabalho e o trabalho vivo com o material da sensação, as categorias do entendimento e a imaginação –, também se tornará patente a peculiar *diferença entre Kant e Marx*. A síntese do material da intuição mediante a imaginação obtém sua unidade necessária sob as categorias do entendimento. Essas regras transcendentais de síntese são, enquanto conceitos puros do entendimento, um inventário interno e inalterável da consciência em geral. A síntese do material do trabalho mediante a força do trabalho obtém sua unidade factual sob as categorias do homem manejador. Essas regras técnicas de síntese recebem, enquanto instrumentos, uma existência sensível no sentido mais amplo, fazendo parte do inventário historicamente alterável das sociedades.[45]

De um lado, portanto, o conceito materialista de síntese retém do conceito kantiano o quadro fixo no interior do qual o sujeito forma um material encontrado; esse quadro é definido de uma vez por todas pela constituição da consciência transcendental ou do homem como um animal fabricante de instrumentos. De outro lado, Marx conta, à diferença de Kant, com regras de síntese empiricamente mediadas, que se objetivam em forças produtivas e alteram historicamente a posição dos sujeitos em relação à natureza circundante.[46] Na concepção

45 "São produtos da indústria humana; material natural, transformado em órgãos da vontade humana sobre a natureza ou de sua atuação na natureza. São *órgãos do cérebro humano criados pela mão humana*; ciência objetificada" (Ibid., p.594).

46 Alfred Schmidt observou isto: "No processo entre Kant e Hegel, Marx ocupa um lugar mediador difícil de fixar. Sua crítica materialista à identidade hegeliana de sujeito e objeto o reconduz a Kant, sem que, porém, reapareça nele o ser não idêntico ao pensamento,

marxiana do conhecimento, é kantiana a relação invariante da espécie com a natureza circundante, definida pelo círculo funcional da ação instrumental – pois os processos de trabalho são a "necessidade natural e eterna da vida humana". As condições da ação instrumental surgiram de maneira contingente na evolução natural da espécie humana; mas, ao mesmo tempo, elas vinculam necessária e transcendentalmente nosso conhecimento da natureza ao interesse pela disposição técnica possível sobre os processos naturais. A objetividade da experiência se constitui no interior de um esquema de concepção que é determinado por estruturas da ação profundamente arraigadas de um ponto de vista antropológico, e que é igualmente obrigatório para todos os sujeitos que se mantêm em vida por meio do trabalho. A objetividade da experiência está ligada, portanto, à identidade de um substrato natural, precisamente da organização corporal do homem, direcionada à ação, e não a uma unidade originária da apercepção que, de acordo com Kant, assegura com necessidade transcendental a identidade da consciência em geral, a qual é desprovida de história. A identi-

---

tomado como a indesconhecível 'coisa em si'. Se com o conceito de 'apercepção transcendental' Kant quis expor, como que de uma vez por todas, como se chega ao mundo homogêneo da experiência, Marx se atém, conservando a tese de Kant sobre a não identidade de sujeito e objeto, ao discernimento pós-kantiano, o qual não deixa de lado a história e considera que sujeito e objeto entram em constelações cambiantes um em relação ao outro, e que a unidade do subjetivo e do objetivo, realizada nos diversos produtos do trabalho, implica ao mesmo tempo que a 'proporção entre trabalho e matéria natural é muito diferente" (Schmidt, *Der Begriff der Natur in der Lehre von Marx*, p.103; a citação de Marx: *Zur Kritik der Politischen Ökonomie*, p.30).

dade dos sujeitos sociais vai se alterando, pelo contrário, junto com o alcance de seu poder de disposição técnica. Esse ponto de vista é *au fond* não kantiano. O saber produzido no interior do quadro da ação instrumental entra na existência exterior como força produtiva. Na relação com o desdobramento das forças produtivas, alteram-se igualmente, por isso, a natureza transformada nos processos de trabalho e os próprios sujeitos trabalhadores. O grau de desenvolvimento factual das forças produtivas define o nível em que cada geração precisa produzir de novo a unidade de sujeito e objeto.

O *momento kantiano* no conceito de uma síntese mediante o trabalho social pode ser desdobrado em uma teoria instrumentalista do conhecimento.[47] A ela caberia tornar consciente o contexto transcendental dos processos de trabalho, unicamente no interior do qual a organização da experiência e a objetividade do conhecimento se tornam possíveis sob o ponto de vista da disponibilidade técnica da natureza. Em Marx, não se encontra senão algumas poucas indicações metodológicas; elas só foram elaboradas no pragmatismo, sobretudo por Peirce[48] e Dewey.[49] Elas bastam, porém, para tornar compreensível a

47 Hegel já havia aberto essa perspectiva, embora com intenção polêmica; cf. acima p.36, nota 6.

48 Cf. na parte II os capítulos 5 e 6.

49 Schmidt (*Der Begriff der Natur in der Lehre von Marx*, p.93) remete, nesse contexto, a um trabalho tardio de Marx, as glosas marginais ao manual de Adolph Wagner sobre economia política, citado segundo Fogarasi (*Logik*): "Para o professor doutrinário, as condições e as relações do homem quanto à natureza não são práticas desde o começo, isto é, não são relações baseadas na ação, mas sim relações teóricas [...] O homem se encontra em relação com os objetos do mundo exterior, tomados como meios para a satisfação de suas ca-

relação afirmativa do materialismo para com as ciências da natureza. Pois o saber tecnicamente empregável, produzido e provado nos processos de pesquisa das ciências naturais, pertence à mesma categoria que o saber pragmático cotidiano, adquirido mediante tentativa e erro no domínio da ação controlada pelo êxito. Marx escreveu certa vez a Kugelmann: "As leis naturais não podem de modo algum ser superadas. O que pode se alterar em estados historicamente distintos é apenas

rências. Mas os homens de modo algum começam com o fato de que eles se encontram 'nessa relação teórica com os objetos do mundo exterior'. Como todos os animais, eles começam com o fato de que comem, bebem e assim por diante, isto é, eles não se encontram em uma relação qualquer, eles são ativamente operantes, apropriam-se de certos objetos do mundo exterior por meio da ação e satisfazem dessa maneira suas carências (isto é, eles começam com a produção). Conforme a repetição desse processo, grava-se em seus cérebros que os objetos são capazes de 'satisfazer' as 'carências' do homem. Homens e animais aprendem a distinguir também 'teoricamente' entre os objetos exteriores que servem à satisfação de suas carências e todos os demais objetos. Em um certo nível do desenvolvimento posterior, depois de as carências dos homens e os modos de ação com base nos quais aquelas são satisfeitas terem se multiplicado e desenvolvido, os homens acrescentam nomes a classes inteiras desses objetos, que eles já distinguem, em razão da experiência, dos demais objetos do mundo exterior. Esse é um processo necessário, visto que no processo de produção, isto é, no processo de apropriação dos objetos, eles estão em relação de trabalho constante uns com os outros e com os diversos objetos, e também logo entram em conflito com outros homens por causa desses objetos. Pois essa nomeação não é mais que expressão simbólica para o que a ação repetida transformou em experiência, a saber, que para os homens que já vivem em certos vínculos sociais – essa suposição se segue necessariamente da existência da linguagem – certos objetos exteriores servem à satisfação de suas carências".

a forma na qual aquelas se impõem".[50] É somente porque as condições de objetividade do conhecimento científico possível se arraigam antropologicamente em uma estrutura invariante da ação que os enunciados sobre leis podem, de modo geral, pretender validade universal. A forma historicamente alterável depende, em contrapartida, do nível das forças produtivas. Pois este caracteriza ao mesmo tempo o nível de um processo cumulativo de aprendizagem, determinando por consequência as condições sob as quais surge o novo saber técnico. Potencialmente, esse saber mesmo é uma força produtiva, que retroage sobre o sujeito através da natureza trabalhada.

Aqui se inscreve o segundo momento, *não kantiano*, do conceito de síntese mediante o trabalho social. Na interpretação que Fichte confere ao conceito kantiano de unidade sintética e originária da apercepção, esse momento é desenvolvido naturalmente sob pressuposições idealistas.

Para Kant se coloca o problema de saber como para um entendimento finito, por cuja consciência de si não é dada *eo ipso* a diversidade da intuição, ocorre a unidade sintética na diversidade das representações. O conhecimento do entendimento, sob a pressuposição de que sujeito e objeto não são idênticos, só é possível se uma síntese originária traz as representações diversas dadas sob a unidade de uma apercepção. A síntese das representações se efetua pelo fato de que eu represento a mim mesmo a identidade da consciência nessas representações. Isso acontece na consciência de si. Portanto, para explicitar a possibilidade de uma faculdade de conhecimento dividida

50 Marx, *Briefe an Kugelmann*, p.67 (carta de 11 de setembro de 1868).

em sensibilidade e entendimento, Kant precisa supor uma faculdade que unifica todas as minhas representações, como pertencentes em seu todo a mim, em uma consciência de si. Nós nos certificamos dessa faculdade espontânea da imaginação na experiência do eu idêntico consigo mesmo. Essa derivação da apercepção pura é colocada por *Fichte* de ponta-cabeça. Pois ele parte do ato da consciência de si como a experiência transcendental originária e, assim, do absolutamente certo e se inquire sobre como essa autorreflexão deve ser pensada. Fiche refaz o caminho de Kant em direção inversa, a fim de provar a identidade de Eu e Não Eu e, assim, contestar justamente a pressuposição sob a qual Kant se viu obrigado a ascender à unidade transcendental da consciência de si. Segundo Kant, a apercepção pura produz a representação do "eu penso", que tem de poder acompanhar todas as outras representações de maneira idêntica, sem que ela mesma possa ser acompanhada e refletida por uma representação ulterior.[51] É precisamente essa reflexão, que suplanta a consciência de si, o que Fiche exige. No entanto, torna-se patente, nesse caso, que aquele que quer pensar a si mesmo de maneira radical precisa sair da dimensão do mero pensar e representar, efetuando espontaneamente o ato da consciência de si; ele tem de produzir a si mesmo com sua existência. A consciência de si não é uma *representação* última, que tem de poder acompanhar todas as demais representações: ela é um *agir* que tem origem em si mesmo e, assim, na execução, faz-se ao mesmo tempo diáfano a si mesmo – um ato que se torna transparente a si mesmo na ação.

---

51 Kant, Kritik der reinen Vernunft, §16.

Fichte reflete da seguinte maneira: a consciência de si se constitui na medida em que eu me retenho como Eu idêntico em todas as minhas representações e, ao mesmo tempo, abstraio o que é pensado em seu todo. Só que, se o Eu se torna consciente de si mesmo ao retornar a si, tem de haver então um Eu de antemão e ao fundo, ao qual se regressa. Nesse caso, porém, a consciência de si não seria originária, ela teria de ser derivada inicialmente de algo como o Eu, ao passo que nós podemos nos proporcionar certeza sobre o Eu unicamente por meio da consciência de si: o Eu é apenas ser para si do Eu. Nesse caso, porém, nós temos de retroceder para aquém daquela situação na qual nós obtemos a representação da consciência de si mediante a abstração de tudo o que não pertence ao Eu. Nós precisamos construir o Eu no ato da própria consciência de si: o Eu é somente ao se pôr a si mesmo. O Eu como consciência de si não pode coincidir com o Eu para o qual surge um Não Eu, que é como ele é para si mesmo e ao mesmo tempo um ser fora dele. O Eu que eu meramente encontro se sabe antes como Eu somente na medida em que ele é posto por si mesmo: "Tu tens de pensar antecipadamente, para teu presente Pôr-a-si-mesmo que se elevou à consciência clara, um outro e semelhante Pôr que sucede sem consciência clara, ao qual o presente se refira e seja condicionado por isso".[52]

O Eu originário põe o Eu ao se opor a um Não Eu; como Eu originário, ele não é nada fora desse próprio agir que retorna a si. Na medida em que a consciência é sempre consciência de algo, justamente a consciência de si permanece abaixo do limiar

52 Fichte, Versuch einer neuen Darstellung der Wissenschaftslehre, p.109. Cf. Henrich, *Fichtes ursprüngliche Einsicht*.

de uma consciência clara e, contudo, é na execução o certo por excelência.[53]

Essa interpretação, que com peculiar coerência Fichte confere à apercepção pura de Kant, lança luz sobre a concepção materialista a respeito da identidade dos sujeitos que trabalham em sociedade. Estes se encontram como Eu idêntico diante de um entorno identificado nos processos de trabalho, que não é Eu. Embora não se altere o quadro transcendental no interior do qual a natureza aparece objetivamente para eles, a cada caso a identidade de sua consciência se forma na dependência em relação ao grau histórico de desenvolvimento das forças produtivas e ao entorno formado nesse nível pela produção deles. Cada geração obtém sua identidade apenas em contato com a natureza formada historicamente desde o início, a qual ela, por sua vez, reelabora. O sistema do trabalho social é, sempre, o resultado do trabalho das gerações passadas; ele define uma "proporção entre trabalho e matéria natural" que é sempre nova. Contudo, o sujeito presente não pode considerar sujeito estranho a totalidade dos sujeitos antecedentes, por meio dos quais ele foi "posto", isto é, posto em condições de confrontar-se com a natureza no seu nível historicamente

53 O filósofo se certifica de si como Eu ao se entregar ao ato da consciência de si: "Ele concebe seu ato como um *agir em geral*, do qual ele, de acordo com sua experiência até então, já tem um conceito; e como esse *agir determinado*, que *tem origem em si mesmo*, tal como ele o intui em si mesmo: ele o tira, por meio dessa diferença característica, da esfera da ação em geral. O que é o agir só se deixa intuir, não se pode desenvolver a partir de conceitos e comunicar por conceitos; mas o que reside nessa intuição é concebido por meio da oposição do mero *ser*" (Fichte, Zweite Einleitung in die Wissenschaftslehre, p.45).

determinado. Pois aqueles processos de trabalho mediante os quais ele foi constituído fazem parte justamente da produção na qual ele mesmo está compreendido e a qual ele meramente leva adiante.[54] Em seu trabalho, o sujeito presente se *compreende* ao saber-se produzido por si mesmo mediante a produção dos sujeitos passados.

Confrontado com seu entorno, o sujeito social sempre se relaciona com os processos passados de produção e reprodução em seu todo da mesma maneira que aquele Eu, confrontado com seu Não Eu, se relaciona com o ato do agir que retorna a si e que, na qualidade de Eu absoluto, produz-se a si mesmo como Eu mediante a oposição de um Não Eu. Em seu processo de produção, a espécie se *põe* primeiro *como* sujeito social. Da produção, ou seja, daquele estado de ação que Marx denomina como trabalho e criação sensíveis e perenes, resultam simultaneamente as formações determinadas da natureza, com as quais o sujeito social se depara, assim como, por outro lado, as forças produtivas, que põem o sujeito em condição de transformar, por seu turno, a natureza encontrada e então formar sua identidade. A identidade da consciência, que Kant entendeu como unidade da consciência transcendental, é identidade *trabalhada*. Ela não é uma faculdade imediata de síntese, pura apercepção, mas o ato da consciência de si no sentido de Fichte. É por isso que um sujeito social só chega à consciência

54 "A história não é nada senão a sequência das diversas gerações, das quais cada uma explora os materiais, capitais, forças produtivas transmitidos por todas as precedentes, por isso, de um lado, ela prossegue sob circunstâncias alteradas a atividade tradicional e, de outro, modifica com uma atividade bem alterada as antigas condições" (Marx; Engels, Deutsche Ideologie, p.45).

de si mesmo em sentido estrito quando ele se inteira em sua produção, no trabalho, do ato de autoprodução da espécie em geral e se sabe produzido pelo "trabalho de toda a história universal até agora".

À diferença de Fichte, no entanto, Marx remete a produção sem consciência do Não Eu e do Eu unicamente ao mundo histórico da espécie humana. A natureza factual permanece sempre, tanto no aspecto objetivo quanto no subjetivo, pressuposta para o pôr na qualidade de um substrato:

> As condições originárias da produção aparecem como pressuposições naturais, *condições naturais da existência do produtor* [...] Essas *condições naturais de existência*, com as quais ele se comporta como corpo inorgânico, pertencente a ele próprio, são elas mesmas duplas: 1. natureza subjetiva; e 2. natureza objetiva. Ele se encontra como membro de uma família, de uma linhagem, de uma tribo etc. – as quais assumem forma historicamente diversa por misturar-se e opor-se às demais –; e como tal membro, ele se refere a uma natureza determinada (digamos, aqui, ainda a terra, o solo) como existência inorgânica de si mesmo, como condição de sua produção e reprodução.[55]

Marx restringe o Eu absoluto de Fichte à espécie humana contingente. O ato de autoprodução dela, o estado de ação em que ela se constitui é, por isso, um absoluto somente em face das formações históricas do Eu e do Não Eu, dos sujeitos históricos e de seu entorno material. A produção é condicionada em ambos os aspectos por "pressuposições naturais": nos

55 Marx, *Grundrisse der Kritik der Politischen Ökonomie*, p.389.

processos de trabalho se introduz "de fora" o material da elaboração e "de baixo", o organismo do homem trabalhador. A síntese na compreensão materialista é um estado de ação referido à esfera da história universal; Marx remete Fichte aos limites que são traçados pela filosofia transcendental de Kant e pelo evolucionismo de Darwin.

Já antes de *Darwin*, é familiar a Marx uma interpretação instrumentalista da filosofia transcendental, realizada na perspectiva de uma antropologia do conhecimento. A síntese mediante o trabalho social tem por pressuposição a evolução da natureza até chegar à etapa do homem, uma produção da natureza, portanto, que não deve mais ser concebida idealistamente sob a forma de síntese. Pois o quadro transcendental que é posto com o círculo funcional da ação instrumental e que possibilita a síntese se prende à organização corporal específica como tal. Sem a constituição física determinada dos hominídeos, o "processo de metabolismo" não poderia ter adotado a forma do trabalho na etapa antropológica. Os homens

> começam a se distinguir dos animais tão logo eles começam a *produzir* seus meios de vida, um passo que é condicionado por sua organização corporal [...] O primeiro elemento a constatar é, portanto, a organização corporal desses indivíduos e sua relação, dada por meio disso, com a natureza restante.[56]

O Eu absoluto da produção social é, por seu turno, fundado em uma história da natureza que engendra como seu produto o animal fabricante de instrumentos. Por isso, Marx

56 Marx; Engels, Deutsche Ideologie, p.20-21.

pode compreender a história da espécie humana como uma "parte real da história natural, do vir a ser da natureza em homem".[57] No entanto, *como* nós podemos conceber a história enquanto um prosseguimento da história natural, Marx não o diz. Nas duas vezes – tanto no caso da evolução natural da espécie humana até o limiar da cultura, quanto no caso do processo histórico mundial da hominização –, nós podemos falar de um "vir a ser da natureza em homem"; mas no primeiro momento a "natureza" se encontra no *genitivus subjectivus*, e no segundo, no *genitivus objectivus*. O conceito materialista de síntese permite tornar plausível o desenvolvimento histórico do sistema do trabalho social, *ao mesmo tempo*, como uma história da consciência transcendental. Permanece em aberto, porém, como a produção da história natural, em cuja base se apoia o ato de autoprodução da espécie humana, pode ser concebida na relação com a produção social, isto é, pensada como pré-história daquela história da consciência transcendental.

O conceito materialista de uma síntese mediante o trabalho social caracteriza a posição que a concepção marxiana de história da espécie ocupa sistematicamente no movimento de pensamento que parte de Kant. Em uma guinada peculiarmente determinada por Fichte, Marx retoma a intenção da objeção hegeliana à abordagem kantiana da crítica do conhecimento; assim, ele fica imune a uma filosofia da identidade que tira o chão da teoria do conhecimento enquanto tal. Contudo, o fundamento filosófico desse materialismo se revela insuficiente para estabelecer uma autorreflexão fenomenológica sem reservas e, assim, prevenir-se da atrofia positivista da teoria do

57 Mega, I, 3, p.123.

conhecimento. A razão disso eu vejo, em consideração imanente, na *redução do ato de autoprodução da espécie humana* ao trabalho. A teoria marxiana da sociedade incorpora em sua abordagem, ao lado das forças produtivas em que se sedimenta a ação instrumental, também o quadro institucional, as relações de produção; ela não subtrai da práxis o contexto da interação simbolicamente mediada e o papel da tradição cultural, a partir das quais unicamente se podem conceber a dominação e a ideologia. Mas no sistema de referências filosóficas não se insere esse aspecto da práxis. É justamente nessa dimensão, que não recobre as medições da ação instrumental, que se move, porém, a experiência fenomenológica – nela entram em cena as figuras da consciência fenomênica que Marx denomina de ideologias; nela se dissolvem as reificações sob o poder silencioso de uma reflexão à qual Marx restitui o nome kantiano de crítica.

Assim, surge na obra de Marx uma desproporção peculiar entre a práxis da pesquisa e a autocompreensão filosófica restrita dessa pesquisa. Em suas análises de conteúdo, Marx concebe a história da espécie ao mesmo tempo sob categorias da atividade material *e* da superação crítica das ideologias, da ação instrumental *e* da práxis revolucionária, do trabalho *e* da reflexão; mas Marx interpreta o que ele faz de acordo com a concepção mais limitada de uma autoconstituição da espécie que se realiza somente mediante o trabalho. O conceito materialista de síntese não é apreendido de maneira suficientemente ampla para explicitar a perspectiva sob a qual Marx vai ao encontro da intenção de uma crítica do conhecimento radicalizada em um sentido bem-compreendido. Tal conceito chega a impedir o próprio Marx de compreender seu modo de proceder sob esse ponto de vista.

3. A ideia de uma teoria do conhecimento como teoria da sociedade

A chave interpretativa que Marx oferece para a *Fenomenologia do espírito* contém a instrução para traduzir de maneira instrumentalista os conceitos da filosofia da reflexão:

> A grandeza da fenomenologia hegeliana e de seus resultados finais – a dialética da negatividade como princípio movente e gerador – é, portanto, [...] que Hegel apreende a autoprodução do homem como um processo, a objetificação como desobjetificação, como alienação e como superação dessa alienação; que ele, portanto, apreende a essência do trabalho e concebe o homem objetivo, o homem verdadeiro, visto que real, como resultado de seu próprio trabalho.[58]

A ideia de autoconstituição da espécie mediante o trabalho deve servir de fio condutor para uma apropriação desmitologizante da *Fenomenologia*; com esse fundamento materialista, dissolvem-se, como foi mostrado, as suposições da filosofia da identidade, as quais impediram Hegel de aproveitar os resultados de sua crítica a Kant. De modo irônico, porém, aquele mesmo ponto de vista sob o qual Marx havia criticado Hegel, com razão, acaba impedindo-o, por seu turno, de compreender adequadamente a intenção de suas próprias investigações. Se ele inverte a construção da consciência fenomênica no sentido de uma exposição cifrada da espécie que se produz a si mesma, ele certamente libera o mecanismo, encoberto em

58 Mega, I, 3, p.156.

Hegel, do progresso realizado na experiência da reflexão: o desdobramento das forças produtivas é aquilo que em cada etapa confere o impulso para superar uma forma de vida petrificada em positividade e transformada em abstração. Mas, ao mesmo tempo, ele próprio se engana a respeito da reflexão quando a reduz ao trabalho: "a superação como movimento objetivo, que suspende em si a alienação" é identificada, por Marx, a uma apropriação das forças essenciais alienadas na elaboração de um material.

Marx reduz o processo de reflexão ao âmbito da ação instrumental. Na medida em que ele remete o pôr-se do Eu absoluto ao produzir mais palpável da espécie, a reflexão em geral desaparece, para ele, como uma forma de movimento da história no interior do quadro preservado da filosofia da reflexão. A reinterpretação da fenomenologia hegeliana revela as consequências paradoxais de uma escavação materialista da filosofia fichteana do Eu. Se o sujeito apropriador depara no Não Eu, não exclusivamente algo produzido pelo Eu, mas também uma parte da natureza contingente, então o ato de apropriação deixa de coincidir com a recuperação reflexiva do sujeito precursor. A relação entre o pôr prévio e não transparente a si mesmo, a hipostasiação, por um lado, e o tornar consciente do que foi objetificado, a reflexão, por outro, inverte-se, dadas as pressuposições de uma filosofia do trabalho, na relação entre produção e apropriação, alienação e apropriação da força essencial alienada. *Marx concebe a reflexão segundo o modelo da produção*. Visto que ele parte tacitamente dessa premissa, não fica sem consequência que não distinguir o *status* lógico das ciências naturais daquele da crítica.

Todavia, Marx não nega inteiramente a distinção entre ciências naturais e ciências do homem. Os esboços de uma teoria instrumentalista do conhecimento lhe permitem um conceito transcendental-pragmatista de ciências naturais. Estas apresentam uma forma metodicamente assegurada para o saber acumulado no sistema do trabalho social. No experimento, as suposições sobre a associação regular de eventos são colocadas à prova, fundamentalmente, da mesma maneira que na "indústria", isto é, nas situações pré-científicas da ação controlada pelo êxito. Em ambos os casos, o ponto de vista transcendental da disposição técnica possível sob a qual se organiza a experiência e se objetiva a realidade é o mesmo. Na justificação das ciências naturais em termos de teoria do conhecimento, Marx está contra Hegel e ao lado de Kant, sem identificar, no entanto, essas ciências à ciência em geral. Um critério de sua cientificidade é, para Marx, como para Kant, o progresso metodicamente assegurado do conhecimento. Marx não o supôs simplesmente como evidente, ele o mediu pelo grau em que as informações científicas, de todo modo um saber tecnicamente aplicável segundo seu sentido, adentram no ciclo da produção:

> As ciências naturais desenvolveram uma atividade enorme e se apropriaram de um material em um contínuo crescimento. A filosofia permaneceu, no entanto, alheia a elas, tanto quanto elas permanecem alheias à filosofia. A unificação momentânea [a expressão se dirige contra Schelling e Hegel; JH] foi apenas uma ilusão fantástica [...] Tanto mais praticamente a ciência natural interveio na vida humana e a transformou por mediação

> da indústria [...] A indústria é a relação histórica real da natureza e, por isso, da ciência da natureza com o homem.[59]

Por outro lado, Marx jamais discutiu explicitamente o sentido determinado de uma ciência do homem, a ser realizada como crítica da ideologia, em comparação com o sentido instrumentalista da ciência da natureza. Embora ele mesmo tenha estabelecido a ciência do homem na forma da crítica, e não como uma ciência natural, ele se inclina constantemente a colocá-la ao lado das ciências naturais. Ele não considerou necessária uma justificação da teoria da sociedade em termos de crítica do conhecimento. Nisso se torna patente que a ideia de autoconstituição da espécie mediante o trabalho social bastava para criticar Hegel, mas não era suficiente para tornar compreensível em toda a sua amplitude efetiva a apropriação materialista do Hegel criticado.

Referindo-se ao modelo da física, Marx pretende apresentar "a lei do movimento econômico da sociedade moderna" como uma "lei natural". No epílogo da segunda edição do *Capital* (volume 1), ele cita com anuência a classificação metodológica proposta por um crítico russo que, embora acentue, no sentido de Comte, a diferença entre economia e biologia, de um lado, e biologia e física ou química, de outro, e sublinhe em particular a restrição do campo de validade das leis econômicas a um período histórico correspondente,[60] no restante equipara

59 Mega, I, 3, p.122.

60 "Assim que a vida sobreviveu a um período dado de desenvolvimento, passando de uma situação dada para uma outra, ela começa a ser guiada também por outras leis [...] Com o desenvolvimento diverso da força produtiva, alteram-se as condições e as leis que as regulam" (Marx, *Das Kapital*, v.1, p.17).

essa teoria da sociedade às ciências naturais. Marx se esforça por uma só coisa:

> demonstrar, mediante uma investigação científica exata, a necessidade de determinadas ordens de relações sociais e, tanto quanto possível, constatar irrepreensivelmente os fatos que lhe servem de ponto de partida e apoio [...] Marx considera o movimento social como um processo de história natural, guiado por leis que não apenas são independentes da vontade, da consciência e do propósito dos homens, como, ao contrário, determinam o querer, a consciência e os propósitos deles.[61]

Para evidenciar a cientificidade de suas análises, Marx ostentou constantemente a analogia com as ciências naturais. Ele não indica, em nenhum lugar, que tenha revisado sua intenção primeira, conforme a qual a ciência do homem deveria formar uma unidade com as ciências naturais: "a ciência natural subsumirá mais tarde a ciência do homem, tanto quanto a ciência do homem subsumirá sob si a ciência natural: será *uma* ciência".[62]

Já dotada de matiz positivista, essa exigência por uma ciência natural é surpreendente; pois as ciências naturais se encontram sob as condições transcendentais do sistema do trabalho social, cuja mudança estrutural, porém, a economia, na qualidade de ciência do homem, deve refletir por seu turno. À ciência no sentido estrito falta justamente esse momento da reflexão, que caracteriza uma crítica que investiga o processo histórico-natural de autoprodução do sujeito social, fazendo que

---

61 Ibid., p.16.

62 Mega, I, 3, p.123.

esse sujeito também tome consciência de tal processo. Na medida em que a ciência do homem é a análise de um processo constitutivo, ela inclui necessariamente a autorreflexão da ciência, no sentido de uma crítica do conhecimento. Mas é isso que se vê frustrado com a autocompreensão da economia como uma "ciência natural humana". Como dito, é claro que essa autocompreensão metodológica redutora resulta logicamente de um sistema de referências limitado à ação instrumental.

Se nós colocamos no fundamento o conceito materialista de uma síntese mediante o trabalho social, então certamente tanto o saber tecnicamente aplicável das ciências naturais, o conhecimento de leis naturais, como também a teoria da sociedade, o conhecimento de leis da história natural humana, fazem parte do mesmo contexto objetivo da autoconstituição da espécie. O conhecimento da natureza, do nível do saber pragmático cotidiano até chegar àquele da ciência natural moderna, procede em igual medida do confronto primário do homem com a natureza, assim como retroage, por sua vez, na qualidade de força produtiva, sobre o sistema do trabalho social, impulsionando o desenvolvimento deste. De forma análoga, se pode compreender então o conhecimento da sociedade, o qual, indo do nível da autocompreensão pragmática dos grupos sociais até chegar à teoria da sociedade propriamente dita, determina a consciência de si dos sujeitos sociais. A identidade destes se forma certamente em cada etapa do desenvolvimento das forças produtivas de maneira nova e é, por seu turno, condição para o controle do processo de produção: "O desenvolvimento do *capital fixe* demonstra a que grau o saber social geral, *knowledge*, tornou-se *força produtiva imediata*, e, por isso [!], a que grau as condições do próprio processo da vida social ficaram sob o controle do *general intellect*".[63]

Na medida em que a produção compõe o quadro único em que se interpreta o surgimento e a função do conhecimento, também a ciência do homem aparece submetida às categorias do saber de disposição: o saber que possibilita a disposição sobre processos naturais passa, na etapa da consciência de si dos sujeitos sociais, para um saber que possibilita o controle do processo da vida social. Na dimensão do trabalho, enquanto um processo de produção e apropriação, o saber de reflexão se transforma em saber de produção. Coagulado em tecnologias, o conhecimento da natureza impele o sujeito social a um conhecimento sempre mais amplo de seu "processo de metabolismo" com a natureza, o qual acaba se convertendo por fim no controle dos processos sociais, não diferentemente de como a ciência natural se converte em poder de disposição técnica.

Nos trabalhos preparatórios de *Para a crítica da economia política*, encontra-se uma versão de acordo com a qual a história da espécie está ligada a uma conversão automática da ciência natural e da tecnologia em uma consciência de si do sujeito social (*general intellect*), a qual passa a controlar o processo da vida material. Segundo essa construção, na história da consciência transcendental se sedimentaria, por assim dizer, apenas a história da tecnologia. Essa é somente deixada a cargo do desenvolvimento cumulativo da ação controlada pelo êxito, seguindo a tendência de multiplicar a produtividade do trabalho e substituir a força de trabalho humana – "a realização dessa tendência é a transformação do meio de trabalho

63 Marx, *Grundrisse der Kritik der Politischen Ökonomie*, p.594.

em maquinaria".[64] Os cortes epocais no desenvolvimento da técnica mostram como todas as operações do organismo humano encadeadas no círculo funcional da ação instrumental são transferidas de grau em grau para o meio de trabalho: em primeiro lugar, as operações dos órgãos executores, depois as dos órgãos dos sentidos, a geração de energia do organismo humano e, finalmente, as operações do órgão controlador, o cérebro. As etapas do progresso técnico são previsíveis, em princípio. No fim, o processo inteiro de trabalho terá se separado do homem e só continuará ligado ao meio de trabalho.[65]

O ato de autoprodução da espécie humana é consumado assim que o sujeito social se emancipa do trabalho necessário,

---

64 Ibid., p.585.

65 Assim, o meio de trabalho percorre diversas metamorfoses, "das quais a última é a *máquina*, ou antes um *sistema automático de maquinaria* (sistema de maquinaria; o *automático* é apenas a forma mais adequada e perfeita dela e só transforma a maquinara em um sistema), colocado em movimento por um autômato, força movente que se move a si mesma" (ibid., p.584). Marx antecipa, em termos de Aristóteles, a automação. Ele vê que um desdobramento das forças produtivas nessa escala só começa, no entanto, depois que as ciências, junto com suas aplicações tecnológicas, se tornam a primeira força produtiva: "Por uma parte, é a análise que nasce diretamente da ciência e a aplicação de leis mecânicas e químicas que capacitam a máquina a executar o mesmo trabalho que antes o trabalhador executava. O desenvolvimento da maquinaria por essa via só ocorre, porém, quando a grande indústria atinge um grau já mais elevado e as ciências em seu conjunto se tornam cativas a serviço do capital" (ibid., p.591). Marx fala abertamente da "transformação do processo de produção, do processo de trabalho simples em um processo científico, que submete as forças naturais a seu serviço e faz que elas atuem a serviço das necessidades humanas" (ibid., p.588).

passando a se colocar como que *ao lado* de uma produção cientificizada. Nesse caso, tornam-se obsoletos também o tempo de trabalho e o *quantum* de trabalho despendido como medida para o valor dos bens produzidos; o anátema do materialismo, que a escassez dos meios disponíveis e a coerção para o trabalho lançam sobre o processo de hominização, será quebrado. O sujeito social penetrou, como Eu, a natureza objetivada no trabalho, o Não Eu, apropriando-se dela tanto quanto é imaginável sob as condições da produção, da ação do "Eu absoluto". Nesse quadro dado por uma versão materialista da doutrina da ciência de um Fichte traduzido em sansimonismo, cabe uma passagem apócrifa dos *Grundrisse*, a qual não se repetirá nas investigações paralelas do *Capital*:

> Na medida em que [...] a grande indústria se desenvolve, a criação de riqueza real se torna menos dependente do tempo de trabalho e do *quantum* de trabalho aplicado do que do poder dos agentes que durante o tempo de trabalho são colocados em movimento, o qual – o *powerful effectiveness* deles – não está ele mesmo, por sua vez, em nenhuma relação com o tempo de trabalho imediato que custa sua produção, antes depende do nível da ciência e do progresso da tecnologia, ou da aplicação dessa ciência na produção. (O desenvolvimento dessa ciência, em particular da ciência natural, e com ela todas as demais, encontra-se ele mesmo, por sua vez, em relação com o desenvolvimento da produção material.) A agricultura, por exemplo, torna-se mera aplicação da ciência do metabolismo material, a maneira como ele pode ser regulado da forma mais vantajosa para o corpo inteiro da sociedade. A riqueza real se manifesta antes – e isto revela a grande indústria – na imensa desproporção entre o tempo de

trabalho aplicado e seu produto, assim como na desproporção qualitativa do trabalho reduzido a uma pura abstração e à força do processo de produção que ele zela. O trabalho não aparece mais tanto encerrado no processo de produção, antes o homem se relaciona com o processo de produção como vigia e regulador. (O que se diz da maquinaria se aplica do mesmo modo à combinação das atividades humanas e do desenvolvimento do comércio humano.) O trabalhador deixa de intercalar o objeto natural modificado como elo entre o objeto e ele mesmo; antes, ele desloca o processo natural, que transforma em um processo industrial, como meio entre ele mesmo e a natureza inorgânica, da qual ele se assenhoreia. Ele se coloca ao lado do processo de produção, em vez de ser seu principal agente. Nessa transformação, não é nem o trabalho imediato que o próprio homem executa, nem o tempo durante o qual ele trabalha, mas sim a apropriação de sua própria força produtiva geral, sua compreensão da natureza e a dominação sobre ela mediante sua existência como corpo social – em uma palavra, o desenvolvimento do indivíduo social – que aparece como pilar fundamental da produção e da riqueza [...]

Com isso, entra em colapso a produção baseada no valor de troca, e o próprio processo de produção material imediato se desvencilha da forma da necessidade premente e do antagonismo. Trata-se do livre desenvolvimento das individualidades – e, portanto, não da redução do tempo de trabalho necessário para estabelecer mais-trabalho, mas de modo geral da redução do trabalho necessário da sociedade a um mínimo – ao qual corresponde então a formação artística, científica etc. dos indivíduos em virtude do tempo liberado e dos meios criados para eles todos.[66]

66 Ibid., p.592-593.

Essa concepção, da transformação do processo de trabalho em um processo científico que colocaria o "metabolismo" do homem com a natureza sob o controle de uma espécie humana emancipada do trabalho necessário em geral, nos interessa aqui sob pontos de vista metodológicos. Uma ciência do homem a ser desenvolvida sob essa ideia teria de construir a história da espécie como uma síntese mediante o trabalho social, e *apenas* mediante o trabalho. Ela tornaria verdadeira a ficção do jovem Marx: a ciência natural subsume sob si a ciência do homem, tanto quanto a ciência do homem subsume a ciência natural. Pois, de um lado, a cientificização da produção é vista como o movimento que engendra a identidade de um sujeito que conhece e depois também controla o processo da vida social. Nesse aspecto, a ciência seria subsumida à ciência natural. De outro lado, a partir de sua função no processo de autoprodução da espécie, as ciências naturais são compreendidas como a revelação exotérica das forças essenciais humanas: nesse aspecto, a ciência natural seria subsumida à ciência do homem. Esta contém certamente princípios a partir dos quais se poderia obter uma metodologia das ciências naturais no sentido de um pragmatismo determinado segundo a lógica transcendental; porém, ela não se coloca em questão no âmbito de uma crítica do conhecimento. Ela se entende a si mesma, em analogia com as ciências naturais, como saber de produção, encobrindo com isso a dimensão da autorreflexão na qual, contudo, ela tem de se mover.

Ora, essa argumentação a que nos reportamos não prosperou para além da etapa de "rascunho". Ela é típica apenas para aquele fundamento filosófico – produção como "estado de ação" de uma espécie que se constitui a si mesma – sobre o qual se encontra a crítica marxiana a Hegel; ela é atípica, porém, para a própria teoria da sociedade na qual Marx se apropria materialisticamente, em toda sua amplitude, do Hegel criticado. Mesmo nos *Grundrisse*, já se encontra a concepção oficial segundo a qual a transformação da ciência em maquinaria de modo algum tem por consequência *eo ipso* a libertação de um sujeito total que é consciente de si e domina o processo de produção. De acordo com essa outra versão, a autoconstituição da espécie se efetua não somente no contexto da ação instrumental do homem perante a natureza, mas, ao mesmo tempo, na dimensão das relações de poder que definem as interações dos homens entre si. Marx distingue com muita exatidão entre um *controle* [*Kontrolle*] *consciente de si* sobre o processo de vida social por parte dos produtores associados e um *controle* [*Steuerung*] *automático* do processo de produção. Em um caso, os trabalhadores se relacionam uns com os outros como combinadores; no outro, eles são meramente combinados, "de sorte que o trabalho inteiro como totalidade *não* é a *obra* do trabalhador individual, e mesmo a obra dos diversos trabalhadores forma um conjunto somente na medida em que eles são combinados, não na medida em que se relacionam uns com os outros como combinadores".[67]

O progresso técnico-científico, tomado por si mesmo, não leva a um discernimento reflexivo sobre o processo social naturalizado [*naturwüchsig*] de tal forma que dele pudesse resultar um controle consciente de si:

> Em sua combinação, esse trabalho [*scilicet*: de uma produção cientificizada] aparece servindo a uma vontade alheia e a uma inteligência alheia, e guiada por ela – tendo sua *unidade anímica*

67 Ibid., p.374.

fora de si –, tanto quanto em sua unidade material é subordinado à *unidade objetiva da maquinaria*, do *capital fixe*, que como *monstro animado* objetiva o pensamento científico e é factualmente o resumidor; de modo algum ele se refere ao trabalhador individual como instrumento, antes este existe nele como pontualidade individual animada, como acessório isolado vivo.[68]

O quadro institucional que se fecha a uma nova etapa da reflexão, que é solicitada no entanto pelo progresso da ciência estabelecida como força produtiva, não é imediatamente o resultado de um processo de trabalho. Ele tem de ser pensado muito mais como uma forma de vida petrificada em abstração – na linguagem fenomenológica de Hegel: como uma figura da consciência fenomênica. Esta não representa de imediato uma etapa do desenvolvimento tecnológico, mas uma relação de poder social, a saber, o poder de uma classe social sobre uma outra. A relação de poder aparece no mais das vezes em *forma política*. O capitalismo, ao contrário, caracteriza-se pelo fato de que a relação de classe é determinada *economicamente* na forma do livre contrato de trabalho, nos termos do direito privado. Enquanto existir esse modo de produção, uma cientificização da produção, por mais avançada que fosse, não poderia levar à emancipação do sujeito consciente de si, conhecedor e regulador do processo da vida social. Ele iria, por isso, apenas reforçar a "contradição em processo" daquele modo de produção:

Por um lado, ele [*scilicet*: o capital] chama à vida, portanto, todos os poderes da ciência e da natureza, assim como da cooperação

68 Ibid., p.374.

> social e do trato social, a fim de tornar a criação de riqueza (relativamente) independente do tempo de trabalho aplicado nela. Por outro lado, ele quer medir essas forças sociais gigantescas assim criadas pelo tempo de trabalho, e condená-las aos limites que são requeridos para conservar como valor o valor já criado.[69]

Ambas as versões seguidas por nós tornam visível uma indecisão que está fundada no próprio ponto de partida teórico. Para analisar o desenvolvimento das formações econômicas da sociedade, Marx recorre a um conceito de sistema de trabalho social que contém mais elementos do que são declarados na concepção de uma espécie que se produz a si mesma. A autoconstituição mediante o trabalho social é concebida, *no plano categorial*, como processo de produção; e a ação instrumental, o trabalho no sentido de atividade produtiva, designa a dimensão na qual a história natural se move. *No plano de suas investigações materiais*, Marx conta sempre, ao contrário, com uma práxis social que engloba trabalho *e* interação; os processos da história natural são mediados pela atividade produtiva dos indivíduos e pela organização de suas inter-relações. Essas inter-relações se encontram submetidas a normas que decidem, com o poder das instituições, sobre como as competências e as compensações, as obrigações e os encargos do gerenciamento social são distribuídos entre os membros. O *medium* no qual essas relações dos sujeitos e dos grupos são normativamente reguladas é a tradição cultural; ela forma o contexto linguístico da comunicação, a partir do qual os sujeitos interpretam a natureza e a si mesmos em seu ambiente.

---

69 Ibid., p.593.

Enquanto a *ação instrumental* corresponde à coerção da natureza externa, e o grau das forças produtivas determina o alcance da disposição técnica sobre as forças da natureza, a *ação comunicativa* encontra-se em correspondência com a repressão da natureza individual: o quadro institucional determina a medida de uma repressão mediante o poder naturalizado da dependência social e da dominação política. Uma sociedade deve a emancipação em relação ao poder da natureza externa aos processos de trabalho, isto é, à produção de saber tecnicamente aplicável (incluindo a "transformação das ciências naturais em maquinaria"); a emancipação em relação à coerção da natureza interna é alcançada na medida em que as instituições detentoras do poder são substituídas por uma organização das inter-relações sociais que se liga unicamente à comunicação livre de dominação. Isso não acontece imediatamente graças à atividade produtiva, mas mediante a atividade revolucionária de classes em luta (incluindo a atividade crítica das ciências reflexivas). Ambas as categorias de práxis social possibilitam, tomadas em conjunto, o que Marx, interpretando Hegel, chamou de ato de autoprodução da espécie. Ele vê o nexo entre elas produzido no sistema do trabalho social; é por isso que a "produção" lhe aparece como movimento no qual a ação instrumental e o quadro institucional, ou seja, a "atividade produtiva" e as "relações de produção", apresentam-se meramente na qualidade de momentos distintos do mesmo processo.[70]

---

70 Na introdução de *Para a crítica da economia política*, do ano de 1857, na qual se encontram também as poucas indicações mais detalhadas sobre o método da economia política, desenha-se com evidência a linha da redução da práxis social a um de seus dois momentos, isto é, ao trabalho (id., *Zur Kritik der Politischen Ökonomie*, p.235-270). Marx

parte do fato de que o trabalho tem sempre a forma de trabalho social. O sujeito individual, que elabora um material natural, portanto, o modelo de ação instrumental, é uma abstração do trabalho, que, como cooperação, enlaça sistematicamente, desde o começo, as diversas execuções laborais no interior de um quadro da interação: "Indivíduos produzem em sociedade – por isso a produção socialmente determinada dos indivíduos é naturalmente o ponto de partida. O caçador e o pescador individuais e isolados, com que Smith e Ricardo começam, fazem parte das imaginações desprovidas de fantasia que caracterizam as robinsonadas do século XVIII" (ibid., p.235). Contudo, a produção social pode também ser concebida segundo o modelo da ação instrumental. O trabalho se desloca entre o impulso e a satisfação do impulso, fazendo a mediação do "processo de metabolismo", o qual se efetua no plano animal como troca imediata entre o organismo e seu entorno. Também a reprodução da sociedade em seu todo corresponde a esse processo circular, em que os objetos são produzidos e apropriados. Todavia, a produção e a apropriação são mediadas nesse plano mais uma vez pela distribuição e pela troca de bens: "Na produção, os membros da sociedade ajustam (engendram, configuram) os produtos naturais às necessidades humanas; a distribuição determina a proporção em que o indivíduo participa desses produtos; a troca abastece-lhe dos produtos particulares pelos quais ele quer vender a quota que lhe coube mediante a distribuição; finalmente, no consumo os produtos se tornam objetos de desfrute, de apropriação individual" (ibid., p.242). Assim, a produção aparece como ponto de partida, o consumo, como produto final, e a distribuição e a troca, como o meio. Esse processo vital inteiro se deixa entender sob o ponto de vista da produção. A fabricação dos meios de vida, produção, e a conservação da vida, reprodução, são dois aspectos do mesmo processo: "O consumo como necessidade, como carência, é ele mesmo um momento interno da atividade *produtiva*; mas a última é o ponto de partida da realização e, daí, também seu momento mais abrangente, o ato em que o processo inteiro volta a desembocar. O indivíduo produz um objeto e mediante o consumo dele retorna novamente a si, mas como indivíduo produtivo, e reproduzindo-se a si memo. O consumo aparece assim como momento da produção" (ibid., p.249). A produção é a forma determinada de reprodução que caracteriza o "processo de metabolismo" do homem: isso resulta de uma perspectiva que concebe o homem "a partir de baixo", justamente como ser natural.

Ora, Marx vê que na produção social também a apropriação dos produtos é socialmente organizada. A distribuição determina "mediante leis sociais" o quinhão do produtor no resultado da produção social. Essas leis que definem o quinhão têm imediatamente a forma de direitos de propriedade: "Toda produção é apropriação da natureza por parte do indivíduo no interior e por meio de uma determinada forma de sociedade. Nesse sentido, é uma tautologia dizer que a propriedade (apropriar) é uma condição da produção [...] Que não se possa falar de produção onde não existe nenhuma forma de propriedade, isso é uma tautologia" (ibid., p.241). As relações de propriedade, das quais depende a distribuição, são o fundamento da organização do intercâmbio social; na relação da distribuição com o domínio da produção, nós apreendemos, portanto, a relação do quadro institucional com a ação instrumental, aqueles dois momentos que Marx não manteve separados o suficiente no conceito de práxis. Com a resposta à questão: "Então a distribuição se encontra como esfera independente ao lado e fora da produção?", ele decide implicitamente sobre a relação de interação e trabalho.

A resposta imediata está ao alcance da mão: manifestamente, a distribuição do rendimento depende da distribuição das posições no sistema do trabalho social; a variável independente é a "posição no processo de produção". "Um indivíduo que na forma do trabalho assalariado participa da produção, participa, na forma do salário de trabalho dos produtos, dos resultados da produção. A articulação da distribuição é completamente determinada pela articulação da produção" (ibid., p.250). Só que "a articulação da produção" depende da distribuição dos instrumentos de produção, e isso significa: da "distribuição dos membros da sociedade entre os diversos tipos de produção. (Subsunção dos indivíduos a determinadas relações de produção.)" (Ibid., p.252). As relações de produção são, porém, a organização, eficaz

no interior do próprio âmbito de produção, de encargos e compensações. A distribuição é, por isso, não importa como a encaremos, dependente do quadro institucional, aqui, portanto, da ordem da propriedade, não da forma da produção enquanto tal. Marx salva a produção como a grandeza independente apenas por meio de um subterfúgio terminológico: "Considerar a produção abstraída dessa distribuição inclusa nela é claramente uma pura abstração, ao passo que, inversamente, a distribuição dos produtos é dada por si junto com essa distribuição que forma originariamente um momento da produção" (ibid., p.252). O conceito de produção é conceito de maneira tão ampla que também as relações de produção estão implicadas nele. Isso dá a Marx a possibilidade de insistir que a produção engendra também o quadro institucional no qual se produz: "Que relação essa distribuição determinante [!] da produção assume em relação à produção é claramente uma questão que incide no interior da própria produção" (ibid. p.252). A rigor, isso significa apenas que as alterações do quadro institucional dependem do desdobramento das forças produtivas, tanto quanto, inversamente, o desenvolvimento do processo de produção depende das relações de produção: "Se devêssemos dizer, dado que a produção tem de partir de uma certa distribuição dos instrumentos de produção, que pelo menos a distribuição precede a produção nesse sentido, que ela forma sua pressuposição, pode-se responder que a produção de fato tem as suas condições e pressuposições, que formam momentos dela. Estes podem aparecer, no início do início, como naturais" (ibid., p.252). Com isso, Marx tem em mente decerto as qualidades naturais da interação social como sexo, idade, relações de parentesco. "Mediante o próprio processo de produção elas são transformadas de naturais em históricas, e quando elas aparecem para um período como pressuposição natural da produção, elas foram para um outro seu resultado histórico. No interior da própria produção elas são alteradas constantemente" (ibid. p.252).
As tentativas definidoras de colocar todos os momentos da práxis social sob o conceito de produção não podem dissimular o fato de que Marx precisa contar com os pressupostos sociais da produção,

Porém, para a construção da história da espécie e para a questão de sua fundamentação em termos de crítica do conhecimento, a ampliação tácita do sistema de referências, no qual a práxis social compreende o trabalho *e* a interação, tem de ganhar uma importância decisiva se o quadro institucional não submete todos os membros sociais às mesmas repressões. Sobre o fundamento de uma produção que gera bens para além da carência elementar, surge o problema da distribuição do excedente trabalhado. Esse problema é resolvido pela *formação das classes sociais* que participam em medida distinta dos ônus da produção e das compensações sociais. Com a divisão do sistema social em classes, a qual o quadro institucional trata de fazer durar, o sujeito social perde, porém, sua unidade: "Considerar a sociedade como *um* único sujeito é considerá-la falsamente – especulativamente".[71]

Na medida em que nós consideramos a autoconstituição da espécie mediante o trabalho tendo em vista somente o poder de disposição sobre os processos naturais que se acumula nas forças produtivas, tem todo sentido falar do sujeito social no

---

os quais não constam imediatamente – como o material de trabalho, o instrumento de trabalho, a energia de trabalho e a organização de trabalho – entre os elementos do próprio processo de trabalho. Marx quer, com boas razões, conceber de tal modo o quadro categorial que os "fatos pré-econômicos" para o mecanismo de desenvolvimento da espécie não entram em consideração. Mas aquela distribuição inclusa na produção, a relação de poder institucionalizada portanto, a qual define a distribuição dos instrumentos de produção, baseia-se em um contexto de interações simbólicas que não se deixa decompor, apesar de todas as equiparações definidoras, em componentes da produção, em carência, em ação instrumental e em consumo imediato.

71 Ibid., p.249.

singular. Pois o grau de desenvolvimento das forças produtivas determina o sistema do trabalho social em seu todo. Os membros da sociedade vivem todos, em princípio, no mesmo nível de dominação da natureza, que é dado a cada vez com o saber técnico disponível. Na medida em que se forma a identidade de uma sociedade nesse grau de progresso técnico-científico, trata-se da consciência de si "do" sujeito social. Mas o processo de formação da espécie não coincide, como vemos agora, com o surgimento desse sujeito do progresso técnico-científico. Antes vai de par com esse "ato de autoprodução", concebido por Marx como estado de ação materialista, um processo de formação que é mediado por uma interação dos sujeitos das classes, sejam integrados sob coerção sejam rivalizando entre si abertamente.

Enquanto a constituição da espécie na dimensão do trabalho aparece linearmente como um processo de produção e de autoescalonamento, na dimensão da luta das classes sociais ela se efetua como um processo de repressão e autolibertação. Em ambas as dimensões, cada nova etapa do desenvolvimento se caracteriza por uma remoção da coerção: por uma emancipação da coerção da natureza externa em uma dimensão, e das repressões da natureza individual, na outra. O caminho do progresso técnico-científico é marcado pelas inovações epocais, que passo a passo vão reproduzindo o círculo funcional da ação instrumental no plano das máquinas. É definido com isso o valor limite desse desenvolvimento: a organização da própria sociedade à maneira de um autômato. O caminho do processo de formação social, ao contrário, não é assinalado por novas tecnologias, mas por etapas da reflexão, que dissolvem a dogmática de formas de dominação e de ideologias ultrapassadas, sublimam a pressão do quadro institucional e liberam a ação comunicativa *como* comunicativa. É antecipada com isso a meta desse movimento: a organização da sociedade sobre o fundamento exclusivo da discussão livre de dominação.* Ao enriquecimento do saber tecnicamente aplicável, que na esfera do trabalho socialmente necessário leva à completa substituição do homem pela maquinaria, corresponde aqui à autorreflexão da consciência fenomênica até o ponto em que uma consciência de si da espécie, tornando-se crítica, se libertou do ofuscamento ideológico em geral. Ambos os desenvolvimentos não convergem; contudo, existe uma interdependência, que Marx buscou em vão apreender na dialética de forças produtivas e relações de produção. Em vão: pois o sentido dessa "dialética" há de permanecer inexplicado enquanto o conceito materialista de síntese entre homem e natureza continuar restrito ao quadro categorial da produção.

Se a ideia de uma autoconstituição da espécie humana na história natural deve unificar as duas coisas – *a autoprodução mediante a atividade produtiva* e *a formação mediante a atividade crítico-revolucionária* –, então o conceito de síntese tem de acolher uma segunda dimensão. A unificação engenhosa de Kant e Fichte não basta mais nesse caso.

A síntese mediante o trabalho faz a mediação do sujeito social com a natureza externa como seu objeto. Mas esse processo de mediação se cruza com uma síntese mediante a luta, que por sua vez realiza a mediação entre dois sujeitos parciais

* Corrigimos aqui o original: *herrschaftliche Diskussion* que, literalmente, significa "discussão senhorial". No texto apresentado como segundo posfácio nesta edição, Habermas se refere a esse lapso, jamais revisto (N. T.).

da sociedade que fazem um do outro objeto, a saber, as classes sociais. Em ambos os processos de mediação, o conhecimento, a síntese do material empírico e das formas do espírito, é apenas um momento: ali a realidade é interpretada sob pontos de vista técnicos; aqui, sob ponto de vistas práticos. A síntese mediante o trabalho produz uma relação técnico-teórica entre sujeito e objeto, a síntese mediante a luta, uma relação prático-teórica. Ali se forma o saber de produção; aqui, o saber de reflexão. O único modelo que se apresenta para uma tal síntese se encontra em Hegel. Trata-se da dialética da eticidade, que Hegel desdobrou nos escritos teológicos de juventude, nos escritos políticos da época de Frankfurt e na filosofia do espírito de Jena, mas que não integrou no sistema.[72]

No fragmento sobre o espírito do cristianismo, Hegel desdobra a dialética da eticidade tomando o exemplo do castigo que atinge aquele que destrói uma totalidade ética. O "criminoso", que suprime a complementaridade entre a comunicação isenta de coerção e a satisfação recíproca de interesses, pondo-se como indivíduo isolado no lugar da totalidade, coloca em marcha o processo de um destino que o retalia. Com a luta acesa entre os partidos conflitantes e a hostilidade para com o outro ferido e oprimido, fazem-se sentir a complementaridade perdida e as relações amistosas passadas. O criminoso é confrontado com o poder negador da vida passada. Ele experimenta a culpa. O culpado tem de sofrer sob a violência, por ele

72 Cf. meu artigo para o volume comemorativo dedicado a Karl Löwith: Arbeit und Interaktion. Bemerkungen zu Hegels Jenenser Philosophie des Geistes, p.132 et seq.; além disso, meu posfácio a *Hegels Politische Schriften*, p.343 et seq.

mesmo provocada, da vida recalcada [*verdrängte*] e segregada até que ele experimente, na repressão [*Repression*] da vida alheia, a carência da sua própria, no abandono do sujeito alheio, a alienação [*Entfremdung*] de si mesmo. Nessa *causalidade do destino* opera o poder da vida oprimida, que só pode ser reconciliada se da experiência da negatividade da vida cindida assoma a nostalgia da vida perdida, compelindo a identificar, na existência alheia combatida, a sua própria existência negada. Então ambas as partes reconhecem sua posição empedernida recíproca como o resultado da separação, da abstração de seu contexto de vida em comum – e nele, na relação dialógica do reconhecer-se [*Sich Erkennen*] no outro, elas experimentam o fundo comum de sua existência.

Marx poderia ter se servido desse modelo e construído como "crime" aquela apropriação desproporcional do excedente que tem por consequência o antagonismo de classe. A causalidade punidora do destino se inflige aos dominantes como luta de classes que desemboca em revoluções. A violência revolucionária reconcilia as partes cindidas ao superar a alienação do antagonismo de classe, ocorrida por conta da repressão da eticidade inicial. Em seu escrito sobre a constituição do conselho de Württemberg e no fragmento introdutório do escrito sobre a Constituição alemã, o próprio Hegel desenvolveu a dialética da eticidade nas condições políticas de Württemberg e do antigo *Reich* alemão. A positividade da vida política petrificada espelha o dilaceramento da totalidade ética; e a revolução, que há de ocorrer, é a reação da vida reprimida, atingindo os dominantes com a causalidade do destino.

No entanto, Marx concebe a totalidade ética como sociedade, na qual os homens produzem a fim de reproduzir sua vida por meio da apropriação de uma natureza externa. A eticidade é um quadro institucional eligido a partir da tradição cultural, mas precisamente um quadro voltado para os processos de produção. A dialética da eticidade, que se efetua sobre a base do trabalho social, Marx a adota a título de lei de movimento de um conflito definido entre partidos determinados. O conflito é travado sempre em torno da organização da apropriação dos produtos socialmente gerados, ao passo que as partes conflitantes são determinadas por sua posição no processo de produção, a saber, como classes. Enquanto movimento do antagonismo das classes, a dialética da eticidade se liga ao desenvolvimento do sistema do trabalho social. A superação da abstração, ou seja, a reconciliação crítico-revolucionária das partes alienadas, tem êxito apenas em relação com o grau de desenvolvimento das forças produtivas. O quadro institucional acolhe em si mesmo a coerção da natureza externa, que se expressa no grau de dominação da natureza, na medida de trabalho socialmente necessário e na proporção entre as compensações disponíveis e as pretensões socialmente desenvolvidas, traduzindo-a, mediante a repressão dos desejos pulsionais, em uma coerção da natureza interna, portanto, na coerção de normas sociais. É por isso que a destruição relativa das relações éticas se mede inicialmente pela diferença entre o grau *factual* de repressão institucionalmente *exigida* e o grau de repressão *necessária* em um nível dado de forças produtivas. Essa diferença é uma medida para a dominação que é objetivamente supérflua. Aqueles que estabelecem uma tal dominação e defendem as posições de dominação desse tipo são os que colocam em marcha a causalidade do destino, dividem a sociedade em classes sociais, reprimem interesses fundamentados, provocam reações da vida reprimida e, por fim, acabam experimentando na revolução seu justo destino. Eles são compelidos pela classe revolucionária a se reconhecer nela e a superar, por conta disso, a alienação da existência de *ambas* as classes. Enquanto a coerção da natureza externa perseverar na figura da carência econômica toda classe revolucionária será solicitada, por seu turno, após sua vitória, a cometer a injustiça, ou seja, a estabelecer uma nova dominação de classe. Por isso, a dialética da eticidade tem de se repetir, até que o anátema materialista que paira sobre a reprodução da vida social, a maldição bíblica do trabalho necessário, seja quebrado graças à tecnologia.

Tampouco, nesse caso, a dialética da eticidade encontra repouso automaticamente; mas a solicitação pela qual ela é mantida em movimento desde então assume uma nova qualidade: ela não provém mais da carência, mas somente da satisfação masoquista de uma dominação que bloqueia um abrandamento objetivamente possível da luta pela existência e sonega uma interação sem coerção, sob o fundamento da comunicação livre de dominação. Reproduzida, então, somente por conta própria, essa dominação impede a alteração do estado de agregação da história natural, o ingresso em uma história que a dialética da eticidade deixa livre e que poderia se mover, sobre a base de uma produção desonerada do trabalho humano, no *medium* do diálogo.

A dialética do antagonismo de classe é, diferentemente da síntese mediante o trabalho social, um movimento da reflexão. Pois a relação dialógica da unificação complementar de sujeitos contrapostos, a eticidade restituída, é uma relação de *lógica* e *práxis de vida* de uma só vez. Isso se mostra na dialética da relação ética que Hegel desdobrou sob o título de *luta por reconhecimento*. Nela são reconstruídas a repressão e a renovação da situação dialógica como uma relação ética. As relações gramaticais de uma comunicação distorcida pela violência exercem uma violência prática. Só o resultado do movimento dialético elimina a violência e produz a ausência de coerção do dialógico reconhecer-se-no-outro; na linguagem do jovem Hegel: o amor como reconciliação. Chamamos de dialético, por isso, não a própria intersubjetividade isenta de coerção, mas a história de sua repressão e restituição. A deformação da relação dialógica encontra-se sob a causalidade dos símbolos cindidos e das relações gramaticais objetificadas, isto é, subtraídas da comunicação pública, vigentes somente às costas dos sujeitos e, ao mesmo tempo, empiricamente cogentes.

Marx analisa uma forma de sociedade que deixa de institucionalizar o antagonismo de classe na figura da dependência política e do poder social imediatos, fixando-o no instituto do livre contrato de trabalho, o qual recobre a atividade produtiva com a forma mercadoria. Essa forma mercadoria é uma aparência objetiva, visto que ela torna irreconhecível a ambas as partes, tanto aos capitalistas como aos trabalhadores assalariados, o objeto de seu conflito, restringindo sua comunicação. A forma mercadoria do trabalho é ideologia, visto que ela ao mesmo tempo oculta e expressa a repressão de uma relação dialógica sem coerção:

> O misterioso da forma mercadoria consiste, portanto, simplesmente em que ela espelha para os homens os caracteres sociais de seu trabalho próprio como caracteres objetivos dos próprios produtos do trabalho, como propriedades sociais dessas coisas, daí também a relação social dos produtores com o trabalho inteiro

> como uma relação social de objetos existindo exteriormente a eles. Por meio desse *quid pro quo*, os produtos do trabalho se tornam mercadorias, coisas sensíveis e suprassensíveis ou sociais. Assim, a impressão da luz de uma coisa sobre o nervo óptico não se apresenta como estímulo subjetivo do próprio nervo, mas como forma objetiva de uma coisa exterior ao olho. Mas, na visão, a luz de uma coisa, do objeto exterior, é realmente projetada sobre uma outra coisa, o olho. É uma relação física entre coisas físicas. Ao contrário, a forma mercadoria e a relação de valor dos produtos do trabalho, na qual ela se apresenta, não tem absolutamente nada a ver com sua natureza física e com as relações objetivas que derivam daí. É apenas a relação social determinada dos próprios homens que aqui assume para eles a forma fantasmagórica de uma relação entre coisas. Por isso, para encontrar uma analogia, precisamos nos refugiar na região nebulosa do mundo religioso. Aqui os produtos da cabeça humana parecem figuras dotadas de vida própria, autônomas e estando em relação entre si e com os homens. É assim no mundo das mercadorias com os produtos da mão humana. Isso eu chamo de fetichismo, que adere aos produtos do trabalho tão logo eles sejam produzidos como mercadorias, e que por isso é inseparável da produção de mercadorias.[73]

À repressão institucionalmente solidificada de uma comunicação por meio da qual uma sociedade se fende em classes sociais corresponde a fetichização das verdadeiras relações sociais. O capitalismo se caracteriza, de acordo com Marx, pelo fato de fazer as ideologias baixarem do céu das legitimações da dominação e do poder palpáveis, descendo-as até o sistema do

---

73 Marx, *Das Kapital*, v.1, p.77-78.

trabalho social. Na sociedade burguesa liberal, a legitimação da dominação é derivada da legitimação do mercado, vale dizer, da "justiça" da troca de equivalentes, inerente à relação de troca. Ela é desmascarada pela crítica do fetiche da mercadoria.

Por esse exemplo, que escolho porque é central para a teoria marxiana da sociedade, torna-se patente que a alteração do quadro institucional, concebida como movimento do antagonismo de classe, é uma dialética da consciência fenomênica das classes. Uma teoria da sociedade que concebe a autoconstituição da espécie especialmente sob o *duplo* ponto de vista de uma síntese mediante a luta de classes e mediante o trabalho social somente poderá analisar a história natural da produção no quadro de uma reconstrução da consciência fenomênica dessas classes. O sistema do trabalho social se desenvolve somente na conexão objetiva com o antagonismo das classes; o desdobramento das forças produtivas se cruza com a história das revoluções. Mas essa luta de classes, cujos resultados se sedimentam a cada vez no quadro institucional de uma sociedade, na *forma* da sociedade, é, como a dialética recorrente da eticidade, um processo de reflexão em seu conjunto: nela se formam as figuras da consciência de classe, claro que não idealisticamente no automovimento de um espírito absoluto, mas materialisticamente sobre o fundamento das objetivações assumidas pela apropriação de uma natureza externa. A reflexão em que uma forma de vida existente é convencida de sua abstração e, em virtude disso, revolucionada é desencadeada pelo potencial crescente da disposição sobre os processos da natureza objetificados no trabalho. O desdobramento das forças produtivas intensifica a cada momento a desproporção entre a repressão institucionalmente exigida e a objetivamente necessária, provocando com isso a tomada de consciência sobre a inverdade existente, o dilaceramento sentido de uma totalidade ética.

Para a *posição metodológica da teoria da sociedade*, seguem-se disso duas coisas. Por um lado, a ciência do homem se liga a uma autorreflexão da consciência de classe fenomênica. Como a *Fenomenologia do espírito*, ela reconstrói, guiando-se pela experiência da reflexão, um caminho da consciência fenomênica que é aberto, todavia, pelos desenvolvimentos do sistema do trabalho social. Por outro lado, porém, aquela ciência do homem se assemelha à fenomenologia do espírito de Hegel também no fato de que ela própria se sabe inclusa no processo de formação que ela rememora. A consciência cognoscente tem de voltar-se também contra si mesma, na perspectiva de uma crítica da ideologia. Assim como as ciências naturais meramente ampliam de forma metódica o saber tecnicamente aplicável que já foi acumulado de maneira pré-científica no interior do quadro transcendental da ação instrumental, a ciência do homem amplia de forma metódica o saber de reflexão que já é transmitido de maneira pré-científica no interior do mesmo contexto objetivo de uma dialética da eticidade, no qual também ela se encontra previamente. No entanto, a consciência cognoscente somente pode se desprender da figura tradicional em que se encontra na medida em que ela concebe o processo de formação da espécie como um movimento do antagonismo de classe mediado a cada momento por processos de produção, reconhece-se a si mesma como resultado da história da consciência de classe fenomênica e, em virtude disso, se liberta da aparência objetiva *como* consciência de si.

A exposição fenomenológica da consciência fenomênica, que servia a Hegel apenas como *introdução* à ciência, transforma-se para Marx no sistema de referências ao qual a análise da história da espécie *permanece* atrelada. Marx não concebeu a história da espécie, a ser conceituada materialisticamente, sob o ponto de vista de uma teoria do conhecimento; porém, se a práxis social não acumula apenas os êxitos da ação instrumental, mas suscita e reflete com o antagonismo das classes a aparência objetiva, então a análise da história, como uma parte desse processo, só é possível na atitude fenomenologicamente refratada – a ciência do homem é ela própria crítica e tem de continuar a sê-lo. Pois, após ter alcançado o conceito de síntese pela via de uma reconstrução da consciência fenomênica, a consciência crítica só poderia adotar o ponto de vista que permite desvincular a teoria da sociedade da refração que a autorreflexão fenomenológica suscita no âmbito da teoria do conhecimento, caso essa consciência pudesse se apreender e tivesse o direito de se entender como síntese absoluta. Desse modo, porém, a teoria da sociedade permanece presa ao quadro da *Fenomenologia*; esta, no entanto, assume, sob as pressuposições materialistas, a forma de *crítica da ideologia*.

Se Marx tivesse refletido sobre os pressupostos metodológicos da teoria da sociedade, tal como ele a projetou, e não lhe tivesse sobreposto uma autocompreensão filosófica restringida ao quadro categorial da produção, a diferença entre ciência empírica estrita e crítica não teria sido encoberta. Se Marx não tivesse juntado a interação com o trabalho sob o título de práxis social, se em vez disso ele tivesse referido o conceito materialista de síntese às operações da ação instrumental e às associações da ação comunicativa em igual medida, então a ideia de uma ciência do homem não teria sido obscurecida pela identificação com a ciência da natureza. Ao contrário, essa ideia teria retomado a crítica de Hegel ao subjetivismo da teoria kantiana do conhecimento, ultrapassando-a materialisticamente. Com essa ideia teria sido enunciado que uma crítica do conhecimento radicalizada só pode ser enfim estabelecida na forma de uma reconstrução da história da espécie; e que, inversamente, a teoria da sociedade, sob o ponto de vista de uma autoconstituição da espécie no *medium* do trabalho social e da luta de classes, só é possível como autorreflexão da consciência fenomênica.

A posição da filosofia em relação à ciência poderia ter sido explicitamente clarificada sobre esse fundamento. A filosofia é conservada na ciência como crítica. A teoria da sociedade que levanta a pretensão de uma autorreflexão da história da espécie não pode simplesmente negar a filosofia. A herança da filosofia se transfere antes para a atitude de crítica da ideologia, a qual determina o próprio método da análise científica. Mas fora da crítica não resta à filosofia nenhum direito. Na medida em que a ciência do homem é crítica material do conhecimento, a filosofia, que como teoria pura do conhecimento se havia privado de todos os conteúdos, volta a obter mediatamente seu acesso às questões materiais. *Como* filosofia, porém, a ciência universal que ela quis ser sucumbe ao juízo aniquilador da crítica.[74]

Marx não desdobrou essa ideia da ciência do homem, mas até mesmo a repudiou mediante a equiparação entre crítica e ciência natural. O cientificismo materialista só vem a confirmar uma vez mais o que o idealismo absoluto já havia efetuado: a superação da teoria do conhecimento em favor de uma ciência universal desprendida de todos os seus grilhões, aqui certamente não o saber absoluto, mas um materialismo científico.

74 Cf. Adorno, *Negative Dialektik*.

Com sua exigência positivista por uma ciência natural do social, Comte precisou apenas tomar a palavra a Marx, ou pelo menos a intenção que Marx cria ter seguido. O positivismo voltou as costas à teoria do conhecimento, a cuja autossuperação filosófica Hegel e Marx se dedicaram, nesse ponto em comum acordo – ao preço da recaída para aquém da etapa de reflexão aberta pela crítica kantiana. Mas, reportando-se às tradições pré-críticas, o positivismo deu início, com êxito, à tarefa de uma metodologia das ciências, da qual Hegel e Marx se creram dispensados.

II
Positivismo, pragmatismo, historicismo

O positivismo assinala o fim da teoria do conhecimento. Em seu lugar aparece uma teoria das ciências. A questão lógico-transcendental sobre as condições do conhecimento possível visava, ao mesmo tempo, explicar o sentido do conhecimento em geral. O positivismo afasta essa questão; ela se tornou sem sentido para ele graças ao fato das ciências modernas. O conhecimento se define implicitamente pelas realizações da ciência. Por isso, a questão transcendental sobre as condições do conhecimento possível só continua a ser colocada na forma de uma questão metodológica a respeito das regras para construir e verificar teorias científicas. Sem dúvida, também Kant se deixara dirigir tacitamente por um conceito normativo de ciência em razão da física da época. Mas, abstraindo que essa ligação contradiz de toda maneira a intenção de uma crítica do conhecimento a ser conduzida sem reservas, Kant tomou a forma da ciência moderna como ponto de partida para investigar a constituição dos objetos possíveis do conhecimento analítico-causal. Essa dimensão o positivismo perde de vista, não porque, para ele, o fato da ciência moderna elimina a questão sobre o sentido do conhecimento em geral, mas porque ele a prejulga. É certo que mesmo o positivismo continua a expressar uma posição da filosofia em relação à ciência; pois a autocompreensão cientificista das ciências articulada por ele não coincide com elas. Porém, ao dogmatizar a fé das ciências em si mesmas, o positivismo adota a função proibitiva de proteger a pesquisa contra uma autorreflexão a ser realizada em termos de teoria do conhecimento. Filosófico nele é apenas este momento único, necessário para imunizar as ciências contra a filosofia. Não basta exercer a metodologia; ela precisa se afirmar também como teoria do conhecimento, ou melhor: como sua inventariante legítima e fidedigna. O positivismo se ergue e desaba com o princípio do cientificismo, segundo o qual o sentido do conhecimento se define por aquilo que as ciências realizam e, em razão disso, pode se explicitar suficientemente pela via da análise metodológica dedicada aos modos de proceder científicos. A teoria do conhecimento que transcende o quadro da metodologia como tal acaba sucumbindo, então, àquele veredito a respeito da exaltação e da falta de sentido que ela outrora lançou sobre a metafísica.

A substituição da teoria do conhecimento pela teoria da ciência se torna patente pelo fato de o sujeito cognoscente não representar mais o sistema de referências. De Kant até Marx, o sujeito do conhecimento foi concebido como consciência, eu, espírito e espécie; é por isso que os problemas da validade de enunciados podiam ser decididos unicamente com a referência a uma síntese – mesmo que o conceito de síntese tenha se transformado juntamente com o de sujeito. A explicação do sentido da validade de juízos ou de proposições era possível por meio do recuo até a gênese das condições que se situam na mesma dimensão que os estados de coisas enunciados ou ajuizados. A questão sobre as condições do conhecimento possível era respondida com uma história universal da gênese. Cada história relata os feitos e os destinos de um sujeito, incluindo os feitos e os destinos unicamente por meio dos quais ele se forma como sujeito. A teoria da ciência, porém, se desembaraça da questão do sujeito cognoscente; ela se dirige diretamente às ciências, dadas na qualidade de sistemas de proposições e de modos de proceder – podemos dizer igualmente: como um complexo de regras conforme as quais as teorias são construídas e verificadas. Os sujeitos que procedem segundo essas regras perdem sua relevância de acordo com uma teoria do conhecimento restrita à metodologia: os feitos e os destinos pertencem, quando muito, à psicologia de sujeitos de conhecimento rebaixados a pessoas empíricas – para a clarificação imanente do processo de conhecimento, não lhes cabe peso algum. O reverso dessa restrição é a autonomização da lógica e da matemática, convertendo-se em ciências formais, de sorte que seus problemas de fundamentação deixam doravante de ser discutidos em conexão com o problema do conhecimento.[1] A título de metodologia da pesquisa, a teoria da ciência pressupõe a validade da lógica formal e da matemática. Essas, por sua vez, são apartadas, enquanto ciências autóctones, da única dimensão onde a gênese de suas operações subjacentes pode se converter em tema.

Uma teoria do conhecimento nivelada à metodologia perde de vista a constituição dos objetos da experiência possível, da

1 Sobre a crítica do formalismo na pesquisa a respeito dos fundamentos da lógica e da matemática, cf. Kambartel, *Erfahrung und Struktur*.

mesma maneira que uma ciência formal separada da reflexão transcendental perde de vista a gênese das regras de associação de símbolos; ambas ignoram, falando kantianamente, as operações sintéticas do sujeito cognoscente.[2] A atitude positivista encobre a problemática da constituição do mundo. *O sentido do próprio conhecimento torna-se irracional* – em nome do estrito conhecimento. Em virtude disso, porém, passa a dominar a concepção ingênua segundo a qual o conhecimento descreveria a realidade. A isso corresponde a teoria da verdade como cópia, de acordo com a qual a correlação reversivelmente unívoca entre enunciados e estados de coisas tem de ser concebida como isomorfia. Esse objetivismo permaneceu até os dias de hoje como o signo de uma teoria da ciência que entrou em cena com o positivismo de Comte. No lugar da questão lógico-transcendental sobre o sentido do conhecimento, aparece a questão positivista sobre o sentido dos "fatos", cuja interconexão é descrita por proposições teóricas. Ernst Mach radicalizou essa questão, desenvolvendo a teoria da ciência sobre a base de uma doutrina dos elementos destinada a clarificar a facticidade dos fatos de modo geral.

O positivismo reprimiu as tradições mais antigas com tanta tenacidade e monopolizou a autocompreensão das ciências com tanta eficácia que, desde a autossuperação da crítica do conhecimento por parte de Hegel e Marx, a aparência objetivista não pode mais ser quebrada por um retorno a Kant, mas

---

2 Hoje, os trabalhos de Lorenzen sobre protológica representam a tentativa mais promissora de deduzir as regras da lógica formal sob o ponto de vista da constituição. Cf. Lorenzen, *Methodisches Denken*; e Kamlah; Lorenzen, *Logische Propädeutik*.

somente de maneira imanente mediante uma metodologia que segue seus próprios problemas e se vê forçada à autorreflexão. Simulando para as ciências um em-si de fatos estruturados segundo leis e ocultando assim a constituição prévia desses fatos, o objetivismo não pode mais ser suplantado de fora, tomando-se a posição de uma teoria do conhecimento repristinada, mas somente por meios do recurso a uma metodologia que transcende suas próprias barreiras. Rudimentos de uma semelhante *autorreflexão das ciências* se encontram em Charles S. Peirce e Wilhelm Dilthey. A crítica pragmatista do sentido surge dos contextos de uma metodologia das ciências da natureza; a historicista, dos contextos de uma metodologia das ciências do espírito. Contudo, *Peirce* (1839-1914) e *Dilthey* (1833-1911), ambos contemporâneos de *Mach* (1834-1916), ainda se encontram, cada um a seu modo, a tal ponto sob o encanto do positivismo, que por fim eles acabam não conseguindo escapar inteiramente ao objetivismo, deixando de conceber como tal o fundamento dos interesses condutores do conhecimento [*erkenntnisleitende Interessen*].

4. Comte e Mach: a intenção do positivismo mais antigo

De início, o positivismo entra em cena na figura de uma nova filosofia da história. Este é o paradoxo. Pois o conteúdo cientificista da doutrina positivista, de acordo com o qual o conhecimento legítimo só é possível no interior do sistema das ciências empíricas, encontra-se em manifesto conflito com a forma de filosofia da história na qual o positivismo surge a princípio. A lei dos três estados de *Comte* indica uma regra segundo a qual deve se efetuar o desenvolvimento intelectual tanto dos indivíduos como da espécie. É visível que essa lei de evolução possui uma forma lógica que não corresponde ao *status* de hipótese de lei atribuído às ciências empíricas: o próprio saber de que se vale Comte para interpretar o significado do saber positivo não corresponde às determinações do espírito positivo.[3] Esse paradoxo se soluciona tão logo divisamos a intenção do positivismo mais antigo: propagar de maneira pseudocientífica o monopólio da ciência sobre o conhecimento.

A teoria do conhecimento não pode ser substituída pela teoria da ciência sem mediações. Visto que o conceito filosófico do conhecimento fora liquidado, o sentido da ciência teria se tornado irracional se o positivismo não tivesse ajuntado à ciência o sentido próprio de uma filosofia da história. Desde então, o fenômeno do progresso técnico-científico passa a ganhar um significado sobressalente. A investigação de um contexto empírico a ser feita em termos de filosofia da história, isto é, a análise tanto da história da pesquisa moderna como também das consequências sociais do progresso científico, entra no lugar da reflexão do sujeito cognoscente sobre si mesmo. Assim que o conhecimento é considerado suficientemente definido segundo o exemplo das ciências modernas, a ciência deixa de ser concebida tendo por horizonte o conhecimento possível, previamente refletido. O sentido da ciência não pode ser elucidado senão pelo processo de surgimento da pesquisa moderna e pelas funções sociais de uma práxis de pesquisa que revoluciona os contextos de vida. Dado que o conceito de conhecimento se torna irracional, a metodologia das ciências e a racionalização

3 Cf. Popper, *The Poverty of Historicism.*

científica da práxis de vida precisam se interpretar reciprocamente. Nisso consiste a verdadeira operação do positivismo mais antigo. Ele fundamenta a fé cientificista das ciências em si mesmas recorrendo a uma construção da história da espécie tomada como história do sucesso do espírito positivo:

> Trata-se da influência de fato do homem sobre o mundo externo, cujo desenvolvimento gradual forma, sem dúvida, um dos principais aspectos da evolução social; certamente, pode-se dizer até mesmo que sem o seu desdobramento essa evolução inteira teria sido impossível [...] O progresso político, bem como o moral e o intelectual, é absolutamente inseparável do progresso material [...] Por isso, é claro que o efeito do homem sobre a natureza depende principalmente dos seus conhecimentos alcançados no que concerne às leis reais dos fenômenos inorgânicos, ainda que a filosofia biológica não esteja de modo algum implicada nisso [...] Nomeadamente a física [...] e talvez ainda mais a química [formam] o fundamento genuíno do poder humano [...], ao passo que a astronomia, apesar de sua colaboração decisiva, pode apenas contribuir com uma previsão certamente indispensável, mas sem suscitar uma modificação direta no meio circundante.[4]

Também Marx analisa o papel do progresso técnico-científico para a autoconstituição da espécie humana. Mas, enquanto ele retoma o conceito idealista de conhecimento, reduzindo-o a uma síntese mediante o trabalho social, e fundamenta a disposição técnica sobre a natureza e o desenvolvimento so-

4 Comte, *Soziologie*, v.1, p.368-369.

ciocultural justamente em termos de teoria do conhecimento, Comte associa às circunstâncias contingentes do progresso científico uma filosofia da história que providenciaria a iluminação de um conceito de ciência que foi desligado da teoria do conhecimento e cegado pelo positivismo.

A construção de acordo com a qual o espírito dos indivíduos, assim como da espécie, percorre um estágio teológico e um metafísico, antes de ingressar na era do espírito positivo, Comte a recebeu no essencial de Condorcet e Saint-Simon. Tão pouco original é a hierarquia, ao mesmo tempo histórica e sistemática, das seis ciências fundamentais, a saber: da matemática e da astronomia, da física e da química, e finalmente da biologia e da sociologia, com a qual Comte procura renovar o conceito enciclopédico das ciências. E no âmbito metodológico, Comte pode ainda menos pretender ter feito descobertas – as determinações metodológicas de sua teoria da ciência são mais ou menos lugares comuns das tradições empirista e racionalista. O enfado causado pelo positivismo mais antigo se explica pelo vínculo eclético de elementos bem conhecidos. Contudo, ele revolucionou a posição da filosofia em relação às ciências. Pois sua realização específica consiste em fazer que os teoremas da teoria do conhecimento pré-crítica se desprendam do sistema de referências dado com o sujeito que percebe e julga, rebaixando-se a determinações de uma metodologia das ciências, uma vez que ele coloca no lugar do sujeito da teoria do conhecimento o progresso técnico-científico, na qualidade de sujeito de uma filosofia da história cientificista. Uma sistemática científica provisória, que Comte introduz a título de lei enciclopédica, permite referir os princípios metodológicos, autonomizados em relação a seus nexos com a teoria do conhecimento, ao processo de desenvolvimento das ciências modernas e de uma racionalização progressiva das condições sociais.

A teoria da ciência só pôde se impor montando às costas de uma filosofia cientificista da história, visto que não é possível liquidar o nexo dedutivo com a teoria do conhecimento sem que ao menos se compense o conceito filosófico de conhecimento, desvalorizado como metafísico, com uma explicação do sentido da ciência. Sem dúvida, a teoria analítica da ciência há muito se desvencilhou desse resto, ao que parece, ainda metafísico. Só que, tão logo a metodologia passe a refletir sobre si mesma, ela, por sua vez, tem de buscar refúgio em uma teoria do progresso científico, como ensina o exemplo de Popper quando pensa coerentemente.[5] A dimensão de que o positivismo mais antigo se vale ainda imponderadamente não se liga exatamente a um contexto de surgimento exterior à teoria das ciências; pelo contrário, ela marca um caminho necessário para reduzir a teoria do conhecimento à teoria da ciência, o qual esta teria de percorrer de novo em sentido inverso, caso ela se veja obrigada a realizar uma autorreflexão.

A teoria da ciência de Comte se deixa reduzir a regras metodológicas a serem todas recobertas com o termo "positivo": o "espírito positivo" se liga aos procedimentos garantidores da cientificidade. Em seu discurso sobre o espírito do positivismo, Comte oferece uma análise do significado da palavra: ele denomina "positivo" o factual em oposição ao meramente imaginário (*réel – chimérique*), aquilo que pode pretender certeza, em oposição ao indecidido (*certitude – l'indécision*), o exato

5 Wellmer, *Methodologie als Erkenntnistheorie.*

diferentemente do indeterminado (*le précis – le vague*), o útil em oposição ao vão (*l'utile – l'oiseux*), e, finalmente, o que pretende validade relativa em oposição ao absoluto (*le relatif – l'absolu*).[6]

A contraposição entre factual e meramente imaginário fornece o critério para separar, com rigor, ciência e metafísica. Nossa inteligência deve se dirigir aos "objetos de pesquisa realmente alcançáveis [...] excluindo os mistérios insondáveis".[7] O positivismo pretende eliminar os questionamentos indecidíveis e, por isso, desprovidos de sentido, restringindo o domínio de objetos próprio das análises científicas possíveis aos "fatos". No entanto, Comte não tenta distinguir fatos e imaginações, recorrendo de imediato a uma determinação ontológica do factual. É considerado fato tudo o que pode se tornar objeto de ciência rigorosa. É por isso que a demarcação do domínio de objetos da ciência se reduz à questão de como definir a ciência. No único plano admitido pelo positivismo, a ciência só pode se definir pelas regras metodológicas de acordo com as quais ela procede.

De início, o positivismo adota a regra fundamental das escolas empiristas, segundo a qual todo conhecimento deve se comprovar pela *certeza sensível* da observação sistemática, assegurando a intersubjetividade. Tendo em vista a realidade, somente a percepção pode reivindicar evidência. A observação é, por isso, o "único fundamento possível dos conhecimentos realmente alcançáveis e sabiamente adequados a nossas necessidades de fato".[8] A experiência sensível determina o acesso ao

---

6 Comte, *Discours sur l'esprit positif*, p.82 et seq.

7 Ibid., p.91.

8 Ibid., p.27.

domínio dos fatos. Uma ciência que faz enunciados sobre o real é sempre ciência empírica.

Todavia, o positivismo não considera garantida a certeza do conhecimento exclusivamente por conta do fundamento empírico; tão importante quanto a certeza sensível é a *certeza ligada ao método*. Enquanto a fiabilidade do conhecimento metafísico estava fundada na unidade e na contextura do ente em seu todo, a unidade do método garante a fiabilidade do conhecimento científico. Porque a ciência se dirige à multiplicidade dos fatos, em princípio inabarcável e nunca conceitualizável em sua totalidade, o contexto do conhecimento não pode mais ser atado objetivamente a um mundo ensamblado por si mesmo como um sistema; ele tem de ser fundado subjetivamente em um procedimento sistemático do pesquisador: "Nesse sentido, nós não temos de buscar nenhuma outra unidade senão a do método positivo".[9] A ciência afirma a precedência do método sobre a coisa, visto que nós podemos nos informar com fiabilidade sobre a coisa somente com o auxílio dos modos de proceder científicos. A certeza do conhecimento que o positivismo exige se refere, portanto, simultaneamente à certeza empírica da evidência sensível e à certeza ligada ao método proporcionada pelo procedimento obrigatoriamente unitário.

A exigência de *exatidão do conhecimento* vai além disso. A precisão de nosso saber é assegurada somente pela construção formalmente cogente de teorias que permitem a derivação de hipóteses de leis. Diferentemente da erudição acumuladora de fatos, as teorias científicas se compõem

---

9 Ibid., p.51.

> no essencial de leis e não de fatos, embora estes sejam indispensáveis para fundamentar e sancionar aquelas; de sorte que nenhum fato isolado, seja de que tipo for, pode ser incorporado à ciência antes que ele ao menos seja vinculado corretamente a um outro conceito qualquer com o auxílio de uma hipótese racional.[10]

Enunciados de existência sobre fatos ganham valor científico somente quando são "vinculados corretamente" a enunciados teóricos. Pois unicamente a conexão analítica de proposições universais e a associação lógica de enunciados de observação com tais teorias assegura a exatidão de nosso conhecimento. Comte formula a relevância das conexões dedutivas em detrimento da mera descrição. Ele vê

> que o espírito positivo, sem desconhecer o sobrepeso necessário da realidade constatada em todas as formas, sempre se esforça por aumentar tanto quanto possível o domínio da inferência racional à custa daquele do experimento [...] O progresso científico consiste principalmente em diminuir gradativamente o número das leis separadas e independentes por meio de uma extensão incessante de suas conexões.[11]

Apenas por essa via é possível alcançar uma "harmonia crescente entre nossas concepções e as observações".[12] Comte se sabe herdeiro da tradição racionalista. O capítulo em que ele resume suas considerações sobre o método positivo é compa-

---

10 Id., *Soziologie*, v.3, p.538.

11 Ibid., p.595.

12 Ibid., p.622.

rado por ele mesmo com o *Discurso do método*, de Descartes.[13] Por outro lado, ele pode comodamente ligar os princípios racionalistas com os empiristas, já que não se trata de teoremas de uma teoria do conhecimento, mas de regras normativas para o procedimento da ciência, unicamente pelo qual se define a própria ciência.

A exigência seguinte do positivismo por *utilidade do conhecimento* se deve a uma semelhante combinação das duas tradições que estão em oposição no âmbito da teoria do conhecimento. Do empirismo, Comte toma de empréstimo o ponto de vista segundo o qual os conhecimentos científicos têm de ser tecnicamente aplicáveis: ele está convicto de que "todas as nossas teorias sãs [necessariamente estão ligadas] à melhoria constante de nossas condições coletivas de vida – em oposição à satisfação nula de uma curiosidade infecunda".[14] É desse modo que se fala da harmonia entre ciência e técnica. A ciência possibilita a disposição técnica sobre os processos da natureza, assim como da sociedade:

> Porém, antes de tudo é importante reconhecer [...] que até agora a relação fundamental entre ciência e técnica não pôde ser necessariamente apreendida de maneira adequada, mesmo pelos melhores espíritos, em consequência da extensão insatisfatória da ciência natural, que permaneceu ainda longe dos âmbitos de pesquisa mais importantes e difíceis, concernentes diretamente à sociedade humana. De fato, a concepção racional da influência do homem sobre a natureza permaneceu restrita dessa maneira

13 Ibid., p.672.

14 Id., *Discours sur l'esprit positif*, p.85-86.

> essencialmente ao mundo inorgânico [...] Se essa grande lacuna pode ser um dia suprida o suficiente, o que se começa a fazer hoje, será reconhecido o significado fundamental desse grande fim último prático [da ciência] para o incitamento constante e, amiúde, até mesmo para a melhor condução das teorias supremas [...] Pois a técnica não será mais exclusivamente geométrica, mecânica ou química e assim por diante, mas também e em primeira linha, política e moral.[15]

Comte adota o antigo princípio formulado por Bacon para as ciências naturais vindouras, estendendo seu campo de validade às ciências sociais futuras: "Ver para prever: eis a marca distintiva duradoura da verdadeira ciência".[16] Mas ele nota que apenas seguindo princípios racionalistas – não por meio da extensão cega da pesquisa empírica, mas pelo desenvolvimento e pela unificação das teorias – o poder de disposição sobre a natureza e a sociedade pode ser potencializado. É somente o conhecimento de leis que nos permite explicar fatos, da mesma maneira que nos permite prevê-los:

> É nas leis dos fenômenos que consiste na realidade a ciência, à qual os verdadeiros fatos, por mais exatos e numerosos que possam ser, limitam-se sempre a fornecer a matéria-prima indispensável [...]; assim, se pode dizer sem exagero algum que a ciência genuína – muito longe de ser composta de fatos simples – tende sempre a desvincular-se o quanto possível da pesquisa (empírica) imediata, substituindo esta por uma previsão racional, a qual re-

15 Ibid., p.59-60.

16 Id., *Soziologie*, v.3, p.614.

presenta em todos os aspectos a principal característica do espírito positivo [...] Essa propriedade significativa de nossas teorias sãs é tão importante para seu uso prático como para sua autêntica dignidade; pois a pesquisa imediata de fenômenos constantes não bastaria para nos permitir a alteração de seu decurso se ela não nos levasse a predizê-los adequadamente.[17]

Ora, se certeza, exatidão e utilidade são critérios da cientificidade de nossos enunciados, então pode-se derivar daí a *incompletude e a relatividade* em princípio de nosso conhecimento, que corresponde "à natureza relativa do espírito positivo". Na experiência do saber de leis, controlado, metodicamente procurado e traduzível em prognósticos tecnicamente aplicáveis, o saber é relativo na medida em que ele não pode mais pretender conhecer o ente em sua essência, portanto, absolutamente: o conhecimento científico não é, como o metafísico, um saber da origem:

> A revolução fundamental que caracteriza a idade viril de nosso espírito consiste no essencial em substituir por toda parte a determinação inalcançável das verdadeiras causas [isto é, as causas finais ou as formas substanciais] pela pesquisa simples de *leis*, isto é, de relações constantes que existem entre os fenômenos observados [...]. Não apenas devemos em toda parte restringir nossas pesquisas positivas no essencial ao julgamento sistemático do que é, renunciando a descobrir sua origem primeira e sua determinação última; mas também é importante discernir que esse estudo dos fenômenos, em vez de poder vir a ser absoluto

17 Id., *Discours sur l'esprit positif*, p.33-34.

de algum modo [...], deve sempre continuar a ser *relativo* a nossa organização e a nossa situação.[18]

No entanto, Comte concebe a relatividade do conhecimento não no sentido da teoria do conhecimento, como uma questão da constituição de um mundo de objetivações possíveis da realidade. Pelo contrário, ele se limita a afirmar a oposição abstrata de ciência e metafísica. O positivismo mais antigo se atém, de maneira peculiarmente acrítica, à separação do mundo em um domínio do ente autêntico, imutável e necessário, por um lado, e o dos fenômenos mutáveis e contingentes, por outro. Em oposição a uma teoria que pretendia se dirigir à essência das coisas, ele declara apenas seu desinteresse por um reino de essencialidades que desmascara como ilusão – justamente as imaginações –, enquanto o campo dos fenômenos, negligenciado pela teoria pura, representa o domínio de objetos da ciência. Sob o nome de positivo, reivindica-se realidade exclusiva para os fenômenos até então nulos. As essencialidades da metafísica são declaradas inessenciais em comparação com os fatos brutos e com as relações entre os fatos. Dessa maneira, os elementos da tradição metafísica são conservados; na polêmica positivista, eles apenas trocam seu valor posicional. Certamente, ao argumento positivista subjaz a observação correta segundo a qual, com o surgimento das ciências empíricas modernas, os conceitos substantivos da antiga metafísica são substituídos por conceitos relacionais, e as teorias que deveriam reproduzir o ente em seu todo foram substituídas por teorias que explicam de forma causal as re-

18 Ibid., p.27; cf. também: id., *Soziologie*, v.3, p.592-593.

gularidades empíricas. Mas a própria interpretação positivista desse estado de coisas permanece presa à metafísica. Enquanto esta havia contado com uma correspondência entre o universo e o espírito humano, enquanto havia adotado uma relação de correspondência entre o cosmos do ente e o logos do homem, o positivismo se jacta de "em toda parte colocar o *relativo* no lugar do absoluto".[19] Contra uma afinidade entre as essencialidades e a contemplação, o positivismo estabelece uma desproporção necessária entre o ser e a consciência:

> Se é reconhecida [...] a imperfeição necessária de nossos diversos meios teóricos, vê-se que nós, muito longe de poder investigar integralmente uma existência real qualquer, em caso algum podemos garantir a possibilidade de verificar todas as existências reais [...], por mais superficialmente que fosse.[20]

Paradoxalmente, o positivismo mais antigo é forçado reiteradamente a se mover no interior das oposições metafísicas entre essência e fenômeno, entre totalidade do mundo e saber absoluto, de um lado, e multiplicidade contingente e conhecimento relativo, de outro, enquanto declara, ao mesmo tempo, que as posições prescritas pela metafísica são desprovidas de sentido. A crítica da metafísica não conduz a uma confrontação substancial com os teoremas da grande filosofia. Comte se recusa *a limine* a adentrar nas questões colocadas pela metafísica; elas não são refletidas, são suplantadas. Restringindo o domínio das questões a serem decididas à explicação de fatos, o positivis-

19 Id., *Discours sur l'esprit positif*, p.91.

20 Ibid., p.29.

mo retira da discussão as questões metafísicas. Comte escolhe a expressão "indiscutível". Já nele a crítica da ideologia assume a forma da *suspeita de falta de sentido*. As opiniões racionalmente a serem decididas não podem ser propriamente refutadas; elas não resistem à indiferença obstinadamente afirmada pelo positivismo e acabam sendo obliteradas:

> Sem dúvida, ninguém jamais provou logicamente a não existência de Apolo, Minerva etc., nem das fadas orientais ou das diversas criações poéticas; o que de modo algum impediu o espírito humano de abandonar irrevogavelmente os antigos artigos de fé quando eles finalmente cessaram de corresponder a sua situação global.[21]

O positivismo não se confronta com a metafísica, ele lhe retira o chão; ele declara as proposições da metafísica como sem sentido e faz os teoremas "caírem em desuso", deixando-os intactos, por assim dizer. Contudo, o próprio positivismo só se torna inteligível com conceitos metafísicos. Sendo deixados de lado por ele irrefletidamente, eles conservam seu poder substancial pairando também sobre o adversário.

O paradoxo aparente pode se tornar inteligível pelo encaminhamento da argumentação. A autocompreensão cientificista das ciências, que alcançou o predomínio como teoria da ciência, substitui o conceito filosófico de conhecimento. Conhecimento se torna idêntico a conhecimento científico. A ciência é de início deslindada de outras operações cognitivas por meio de seu domínio de objetos. O domínio de objetos

21 Ibid., p.89.

da ciência se pode definir, por sua vez, apenas pelas regras metodológicas da pesquisa. Porém, como essas regras são obtidas quando os diversos teoremas da teoria do conhecimento pré-crítica são projetados sobre o plano da metodologia, elas só se prestam à definição de ciência se já foram selecionadas de acordo com uma pré-compreensão de ciência. Essa pré-compreensão resultou criticamente de uma autodemarcação da ciência perante a metafísica. Para demarcar expressamente ciência e metafísica, porém, não se encontra à disposição, após a repressão da teoria do conhecimento, nenhum outro sistema de referências senão o da metafísica, tirado de circulação. Nós vimos que a lei dos três estados introduz em termos de filosofia da história um conceito normativo de ciência. Ele representa a ideologia de fundo que possibilitou substituir a teoria do conhecimento pela teoria da ciência. No entanto, depois que esta é estabelecida inicialmente na forma de uma metodologia das ciências, sobre esse fundamento tem de ser possível também uma determinação sistemática de ciência na forma de uma demarcação entre ciência e metafísica. Uma vez que a via de uma reflexão sobre o sentido do conhecimento é afastada, e o sentido da ciência é prejulgado segundo o modelo de uma cópia da realidade, resta somente a possibilidade de elucidar o objetivismo subjacente. Se a ciência se distingue da metafísica por descrever os fatos e as relações entre os fatos, então o problema da demarcação leva à questão sobre o que se entende por positividade dos fatos. A repudiada teoria do conhecimento se vinga com um problema irresoluto, que tem de ser agora reelaborado por uma *ontologia do factual* ironicamente renovada.

A doutrina dos elementos de Ernst Mach é um exemplo excelente da tentativa do positivismo de justificar o domínio de objetos das ciências, tomando-o como a esfera à qual se pode atribuir realidade exclusiva. No entanto, o conceito positivista de fato só contém dignidade ontológica porque lhe é imputado o ônus crítico da prova contra o mundo recôndito próprio da aparência metafísica. De um lado, o domínio onde foram identificadas as formas substanciais e as estruturas puras, a essência das coisas diferentemente das próprias coisas, precisa ser derribado e reduzido à esfera dos fenômenos. Simultaneamente, porém, essa esfera do mutável e do contingente só pode ser caracterizada a título de realidade autêntica e exclusiva com o auxílio de categorias revogadas. O dilema se expressa no conceito de factualidade, de facticidade, no qual se comprimem as duas coisas: o significado raso do dado imediato e o sentido enfático do ser verdadeiro, perante o qual a essência outrora intencionada declina em aparência vazia. O que desponta no último Schelling e é reivindicado por Kierkegaard para a "existência" do homem histórico encontra no positivismo uma variante despercebida: de acordo com uma expressão de Moritz Schlick, o sucessor de Mach, há apenas *uma* realidade, "e ela é sempre a essência". No conceito positivista de fato, a existência do dado imediato é afirmado como o essencial. A doutrina dos elementos de Mach é uma tentativa de explicitar o mundo como a suma dos fatos e, ao mesmo tempo, os fatos como a essência da realidade.

Fatos são evidentemente dados na experiência sensível; ao mesmo tempo, eles possuem a imobilidade e a incontrovertibilidade de algo intersubjetivamente dado. A facticidade dos fatos atesta simultaneamente a certeza da percepção sensível e a existência externa de um estado de coisas, vinculante para todos os sujeitos. Aos fatos se aderem dois momentos: a força de convicção imediata das sensações em um Eu e a persistência de corpos ou coisas independentes do Eu. Mach busca, por isso, um fundamento dos fatos que permita formar um conceito de real para aquém do fenomenalismo e do fisicalismo. Sensações e corpos atestam fatos. Estes se compõem de elementos indiferentes em relação à *nossa* distinção entre psíquico e físico. As coisas que pertencem ao mundo dos corpos se constituem dos mesmos elementos que as sensações ligadas a um corpo, que nós identificamos respectivamente como "Eu". Mach utiliza "elemento" e "sensação" na maioria das vezes como sinônimos; no entanto, a graça de seu monismo é que os elementos em conexão com um Eu são *sensações*, mas, em relação entre si, são características de *corpos*:

> Eu posso dissolver todos os meus dados físicos em elementos não mais decomponíveis: cores, sons, pressões, calores, odores, espaços, tempos etc. Esses elementos se mostram dependentes de circunstâncias situadas tanto no exterior do meu entorno (corporal) como no interior desse entorno. Se, e somente se, este último é o caso, chamamos aqueles elementos também de sensações.[22]

Quando Mach dá o seguinte exemplo: "Uma cor é um objeto físico, tão logo atentamos, por exemplo, para sua dependência em relação à fonte luminosa da luz (de outras cores, calores, espaços etc.). Mas, se atentamos para sua dependência em relação à retina (aos elementos do Eu percipiente), então

22 Mach, *Erkenntnis und Irrtum*. p.8.

ela é um objeto psicológico, uma sensação"; e quando infere disto: "assim, há um grande abismo entre a pesquisa física e a psicológica apenas para o modo de considerar o estereotípico habitual [...] Não a matéria, mas a direção da investigação é distinta nos dois âmbitos";[23] a cor é despida, portanto, da qualidade subjetiva em ambos os casos. As duas investigações se movem no interior de um sistema de referências fisicalista, não importando se nós *falamos* de corpos ou de sensações. Só que a doutrina dos elementos não possui apenas esse sentido menos interessante de estratégia de pesquisa; sua intenção verdadeira se torna patente apenas quando a compreendemos sob o ponto de vista positivista de uma estratégia de evitar questionamentos próprios de uma teoria do conhecimento.

Se os elementos dos quais a realidade se constitui fossem sensações, como supõe a escola empirista, então dificilmente se poderia negar a função da consciência, em cujo horizonte as sensações são dadas desde sempre. Impingir-se-ia um ponto de vista próprio da imanência da consciência, a partir do qual se apresentam conclusões idealistas, como mostra o exemplo de Berkeley, relevante para o desenvolvimento de Mach.[24] Nesse caso, porém, a base do dado sensível, que o positivismo procura, voltaria a escapar. Não seriam as sensações os elementos da realidade, mas a consciência, na qual eles se conectam. Os fatos deveriam ser, por seu turno, atados a uma construção *atrás* dos fatos, portanto, seriam interpretados metafisicamente. Pelo caminho do sensualismo, Mach inopinadamente escor-

23 Id., *Die Analyse der Empfindungen und das Verhältnis des Physischen zum Psychischen*, p.14.

24 Ibid., p.299-300.

regaria de volta para a teoria do conhecimento. A precedência reflexiva do sujeito cognoscente frente aos objetos aparece para o positivismo, contudo, como retrocesso. Se a realidade representa a totalidade dos fatos, então temos de pensar o Eu como um complexo de sensações, relativamente constante mas acidental, originado de elementos, tanto quanto todas as coisas que existem independentemente de nós. Não devemos sucumbir à pressão conceitual, típica da teoria do conhecimento, para conceber o complexo-Eu não analisado como unidade e fundamento das sensações elementares:

> Não é o Eu o primário, mas os elementos (sensações) [...] Os elementos formam o Eu [...] Se não nos basta o conhecimento do nexo entre os elementos (sensações), e perguntamos "quem tem esse nexo de sensações, quem sente?", então nos sujeitamos ao velho hábito de classificar todo elemento (*toda* sensação) em um complexo *não analisado*; com isso, recaímos desapercebidamente em um ponto de vista mais antigo, mais profundo e mais limitado. Com bastante frequência se alude ao fato de que uma vivência psíquica que não a de um determinado sujeito não seria pensável, e com isso se pensa ter posto em evidência a unidade da consciência [...] Poder-se-ia dizer igualmente que um processo físico que [...] não ocorresse no mundo não seria pensável. É preciso que seja permitido tanto aqui como lá abstrair essa situação [...] Pensemos em sensações de animais inferiores, aos quais dificilmente se quererá atribuir um sujeito manifesto. Das sensações se constitui o sujeito que então volta a reagir, contudo, às sensações.[25]

25 Ibid., p.19 et seq.

Mach reifica o Eu cognoscente, convertendo-o em um fato entre outros fatos, para não ter de conceber os fatos como algo derivado em virtude de uma referência retrospectiva a um Eu. Mach gostaria seriamente de reduzir a consciência aos elementos a partir dos quais unicamente surge algo como um Eu; mas então esses elementos não podem ser concebidos, por seu turno, como correlatos da consciência, portanto, como sensações. Contudo, a facticidade dos elementos é comprovada pela certeza sensível. Logo, o conceito positivista de fato tem de reservar aos elementos a forma de evidência sensível, descontando o sujeito percipiente:

> O mundo interno e externo [se compõe] de um *número pequeno de elementos afins* em conexão ora mais fluida, ora mais sólida. Denominam-se esses elementos de *sensações habituais*. Porém, uma vez que já reside nesse nome uma *teoria unilateral*, preferimos falar sucintamente de elementos.[26]

Em si existe a realidade como totalidade dos elementos e de todos os vínculos desses elementos. *Para nós* ela existe como uma massa de corpos em correspondência com o nosso Eu. Sob os símbolos "corpo" e "Eu", resumimos vínculos relativamente constantes para determinados fins práticos. Essa classificação é um expediente de orientação provisória. Ela faz parte da concepção natural do mundo. A ciência, que transcende as finalidades práticas, dissolve as esquematizações úteis à vida, discernindo sua validade meramente subjetiva. Da massa de elementos e dos vínculos entre eles, o "corpo" e o "Eu" não po-

26 Ibid., p.17-18.

dem jamais ser deslindados; a concepção científica de mundo não conhece outra coisa que fatos e relações, sob as quais também a própria consciência cognoscente tem de ser subsumida:

> Dado seu elevado significado *prático*, não apenas para o indivíduo mas também para a espécie toda, os resumos "Eu" e "corpo" se fazem valer instintivamente e se apresentam com força elementar. Porém, nos casos particulares em que se trata, não de fins práticos, em que o *conhecimento* se torna fim em si mesmo, essa delimitação pode se revelar insuficiente, embaraçosa, insustentável.[27]

A tarefa que se coloca ao positivismo (a saber, fundar a ciência, objetivistamente compreendida, em uma ontologia do factual) não pode ser resolvida pela doutrina dos elementos de Mach, não porque ela procede materialistamente, mas porque seu materialismo raso isola a questão da teoria do conhecimento sobre as condições subjetivas da objetividade do conhecimento possível. A única reflexão admitida serve à autossuperação da reflexão sobre o sujeito cognoscente. A doutrina dos elementos justifica a estratégia de "*considerar seu Eu como nada*, de dissolvê-lo em um vínculo passageiro de elementos cambiantes".[28] Ela desmascara as ficções do mundo da vida natural e denuncia a reflexão apoiada nelas como impostura.

Ao nivelamento da subjetividade corresponde o nivelamento da diferença de essência e aparência. Há apenas fatos. Fatos no sentido enfático são as sensações, hipostasiadas como elementos

27 Ibid., p.18.
28 Ibid., p.290-291.

de construção do mundo dos corpos e da consciência, com as quais o universo é preenchido como que sem solução de continuidade. Eles são, em última instância, o dado imediato e certo, ao mesmo tempo algo objetivo, irremovível e incontrovertível. Mach objetifica as sensações no em-si; a realidade dos fatos é o mundo da consciência reificada por inteiro. Com isso, em toda forma de pensamento a transcendência se retrai. A facticidade sem véu não conhece a oposição de essência e aparência, de ser e ilusão, visto que os próprios fatos são elevados à essência:

> Se nós consideramos os elementos vermelho, verde, quente, frio etc., que são elementos físicos em sua dependência em relação a dados situados no exterior de meu entorno, e psíquicos em sua dependência em relação às condições no interior de meu entorno, porém certamente dados de imediato e idênticos nos dois sentidos, então, nessa situação objetiva simples, a questão sobre a ilusão e a realidade perdeu seu sentido. Temos aqui diante de nós os elementos do mundo real e os elementos do Eu ao mesmo tempo.[29]
>
> O pensamento popular de uma oposição entre ilusão e realidade teve um efeito muito estimulador sobre o pensamento filosófico e científico [...] Mas, ao não ser pensado até o fim, esse pensamento passou a influir inconvenientemente sobre nossa visão de mundo. O mundo, do qual somos um fragmento, escapou-nos das mãos inteiramente, e foi colocado a uma distância imensa.[30]

---

29 Id., *Erkenntnis und Irrtum*, p.10.

30 Id., *Die Analyse der Empfindungen und das Verhältnis des Physischen zum Psychischen*, p.9.

A doutrina dos elementos concebe a realidade como totalidade dos fatos. A unidade das coisas, assim como da consciência, é desmascarada como uma ficção, por mais que útil à vida, e reduzida a um complexo de fatos. Nesse caso, porém, não podemos chegar ao que está atrás da própria ciência, a qual descreve as relações entre os fatos segundo leis. Ela é algo de primeiro, que não pode ser suplantado pela reflexão sobre as condições de objetividade da ciência. O quadro categorial para a formação de conceitos científicos que Mach propõe implica a proibição de problematizar a ciência como tal. A objetividade do conhecimento não pode ser concebida tendo por horizonte o sujeito cognoscente, ela é apenas derivada do domínio de objetos. A doutrina dos elementos fundamenta o primado da ciência sobre a reflexão; esta só é plena de sentido quando nega a si mesma.

> O avanço da análise de nossas vivências até chegar aos elementos possui principalmente a vantagem de colocar de uma forma mais simples e mais transparente os dois problemas da "coisa insondável" e do "eu imperscrutável", tornando-os assim reconhecíveis como pseudoproblemas. Na medida em que é eliminado aquilo cuja investigação não tem o menor sentido, o que é realmente investigável pelas ciências particulares é ressaltado mais evidentemente: a dependência multilateral, múltipla, dos elementos entre si.[31]

A determinação do domínio de objetos basta como critério de demarcação da ciência em oposição à metafísica; são con-

31 Id., *Erkenntnis und Irrtum*, p.12-13.

sideradas científicas todas as proposições que, de acordo com sua intenção, descrevem fatos e relações entre fatos. O critério positivista de demarcação é: *cópia de fatos.*

Enquanto se clarifica o conceito de fato com a doutrina dos elementos, a função do próprio conhecimento permanece, no entanto, no escuro. Visto que Mach se vale da reflexão apenas para dirigi-la contra si mesma, para dissolver as condições subjetivas da metafísica e destruir as esquematizações pré-científicas, em relação à definição de verdade ele só pode formular o princípio objetivista segundo o qual nossa "carência *intelectual* é satisfeita assim que nossos pensamentos são capazes de reproduzir integralmente os fatos sensíveis".[32] No quadro de uma ontologia do factual, o conhecimento só pode ser determinado negativamente: a duplicação do que é o caso não deve ser turvada por acréscimos subjetivos. Para o próprio ato de conhecimento restam os lugares comuns banais do realismo tradicional baseado na cópia das coisas: "Toda ciência [...] tende a representar *fatos* em *pensamentos*".[33] Em outras passagens, Mach fala também da adaptação dos pensamentos aos fatos. A pesquisa é denominada por ele como uma adaptação intencional de pensamentos.[34] Com isso, Mach tem em mente

32 Id., *Die Analyse der Empfindungen und das Verhältnis des Physischen zum Psychischen*, p.257.

33 Ibid., p.256.

34 Ibid., p.261; cf., igualmente, p.258-259: "A adaptação dos pensamentos aos fatos é, portanto, a meta de todo trabalho das ciências naturais. A ciência prossegue aqui apenas intencional e *conscientemente* o que se efetua na vida diária desapercebidamente por si mesmo. Tão logo nós nos tornamos capazes de auto-observação, encontramos nossos pensamentos já adaptados de diversas maneiras. Os pensamentos nos exibem os elementos em grupos semelhantes aos fatos

a adaptação dos pensamentos aos fatos e não a adaptação de um organismo a seu entorno.

A doutrina dos elementos fornece uma interpretação de longo alcance da realidade e, ao mesmo tempo, satisfaz-se com uma determinação mínima de conhecimento. Seu próprio *status* é cheio de contradições: ao explicitar a totalidade dos fatos como domínio dos objetos das ciências e demarcar a ciência como duplicação dos fatos em oposição à metafísica, ela não pode justificar nenhuma reflexão que vá além da ciência, logo, tampouco pode justificar a si mesma. A doutrina dos elementos é a forma de reflexão da ciência, mas uma forma que proíbe toda reflexão que vá além da ciência. Mach se socorre com a seguinte declaração: "Com isso não deve ser criada nenhuma nova filosofia, nenhuma nova metafísica, mas fazer uma correspondência com o esforço momentâneo das ciências positivas para alcançar um contato mútuo".[35] Só que Mach evidentemente não se limita à metodologia como ciência auxiliar; na verdade, ele explicita a realidade como a suma do que é o caso. Ele determina o sentido da facticidade dos fatos a fim de poder eliminar, em princípio, todos os enunciados que não podem erguer uma pretensão de *status* científico. Nesse aspecto, a doutrina dos elementos pode ser entendida como a reflexão que destrói as nebulosidades da reflexão, restringindo o conhecimento à

---

sensíveis. O estoque limitado de pensamentos não basta, porém, para a experiência continuamente crescente. Quase todo novo fato traz consigo um prosseguimento de adaptação, que se manifesta no processo do *juízo* [...] Um juízo é, portanto, sempre um *complemento* de uma representação sensível para a exposição mais completa de um fato sensível".

35 Ibid., p.271.

ciência. Porém, a reflexão só pode se suprimir concedendo à ciência um domínio de objetos legítimo; por conseguinte, ela mesma não pode ser, de imediato, ciência, tal como pleiteia.

O problema persiste: como a doutrina dos elementos poderá – sob as pressuposições cientificistas do positivismo, que suspende a teoria do conhecimento em favor de uma teoria das ciências, visto que mede o conhecimento unicamente pelos rendimentos factuais das ciências – fazer enunciados sobre o domínio de objetos da ciência como tal, se nós obtemos informações sobre ele somente *por meio da* própria ciência? Por outro lado, podemos separar seguramente essas informações das meras especulações apenas quando estamos em condições de distinguir a todo momento, no conhecimento prévio do domínio de objetos como tal, entre a ciência que copia fatos e a metafísica. Só pela via de uma ontologia do factual a doutrina dos elementos leva a uma fundamentação cientificista da ciência, que exclui toda forma de ontologia como desprovida de sentido. Esse círculo é encoberto por um objetivismo que se expressa em uma proibição irrefletida da autorreflexão. Com isso, uma teoria do conhecimento do bom senso, não expressamente realizada e conforme a qual o conhecimento duplica a realidade ou copia os fatos em pensamentos, é imunizada contra a dúvida possível. Por ela se torna patente como a doutrina dos elementos se efetua e qual *status* ela assume.

Mach escolhe a física e uma psicologia que procede como ciência natural como modelo, porque seu *status* científico é suficientemente creditado pelo consenso. Ele projeta ambas em *um só* plano, a fim de obter um sistema de referências no qual elas são compatíveis. O resultado dessa integração das determinações mais universais dos objetos possíveis da física e da psicologia experimental contemporânea são as suposições fundamentais da doutrina dos elementos. Ela define a totalidade dos fatos que podem ser convertidos de modo geral em objetos de análise da ciência empírica, e serve assim, por seu turno, para a demarcação da ciência em oposição à metafísica. Mas, em vez de investigar então a dependência do domínio de objetos daquelas ciências exemplares em relação tanto ao quadro categorial como às operações de medição e, com isso, perquirir a constituição dos fatos por meio do método e da técnica de pesquisa, Mach interpreta e universaliza os sistemas referenciais tomando-os como constituição da própria realidade. Regras metodológicas para a apreensão da realidade são projetadas sobre essa realidade e interpretadas como uma ontologia do factual.

Esse processo só pode se justificar se nós supomos *a limine* que as ciências exemplares, sobre cuja cientificidade existe consenso, descrevem a realidade satisfatoriamente como o que é. Trata-se da suposição fundamental do objetivismo. Ela se apoia na convicção segundo a qual o progresso factual do conhecimento das ciências exemplares, como a física, atesta a única categoria fiável do saber. A fé cientificista encoraja a suposição objetivista de acordo com a qual as informações científicas apreendem descritivamente a realidade. Porém, tal fé não faz que pareça sensato conceber os objetos da pesquisa empírico-analítica como constituídos e conceber as condições transcendentais da objetivação como grandezas independentes quanto ao domínio de objetos. Pelo contrário, pressupondo o objetivismo, os sistemas referenciais generalizados das ciências exemplares dadas, ontologicamente interpretados, oferecem a base a que o sujeito cognoscente pode ser empiricamente reconduzido junto com as suas operações cognitivas. O positivismo mais recente reprova essa solução proposta por Mach como psicologista, mas a argumentação se repetirá, no que concerne ao ponto de vista central, mesmo no plano da crítica realizada ao psicologismo, no campo daqueles que não se inclinam ao convencionalismo.

O objetivismo que dogmatiza a interpretação pré-científica do conhecimento como duplicação da realidade restringe o acesso à realidade a uma dimensão que se define pela objetificação da realidade própria do sistema de referências da ciência. Ele proíbe perscrutar o *a priori* desse sistema de referências e colocar em questão, de modo geral, seu monopólio sobre o conhecimento. Porém, assim que isso acontece, cai a barreira objetivista da teoria do conhecimento. Assim que renunciamos às ontologizações errôneas, podemos entender um dado sistema de referências científico como resultado de uma interação do sujeito cognoscente com a realidade.

Charles S. Peirce foi o primeiro a pisar a dimensão de uma teoria da ciência que reflete sobre si mesma. Ele e Dilthey se reportam explicitamente ao questionamento e ao vocabulário de Kant. Peirce está consciente de que ele explora a metodologia com o enfoque da teoria do conhecimento. Ele até mesmo toma de empréstimo literalmente a expressão *theory of cognition* da língua alemã.[36]

5. A lógica da pesquisa de Charles S. Peirce: a aporia de um realismo renovado dos universais segundo uma lógica da linguagem

Peirce não sucumbe à atitude objetivista do positivismo mais antigo. Para tanto, deve ter contribuído certamente sua

36 Peirce, *Collected Papers*, v.2, §62.

familiaridade com a tradição filosófica, sobretudo com a discussão escolástica dos fins da Idade Média, assim como com Berkeley e Kant; mas é decisiva a reflexão sobre a experiência fundamental do positivismo, a qual suscita uma direção desde o início. Determinado pelo método, o progresso do conhecimento das ciências naturais havia dado a Kant o ensejo de investigar as condições transcendentais do conhecimento em geral; tal progresso havia levado Comte e os positivistas a identificar o conhecimento em seu todo com a ciência. Só Peirce torna claro o valor posicional sistemático dessa experiência. O progresso científico nos motiva não apenas *psicologicamente* a levar a sério a ciência como conhecimento exemplar, ele mesmo é, além disso, o que há de exemplar na ciência. Intersubjetivamente reconhecido, o progresso do conhecimento das ciências teóricas da natureza é também a marca *sistemática* que diferencia a ciência moderna de outras categorias do saber.

Do positivismo mais antigo, tanto quanto do mais recente, Peirce se distingue por discernir que cabe à metodologia aclarar não a construção lógica das teorias científicas e sim a lógica do procedimento com cujo auxílio podemos *obter* teorias científicas. Denominamos científicas as informações se, e somente se, é possível obter, a respeito de sua validade, não um consenso definitivo, mas, com a meta de uma concordância definitiva, um consenso sem coerção e resistente. A realização genuína da ciência moderna não consiste primariamente em gerar enunciados verdadeiros, portanto, ao mesmo tempo corretos e cogentes, sobre o que denominamos realidade; antes, a ciência se distingue das categorias tradicionais do saber por conta de um método de obter semelhante consenso resistente e sem coerção sobre nossas concepções:

> A pesquisa se distingue de [outros] métodos fundamentalmente porque a natureza da conclusão definitiva, à qual ela conduz, é predeterminada em cada caso, desde o começo, sem relação alguma com o estado inicial da opinião. Assim, basta deixar dois homens pesquisar uma questão qualquer, um independentemente do outro: se o processo de pesquisa é levado longe o bastante, eles chegarão a uma concordância que não será afetada por nenhuma outra pesquisa posterior.[37]

Embora não possamos indicar em nenhum ponto do tempo qual resultado particular da pesquisa até então pode pretender validade, o método científico nos dá a certeza de que toda questão suficientemente formulada há de encontrar, caso o processo da pesquisa seja levado longe o bastante, uma solução definitiva. O *status* dos enunciados científicos implica, por isso, ambos os momentos: a estrutura do método assegura tanto a revisibilidade de todos os enunciados singulares, como também a possibilidade, em princípio, quanto a uma resposta, em caráter de ultimato, a todo problema científico que venha a emergir.

Peirce parte somente do fato do progresso do conhecimento, não questionado seriamente até então por nenhum lado. Ele transforma esse fato em um princípio quando conclui: com a institucionalização do processo de pesquisa, define-se de uma vez por todas a via pela qual chegaremos a concepções que podemos chamar de conhecimentos somente porque elas encontram, sem coerção e resistentemente, um reconhecimento intersubjetivo. Enquanto o processo de pesquisa não se

37 Peirce, The Logic of 1873, §319.

encerrar em seu todo, não poderemos distinguir em definitivo, na totalidade de todos os resultados vigentes, os enunciados verdadeiros dos falsos. Porém, visto que estamos convencidos do fato do progresso do conhecimento, as coisas têm de parecer do seguinte modo: a extensão dos domínios de realidade sobre os quais obtemos informações verdadeiras aumentou em proporção com o progresso da pesquisa, e todos os processos de pesquisa futuros convergem para um estado temporalmente indeterminado, mas em princípio antecipável, no qual todas as concepções válidas serão enunciados verdadeiros sobre a realidade.

No entanto, Peirce não pode afirmar isso se ele não reivindica desde já validade definitiva para *uma* concepção, justamente a suposição a respeito de um progresso factual do conhecimento. Ora, o fato de que existe sobre essa opinião um consenso sem coerção não exclui de imediato *per se* uma revisão futura. Por outro lado, Peirce tem à mão o argumento de que é forçoso considerar verdadeira uma concepção fundamentada e intersubjetivamente reconhecida, na medida em que sua validade não foi problematizada por conta de uma experiência imprevista; o propósito do método de duvidar por duvidar seria abstrato. Até agora, o processo de pesquisa foi impelido com a certeza de que há um progresso do conhecimento; e nenhum fato abalou essa interpretação. Mas o argumento do *common sense*, que exclui a dúvida como princípio, já pressupõe, a rigor, a hipótese pragmatista que se encontra em discussão: que podemos contar com o funcionamento eficaz de um processo de aprendizagem autorregulado e cumulativo. Na recensão de uma edição das obras de Berkeley, Peirce elucida essa convicção fundamental da seguinte maneira:

> Todo pensamento humano e toda opinião contêm um elemento arbitrário, acidental, que depende dos limites postos ao indivíduo por suas condições, suas capacidades e inclinações, em suma, um elemento de erro. Mas a opinião humana tende em geral, a longo prazo, a uma forma definida, que é a verdade. Deem a um ser humano qualquer informação o suficiente em relação a uma questão, façam que ele discuta intelectualmente o suficiente sobre ela, e se despontará o resultado de que ele chega a uma determinada conclusão definida, que é exatamente a mesma que todos os demais alcançariam sob condições suficientemente favoráveis [...] Portanto, há para toda questão uma resposta verdadeira, uma conclusão definitiva, a qual atrai constantemente a opinião de cada homem. Ele pode se desviar dela por algum tempo, mas deem-lhe mais experiência e tempo para refletir e finalmente ele a alcançará. O indivíduo não pode viver por tempo o bastante para alcançar [toda] a verdade, pois em cada opinião individual permanece um resto de erro. Contudo, permanece [pressuposto] que há uma opinião definida à qual tende o espírito humano no todo e a longo prazo. Em muitas questões, a concordância definitiva já foi atingida; ela será alcançada em todas as questões se for dado tempo o bastante para tanto.[38]

Peirce extrapola a experiência do progresso do conhecimento para chegar a um processo de aprendizagem coletivo e

38 Id., *Collected Papers*, v.8, §11 [em alemão, com a organização de K.-O. Apel: Peirce, *Schriften*, v.1, p.259-260 – tradução de G. Wartenberg; eu agradeço ao senhor Wartenberg pela tradução das passagens ainda não contidas no primeiro volume dos escritos de Peirce – isso se aplica a todas as citações aduzidas apenas em referência aos escritos reunidos (*Collected Papers*)].

direcionado da espécie humana, o qual assume a forma de um método no plano da pesquisa organizada. Nesse ponto, ele *supõe* o fato de que o método científico garante o progresso regular da pesquisa. Essa suposição não é certamente contestada a sério pelos fatos; porém, se Peirce quer demonstrar sua incontrovertibilidade, ele precisa demonstrar metodologicamente as condições de possibilidade de um progresso do conhecimento institucionalizado. Nesse sentido, sua teoria da ciência se deixa entender como a tentativa de aclarar a *lógica do progresso científico*.

Peirce leva a cabo a metodologia das ciências na forma de investigações lógicas. Ele emprega aí o conceito de lógica de uma maneira peculiar. Ele nem se restringe à análise das relações formais entre símbolos, ou seja, à forma lógica de enunciados e sistemas de enunciados, nem retorna à dimensão da teoria do conhecimento aberta por Kant. A lógica da pesquisa se encontra como que entre a formal e a transcendental. Ela vai além do domínio das condições formais de validade de enunciados, mas permanece aquém das determinações de uma consciência transcendental em geral, constitutivas do conhecimento. A lógica da pesquisa desdobra um conceito metodológico de verdade; ela explicita as regras segundo as quais são *obtidos* enunciados verdadeiros sobre a realidade: "Lógica é a doutrina da verdade, de sua natureza e do modo como ela pode ser descoberta".[39] A lógica da pesquisa se estende, assim como a transcendental, ao contexto de constituição do conhecimento, mas, como processo de pesquisa, esse contexto lógico se realiza sob condições empíricas: "Ciência significa para nós uma forma de vida".[40]

39 Id., The logic of 1873, §321.
40 Id., Scientific Method, §54.

No processo de pesquisa, as associações lógicas de símbolos e as associações empíricas de ações se integram, constituindo uma "forma de vida":

> Quando perguntam a que se deve o grandioso sucesso da ciência moderna, é minha suposição que, para chegar atrás do segredo desse sucesso, se deve ver a ciência necessariamente como algo vivo, portanto, não como saber já adquirido, mas vida concreta dos homens que trabalham em descobrir a verdade.[41]

Peirce concebe a ciência tendo por horizonte a pesquisa metódica, e por pesquisa ele entende um processo de vida. A análise lógica da pesquisa se dirige, por isso, não às operações de uma consciência transcendental em geral, mas às operações de um sujeito que sustenta o processo de pesquisa em seu todo, à comunidade dos pesquisadores que procuram resolver comunicativamente suas tarefas comuns: "nós não temos de discutir, portanto, sobre a natureza do intelecto. Somente na medida em que há faculdades que necessariamente fazem parte de todo intelecto, e na medida em que ele deve poder levar adiante a pesquisa de modo geral, essas faculdades devem ser consideradas por nós".[42]

Por outro lado, a lógica da pesquisa, ao entender o processo de pesquisa como práxis de vida constitutiva do mundo, se compromete também com o enfoque de uma lógica transcendental. Ela não pode mais recair na atitude objetivista, conforme a qual o conhecimento aparece na qualidade de uma descrição da

---

41 Ibid., §50.

42 Id., The Logic of 1879, §326.

realidade separável do sujeito cognoscente. Peirce discerne que a realidade só se constitui como domínio de objetos das ciências sob as condições do processo de pesquisa em seu todo. Ele é imune à ontologização dos fatos. Se só são considerados *verdadeiros* aqueles enunciados sobre os quais se pode produzir, por força do método científico, um consenso sem coerção e resistente, então *realidade* não significa outra coisa que o sumário dos estados de coisas sobre os quais podemos obter concepções com caráter de ultimato. A realidade é um conceito transcendental; no entanto, a constituição dos objetos da experiência possível se define não pela constituição categorial de uma consciência transcendental, mas pelo mecanismo do processo de pesquisa, entendido como um processo de aprendizagem cumulativo e autorregulado.[43]

Peirce se apressa em sublinhar que esse *conceito de realidade*, próprio da lógica de pesquisa e correspondente do *conceito de verdade* metodológico, não encerra idealismo algum. Embora seja desprovido de sentido falar de uma realidade incognoscível, a

43 "Diferentes cabeças podem partir de visões extremamente opostas, o processo de pesquisa as leva, em virtude da força situada além de seu arbítrio, a uma e mesma conclusão. Essa atividade do pensamento, pela qual somos levados não para onde desejamos mas para uma meta predeterminada, assemelha-se à operação do destino. Nenhuma alteração do ponto de vista escolhido, nenhuma seleção de outros fatos para o estudo, nem sequer a inclinação natural do entendimento pode possibilitar a um homem escapar à opinião predeterminada. Essa grande esperança está encerrada nos conceitos de verdade e de realidade. A opinião que é determinada pelo destino a ser em última instância objeto de assentimento por cada um dos pesquisadores é o que nós entendemos por verdade, e o objeto que é representado por essa opinião é o real. É assim que eu explicaria a verdade" (Id., How to Make our Ideas Clear, §407; ed. alemã, p.349).

realidade existe independentemente de nosso conhecimento factual:

> Poder-se-ia dizer [...] que essa visão da realidade se contrapõe diretamente à definição abstrata que demos dela, na medida em que ela faz que as propriedades do real sejam independentes do que se pensa em última instância acerca delas. Mas a resposta a isso é que, por um lado, a realidade não necessariamente precisa ser independente do pensamento em geral, mas somente do que você ou eu ou um número limitado de homens pensamos a respeito dela; e que, por outro lado, embora o objeto da opinião definitiva dependa do que é aquela opinião, o que é aquela opinião não depende do que você ou eu ou qualquer outro pensamos. Nossa perversidade [*perversity*] e a dos outros podem adiar indefinidamente a definição daquela opinião; é possível conceber que elas poderiam até mesmo proporcionar a uma proposição arbitrária um reconhecimento universal tão longo quanto possa existir a espécie humana. Mas nem mesmo isso alteraria a natureza daquela convicção que seria exclusivamente o resultado da pesquisa levada longe o suficiente. E se, após a extinção de nossa espécie, vem a surgir uma outra, com a capacidade e a disposição de pesquisar, então aquela opinião verdadeira tem de ser uma a que essa espécie chegaria em última instância [...] a opinião que finalmente resultaria da pesquisa não depende de como alguém pode pensar factualmente. Antes, a realidade do que é real depende do fato real de que a pesquisa está destinada a levar finalmente, caso ela tenha sido impulsionada por tempo suficiente, a uma convicção a respeito daquela realidade.[44]

44 Ibid., §409; edição alemã, p.349-350.

O conceito de realidade próprio da lógica da pesquisa está tão distante do conceito transcendental de natureza proposto por Kant quanto do conceito positivista de um mundo de fatos sustentado por Comte. O sistema de referências é antes um processo de pesquisa que principia com a problematização de concepções vigentes e prepara uma estratégia fiável para obter concepções não problemáticas, ou seja, para eliminar dúvidas que venham a emergir em favor de novas certezas. Evidentemente, a dúvida metódica, que coloca em questão a totalidade de nossas concepções, é abstrata; somente em um horizonte de convicções não problematizáveis nós podemos *todas as vezes* submeter uma parte determinada de nossas suposições ao processo de pesquisa. Mas, *a priori*, não podemos identificar *uma* concepção da qual poderíamos ter em princípio a certeza de que vale definitivamente e de que também no futuro jamais será colocada em dúvida. Em vez da dúvida universal, aparece a dúvida virtualmente universal: dela não se excetua nenhum fato e nenhum princípio. É por isso que o pensamento a que corresponde o ser da realidade, tomado como cognoscibilidade, não pode se apoiar em nenhum começo absoluto e em nenhuma base inabalável:

> É falso dizer que o pensamento deve se basear ou em princípios primeiros ou em fatos últimos. Pois nós não podemos retroceder para trás daquilo de que somos incapazes de duvidar; mas seria não filosófico supor que um fato particular qualquer não será jamais colocado em dúvida.[45]

45 Id., The Logic of 1873, §322.

Peirce, em igual medida, se volta contra tanto o pensamento empirista da origem como o racionalista: a evidência da percepção sensível nos ilude a respeito de um dado último, tanto quanto a evidência de verdades supremas ilude acerca de um fundamento último. Se nós tivéssemos acesso a algo imediato, deveríamos poder distinguir entre intuições dotadas de certeza imediata e conhecimentos discursivos. Mas as controvérsias em torno das fontes verdadeiras do conhecimento intuitivo jamais levou a um consenso satisfatório; isso mostra que não dispomos de uma faculdade intuitiva capaz de identificar convincentemente algo imediato. Peirce chega à conclusão de que não pode haver nenhum conhecimento que não seja mediado por um conhecimento precedente.[46] O processo de conhecimento é discursivo em todas as etapas. Peirce fala de uma *chain of reasoning* [cadeia de raciocínio] – "*but the beginning and the end of this chain are not distinctly perceived*".[47] Não há proposições fundamentais que possam valer de uma vez por todas como princípios sem a fundamentação por meio de outras proposições, nem há elementos últimos da percepção que seriam imediatamente certos, intocados por nossas interpretações. Mesmo a percepção mais simples é o produto de um juízo, e isso significa: de uma inferência implícita.[48]

---

46 Cf. a sétima das Questions Concerning Certain Faculties Claimed for Man, 259 et seq. [Trad.: "Mas o começo e o fim dessa cadeia não são percebidos distintamente". – N. T.]

47 Peirce, The Logic of 1873, §337.

48 "Uma vez que é impossível conhecer intuitivamente que um conhecimento dado não é determinado por um precedente, o único caminho pelo qual podemos conhecer isto é pela inferência hipotética a partir dos fatos observados. Mas aduzir um conhecimento

Nós não podemos pensar de maneira plena de sentido algo como fatos não interpretados; contudo, trata-se de fatos que não se esgotam em nossas interpretações. Por um lado, toda base empírica sobre a qual pensamos nos basear é mediada por interpretações que realizam inferências implícitas. Essas inferências, embora rudimentares, ligam-se a signos representativos. É por isso que as percepções se movem de imediato na dimensão da representação semiótica.[49] Por outro lado, a

---

pelo qual um conhecimento dado foi determinado significa explicar as condições desse conhecimento. E é a única via para explicar essas determinações. Pois algo completamente fora da consciência e que se considera determinante só pode ser conhecido e aduzido como tal nesse conhecimento que é determinado. Supor que um conhecimento foi determinado somente por algo absolutamente fora de nós significa, portanto, que suas determinações não podem ser explicadas. Ora, esta é uma hipótese que não se justifica sob nenhuma circunstância, na medida em que a única justificação possível para uma hipótese consiste em que ela explica os fatos; e dizer que eles são explicados e ao mesmo tempo supor que são inexplicáveis é uma autocontradição." (Id., Concerning Certain Faculties, 260; edição alemã, p.177-178.)

49 Peirce antecipa de certo modo a filosofia de Cassirer sobre as formas simbólicas. Na tradição do kantismo, Cassirer foi primeiro que efetuou a guinada da crítica transcendental da consciência rumo à crítica da linguagem. O entendimento não pode mais efetuar a nu a síntese dos fenômenos; somente símbolos tornam transparente no dado o vestígio de um não dado. Ao espírito se torna presente, por isso, algo de intramundano, na medida em que ele entretece a partir de si mesmo as formas que podem representar uma realidade intuitivamente acessível. Apenas como representada a realidade aparece. Assim, para Cassirer, a representação simbólica é a função básica da consciência transcendental. Igualmente, Peirce está convicto de "que não há nenhuma elemento da consciência humana ao qual não corresponda algo na palavra" (Id., *Collected Papers*, v.5,

base empírica não é totalmente mediada pelo pensamento. O processo de raciocínio ligado a signos, abstraindo as leis lógicas que ele segue, depende de aduções de informação. Ele não funciona de maneira imanente, antes recebe impulsos da

---

§314; ed. alemã, p.223). A operação espontânea da representação semiótica é a condição da receptividade possível. Para nenhuma etapa do conhecimento é correto o modelo do realismo da cópia, tampouco para as camadas elementares da percepção: "Mas, se este é o caso, então o que decorre sob o nome de associação de imagens é na realidade uma associação de juízos. A associação de ideias procede, como se diz, segundo três princípios, o da semelhança, o da contiguidade e o da causalidade. Porém, seria verdadeiro dizer igualmente que os signos designam o que eles designam com base nos três princípios da semelhança, contiguidade e causalidade. Está fora de questão que qualquer coisa *é* um signo de qualquer outra coisa que esteja associada a ela por semelhança, contiguidade e causalidade; nem pode haver alguma dúvida a respeito de que todo signo faz lembrar o objeto designado. Assim, a associação de ideias consiste, portanto, em que um juízo suscita um outro juízo, do qual ele é o signo. Ora, isso não é outra coisa que inferência" (Id., Consequences of Four Incapacities, §307; ed. alemã, p.217-218). Todavia, Peirce não pode, como Cassirer, submeter o processo de mediação semiótica à unidade transcendental da consciência; é fundamental o processo de inferir por mediação semiótica, unicamente no qual o entendimento se constitui: "O homem cria a palavra, e a palavra não significa nada que o homem não faça significar, e isso por sua vez apenas para algum homem. Mas, como o homem só pode pensar com o auxílio de palavras ou outros símbolos exteriores, poderíamos dizer inversamente: 'você não quer dizer nada que nós não tenhamos ensinado a você, e portanto apenas alguma coisa na medida em que você se volta para alguma palavra como o interpretante de seu pensamento'. De fato, portanto, homens e palavras se educam reciprocamente; cada aumento de informação de um homem implica um aumento correspondente de informação de uma palavra e é implicado por ele" (ibid., §313; ed. alemã, p.223).

experiência. Do contrário, Peirce seria obrigado a abandonar de modo idealista a diferença entre o pensamento e uma realidade experimentada contingentemente. Sem dúvida, visto que todo conhecimento é discursivo, não podemos pelo pensamento saltar para fora da dimensão da mediação. Por mais que remontemos nossas inferências a suas premissas, permanecemos presos no círculo mágico de nossas interpretações: mesmo os dados aparentemente últimos se resolvem, por seu turno, em interpretações. Contudo, o processo de transformação das antigas concepções problematizadas em interpretações novas e reconhecidas é incitado apenas por *estímulos originais independentes*, os quais testemunham a resistência da realidade contra falsas interpretações, convertendo-a em impulsos para processos intelectuais.

Essa concepção leva a uma dificuldade que repete a problemática da "coisa em si" em um novo plano. O conceito de verdade ligado à lógica da pesquisa, que vincula a validade de enunciados ao método de obter um consenso, conduz, como foi mostrado, a um conceito de verdade próprio da lógica da linguagem. Ele restringe a realidade ao domínio dos estados de coisas que em princípio são capazes de ser representados em inferências convincentes. Se nesse sentido "ser" se identifica com "cognoscibilidade", a categoria de uma coisa em si é absurda: "Não temos conceito algum sobre algo absolutamente incognoscível".[50] Por outro lado, porém, é algo imediato o que é recebido nas interpretações de nosso pensamento inferencial, sem que nelas pudesse ser representado *como* algo imediato e dado último. Contra uma mediação total da base empírica, que

50 Id., *Collected Papers*, v.5, §265.

sugaria a facticidade da realidade e suas qualidades particulares na imanência de um processo de pensamento girando dentro de si mesmo, Peirce é obrigado a afirmar a independência de estímulos originais singulares, não mediados simbolicamente. Não se pode lhes atribuir "realidade", conquanto todos os nossos enunciados sejam fundados de certo modo neles. O conceito de realidade que Peirce deriva de seu conceito metodológico de verdade proíbe todo pensamento de algo evidentemente último e imediato, do qual, no entanto, se diz: ele flui como "o não analisável, o inexplicável, o não intelectual em corrente contínua através de nossa vida".[51] A esses estados de consciência imediatamente presentes se prendem a facticidade, a realidade e a multiplicidade qualitativa, e, contudo, eles não têm correspondência na realidade, visto que não representam nada: o que corresponde somente às determinações privadas de um fluxo de consciência contínuo não é "real". Peirce não disfarça essa dificuldade:

> Em cada momento, estamos em posse de certas informações, isto é, de conhecimentos que logicamente, por indução e hipótese, são derivados de conhecimentos precedentes, os quais são menos universais, menos evidentes e dos quais temos uma consciência menos vívida. Estes, por seu turno, foram derivados de outros, que eram ainda menos universais, menos evidentes e menos vívidos, e assim por diante, até chegar ao que é idealmente primeiro, que é inteiramente singular e reside inteiramente fora da consciência. Isso que é idealmente primeiro é a coisa em si particular. Ele não existe *como tal*. Isto é, não há uma coisa que seria

51 Ibid., §289.

> em si no sentido de que não está em relação com o entendimento, embora as coisas que estão em relação com o entendimento existam sem dúvida, mesmo quando são abstraídas dessa relação. Os conhecimentos que alcançamos por uma série infinita de induções e hipóteses (série que, embora infinita *a parte ante logice*, possui, como um processo contínuo, um começo *no tempo*), são de dois tipos, são conhecimentos verdadeiros e não verdadeiros, são aqueles cujos objetos são *reais* e aqueles cujos objetos *não* são *reais*. E o que queremos dizer com "real"? É um conceito que nos vimos obrigados a possuir na primeira vez em que descobrimos que há algo não real, uma ilusão, isto é, em que nos corrigimos pela primeira vez. Ora, a distinção que é logicamente exigida somente em razão deste fato, a distinção entre um *ens*, que está em relação com as determinações internas privadas, em relação com as negações que brotam da idiossincrasia, e um *ens* que existiria a longo prazo. O real é, portanto, aquilo em que mais cedo ou mais tarde finalmente resultaria informação e raciocínio e que é, por isso, independente dos meus ou dos seus caprichos.[52]

Peirce rejeita uma coisa em si no sentido da filosofia transcendental, uma realidade que, embora *afete* nossos sentidos, meramente *aparece* sob as condições transcendentais da objetividade possível, não podendo ser conhecida como tal. O predicado "real" não tem nenhum sentido explicitável, independentemente de estados de coisas sobre os quais podemos fazer enunciados verdadeiros. É por isso que não cabe considerar como real nem mesmo aquele "idealmente primeiro", que tem de ser suposto como fonte das aduções de informação. Pois o fluxo de vivências

---

52 Id., Consequences of Four Incapicities, §311; ed. alemã, p.219-220.

subjetivas é o contingente, em contraposição às determinações universais, sobre as quais pode ser suscitado um consenso universal. A verdade é pública. Nenhuma determinação que valha apenas de maneira privada para cada sujeito individual poderia se referir ao real. Somente as convicções que valem independentemente de idiossincrasias pessoais, afirmando sua validade intersubjetiva contra uma dúvida repetida tanto quanto se queira, representam estados de coisas reais. Por isso, não nos é possível atribuir às manifestações singulares de sentimentos e às sensações, que são privadas por excelência, uma existência em si e elevá-las à base da realidade: só na medida em que elas afluem nas inferências simbolicamente mediadas e se tornam componentes de interpretações, elas obtêm um conteúdo cognitivo e, com isso, são verdadeiras ou falsas.

Essa argumentação é cogente, mas não resolve o problema colocado. Pois aquele *idealmente primeiro* não é, de modo algum, nada, ainda que ele não possa ser concebido como uma coisa em si. Pelo contrário, dele dependem a facticidade e as qualidades particulares da realidade. Acresce-se que não faz muito sentido colocar a afecção dos sentidos e as idiossincrasias no mesmo nível. Aqueles eventos psíquicos não são opiniões privadas. Pelo contrário, falta-lhes de modo geral o *status* de opiniões; eles estancam aquém do limiar da intencionalidade. Mas eles não formariam, ainda assim, o solo de toda intencionalidade? Não são as vivências atuais a fonte das informações que adentram nas inferências implícitas da percepção e do juízo e são elaboradas nos processos intelectuais até se tornarem convicções definitivas? Certamente, somente aquilo "de que se pensa que existe em razão dessa opinião definitiva é real ou, do contrário, nada. Mas o que é a capacidade das coisas fora de nós de afetar nossos sentidos?"[53]

Para escapar às ciladas metafísicas da antiga teoria do conhecimento, ao perigo da hipóstase, Peirce reformula essa questão em seu quadro de referências dado com a lógica da pesquisa. Na qualidade de suma de todos os predicados que aparecem em enunciados verdadeiros sobre a realidade, esta não é mais determinada pelas operações constitutivas de uma consciência transcendental em geral, mas por um processo, em princípio, finito de inferências e interpretações, pelos esforços coletivos dos participantes do processo de pesquisa. Em favor do progresso metódico até chegar a um universo de convicções válidas, isto é, universais e reconhecidas por longa duração, aquela força da afecção dos sentidos, presente nas vivências atuais, possui manifestadamente a função de problematizar opiniões vigentes e provocar o ganho de convicções não problemáticas. A afecção dos sentidos, na qual a *facticidade* e a *qualidade imediata* da realidade se afirmam, é, portanto, uma ocasião permanente de transformar velhas interpretações em novas. Mas, nesse caso, a força de afecção das coisas, às quais não nos é permitido atribuir nenhuma existência em si, não é nada mais que a coerção da realidade, que motiva a rever enunciados falsos e a gerar verdadeiros:

> assim, a afirmação de que há objetos fora de nós que só podem ser conhecidos como objetos na medida em que eles exercem uma força sobre nossos sentidos não é distinta da afirmação segundo a qual há um *fluxo* universal na história do pensamento humano

53 Id., Berkeley, §12; ed. alemã, p.260.

> que levará a uma concordância universal, a uma unanimidade abrangente [*catholic consent*].[54]

A coerção da realidade, que se corporifica na imediatez de sensações e sentimentos singulares, é o ensejo para constituir a realidade na forma de enunciados verdadeiros; porém, ela mesma não pertence à realidade. Mas, nesse caso, como poderemos dizer algo sobre ela? Ao elucidar o sentido de algo que não tem parte na realidade e, por conseguinte, não pode se tornar objeto de uma concepção verdadeira, insinuamos de novo o conceito de uma coisa em si. A isso Peirce poderia objetar que a coerção da realidade se dissolve na medida em que nós seguimos sua força motivadora de levar adiante o processo de pesquisa e formar concepções verdadeiras sobre a realidade. A coerção da realidade seria, então, um conceito complementar da ideia de processo de pesquisa. Ele designaria, em face da realidade enquanto totalidade de todos os estados de coisas cognoscíveis, a desproporcionalidade que existe factualmente, em um ponto dado do tempo, entre nossas concepções e a realidade. Peirce não argumentou dessa maneira. Ele procura, antes, uma justificação ligada à lógica da linguagem.

Se Peirce tivesse argumentado no sentido sugerido, ele teria tomado consciência de que precisava resgatar, no âmbito da *lógica da pesquisa*, a rejeição de uma "coisa em si" que foi fundamentada nos termos da *lógica da linguagem*. A conversão dos conteúdos não intencionais da experiência em representações simbólicas se deve a uma síntese que o pragmatismo consequente só pode desdobrar no quadro de uma lógica do processo

---

54 Ibid.

de pesquisa. Peirce atacou o problema, pelo contrário, no plano de um conceito de realidade ligado à lógica da linguagem. Pois, se a realidade é definida pela totalidade de enunciados verdadeiros possíveis, e se esses enunciados são representações simbólicas, por que então a estrutura da realidade não poderia ser clarificada com a referência à estrutura da linguagem?

Ora, podemos distinguir duas funções da linguagem: a significativa e a denotativa. Peirce denomina reais os significados de todos os predicados que aparecem em proposições verdadeiras. Os objetos individuais aos quais é atribuído, dado o caso, um predicado verdadeiro, são os *denotata* – como tais, eles não pertencem ao conteúdo significante. Dessa maneira, consegue-se assinalar em termos de lógica da linguagem um momento na realidade que não pode adentrar no conteúdo predicativo dos enunciados sobre a realidade. Peirce distingue entre as "forças" que constituem o emprego denotativo de um signo e as relações universais que formam o conteúdo significante do signo. A *facticidade* da realidade não corresponde a nenhum conteúdo linguístico, não podemos, por isso, fazer diretamente enunciados sobre ela; mas indiretamente ela se deixa apreender porque é possível correlacioná-la com a *função de índice* da linguagem.

No entanto, não coincide inteiramente com o correlato da função denotativa da linguagem o que se denomina, nos contextos da teoria do conhecimento, afecção de nossos sentidos por coisas fora de nós. No emprego denotativo de um signo, atesta-se, sem dúvida, a facticidade dos fatos, isto é, a pura persistência de uma existência que se defronta imediatamente ao sujeito, mas não aquelas qualidades substantivas presentes também nos estados de consciência singulares. A coerção da realidade se manifesta não somente na resistência das coisas em geral, mas em uma resistência específica contra *determinadas* interpretações. A par da facticidade das coisas, ela inclui um momento substantivo, sem o qual tampouco é possível pensar a adução de informações. Peirce não hesita, por isso, em introduzir, ao lado da função representativa e da função denotativa do conhecimento simbolicamente mediado, uma terceira categoria – precisamente, a qualidade pura:

> Consequentemente, há [...] três elementos do pensar: em primeiro lugar, a função representativa, que o faz ser uma *representação*; em segundo lugar, o emprego puramente denotativo ou o vínculo real que coloca um pensamento em *relação* com um outro; e, em terceiro lugar, a qualidade material ou o sentimento de ser assim [*how it feels*], que dá ao pensamento sua *qualidade*.[55]

Em outra passagem se encontra uma formulação que sugere que todas as três categorias – representação, denotação e qualidade – são tiradas em igual medida das funções linguísticas. Um signo pode aparecer como símbolo que representa, como índice que indica e como ícone que copia:

> Ora, um signo tem como tal três referências: em primeiro lugar, ele é um signo em relação *a* um pensamento que o interpreta; em segundo lugar, ele é um signo *para* um objeto do qual é um sinônimo nesse pensamento; em terceiro lugar, ele é um signo *em* algum aspecto ou qualidade, que o coloca em conexão com o seu objeto.[56]

---

55 Id., Consequences of Four Incapacities, §290; ed. alemã, p.204.

56 Id., *Collected Papers*, v.5, §283; ed. alemã, p.198. Cf. também v.5, §73.

Não é fácil ver por qual aspecto a terceira função linguística deveria se distinguir da primeira. Se tomamos como exemplo de um emprego icônico de signo uma estátua ou um retrato, então ambos certamente se distinguem dos símbolos-palavras ou das proposições pelo fato de que o substrato material do signo partilha certas características com os objetos designados, de sorte que podemos constatar uma relação de semelhança. Mas a função de cópia que tais signos icônicos satisfazem é apenas um caso particular da função representativa. Somos capazes de imaginar geneticamente a representação como uma abstração da reprodução – mas ambos são representação. A qualidade só é uma terceira determinação independente da estrutura linguística, distinguível da representação e da denotação, se ela se refere ao substrato material do signo como tal. Assim, lemos algumas páginas depois:

> Uma vez que um signo não é idêntico à coisa designada [...] ele tem de possuir evidentemente algumas características que em si lhe pertencem e que não têm nada a ver com sua função representativa. Eu as denomino qualidades *materiais* de um signo. Como exemplo de tais qualidades, na palavra "*man*" pode-se entender o fato de que ela [na escrita; J. H.] consiste de três letras, é bidimensional e sem relevo.[57]

Entendida nesse sentido, a qualidade é certamente a determinação de uma propriedade do signo linguístico, mas, expurgada do seu contexto de aplicação icônica, essa categoria já não descreve mais nenhuma função da linguagem. Para aclarar

57 Ibid., §287; ed. alemã, p.200.

o conceito de realidade em termos de lógica da linguagem, ela não contribui com nada. Pois, nesse aspecto, a "qualidade", como categoria linguística, possui uma significação somente na medida em que ela responde pelo imediato, pelo conteúdo não intencional da experiência que é mediado na representação simbólica. A intangibilidade do imediato definida pela lógica da linguagem se torna patente justamente no fato de que ele é dado em sensações singulares, que são, por sua vez, inteira e absolutamente irracionais:

> Tudo [...] o que é completamente incomparável com qualquer outra coisa é totalmente inexplicável, visto que uma explicação consiste em colocar as coisas sob leis universais ou sob classes naturais. Por conseguinte, todo pensamento, na medida em que ele é um sentimento de tipo particular, é simplesmente um fato último, inexplicável.[58]

Como eventos singulares, os estados de consciência não possuem nenhum conteúdo cognitivo. Eles são eventos psíquicos com os quais um organismo reage a seu entorno. Eles não representam nada. Essa construção não estaria, assim pensa Peirce, em contradição com seu postulado de que fatos não interpretados não podem ser admitidos:

> [...] pois de um lado não podemos nunca pensar "isto é presente para mim", uma vez que a sensação dos sentidos passou antes que tivéssemos tempo para fazer essa reflexão; de outro lado, nós jamais podemos restituir a qualidade do sentimento, uma

58 Ibid., §289; ed. alemã, p.203.

> vez tenha ele passado, tal como era *em si e para si*, ou conhecer como parecia ser *em si*, ou tão somente descobrir a existência dessa qualidade, a não ser à maneira de um corolário derivado de teorias universais de nossa consciência; nesse caso, porém, não a descobrimos em sua peculiaridade, mas somente como algo que é presente à consciência. No entanto, como algo presente, todo sentimento se assemelha a todos os outros e não requer explicação alguma, uma vez que ele contém apenas o universal. Assim, nada que possamos realmente enunciar sobre sentimento permanece inexplicável, mas somente algo que reflexivamente não podemos conhecer. Logo, não caímos na contradição de tornar imediato algo mediado. Por fim, nenhum pensamento atual e presente (que é um mero sentimento) possui um significado qualquer, um valor intelectual qualquer; pois o significado não reside no que é pensado *actualiter*, mas naquilo com que pode ser ligado esse pensamento, porque ele é representado por pensamentos que lhe seguem; de sorte que o significado de um pensamento é algo inteiramente virtual.[59]

Desse modo, Peirce distingue entre manifestações generalizadas de sentimentos, *feelings*, e movimentos anímicos imediatos, *emotions*, que não possuem nenhum conteúdo intencional e não são suscetíveis de representação. Em correspondência com isso, Peirce vê as sensações sob um duplo aspecto. Como eventos psíquicos de caráter único, elas fazem parte dos processos da vida orgânica; como conteúdos cognitivos, adentram no processo de raciocínio mediado por signos:

59 Ibid.; ed. alemã, p.203-204.

> Assim, a sensação dos sentidos, na medida em que ela representa algo, é determinada, em razão de uma lei lógica, por conhecimentos precedentes; isso significa, porém, que esses conhecimentos determinam que uma sensação dos sentidos surgirá. Mas, na medida em que a sensação dos sentidos é apenas um mero sentimento de tipo particular, ela só é determinada por uma força inexplicável, oculta; e, nesse sentido, ela não é uma representação, mas somente a qualidade material de uma representação.[60]

Ora, está justamente em discussão como os eventos psíquicos, ligados a estados isolados, singulares, se relacionam com sensações dos sentidos simbolicamente generalizadas que já são componentes das interpretações. Na passagem citada, Peirce dá uma resposta em termos de lógica da linguagem: a sensação singular não seria

> uma representação, mas somente a qualidade material de uma representação. Pois exatamente como na inferência do definido a partir da definição é indiferente para o lógico como soará a palavra definida ou quantas letras ela conterá, assim, no caso dessa palavra condicionada por nossa constituição, não é determinado por uma lei interna qual sentimento se apresentará como tal. Um sentimento é, por isso, como um sentimento, nada senão a *qualidade material* de um signo mental.[61]

Peirce gostaria de conceber a relação do conteúdo não intencional da experiência com a representação simbólica de acordo

---

60 Ibid., §291; ed. alemã, p.205.
61 Ibid.; ed. alemã, p.205-206.

com o modelo linguístico: ambos se relacionam entre si como o substrato material de um signo com o conteúdo simbólico.[62] Para o nosso problema – como os conteúdos de informação afluem pré-simbolicamente penetrando os processos de raciocínio simbolicamente mediados –, o modelo só rende

62 Tampouco resolve essa dificuldade a clara reconstrução que Apel propõe para essa tentativa peculiar de juntar o conceito empirista de conhecimento com o conceito semiótico: "Ele [Peirce] aceita o modelo da afecção causal dos sentidos por parte de coisas do mundo externo e a concepção de que nós, em razão do 'signo natural' ('impressões' na consciência) inferimos a existência e a índole das coisas do mundo externo. Mas ele não identifica a afecção dos sentidos nas "impressões" com o conhecimento (que nesse caso teria de ser pensado primariamente de maneira 'introspectiva', 'intuitiva' e sem ligação com o uso de signos); antes ele identifica o conhecimento com a inferência hipotética de coisas do mundo externo, que se segue em razão de condições passíveis de investigação puramente física e fisiológica (os estímulos nervosos no encontro efetivo com os *brute facts*) e em razão da qualidade semiótica dos dados psíquicos, que tampouco são de imediato o conhecimento (os chamados *feelings*, nos quais os resultados do estímulo nervoso são dados de maneira puramente qualitativa – no modo do estado de ânimo emocional). Conhecimento não é, para Peirce, nem ser afetado por coisas em si, nem intuição de dados, mas 'mediação' (*mediation*) de uma opinião consistente sobre o real; isto é, 'representação' mais exata dos 'fatos' exteriores. Estes indicam, no encontro do sujeito com o objeto, passível de investigação física e fisiológica, sua 'existência', deixando na multiplicidade confusa dos dados emotivos os signos de expressão qualitativa ou ícones (*icons*) de seu 'ser assim', os quais, na inferência hipotética (na *conception* de algo como algo), são reduzidos pela descoberta de um predicado da forma de um símbolo interpretante (*interpretant*) à unidade de uma proposição (*proposition*) consistente sobre os fatos exteriores" (Apel, Einleitung zu Ch. S. Peirce, *Schriften*, p.47-48).

alguma coisa se concebemos a qualidade do signo não apenas como *substrato*, mas, ao mesmo tempo, como *cópia* determinada por relações de semelhança, como ícone. Uma vez que, como foi mostrado, a função de cópia não passa de um caso especial da função de representação, nós não teríamos senão insinuado por esse caminho, para os eventos psíquicos, o que justamente lhes falta: o conteúdo simbólico. O conceito de qualidade deve concernir, nas sensações singulares, ao momento da imediatez e, por outro lado, incluir já uma função elementar de representação. A tentativa de derivar em termos de lógica da linguagem essa "qualidade" tem de fracassar. Ou a qualidade corresponde ao substrato do signo, e nesse caso ela não é icônica, ou ela mantém seu caráter de cópia, e assim, porém, ela pode ser relacionada somente com o símbolo representante e já não é mais imediata. Portanto, a *qualidade* não se deixa derivar, da mesma maneira que a *facticidade*, da estrutura linguística. Enquanto esta pode ser correlacionada com a função denotativa da linguagem, para aquela não se encontra nenhum equivalente que pudesse comprovar enunciados sobre a presença do ser assim das coisas nas sensações e nos sentimentos singulares. O conceito de realidade formulado no âmbito da lógica da linguagem, com as duas dimensões da realidade (como a totalidade de todos os significados verdadeiros) e da facticidade (como o elemento comum de todas as denotações certeiras), não basta para tornar inteligível a maneira como processos intelectuais elaboram conteúdos de informação que afluem pré-simbolicamente. As inferências que suscitam em longo prazo uma convergência de opiniões são nutridas com sensações e sentimentos singulares: elas sinalizam não somente *se* um fato existe, mas também *qual* fato existe. Essa camada das qualidades imediatas excede o conceito de realidade próprio da lógica da linguagem. Por isso, Peirce tem de ampliar esse conceito ontologicamente ou retornar, da dimensão da linguagem como tal, para o sistema de referências dado pela lógica da pesquisa, a fim de analisar as regras lógicas do raciocínio no contexto objetivo do processo de pesquisa, tomando-as como regras da constituição de um mundo.

Peirce empreende as duas coisas, mas ele não se dá conta da incompatibilidade de ambos os pontos de vista. A *interpretação ontológica* assume a forma de uma doutrina de categorias em que as determinações fundamentais da realidade não são mais legíveis na estrutura da linguagem, antes são introduzidas fenomenologicamente.[63] Podemos negligenciar a ontologia do último Peirce em nosso contexto; interessa-nos apenas a razão que ele aduziu de início para autonomizar o conceito de realidade da lógica da linguagem em relação ao conceito de verdade da lógica da pesquisa, e depois para prosseguir ontologicamente a abordagem da lógica da linguagem, ou seja, para sua doutrina das categorias. Esse motivo resulta de uma problemática que se conecta com a dissolução da coisa em si: a renovação do realismo dos universais.

Peirce entende a realidade como o que corresponde à totalidade dos enunciados verdadeiros. Ele denomina verdadeiras as interpretações que resistem aos testes repetidos a bel-prazer e são a longo prazo reconhecidos intersubjetivamente. Peirce

---

63 Cf. a segunda das preleções sobre o pragmatismo em: Peirce, *Collected Papers*, v.5, 41 et seq.; cf. também Apel, Einleitungzu Ch. S. Peirce, *Schriften*, p.48 et seq.; Murphy, *The Development of Peirce's Philosophy*, p.303 et seq.

pode concluir da definição de realidade que todo real é cognoscível e que nós conhecemos a realidade tal como ela é na medida em que a conhecemos. Por conseguinte, também os estados de coisa universais têm de existir. A suposição fundamental do nominalismo é incompatível com o conceito que Peirce tem da realidade. No entanto, estados de coisas universais não possuem existência independentemente das categorias com as quais falamos sobre elas: "Fazer uma diferença entre o conceito verdadeiro de uma coisa e a coisa mesma significa [...] ver a mesma coisa apenas de dois pontos de vista distintos, pois o objeto imediato do pensamento em um juízo *é* a realidade".[64] Peirce chega à convicção de que o que *é* a realidade coincide com o que *enunciamos* de verdadeiro sobre ela. Um "fenomenalismo" kantiano, descontando a coisa em si, parecia-lhe concordar com os princípios do realismo dos universais:

> É claro que essa visão da realidade é inevitavelmente ligada ao realismo [dos universais; J. H.], visto que os conceitos universais adentram em todos os juízos e com isso nas opiniões verdadeiras. Consequentemente, um objeto é no universal tão real quanto no concreto. É perfeitamente correto que em todas as coisas brancas haja brancura [*whiteness*], pois isso implica apenas, expresso em outro modo de falar, que todas as coisas brancas são brancas. Mas, uma vez que é verdadeiro que objetos reais possuem brancura, é a brancura algo real. Sem dúvida, ela é algo real que somente existe por força de um ato de pensamento que a conhece, mas esse pensamento não é arbitrário ou contingente, que se baseia sobre idiossincrasias quaisquer, mas um pensamento que existirá na

64 Peirce, Berkeley, §16; ed. alemã, p.263.

> opinião definitiva. Essa teoria implica um fenomenalismo. Mas é o fenomenalismo de Kant e não o de Hume.[65]

Peirce gostaria de se ater a Kant porque as relações universais que constituem a realidade podem ser pensadas com sentido somente na relação com as interpretações verdadeiras possíveis de uma "comunidade de todos os seres inteligentes". Por outro lado, a dissolução da coisa em si autoriza trocar a perspectiva e considerar a realidade não apenas sob o ponto de vista transcendental da gênese de enunciados verdadeiros, cabe também, *inversamente*, tornar inteligível a gênese de enunciados verdadeiros sob o ponto de vista ontológico de uma realidade de universais existentes em si mesmos:

> Essa teoria da realidade destrói imediatamente a ideia de uma coisa em si, de uma coisa que é independente de toda relação com o conceito que a consciência possa ter dela. Mas em caso algum ela proibiria de (antes nos encorajaria a) considerar os fenômenos sensíveis apenas como signos das realidades. Só que as realidades que são representadas por eles não seriam a causa incognoscível da sensação dos sentidos, mas *noumena* ou conceitos inteligíveis, que são os produtos últimos da atividade mental que é posta em movimento pela sensação dos sentidos. A matéria da sensação dos sentidos é completamente contingente; exatamente a mesma informação pode ser mediada praticamente por sentidos diversos. E a unanimidade abrangente que constitui a verdade não é em caso algum limitada aos homens nessa vida terrena ou à espécie humana, ela se estende à comunidade de todos os seres

65 Id., *Collected Papers*, v.8, §14-15; ed. alemã, p.262.

> inteligentes, a que pertencemos e que provavelmente inclui alguns cujos sentidos são muito distintos dos nossos, de sorte que naquele consenso uma predicação de uma qualidade sensível só pode ocorrer sob a concessão de que desta maneira certos tipos de sentidos são afetados.[66]

Promovida pelo realismo dos universais, a autonomização dos estados de coisas representados em enunciados verdadeiros leva a uma concepção que aplica o modelo da linguagem à própria realidade: ela é "simbólica" no sentido de que toda vez uma multiplicidade de excitações sensíveis específicas (o singular) remete a uma relação universal, existente independentemente dos estados atuais da consciência. O universal é representado por suas particularizações contingentes, da mesma maneira que o significado de uma palavra é representado pelos substratos materiais múltiplos que podem funcionar como signo-palavra. O concreto forma um contexto de remissões que é ele mesmo subjetivo, não mediado, contingente, inconstante e acidental, mas sempre aponta para os mesmos universais objetivos, necessários para a comunidade de todos os seres inteligentes e inalteráveis: nós somos "trazidos" ao universal existente por meio de fenômenos sensíveis concretos.

Inopinadamente, os enunciados ontológicos sobre a constituição da realidade começam a elucidar o processo de mediação por meio do qual conhecemos a realidade, ao passo que esse conceito de realidade fora introduzido de início somente como correlato de um processo de pesquisa que garantia o ganho acumulativo de enunciados definitivamente válidos. Tão logo

66 Ibid., §13; ed. alemã, p.261.

nos lembramos desse ponto de partida, o realismo dos universais de cunho peirciano passa a ser percebido como a *ontologização* de uma *questão originariamente metodológica*. O problema da relação do universal e do particular se colocava para Peirce fora da tradição, não a título de questão lógico-ontológica, mas em conexão com o conceito metodológico de verdade, na qualidade de uma questão da lógica de pesquisa. Sob a impressão causada pelo progresso factual do conhecimento das ciências da natureza, Peirce havia definido a verdade de tal modo que também e sobretudo proposições universais possam ser verdadeiras, que *antes* da consumação do processo de pesquisa não é possível nenhuma certeza a respeito da validade definitiva de cada concepção, e que, ainda assim, em relação com o progresso das ciências, acumulam-se concepções cuja validade não é mais revisada até a conclusão do processo de pesquisa em seu todo – "embora não possamos jamais estar absolutamente seguros de que isso seja de fato assim em um caso especial qualquer".[67] Desse estado de coisas Peirce infere a existência do universal: "segue-se, uma vez que nenhum de nossos conhecimentos é absolutamente determinado, que o universal deve ter existência real".[68]

O fato do progresso científico leva Peirce a determinar a verdade das proposições universais exclusivamente com referência ao fim antecipado do processo de pesquisa em seu todo e, no entanto, ao mesmo tempo, o leva a supor que nós, de forma objetiva, mesmo *antes* da consumação desse processo, chegamos a enunciados verdadeiros em medida crescente – apesar da

67 Id., Consequences of Four Incapacities, §312; ed. alemã, p.221.
68 Ibid.

incerteza subjetiva sobre o *status* de verdade de cada um desses enunciados. No entanto, se as coisas se passam desse modo, temos de poder inferir *em si*, de um número sempre finito de casos singulares, um estado de coisas universal, embora *para nós* a validade desse procedimento não possa ser cogente mas, no melhor dos casos, provável. Considerando-se a lógica da pesquisa, inferências sintéticas devem ser possíveis: este é o contexto metodológico no qual Peirce se deparou com o problema da *relação entre o universal e o particular*.

À primeira vista, uma concepção baseada no realismo dos universais é capaz de tornar inteligível a possibilidade de inferência sintética – justamente a concepção segundo a qual o universal não existe apenas como conceito do sujeito cognoscente, ele existe em si, mais precisamente de modo tal que os casos concretos, "nos" quais ele existe, "apontam" para ele. A abordagem da lógica da pesquisa força Peirce, por outro lado, a um conceito de realidade *derivado* do conceito metodológico de verdade. Ele precisa ligar os universais aos enunciados gerais nos quais eles são formulados. Assim, Peirce se vê obrigado a combinar um realismo dos universais com os princípios de uma filosofia transcendental voltada para a lógica da pesquisa. Na verdade, porém, ele desliga um conceito de realidade estreitado pela lógica da linguagem do ponto de partida dado com a lógica da pesquisa, satisfazendo-se com a constatação de que a realidade se constitui sob as condições da forma gramatical de enunciados universais. Com esse pressuposto, a versão metafísica do realismo dos universais pode se transformar em uma versão metalinguística. Mas as barreiras do transcendentalismo linguístico se revelam, como foi mostrado, no momento da multiplicidade qualitativa imediata, que garante antes de tudo, tanto quanto o momento da facticidade, a independência do ente em relação a nossas interpretações do ente. É por isso que no fim, em vez de uma lógica da linguagem, aparece uma doutrina das categorias, que abandona tacitamente a abordagem transcendental e, de maneira ainda mal disfarçada, renova a ontologia. Sobre essa base, porém, uma identidade de conceito e coisa, que Peirce de início havia concluído de um conceito metodológico de verdade e que, desse modo, entendera *como explicação do fato do progresso científico*, só pode ainda ser fundamentada no sentido de um idealismo que não mais se distancia inteiramente de Hegel. Peirce não extraiu expressamente essa consequência em sua filosofia tardia; mas, se eu vejo corretamente, a concepção de uma corporificação progressiva de ideias, que domina a filosofia tardia, não pode se desviar do conceito difícil de natureza como um sujeito absoluto. É por isso que queremos retornar ao ponto de partida da argumentação, dado com a lógica da pesquisa.

As condições de possibilidade de uma inferência sintética podem ser investigadas na própria dimensão do processo de pesquisa; o problema do universal e do particular não precisa ser deslocado precipitadamente do plano metodológico para o ontológico. Nesse caso, ele certamente se coloca de outra forma: como estão constituídas as condições transcendentais de um processo de pesquisa em cujo quadro a realidade é objetivada de tal maneira que podemos apreender no singular o universal, isto é, inferir de um número finito de casos singulares a validade de proposições universais? Sob esse ponto de vista transcendental, não faz muito sentido falar da existência do universal na linguagem do realismo dos universais; pelo contrário, nós constituímos, no interior do quadro posto com os processos de pesquisa, os objetos da experiência possível, de tal modo que a realidade se abre em uma determinada constelação de universal e particular. Essa constelação se deixa mostrar nos procedimentos de inferência dos quais depende logicamente o progresso da pesquisa.

6. Autorreflexão das ciências da natureza: a crítica pragmatista do sentido

Peirce não fala do processo de raciocínio no sentido estrito de uma derivação lógica de enunciados a partir de outros enunciados. Pelo contrário, *reasoning* se estende à argumentação com base na qual obtemos enunciados verdadeiros sobre a realidade. As formas lógicas de inferência (*inference*) não são regras de aquisição dedutiva de proposições analiticamente corretas; são regras de obtenção metódica de enunciados sinteticamente válidos. As formas de inferência necessárias segundo a lógica da pesquisa são regras de acordo com as quais os enunciados podem ser transformados em outros enunciados, dada a condição de que haja um afluxo de informações. No entanto, cada informação singular deve poder ser reconduzida, por sua vez, a inferências desse gênero, ao menos implicitamente, uma vez que não nos cabe apoiar nem em princípios superiores nem em fatos com caráter de ultimato. Contudo, se o afluxo de informações se destina a assegurar os dois momentos, os enunciados sobre uma realidade que é em si, ou seja, o conteúdo qualitativamente novo e a validade factual das proposições, então a transformação de convicções problematizadas em interpretações válidas deve se efetuar segundo regras que possibilitam a conversão, por assim dizer osmótica, de conteúdos não intencionais da experiência em representações simbólicas – segundo regras da síntese, portanto.

Peirce distingue três formas de inferência: dedução, indução e abdução. A dedução prova que algo tem de proceder de determinada maneira; a indução, que algo procede factualmente assim; e a abdução, que algo supostamente procede assim. A abdução é a forma de argumentação que amplia nosso saber; ela é a regra de acordo com a qual nós introduzimos novas hipóteses. Nesse sentido, somente o pensamento abdutivo leva mais adiante o processo de pesquisa. Pela dedução, desenvolvemos consequências a partir de hipóteses recorrendo a condições iniciais. Aplicamos hipóteses a casos individuais e deduzimos, assim, predições sobre eventos que têm de ocorrer, se a hipótese é correta. Pela indução examinamos se, e com que probabilidade, os prognósticos se confirmam. A indução é, portanto, a forma lógica do processo de pesquisa na acepção da palavra, na medida em que se destina a averiguar a validade factual das hipóteses. A forma de inferência analiticamente cogente, a dedução, é a menos importante sob o ponto de vista de uma lógica do *progresso* científico; pois, por ela, nós não adquirimos nenhuma nova informação.[69]

---

69 "Na dedução, ou no raciocínio necessário, nós partimos de um estado de coisas hipotético, que definimos com certos aspectos abstraídos. Entre as características às quais não dedicamos atenção alguma nesse modo de inferência, consta saber se a hipótese de nossas premissas corresponde mais ou menos ao estado de coisas no mundo exterior. Nós consideramos esse estado de coisas hipotético e chegamos à conclusão: seja como for que ele possa estar relacionado com o universo sob outro aspecto, seja onde for e quando for que a hipótese possa ser realizada, algo outro que não

Do ponto de vista da lógica da pesquisa, são importantes a abdução e a indução. As informações que afluem da experiência adentram por essas vias em nossas interpretações. O conteúdo de nossas teorias sobre a realidade é ampliado abdutivamente pela descoberta de novas hipóteses, ao passo que controlamos indutivamente a concordância das hipóteses com os fatos:

> A abdução é o processo de surgimento de uma hipótese explicativa. É o único procedimento lógico que introduz alguma ideia nova; pois a indução determina única e somente um valor, e a dedução desenvolve apenas as consequências necessárias de uma hipótese pura [...] Sua única justificação [da abdução] reside em que a dedução pode derivar de uma hipótese abdutiva uma predição capaz de ser testada pela indução, e em que, caso devamos aprender algo ou entender fenômenos de modo geral, tem de ser pela abdução que isso será auferido.[70]

A inferência abdutiva toma em consideração aquele momento da realidade, não apreensível pela lógica da linguagem, que a doutrina das categorias de Peirce concebe como primeiridade ou qualidade. A inferência indutiva leva em consideração o outro momento, a facticidade da realidade, que corresponde à função denotativa da linguagem e que mais tarde aparece como categoria da secundidade:

> As deduções que fundamos sobre a hipótese que resulta da abdução produzem predições condicionais concernentes à nossa

---

foi assumido explicitamente nessa hipótese será invariavelmente verdadeiro" (Peirce, Lectures on Pragmatism, §161).

70 Ibid., §171.

> experiência futura. Isso significa que inferimos por dedução: se a hipótese é verdadeira, alguns fenômenos futuros de certos tipos devem ter este ou aquele caráter. Por conseguinte, efetuamos uma série de quase-experimentos a fim de testar essas predições e chegar assim a uma avaliação definitiva do valor da hipótese; esse último procedimento eu denomino indução.[71]

Peirce distingue entre a forma de inferência analítica da *dedução*, por um lado, e a abdução e a indução, as assim chamadas formas sintéticas de inferência, por outro. Logicamente, essas duas formas podem ser concebidas como variações da inferência necessária. Se escolhemos o silogismo Barbara como exemplo típico de uma dedução, podemos conceber a proposição universal da primeira premissa como hipótese de lei, o caso singular da segunda premissa como expressão das condições iniciais de uma hipótese de lei e, por fim, a consequência como uma predição. Eu deduzo a predição da

---

71 Id., Scientific Method, 155 nota. A expressão "quase-experimento" deve evitar uma interpretação demasiada estreita da indução: "Por 'quase-experimento' eu entendo o procedimento inteiro de produção ou de descoberta de um estado de coisas, que permite um emprego de predições condicionais que deduzi da hipótese, e o procedimento no qual eu constato em que medida a predição é cumprida" (ibid.). A estratégia de verificação que exige a regra de inferência indutiva inclui de resto a escolha de consequências as menos prováveis possíveis. Uma hipótese é testada tanto mais seriamente quanto maior é a probabilidade de falsificação. "A verificação precisa consistir em que eu construo sobre a hipótese predições concernentes aos resultados do experimento, especialmente aquelas predições cuja verdade é do contrário altamente improvável, e em que eu efetuo experimentos para constatar se essas predições são verdadeiras ou não" (ibid., §89).

lei como resultado (efeito) de um caso (causa). Peirce fala de *abdução* quando eu não derivo dedutivamente da lei e do caso o resultado, mas do resultado e da lei o caso. Por resultado entendemos, em nosso contexto, um fato não previsto que não poderia ter sido predito com base nas interpretações vigentes. É inexplicável porque nos falta a hipótese com base na qual poderíamos inferir do resultado a causa. A operação peculiar da abdução consiste, por isso, na descoberta e na invenção de uma hipótese apropriada, que permite essa inferência do caso a partir do resultado e da lei.[72] Enfim, fala-se de *indução* quando

---

72 Sob o nome de abdução Peirce reúne dois procedimentos distintos, sem distingui-los com clareza suficiente. De um lado, ele entende por abdução tão somente o emprego de uma hipótese de lei para a finalidade da explicação causal: nesse caso, inferimos de um resultado o caso, com base em uma regra vigente. Essa inferência leva a uma hipótese explicativa que pode por seu turno ser examinada (cf. abaixo nota 97). Na seção "Deduction, Induction, and Hypothesis" (id., *Collected Papers*, v.2, §619 et seq.; ed. alemã, p.373 et seq.), Peirce elucida esse *emprego explanatório* da inferência abdutiva com o exemplo de Napoleão. O emprego da abdução que é relevante para a reconstrução da possibilidade do progresso científico é, no entanto, o emprego *inovador*. Partindo de um resultado (surpreendente), *buscamos* uma regra com base na qual podemos inferir o caso: a própria regra não é ainda, portanto, suposta como válida. Por isso, a exposição da inferência abdutiva – de uma regra (como primeira premissa) e um resultado (como segunda premissa) ao caso (como conclusão) – não é aqui inteiramente acertada; a premissa maior *resulta* primeiramente. Uma descoberta *regulada* da nova hipótese de lei, desobrigada da casualidade de uma boa inspiração, é, porém, apenas pensável se o resultado inesperado pode forçar a uma negação *determinada*, isto é, a uma alteração da hipótese de lei refutada, que se daria no interior de um espaço de ação semântico já predelineado por ela. A par disso, no entanto, Peirce pensa também a via de

não inferimos dedutivamente da lei e do caso o resultado, nem abdutivamente do resultado e da lei o caso, mas do caso e do resultado a lei. O caso são as condições experimentalmente geradas ou quase-experimentalmente selecionadas de um prognóstico, e o resultado é aquele do experimento, que confirma

---

uma generalização superindutiva. Partindo de uma regularidade empírica, com a qual são dados o caso e o resultado, buscamos uma hipótese de lei da qual pode ser derivada uma das duas grandezas com base na outra: nesse caso, temos "uma mistura de indução e hipótese, que se apoiam mutuamente; e tem esse caráter a maioria das teorias da física" (ibid., §640; ed. alemã, p.389). Peirce elucida esse procedimento com o exemplo da teoria cinética do gás, definindo a relação de abdução e indução da seguinte maneira: "A grande diferença entre indução e hipótese consiste em que a primeira infere a existência de fenômenos, tal como nós os observamos em casos semelhantes, enquanto a hipótese aceita algo que é distinto do que nós observamos imediatamente, e frequentemente algo que não nos é de modo algum possível observar imediatamente. Em correspondência com isso, a inferência assume a natureza de uma hipótese, se nós ampliamos uma indução completamente, para além dos limites de nossa experiência. Seria absurdo dizer que não temos nenhuma garantia indutiva para uma generalização que vai além dos limites da experiência [...] Porém, se uma indução avançou longe o suficiente, nós não podemos lhe dispensar muita credibilidade, a não ser que descubramos que uma tal ampliação explica algum fato que podemos observar e que de fato observamos" (ibid.). Nós vemos, portanto: Peirce reúne de início sob a abdução dois procedimentos distintos. O primeiro serve à explicação causal de um evento e leva, dada uma hipótese de lei, a uma hipótese explicativa. A segunda, em contrapartida, serve à *descoberta* de uma hipótese de lei. Nesse segundo caso, interessante para a lógica da pesquisa, ou se trata da modificação de uma hipótese de lei dada, mas refutada por um resultado inesperado, ou está em jogo uma ascensão superindutiva de uma fórmula para uniformidades, obtida indutivamente, rumo a uma hipótese de lei que "combina" com a fórmula.

o prognóstico condicional. De ambos se infere a validade da hipótese com base na qual podemos derivar do caso o resultado ou das condições o prognóstico.

Na lógica de pesquisa, a conjunção dos três modos de inferência apresenta as regras segundo as quais temos de proceder se o processo de pesquisa deve satisfazer a determinação pela qual ele se define: a saber, conduzir a longo prazo a enunciados verdadeiros sobre a realidade. Mais difícil do que apreender descritivamente essas regras é explicar *por que* elas asseguram *de fato* a meta do processo científico. A forma de inferência que leva de maneira imanente e cogente a enunciados corretos, a dedução, deve sua vantagem à sua analiticidade; isso significa, porém, que justamente ela não traz nenhuma nova informação, permanecendo estéril para o progresso do conhecimento. Em contrapartida, as formas sintéticas de inferência, sobre as quais se baseia o progresso, não são cogentes: não podemos discernir *a priori* por que elas deveriam valer. "Só isso nós sabemos: *se* nos atemos fielmente àquele *modus* de inferência, nós nos aproximaremos, em uma visão do todo, da verdade."[73]

Ocasionalmente, Peirce cogita dar uma explicação empírica para a validade da abdução e da indução no âmbito da lógica da pesquisa. Essas regras, produtivas para a aquisição de informação, poderiam ser, da mesma maneira que as regularidades do comportamento orgânico, o resultado de seleção natural.

> De que modo se explica a existência dessa faculdade? Em *um* sentido, sem dúvida, pela seleção natural. Uma vez que ela é incondicionalmente necessária para a preservação de um organismo

73 Id., Grounds of Validity, §354; ed. alemã, p.245.

> tão delicado como o humano, nenhuma raça que não a possuísse seria capaz de sobreviver. Isso explica por que essa faculdade se impôs tão amplamente [...] Mas como pode ser possível?

Peirce acaba vendo, por fim, no entanto, que a questão sobre a validade de regras lógicas não pode ser respondida de maneira *imediatamente* empírica; antes, ela requer de início uma resposta lógico-transcendental:

> Por que os fatos são habitualmente tais quais são representados pelas conclusões indutivas e hipotéticas que se dão a partir de premissas verdadeiras? Fatos de certo tipo são habitualmente verdadeiros se os fatos que se encontram em certas relações (lógicas) com eles são verdadeiros; qual é a razão disso? Eis a questão.[74]

Essa é uma questão lógico-transcendental sobre as condições do conhecimento possível. Isso se torna patente pelo fato de que a validade da abdução e da indução nem se deixa provar em termos de lógica formal, nem ser explicada em termos empíricos (ou ontologicamente pela referência à estrutura da realidade): "De um lado, a validez de um argumento provável não pode resultar da determinação de objetos, de um *fato*; de outro, um tal argumento também não é redutível àquela forma que é válida independentemente de como os fatos possam ser".[75] No entanto, Peirce não repete a questão de Kant no interior do sistema de referências kantiano. Ele não se pergunta sobre a possibilidade de juízos sintéticos *a priori*, mas sobre a possi-

74 Ibid.

75 Id., Questions Concerning certain Faculties..., §247; ed. alemã, p.241.

bilidade do pensamento sintético em geral. Kant supõe que os juízos sintéticos, com base nos quais ele obtém informações a respeito de como o conhecimento é possível de um ponto de vista transcendental, valem tão necessariamente quanto os juízos analíticos. Peirce se limita a dizer que as inferências sintéticas têm de valer de fato, se algo como um processo de pesquisa, contingente em seu todo, deve ser possível. Uma vez que somos forçados a conceber a realidade como correlato de um processo de pesquisa bem-sucedido a longo prazo, podemos estar seguros da validade factual do pensamento sintético porque há o real de modo geral. E a questão sobre as condições de sua possibilidade é "sinônima da questão de por que há algo real de modo geral".[76] Peirce está convicto de poder responder essa questão com sua teoria da realidade:

> Se [...] nada de real existe, então toda questão, uma vez que pressupõe que algo existe – pois afirma sua própria urgência –, pressupõe que apenas ilusões existem. Mas mesmo a existência de uma ilusão é uma realidade, pois uma ilusão afeta ou todos os homens ou alguns. No primeiro caso, ela é uma realidade, em correspondência com nossa teoria da realidade; no último caso, ela é independente da constituição do intelecto de alguns indivíduos, exceto aqueles que ela por acaso afeta. A resposta à questão "por que algo é real?" é então a seguinte: essa questão significa "supondo que alguma coisa exista, por que então ela é real?". A resposta é que precisamente aquela existência é por definição realidade [...] Por isso, eu pretendo ter sido o primeiro

76 Id., *Collected Papers*, v.5, §351; ed. alemã, p.243.

> a ter mostrado que é possível defender uma teoria consistente relativa à validez das leis da lógica comum.[77]

Porém, é fácil ver que a argumentação de Peirce se move em círculos. Com um conceito de realidade próprio da lógica de pesquisa, Peirce já pressupõe que a existência de um estado de coisas não pode ser pensada independentemente de inferências sintéticas. Então resulta naturalmente de todo estado de coisas, seja ele qual for e bastando que seja tomado como existente, que também aqueles modos de inferência devem valer. Nietzsche desdobrou, em contrapartida, um conceito de verdade perspectivista e um conceito de realidade irracionalista, o qual põe em evidência que pode muito bem ser *pensada* uma realidade que se esgota em um pluralismo de ficções ligadas a diversos pontos de vista – ela se constitui como uma multiplicidade de aspectos em princípio arbitrários. Tendo por pano de fundo esse conceito contrário ao que Peirce entende por realidade, a tautologia se torna evidente: se partimos de que a realidade não se constitui independentemente das regras sob as quais se encontra o processo de pesquisa, a referência a essa realidade não pode servir para fundamentar a validade das regras do processo de pesquisa, justamente dos modos de inferência.[78]

---

77 Id., Grounds of Validity, §352; ed. alemã, p.243-244.

78 Peirce não hesita em exprimir a tautologia: "Uma vez que todo saber provém de inferências sintéticas, nós devemos concluir em igual medida que toda certeza humana consiste somente em nosso conhecimento de que os processos nos quais adquirimos nosso saber são de tal espécie que eles devem ter conduzido em geral a conclusões verdadeiras" (Id., Probability of Induction, §693; ed. alemã, p.370).

De início, a favor da validade dessas regras não depõe mais, mas tampouco menos, a convicção fundamental de que houve até então um processo cumulativo de aprendizagem e que este, se fosse prosseguido metodicamente como processo de pesquisa por tempo não mais que suficiente, teria levado a um conhecimento integral da realidade. A isso se liga o postulado da esperança em satisfazer as condições empíricas sob as quais o processo de pesquisa é capaz de se consumar de fato. Mas isso não responde a questão: "Por que os fatos são habitualmente tais quais são representados pelas conclusões indutivas e hipotéticas que se dão a partir de premissas verdadeiras?"

A validade das regras lógicas do processo de pesquisa, se as entendemos como o sistema de referências da objetivação possível da realidade, só pode ser a validade de regras transcendentais. Por outro lado, os modos de inferência não são concebíveis necessariamente como transcendentais, independentemente das circunstâncias, visto que eles não valem universalmente, não valem sempre e em toda parte, apenas se limitam a fundamentar a validade de um método que *a longo prazo* conduz a enunciados verdadeiros. As formas sintéticas de inferência possibilitam conclusões que não se justificam por ser necessariamente verdadeiras ou prováveis; elas devem sua validade unicamente à circunstância de que são os resultados de um método que "tem de levar o pesquisador, quando ele se limita a segui-lo constantemente, ou à verdade ou ao menos à guiar seus raciocínios de tal modo que eles se aproximem do valor limite da verdade".[79] As regras lógicas do processo de pesquisa de modo algum define com necessidade transcendental as

79 Id., Scientific Method, §110.

condições do conhecimento possível. Do contrário, os juízos que estão implicados nelas seriam juízos sintéticos *a priori*. Mas elas definem pelo menos um procedimento que, efetuado continuamente sob condições empíricas, multiplica as concepções intersubjetivamente reconhecidas. Como determinações de um método – se este garante exclusivamente a obtenção de enunciados verdadeiros –, aquelas regras possuem o valor posicional de condições transcendentais de objetos possíveis da experiência; mas elas não podem ser derivadas, da mesma maneira que essas condições, da constituição de uma consciência em geral. Elas permanecem contingentes em seu todo.

Entre todos os métodos que levam a concepções válidas, o método da pesquisa se comprovou de fato com o mais bem-sucedido. Peirce discute, além do *scientific method*, três outros métodos: ele os denomina *method of tenacity*, *method of authority* e *a priori method*. Eles todos possuem vantagens, mas elas são superadas pelas do método científico quando se aplica unicamente como critério de avaliação saber qual é o melhor modo pelo qual chegamos a concepções definitivamente válidas, ou seja, a convicções que não são problematizadas por todos os eventos futuros, mas antes confirmadas por eles. Desse critério depende saber em que sentido podem "valer" as conclusões do processo de pesquisa. Enquanto em Kant as determinações da consciência transcendental, as formas da intuição e as categorias do entendimento definem as condições de objetividade do conhecimento e, com isso, o sentido da verdade dos enunciados, esse conceito de verdade já não resulta para Peirce das regras lógicas do processo de pesquisa, mas somente do *contexto objetivo de vida*, no qual o processo de pesquisa cumpre funções especificáveis, a saber: a estabilização de opiniões, a eliminação de incertezas, a aquisição de convicções não problemáticas – em suma, *fixation of belief* [fixação da crença]. O contexto objetivo em que os três modos de inferência cumprem essa tarefa é o círculo de funções da ação racional com relação a fins. Pois uma convicção se define pelo fato de que orientamos nosso comportamento por ela.* "A convicção consiste principalmente na prontidão deliberada para se deixar guiar na ação pela fórmula da qual se está convencido."[80] Quanto a isso, "a essência da convicção [é] [...] o estabelecimento de um modo de comportamento, e convicções diferentes se distinguem pelos diferentes tipos de ação que elas suscitam".[81]

Uma convicção é uma regra de comportamento, mas não o próprio comportamento determinado pelo hábito. A certeza comportamental é o critério de sua validade: uma convicção permanece não problemática na medida em que os modos de comportamento que ela controla não fracassam na realidade. Tão logo um hábito comportamental se torna inseguro por conta de resistências da realidade, surgem dúvidas quanto à orientação que controla o comportamento. O abalo de *habits* desperta dúvidas quanto à validade das *beliefs* correspondentes. E a dúvida motiva esforços para encontrar novas concepções que voltem a estabilizar o comportamento perturbado.[82] Os resultados da inferência sintética só têm um valor no círculo

* Cabe chamar a atenção para o fato de que Habermas se vale de *Überzeugung* [convicção] para traduzir, seguindo a edição alemã das obras de Peirce, a noção de *belief* [crença]. (N. T.)

80 Id., Lectures on Pragmatism, §27.

81 Id., How to Make our Ideas Clear, §398; ed. alemã, p.335.

82 Cf. id., What Pragmatism Is, §417.

de funções do comportamento racional com relação a fins e habitualmente é controlado pelo êxito. Convicções verdadeiras definem o domínio do comportamento futuro que o agente tem sob controle.[83]

Convicções válidas são enunciados universais sobre a realidade, os quais podem se transformar, dadas as condições iniciais, em recomendações técnicas com base em prognósticos condicionais. Isto, e apenas isto, é o conteúdo do pragmatismo:

> O pragmatismo é o princípio segundo o qual todo juízo teórico que possa se expressar em uma proposição na forma do indicativo é uma forma emaranhada de um pensamento cujo único significado, caso ele tenha algum, reside em sua tendência a propiciar validade a uma máxima prática correspondente, que deve se expressar como proposição condicional, cuja apódose está na forma do imperativo.[84]

Dessa suposição fundamental é possível derivar um critério pragmatista do sentido, o qual permite eliminar enunciados

---

83 "Para desenvolver o significado de um pensamento, não precisamos senão determinar simplesmente quais modos de comportamento ele gera, pois o que um objeto significa consiste simplesmente nos modos de comportamento que ele envolve. Ora, a identidade de um modo de comportamento depende de como poderíamos nos conduzir na ação, não meramente sob circunstâncias que provavelmente surgirão, mas sob circunstâncias que poderiam possivelmente surgir, por mais improváveis que elas possam ser. O que é um modo de comportamento depende de *quando* e de *como* ele nos leva a agir" (ibid., §400; ed. alemã, p.337).

84 Id., Lectures on Pragmatism, §18.

sem sentido[85] e precisar o sentido de conceitos confusos. Mas a intenção do que Peirce denomina pragmatismo – e mais tarde, a fim de realçá-lo contra a as interpretações psicologistas falhas, pragmaticismo – vai além disso. Não se trata da derivação de um critério de sentido, mas da questão central de uma lógica da pesquisa que se deixa guiar pela reflexão sobre a experiência fundamental do positivismo: *como o progresso científico é possível?* O pragmatismo dá uma resposta a essa questão ao legitimar a validade de formas sintéticas de inferência apoiando-se na estrutura transcendental da ação instrumental.

As convicções se cristalizam em conceitos. Esses conceitos podem se explicitar em juízos universais que têm a forma de hipóteses de leis. Estas, por seu turno, são elucidáveis pelas consequências a serem derivadas delas na qualidade de prognósticos condicionais. A correção e a ampliação dos conceitos se dão em processos de raciocínio nos quais a abdução, a dedução e a indução se completam e se pressupõem

85 A formulação famosa, mas não particularmente clara, da assim chamada máxima pragmatista encontra-se no ensaio de 1878, "How to Make our Ideas Clear" [Como tornar claras nossas ideias] (In: *Collected Papers*, v.5, §402; cf. também ibid., §398). Em seu artigo de manual sobre o pragmatismo, de 1902, Peirce elucida essa máxima (cf. id., *Collected Papers*, v.5, 1 et seq.). Aí se encontra também uma formulação mais clara: "*In order to ascertain the meaning of an intellectual conception one should consider what practical consequences might conceivably result by necessity from the truth of that conception; and the sum of these consequences will constitute the entire meaning of the conception*" (ibid., §9). [Trad.: "A fim de averiguar o significado de uma concepção intelectual, dever-se-ia considerar que consequências práticas podem ser concebidas como resultado necessário da verdade daquela concepção; e a soma dessas consequências constituirá o significado inteiro da concepção". – N. T.]

reciprocamente. É possível explicitar conceitos e juízos em silogismos, tanto quanto é possível condensar silogismos em juízos e conceitos. Mas esse "movimento do conceito" não é nem absoluto nem autossuficiente; ele adquire seu sentido unicamente no *sistema de referências da ação possível controlada pelo êxito*. Sua meta é eliminar a incerteza comportamental. Todas as formas lógicas (conceito, juízo e silogismo) são, por isso, referidas de maneira transcendentalmente necessária ao sentido pragmatista dos universais representados por signos. A forma originária da relação é expressa nos prognósticos condicionais de que ocorrerão eventos sob condições especificáveis, e isso significa fundamentalmente: sob condições manipuláveis. É por isso que o sentido da validade de enunciados se mede pela disposição técnica possível sobre a interconexão de grandezas empíricas. Os enunciados se referem a "*'would-acts', 'would-dos' of habitual behaviour; and no agglomeration of actual happenings can ever completely fill up the meaning of a 'would be'*".[86] De acordo com isso, o fim das hipóteses é assegurar e ampliar a ação controlada pelo êxito: "O seu fim [das hipóteses], em razão de ser submetidas à prova do experimento, é levar à evitação de toda surpresa e ao estabelecimento de um hábito comportamental consistindo em expectativa positiva que não será desapontada".[87] Assim, os modos de inferência não estão inseridos no círculo de funções da ação instrumental meramente *a posteriori*; pelo contrário, esse círculo implica as condições de sua validade. Em uma

86 Peirce, A Survey of Pragmaticism, §467. [Trad.: "Os 'agirias' e os 'farias' do comportamento habitual; e nenhuma aglomeração de acontecimentos reais pode jamais preencher completamente o significado de um 'seria'" – N. T.]

87 Id., Lectures on Pragmaticism, §197.

passagem, Peirce se volta contra a lógica proposicional de De Morgan com o argumento: "A lógica formal não pode ser formal demais; ela precisa representar um fato psicológico, ou, do contrário, ela corre o risco de degenerar em uma recreação matemática".[88] Não se trata aqui de psicologismo, pois reiteradamente Peirce se defende de maneira enérgica contra a mistura de conteúdos intencionais com eventos psíquicos. Mas, ao mesmo tempo, ele insiste em que as formas lógicas pertencem, mesmo em um sentido categorial, aos processos fundamentais de vida, em cujo contexto elas assumem funções. Peirce concebe os três modos de inferência, nesse sentido, como funções de um processo de vida.

A dedução possui, nesse aspecto, o valor posicional de uma "decisão". A conclusão à qual ela conduz "é" uma determinada reação comportamental, que resulta da aplicação de uma regra comportamental geral sobre um caso singular: "O conhecimento de um resultado [no sentido da conclusão de um silogismo no modo Barbara] é da natureza de uma decisão de agir de um modo específico em uma dada ocasião".[89] Para acentuar que o processo circular da ação controlada pelo êxito é um processo de vida, Peirce estabelece uma analogia entre as reações comportamentais animais, que decorrem segundo o modelo do reflexo, e as ações humanas racionais com relação a fins, mediadas pelos processos de inferência:

> De fato, um silogismo no modo *Barbara* ocorre se nós irritamos o pé de uma rã decepada. O vínculo entre o nervo aferente e

88 Id., Elements of Logic, §710.

89 Ibid., §711; ed. alemã, p.229.

> eferente, seja lá como ele possa ser pensado, constitui um hábito comportamental [*nervous habit*], uma regra da ação que é o análogo fisiológico da premissa maior no silogismo. O distúrbio do equilíbrio no sistema dos gânglios, causado pela irritação, é a forma fisiológica do que, considerado psicologicamente, é uma sensação dos sentidos e o que, considerado logicamente, é a ocorrência de um caso. A descarga através do nervo eferente é a forma fisiológica do que é psicologicamente uma realização da vontade [*volition*], e logicamente a inferência de um resultado. Se nós passamos das formas mais baixas para as mais altas da inervação, os equivalentes fisiológicos escapam facilmente da nossa observação. Mas, na consideração psicológica, encontramos ainda: 1. hábito comportamental, que em sua forma suprema é o entendimento e corresponde à premissa maior de *Barbara*; 2. sentimento [*feeling*], ou consciência presente, correspondendo à premissa menor de *Barbara*; e 3. decisão da vontade [*volition*], correspondendo à conclusão de *Barbara*.[90]

A abdução leva ao estímulo desencadeador da ação, ao caso, e a indução, à regra estabilizadora do comportamento, da mesma maneira que a dedução leva à própria reação comportamental, ao "resultado". Sob esse ponto de vista, Peirce considera que tem sentido atribuir a cada forma de inferência um determinado elemento do círculo da ação. À abdução, que encontra para um resultado esperado uma regra apropriada a fim de reconduzir a um caso que explica o resultado, corresponde o *elemento sensório*: os dados dos sentidos, imediatos meramente em aparência, podem ser identificados somente pela mediação

90 Ibid.

de processos de inferência. À indução, que infere do caso e do resultado a validade da regra, a qual permite derivar o prognóstico do evento (resultado) a partir das condições iniciais (caso), corresponde o *elemento habitual*: as suposições universais que subjazem à ação racional com relação a fins são submetidas a um teste permanente; porque e na medida em que passam pelo teste permanente, elas podem ser sedimentadas como hábitos comportamentais. À dedução, que permite inferir da regra e do caso o resultado e derivar o prognóstico condicional, corresponde o *elemento volitivo*: o ato da ação racional com relação a fins pode ser entendido como a efetuação de uma dedução, da mesma maneira que esta, inversamente, se deixa entender como ação instrumental virtualmente antecipada.[91] Assim, os modos de inferência obtêm entre si um nexo metodológico somente em razão de seu valor posicional no círculo de funções da ação instrumental.

Esse círculo da ação não é, no entanto, concebido de maneira estática, mas como um quadro para os processos que decorrem com acumulação. Certamente, a ação instrumental pode ser concebida como uma manipulação segundo regras que se dá sob condições empíricas; e certamente faz todo sentido, então, atribuir à identificação das condições a abdução, à habituação das regras a indução, e ao exercício da manipulação a dedução. Mas o nexo entre os processos simbólicos da inferência e os processos factuais da ação só se torna claro quando entendemos a ação instrumental como o controle de condições externas da existência, o qual só pode ser adquirido e

91 Cf. id., Deduction, Induction, Hypothesis, §643; ed. alemã, p.391-392.

exercido sob as condições de um *processo cumulativo de aprendizagem*: toda ação conforme regras técnicas é, ao mesmo tempo, um teste dessas regras, todo fracasso de uma ação controlada pelo êxito é, ao mesmo tempo, a refutação de uma hipótese, toda reorientação de um sistema comportamental perturbado é a ampliação de um poder de disposição técnica até então exercido e o resultado de um processo de aprendizagem de uma só vez. A pesquisa é a forma de reflexão desse processo de aprendizagem pré-científico, posto *já como tal* com a ação instrumental. O processo de pesquisa cumpre, todavia, três condições suplementares: 1. ele isola o processo de aprendizagem do processo de vida; por isso, o exercício das operações se reduz aos controles selecionados de êxito; 2. ele garante a exatidão e a fiabilidade intersubjetiva; por isso, a ação adota a forma abstrata do experimento, mediada por processos de medição; 3. ele sistematiza o avanço do conhecimento; por isso, a maior quantidade possível de hipóteses universais são integradas em conjuntos teóricos da maior simplicidade possível. Estes têm a forma de sistema de enunciados hipotéticos e dedutivos.

Na medida em que o quadro pragmatista de nossos processos de aprendizagem se mantém consciente, a formação de hipóteses é reconhecida, da mesma maneira que a derivação de prognósticos condicionais e o exame de hipóteses com base em tais predições, como um elemento necessário no sistema autorregulado da ação e da aprendizagem cumulativa. A identificação de diversos eventos requer de imediato categorias que implicam hipóteses de leis universais. Por isso, todo evento que falsifica uma predição derivada de uma hipótese tem de ser referido a hipóteses alternativas, para que possamos concebê-lo de modo geral *como* algo qualquer. No processo de pesquisa institucionalizado, no entanto, proposições teóricas e controles empíricos pontuais se separam, de maneira que a estrutura lógica da experiência pode ser desconhecida. Tem a ver com isso a *psicologização* das circunstâncias ligadas à lógica da pesquisa. O fato de que falsificações obriguem a gerar abdutivamente novas hipóteses, adotando assim o valor posicional de uma negação determinada, torna-se irreconhecível como relação lógica. A abdução aparece como um processo contingente da psicologia da pesquisa tão logo o teste e a suposição, a ação e a hipótese, continuem se referir entre si apenas de maneira exterior. Apenas dentro do quadro transcendental da ação instrumental é possível ver que, na verdade, novas hipóteses têm de ser formadas segundo as regras da abdução e não são deixadas a critério da arbitrariedade de uma fantasia criadora de hipóteses. No sistema de referências pragmatista, torna-se claro também, por outro lado, que entre a dedução de hipóteses de leis e sua confirmação indutiva não há uma relação lógica exclusiva. Considerado do ponto de vista lógico, o resultado de um experimento pode ser necessário tão somente no caso da falsificação.[92] Mas, se o fato do progresso científico não pode ser seriamente negado, então ele só é explicável pela força de verificação da confirmação indutiva de hipóteses. A validade da indução, da mesma maneira que a da abdução, pode ser fundamentada unicamente por aquele *nexo metalógico* com a dedução que é posto, junto com o círculo de funções da ação instrumental, como um quadro transcendental para a estabilização possível de hábitos comportamentais e para a ampliação possível de saber tecnicamente aplicável.

92 Nisso se baseia a tese de Popper da falsificação: *Logik der Forschung*.

O valor posicional transcendental do nexo entre a ação controlada pelo êxito e os três modos de inferência se evidencia pelo fato de que aprendemos e progredimos de concepções problematizadas para convicções novas, suscetíveis de se tornar hábitos, somente se concebemos a realidade sob um determinado esquema. Essa objetivação da realidade da natureza é definida pelas formas de inferência coordenadas no círculo da ação. Podemos descobrir novas hipóteses abdutivamente, podemos deduzir delas predições condicionais e confirmar as hipóteses subjacentes a estas somente se supomos para a própria natureza algo como uma ação instrumental. Temos de agir como se os eventos observados fossem as produções de um sujeito que, sob as condições iniciais contingentes, extrai incessantemente inferências no modo Barbara, de acordo com um conjunto finito de regras definitivamente válidas, gerando então factualmente os eventos deduzidos em concordância com os prognósticos colocados previamente. Esse sujeito seria a natureza, que tornou hábitos todas as "leis naturais" como regras de seu comportamento. Só quando o ser humano que age instrumentalmente constitui seu entorno natural sob esse ponto de vista e se projeta como adversário de uma natureza que age instrumentalmente, ele pode ter esperança em um sucesso para seu método:

> Nós concebemos habitualmente a natureza como se ela efetuasse perpetuamente deduções no modo *Barbara*. Essa é nossa metafísica natural e antropomórfica. Concebemos que há leis da natureza, que são suas regras ou premissas maiores. Concebemos que os casos se sucedem pressupondo essas leis; esses casos consistem na predicação, ou na ocorrência, de *causas* que representam

o termo médio dos silogismos [da natureza]. Enfim, concebemos que a ocorrência de causas, por força das leis da natureza, tem por consequência efeitos que são as conclusões dos silogismos [da natureza]. Ao concebermos a natureza dessa maneira, concebemos naturalmente três tarefas da ciência da natureza [*science*]: 1. a descoberta de leis, o que acontece por indução; 2. a descoberta de causas, o que acontece por inferência hipotética; 3. a predição de efeitos, o que acontece por dedução.[93]

A projeção do esquema da ação humana sobre a natureza significa que o círculo de funções da ação instrumental é o quadro transcendental que define as condições da objetividade de enunciados possíveis sobre o real. No plano dos processos de pesquisa, esse círculo da ação assumiu a forma do experimento: as condições transcendentais da experiência possível são idênticas às condições da experimentação possível. No experimento, por meio de uma sucessão controlada de eventos, representamos uma relação entre pelo menos duas grandezas empíricas. Essa relação preenche duas condições: ela se expressa *gramaticalmente* na forma de um prognóstico condicional, que pode se deduzir de uma hipótese de lei universal com base nas condições iniciais; ao mesmo tempo, ela se representa *factualmente* na forma de uma ação instrumental que manipula as condições iniciais, de tal modo que o êxito da operação pode ser controlado pela ocorrência do efeito. A relação entre as grandezas empíricas, à qual subjaz uma "lei natural", pode ser *expressa* em uma proposição da forma: sempre que x, então y; e ela pode ao mesmo tempo ser *representada*

93 Peirce, Elements of Logic, §713; ed. alemã, p.229-230.

por uma operação que produz o estado y porque ela suscita o estado x. A proposição se deixa entender como a *formulação* do plano ou da intenção que guia a *operação*. Ela é a forma exata de uma convicção (*belief*), que funciona como um determinada regra da ação instrumental (*habit*).

Essa regra é então satisfeita por um número qualquer de operações futuras, as quais, se a regra é empiricamente verdadeira, se caracterizam pelo fato de que têm de suscitar o mesmo efeito sob exatamente as mesmas condições. Mas, nesse caso, *cada uma* dessas operações tem de "significar" de imediato mais do que o evento singular que ela "é". Cada experimento *singular* nos assegura uma relação *universal* que tem de se confirmar sob exatamente as mesmas condições, inclusive em todas as repetições futuras do mesmo experimento:

> De fato, não é em um experimento mas em um fenômeno experimental que deve consistir o significado racional. Se o experimentador fala de um fenômeno, como, por exemplo, o fenômeno de Hall, o fenômeno de Zeemann e de sua modificação, do fenômeno de Michelson ou do fenômeno xadrez, então ele não se refere a um evento particular qualquer, que sucedeu a alguém no passado morto, mas algo que *seguramente vai* suceder a cada um no futuro vivo que preenche certas condições. O fenômeno consiste no fato de que, se um experimentador agirá enfim segundo um certo esquema que ele tem em mente, então algo diferente ocorrerá, abalando as dúvidas dos céticos, como o fogo celestial sobre o altar de Elias.[94]

94 Id., What Pragmatism Is, §425.

Os efeitos obtidos sob condições experimentais são alcançados todas as vezes em uma tentativa *singular* e significam, não obstante isso, a definição de uma relação universal. O evento singular é, ao mesmo tempo, um fenômeno geral, e isso porque ele garante que todas as operações executadas no futuro que repitam o experimento inicial sob condições exatamente iguais têm de levar ao "mesmo" efeito. Que as coisas se passem assim não é, no entanto, um resultado da experiência, mas sim necessário e *a priori*: a ação experimental é definida por permitir em princípio um número qualquer de repetições rigorosas e forçar uma iteração dos resultados. Pois somente sob esse pressuposto o experimento pode ser aplicado para fins de uma refutação intersubjetivamente cogente.

Visto que para revisar um determinado prognóstico basta em princípio *um* experimento, os limites possíveis do campo de aplicação de uma hipótese de lei formulada como universal podem ser averiguados por meio de uma variação sistemática das condições iniciais: uma determinada regra técnica que eu sigo em cada experimento realiza evidentemente apenas um entre uma infinidade de prognósticos que posso derivar de uma hipótese de lei subjacente. Mas cada um desses efeitos gerados sob condições experimentais é *a priori* universal, isto é, tem de ocorrer com necessidade ao se repetir o experimento sob condições iniciais que não sofreram variação. Essa aprioridade está ligada às condições da ação instrumental; pois a ação experimental é somente a forma, possibilitada pelas operações de medição, de precisar a ação instrumental em geral. O círculo de funções da ação experimental ou quase-experimental tem o valor posicional de um quadro transcendental: sob as condições do experimento, a realidade é objetivada de tal modo que uma reação observável à manipulação das condições iniciais é de maneira transcendentalmente necessária um evento singular que *per se* representa um efeito universal. Peirce observa em uma passagem que a graça do pragmatismo reside nessa derivação de uma relação necessária entre o universal e o particular: "A validez da indução depende da relação necessária entre o universal e o particular. É exatamente nisso que se apoia o pragmatismo".[95] Que o evento possa ser interpretado como universal é algo que depende de que, no círculo de funções da ação instrumental, a realidade seja objetivada sob condições que geram aquela relação necessária entre o universal e o particular: "Toda vez que alguém age racionalmente com relação a fins, age com base em uma convicção que é assegurada por um fenômeno experimental".[96]

Esta é ao mesmo tempo a resposta que um pragmatismo determinado pela lógica transcendental dá à questão de como o progresso científico é possível com base na inferência sintética. Pois a validez de inferências indutivas que não podem ser logicamente provadas se justifica metodologicamente pela demonstração de que os eventos singulares, dos quais se induz algo, representam efeitos universais na qualidade de fenômenos gerados experimentalmente.[97]

95 Id., Three Types of Reasoning, §170.

96 Id., What Pragmatism Is, §427.

97 De acordo com isso, a validez da inferência abdutiva só pode ser demonstrada no caso da abdução simples, isto é, da explicação causal (cf. acima, nota 72). A inferência abdutiva que vai de um resultado à causa, recorrendo-se a uma regra válida, conduz a uma hipótese causal; ela pode ser examinada pelo fato de que, da causa suposta (como condição inicial) e de diversas *outras* regras, se deri-

vam prognósticos condicionais. Desse modo, examinamos a validade das explicações abdutivas indutivamente (cf. id., *Collected Papers*, v.2, 642). Por isso, é possível se valer indiretamente da justificação metodológica da indução também para elas. O emprego explanatório da abdução não é interessante, porém, no contexto da lógica da pesquisa. O progresso científico se baseia no emprego *inovador* da abdução, ou seja, no fato de que a inferência abdutiva nos leva de um resultado inesperado, não explicável com base em regras vigentes, a novas hipóteses teóricas. Esse é o caso de um experimento com resultado surpreendente, o que nos força a alterar a hipótese de lei, de sorte que dela e do resultado cabe derivar as condições iniciais *de fato* (como causa do resultado). Essa modificação da hipótese de lei refutada, subjacente a um prognóstico errôneo, não acontece de maneira arbitrária evidentemente, como uma emanação da fantasia criadora de hipóteses, mas antes de acordo com certas regras. Mas as regras *dessa* abdução não podem remontar ao fundamento da indução. Elas não podem ser justificadas, se vejo bem, no interior do sistema de referências pragmatista da ação racional com relação a fins em geral. A operação inovadora peculiar da abdução consiste claramente na elaboração de uma experiência negativa, portanto, em uma negação determinada: o resultado negativo de um experimento leva à reinterpretação dos predicados fundamentais da teoria de que foi derivada a hipótese refutada. Nesse ponto, a abdução parece se reportar ao excedente implícito dos conteúdos significativos não esgotados dos predicados. Estes são não problemáticos na medida em que uma teoria é aplicada; mas no caso de uma reconfiguração da teoria eles são como que abertos e remetidos novamente ao horizonte de experiências da linguagem corrente. Pois os paradigmas que sustentam as abordagens teóricas provêm das experiências primárias do cotidiano (cf. Kuhn, *A estrutura das revoluções científicas*). Peirce aludiu a esse "antropomorfismo" próprio da formação de modelos científicos: "Eu me convenci, após anos de exames os mais severos, com plena satisfação, que, *ceteris paribus*, um conceito antropomórfico, constitua ele o melhor núcleo de cristalização para a formação de teorias

Uma vez que as condições transcendentais do conhecimento possível são postas não por uma consciência em geral, mas por um círculo de ação, também o conceito transcendental de *possibilidade* adquire o sentido de uma indicação concreta para a ação futura: reais são os resultados possíveis de operações especificáveis, visto que esses efeitos são obtidos, independentemente de quando e com que frequência eu execute essas operações, bastando que isso aconteça de modo geral sob as condições indicadas. As experiências que são possíveis sob as condições transcendentais da ação instrumental são instruções que eu aprendo da realidade, quando e na medida em que intervenho nela com minhas operações: faço experiências de maneira transcendentalmente necessária somente sob a condição factual de êxitos e malogros das ações instrumentais possíveis. Porém, se o pragmatismo tem de ser concebido em termos de lógica transcendental nesse sentido rigoroso, então o sentido da validade de enunciados empíricos é: tal validade concede a um ser vivo que se move no círculo de funções da ação instrumental um poder de disposição técnica sobre um entorno no qual ele se encontra de maneira factual.

---

ou não, se aproxima da verdade com muito mais verossimilhança do que um conceito sem traços antropomórficos" (Peirce, *Collected Papers*, v.5, §47 nota). Mas, se a abdução, desencadeada por insucessos da ação instrumental, remete à explicação de uma base de experiência pré-científica acumulada na linguagem corrente, então ela tira sua força de revisão de um contexto da ação comunicativa, não abarcado pelo sistema de referências pragmatista. Por outro lado, isso não afeta o fato de que a conexão lógica da abdução com os outros dois modos de inferência se produz unicamente no círculo de funções da ação instrumental.

Ora, se denominamos reais as relações afirmadas em enunciados universais,[98] em que sentido podemos falar da existência de semelhantes universais. Peirce retoma no contexto do pragmatismo o problema dos universais:

> À primeira vista, parece ser paradoxal a afirmação "O objeto da convicção definitiva, que existe apenas como consequência dessa convicção, deveria ele mesmo produzir a convicção" [...] O objeto da convicção existe, é verdade, apenas porque a convicção existe; mas isso não é o mesmo que dizer que ele começa a existir primeiramente quando a convicção começa a existir. Nós dissemos que um diamante é duro. E em que consiste a dureza? Ela consiste somente no fato que não há nada que arranhará o diamante; portanto, sua dureza é inteiramente constituída pelo fato de que algo é friccionado contra ele com violência, sem que ele saia riscado por causa disso. E, se fosse impossível que alguma coisa fosse friccionada contra ela dessa maneira, então seria inteiramente sem sentido dizer que ele é duro, tanto quanto é desprovido de todo sentido dizer que a virtude ou uma outra abstração qualquer é dura. Mas, embora a dureza seja completamente constituída pelo fato de que uma outra pedra é friccionada contra o diamante, nós não concebemos em caso algum que o diamante só começa

98 "O que uma proposição verdadeira assevera é *real* no sentido de ser como ele é independentemente do que você ou eu possamos pensar sobre ele. Se a proposição verdadeira é, porém, um proposição condicional universal concernente ao futuro, então o que é enunciado nela é um universal real, de maneira que ele é determinado para influenciar realmente a conduta humana; e desta maneira, assim pretende o pragmatista, é o conteúdo racional do significado de cada conceito" (ibid., §432).

> a tornar-se duro quando a outra pedra é friccionada contra ele; pelo contrário, nós dissemos que ele é realmente duro o tempo inteiro e que ele tem sido duro desde quando começou a ser um diamante. E, no entanto, não há nenhum fato, nenhum evento, nada de modo geral que o distinga de outra coisa qualquer que não seja dura dessa maneira, até que uma outra pedra seja friccionada contra ele.[99]

Em uma outra passagem, Peirce lança mão mais uma vez desse exemplo para exacerbar o paradoxo do conceito de realidade derivado da lógica da pesquisa: "Não é uma inversão monstruosa da palavra e do conceito *real* dizer que a contingência do não acontecimento do diamante impediu a dureza do diamante de ter a realidade que de outro modo teria tido sem dúvida?"[100]

No sentido de um pragmatismo levado a cabo de maneira transcendental é possível resolver facilmente o paradoxo: o estado de coisas universal da "dureza" de um objeto chamado diamante possui, se e na medida em que há diamantes, uma existência independentemente de uma pessoa qualquer fazer de fato a tentativa de riscar um diamante qualquer com a ajuda de um objeto afiado. De outro lado, não terá nenhum sentido atribuir a um objeto chamado diamante o predicado "dureza", se o enunciado não puder ser feito, pelo menos implicitamente, com vista ao sistema de referências da ação instrumental

99 Id., The Logic of 1873, §340.

100 Id., Issues of Pragmatism, §457. Peirce havia introduzido o exemplo do diamante, nesse sentido, no ano de 1878, no seu famoso ensaio How to Make our Ideas Clear (In: *Collected Papers*, v.5, §403 et seq.).

possível. Nós contamos, sem dúvida, com a existência de uma realidade, também independentemente dos homens que agem instrumentalmente e que podem produzir um consenso sobre enunciados. Mas a predicação de propriedades concerne "nessa" realidade a um estado de coisas que *só se constitui* sob o ponto de vista da disposição técnica possível. É nesse sentido que eu entendo a solução do paradoxo que Peirce propõe nas "Issues of Pragmaticism" [Questões de pragmaticismo]:

> Nós devemos desistir da ideia de que o estado de coisas oculto (seja ele uma relação entre átomos ou outra coisa), que constitui a realidade da dureza de um diamante, poderia consistir possivelmente em algo que não a realidade de uma proposição condicional universal. Pois a que se refere tudo o que nos ensina a química, se não ao "comportamento" [*behavior*] de diferentes espécies possíveis de substância material? E em que consiste esse comportamento, se não em que, se uma substância de espécie determinada é exposta a uma ação de espécie determinada, uma espécie determinada de resultado sensível *se seguiria*, em correspondência com nossa experiências até então.[101]

A classe de todos os prognósticos condicionais que podem explicitar o conceito "dureza" afirma a propósito de um objeto que preenche as condições iniciais desse prognóstico que sua "dureza" *existe em si*, também independentemente de nós executarmos um único teste apenas ou nem isso; mas esse estado de coisas universal é real somente em relação a operações possíveis desse tipo em geral: o objeto chamado diamante *é* duro tão so-

101 Ibid., §457.

mente na medida em que ele é constituído como um objeto da disposição técnica possível e em que ele *pode* entrar no círculo de funções da ação instrumental.

No entanto, se Peirce considerasse defensável essa solução do problema dos universais por meio da lógica da pesquisa, ele teria de diferenciar no conceito de realidade entre o que é de fato independentemente dos processos acumulativos de aprendizagem e de um mundo do ser humano constituído pela disponibilidade técnica, e o que nós atingimos "naquela" realidade, tão logo ela entra em nosso mundo e se torna o correlato de enunciados verdadeiros sobre a realidade. Essa diferença foi vislumbrada por Marx, e Heidegger a divisou explicitamente, apoiando-se em Husserl: a diferença entre ente e ser. O conceito de realidade que o pragmatismo desdobra a partir da lógica da pesquisa deveria abranger essa diferença. Peirce se restringe, no entanto, ao conceito de uma realidade que se esgota em ser o correlato de todos os enunciados verdadeiros possíveis.

Por essa barreira do conceito de realidade, torna-se patente que Peirce não implementou e não desdobrou de maneira consequente a sua abordagem pragmatista no sentido de uma lógica transcendental da pesquisa. Pelo contrário, ele recai na ontologização, para a qual constitui uma ponte a versão em termos de lógica da linguagem de um questionamento que é em princípio de natureza da lógica da pesquisa. Recordemo-nos da formulação do exemplo do diamante em "The Logic of 1873": "sua dureza é inteiramente constituída pelo fato de que *algo* [*something*] é friccionado contra ele com violência, sem que ele saia riscado por causa disso". Peirce se refere a "*something*" e não "*somebody rubbing*" [alguém friccionando], ou seja, não a um sujeito agindo instrumentalmente. Ele se satisfaz com a guinada objetivista: "que *alguma coisa* [*anything*] seja friccionada contra ele". Ele abstrai que as condições iniciais com base nas quais pode ser predito de uma hipótese um efeito universal são geradas por uma operação – ou ao menos devem se deixar conceber como se tivessem sido geradas por uma operação. Só então, evidentemente, o evento prognosticado é o resultado de uma ação. Na formulação aduzida, Peirce abstrai o sistema de referências unicamente no interior do qual os eventos se constituem para nós enquanto seres que agem instrumentalmente.

Separada do círculo de funções da ação instrumental, a relação entre causa e efeito (*something will happen under certain circumstances*)[*] é antes atribuída à proposição na qual ela é formulada. Mas, se a operação pela qual ela é ao mesmo tempo apresentada meramente *acresce* com algo acidental, a questão sobre a existência do universal se reduz ao plano da lógica da linguagem: as relações universais existem em si, embora como correlato de enunciados verdadeiros possíveis sobre a realidade. Peirce tentou superar mais tarde as dificuldades de seu realismo dos universais, refratado de maneira peculiar pela lógica transcendental da linguagem, por meio de um audacioso evolucionismo da natureza. Nele, as leis naturais aparecem como hábitos comportamentais sedimentados de uma *natura naturans*, ao passo que os seres humanos, na medida em que eles dirigem sua ação racional com relação a fins conforme leis da natureza, corporificam cada vez mais ideias e impulsionam a racionalização do cosmos.[102] Em nosso contexto interessa o retorno, que se liga a isso, a um conceito contemplativo de conhecimento.

* Trad.: "Algo acontecerá sob certas circunstâncias". (N. T.)

102 Cf. ibid., §402, nota 2 (1893); id., Philosophy of Mind, §512 et seq.

À falsa ontologização daqueles universais, que se constituem em sua relação necessária com o particular somente no interior do círculo da ação, precisa corresponder um conhecimento que, por mais mediado que seja por processos de inferência, se apodera contemplativamente de estados de coisa universais *existentes em si* como tais. Se as coisas se passam desse modo, então o motivo do progresso do conhecimento deve ser procurado unicamente na curiosidade teórica. Peirce fala do "instinto gnóstico":

> É completamente verdadeiro que o instinto gnóstico é a causa de toda pesquisa puramente teórica e que toda descoberta científica representa uma gratificação da curiosidade. Mas não é verdadeiro que a ciência pura é ou possa ser conduzida de maneira bem-sucedida *com o propósito* de gratificar esse instinto [...] A curiosidade é o motivo dela [da ciência teórica]; mas a gratificação da curiosidade não é sua meta.[103]

Um conceito objetivista de conhecimento, que pode elucidar a teoria apenas por meio de si mesmo, é a contraparte do realismo dos universais restaurado.

Por outro lado, na medida em que admite o nexo transcendental entre conhecimento e ação instrumental (*reason and conduct*), Peirce pode muito bem indicar o sentido da validade de enunciados empíricos comprovados: o conhecimento estabiliza a ação racional com relação a fins, controlada pelo êxito, em um entorno objetivado sob o ponto de vista da disposição técnica possível. O quadro transcendental do processo de pesquisa

103 Id., Scientific Method, §58.

define as condições necessárias para a ampliação possível do saber tecnicamente aplicável. Uma vez que ele é posto com o círculo de funções da ação instrumental, não pode ser concebido como determinação de uma consciência transcendental em geral; pelo contrário, ele depende da constituição orgânica de uma espécie que é obrigada a produzir sua vida por meio da ação racional com relação a fins. Nesse sentido, o quadro que define *a priori* o sentido da validade de enunciados empíricos é, *como tal*, contingente. Mas, da mesma maneira que ele não pode ser elevado ao nível transempírico de determinações numênicas puras, tampouco pode ser pensado como surgido sob condições empíricas, como se seu surgimento devesse ser pensado justamente com categorias que ele próprio define primeiramente.

Encontram-se até mesmo algumas alusões que permitem inferir que Peirce concebeu o quadro metodológico da pesquisa, juntamente com o círculo de funções da ação instrumental no qual está inserido, como o substituto na história da evolução para os mecanismos de controle animais perdidos ou prejudicados. Sob esse ponto de vista da compensação das deficiências da constituição orgânica, Herder havia concebido, como se sabe, a cultura:

> Uma pequena dose de raciocínio é necessária para conectar o instinto com a respectiva ocasião [...] Apenas um homem notável ou um homem em situação notável se vê – na falta de alguma regra geral aplicável – forçado a derivar seus planos de princípios primeiros [...] Por sorte, o homem não está na feliz condição de ser provido com uma bateria completa de instintos para fazer justiça a cada situação; ele se vê forçado, com isso, à

> aventurosa atividade do raciocínio, na qual muitos sofrem naufrágio, e poucos encontram, não uma felicidade fora de moda, mas seu esplêndido substituto, o sucesso [...] Portanto, no todo procedemos da melhor maneira quando baseamos nossa conduta tanto quanto possível sobre o instinto, mas na medida em que raciocinamos, na medida em que racionamos com a lógica rigorosamente científica.[104]

Se nós concebemos dessa maneira a função do conhecimento como substituto do controle comportamental instintivo, então a racionalidade da ação controlada pelo êxito se mede pela satisfação de um *interesse* que não pode ser nem um interesse meramente empírico nem um interesse puro. Se o processo de conhecimento fosse *imediatamente* um processo de vida, então a satisfação do interesse condutor do conhecimento teria de suscitar tanto a gratificação direta de uma carência quanto um movimento instintual – mas o interesse satisfeito leva não ao gozo (*happiness*), mas ao êxito (*success*). Este se mede pelas soluções de problemas que têm um valor posicional vital e, ao mesmo tempo, um valor cognitivo. Assim, o "interesse" nem está ao lado de controles comportamentais animais em um nível que podemos denominar "instintos", nem está inteiramente separado, por outro lado, do contexto objetivo de um processo de vida. Nesse sentido, delimitado negativamente de início, podemos falar de um *interesse, condutor do conhecimento, pela disposição técnica possível*, o qual determina a direção da objetivação da realidade, necessária no interior do quadro transcendental dos processos de pesquisa.

---

104 Id., Why Study Logic?, §176, §178.

No entanto, um interesse desse gênero só pode ser atribuído a um sujeito que purifica o caráter empírico de uma espécie resultante da história natural com o caráter inteligível de uma comunidade que constitui o mundo sob pontos de vista transcendentais: este seria o sujeito do processo de aprendizado e pesquisa que é compreendido em um processo de formação até chegar ao ponto no tempo em que se dá o conhecimento definitivo e integral da própria realidade. É justamente esse sujeito, no entanto, que Peirce não pode pensar. Ele se esfarela em suas mãos, visto que aplica o critério de sentido pragmatista em igual medida sobre o conceito de espírito *e* sobre o de matéria. Com isso se impõe por fim um positivismo secreto, mas pertinaz: Peirce se submete à pressão de reenviar ao mesmo contexto de constituição, a partir do qual ele justifica a exigência de eliminar todos os conceitos não operacionalizáveis, justamente essa mesma exigência pragmatista.

Segundo os princípios pragmatistas, um conceito substancial de *matéria* é tão pouco admissível quanto a representação positivista de um mundo de fatos constituído de elementos. A matéria é, quando muito, um sumário de todos os eventos que ocorreram ou ocorrerão com base em todos os prognósticos verdadeiros possíveis. Mesmo se as partículas da matéria forem representadas como centros de força, nada se alterna no conteúdo semântico do conceito: "Uma vez que aquelas forças existem somente graças à circunstância de que alguma coisa acontece sob determinadas condições, também a matéria só pode existir nesse sentido".[105] É de maneira similar que se apreende, então, o conceito de *espírito*. Mesmo ele pode ser

105 Id., The Logic of 1873, §341.

representado por nós como o centro de forças espirituais. As forças mentais não podem significar, da mesma maneira que as materiais, nada senão "*that something will happen under certain circumstances*" – sob determinadas circunstâncias surgem determinadas ideias, e o sumário de tais ideias é o que nós denominamos "espírito". De maneira digna de nota, Peirce supõe que ideias e convicções têm o mesmo *status* que os eventos que satisfazem prognósticos condicionais – sem considerar que essas predições são elas mesmas ideias e convicções. Peirce não nota esse círculo:

> De acordo com os argumentos que conduziram a essa visão que é defendida por todos os psicólogos tanto quanto pelos físicos, parece, portanto, que a existência do espírito baseia-se, tal qual a da matéria, somente em certas condições hipotéticas, que podem aparecer pela primeira vez no futuro ou eventualmente podem não ocorrer de modo algum. Portanto, não há nada de extraordinário em dizer que a existência de realidades externas depende do fato de que nossa opinião se consolidará como uma opinião definitiva sobre elas, e, no entanto, dizer que essas realidades existem antes de a convicção surgir, e que elas até mesmo foram a causa da convicção, exatamente como a força da gravidade é a causa da queda do tinteiro – embora a força da gravidade consista meramente no fato de que o tinteiro e outros objetos cairão.[106]

Convicções que se referem ao nexo entre eventos empíricos são colocadas por Peirce, a fim de despir o conceito de espírito

106 Ibid., §344.

de toda aparência metafísica, no mesmo nível que os próprios eventos empíricos. A concepção de um estado de coisas factual aparece como um evento sucedido sob condições empíricas, tanto quanto os próprios fatos a que se refere a concepção. Esse *objetivismo* mal se distingue daquele da doutrina dos elementos de Mach. Ele destrói sobretudo o solo sobre o qual deveria se encontrar a análise do sujeito global dos processos de pesquisa. Esse sujeito, a *community of investigators*, surge e trabalha sob condições empíricas e ao mesmo tempo procede, no entanto, segundo regras da lógica da pesquisa com valor posicional transcendental.

O conceito operacionalista de espírito, que Peirce constitui seguindo aquele de matéria, explica por que o mesmo pragmatismo que põe a descoberto o círculo de funções da ação instrumental como contexto de constituição volta também a apagar a diferença decisiva entre os estados de coisas constituídos e o quadro metodológico no interior do qual a realidade é objetivada para o sujeito da pesquisa, conduzindo assim à recaída em um realismo dos universais interpretado em termos de lógica da linguagem. A comunidade dos pesquisadores efetua uma síntese ao levar adiante o processo de pesquisa acumulativo segundo regras da lógica que objetiva uma realidade sob o ponto de vista transcendental da disposição técnica possível. Mas, se essa síntese incide sob aquele conceito de "espírito" e é dissolvida objetivistamente em uma sequência de eventos empíricos, então não restam ainda senão estados de coisas universais, que são em si, e combinações entre signos pelas quais os estados de coisas são representados.

Por que Peirce reproduz um positivismo secreto e maneja o critério de sentido pragmatista de modo tão absolutista que ele destrói o próprio fundamento do pragmatismo é algo que se pode apenas conjecturar. Se ele tivesse levado a sério a comunicação dos pesquisadores como um sujeito transcendental formando-se sob condições empíricas, então o pragmatismo teria sido forçado a realizar uma autorreflexão que ultrapassa as próprias barreiras. No caso da continuidade da análise, ele iria se deparar com o fato de que o *solo da intersubjetividade*, sobre o qual os pesquisadores se encontram desde sempre quando tentam produzir um consenso sobre questões metateóricas, não é o solo da ação racional com relação a fins, por princípio solitária. Certamente, também os sujeitos que agem instrumentalmente se valem de signos representantes; as regras técnicas que podem ser sedimentadas, formando hábitos, têm de se deixar formular em enunciados sobre relações de eventos. Mas a representação simbólica de estados de coisas, reconhecidos sob o ponto de vista transcendental da disposição técnica possível, serve somente, como nós temos mostrado, para transformar expressões em processos de raciocínio. Dedução, indução e abdução estabelecem, porém, relações entre enunciados que são fundamentalmente monológicas. Com as figuras da inferência, é possível pensar, mas não conduzir um diálogo. Eu posso obter argumentos por meio de raciocínios para uma discussão, mas eu não posso argumentar com um debatedor meramente raciocinando. Na medida em que o emprego de símbolos é constitutivo para o círculo de funções da ação instrumental, trata-se de um uso monológico da linguagem. A comunicação dos pesquisadores exige, porém, um uso de linguagem que não é cativo dos limites da disposição técnica sobre processos naturais objetificados. Ele se desdobra a partir de interações simbolicamente mediadas entre sujeitos socializados que se conhecem e reconhecem reciprocamente como indivíduos inconfundíveis. Essa *ação comunicativa* é um sistema de referências que não se deixa reduzir ao quadro da *ação instrumental*.

Isso se torna patente pela categoria de *Eu* ou de *Self*. Com consistência admirável, Peirce sustenta a demonstração de que o ser humano, na medida em que ele amarra sua identidade somente ao êxito ou ao malogro da ação instrumental, não pode se compreender senão de maneira privativa. Ele se certifica de si mesmo apenas nos instantes da discrepância das próprias concepções com as opiniões reforçadas pelo consenso público e tomadas como definitivas:

> Uma criança ouve que o fogão é quente. Mas ele não é, ela diz; e, de fato, aquele corpo central não a toca, e somente o que esta toca é quente ou frio. Mas depois ela o toca, e considera confirmado o testemunho dos outros de maneira contundente. Desse modo, ela se torna consciente de sua ignorância e tem necessariamente de supor um *Self*, cuja propriedade é essa ignorância. Assim, o testemunho dos outros provoca o primeiro alvorecer da consciência de si.[107]

Se existem exclusivamente estados de coisas sobre os quais são possíveis enunciados verdadeiros, então a consciência individual pode tornar-se visível apenas como a negação do que é reconhecido publicamente como realidade. Como consciência existente, a consciência individual é subsumida sem mediação sob o *general intellect* de todas proposições verdadeiras:

---

107 Id., Questions Concerning Certain Faculties..., §233; ed. alemã, p.168.

> Assim, minha linguagem é a soma total de mim mesmo [...] O homem individual, uma vez que sua existência separada se manifesta apenas pela ignorância e pelo erro, na medida em que ele é alguma coisa sem os seus próximos, e a partir da qual se vê o que ele e eles devem ser, é apenas uma negação. Eis o homem.[108]

Em contrapartida, toda comunicação que não se refere meramente à subsunção do individual sob um universal abstrato, vale dizer, à submissão, em princípio muda, a um monólogo público, reproduzível por todos, ou seja, todo diálogo se desdobra sob o fundamento do reconhecimento recíproco de sujeitos que se identificam mutuamente sob a categoria de egoidade [*Ichheit*] e ao mesmo tempo se mantêm em sua não identidade. O conceito de Eu individual inclui uma *relação dialética do universal e do particular* que não pode ser pensada no círculo de funções da ação instrumental.

A reflexão sobre a comunidade dos pesquisadores, por cuja comunicação o progresso científico se efetua sob o ponto de vista transcendental da disposição técnica possível, iria explodir o quadro do pragmatismo. Justamente essa autorreflexão iria mostrar que o sujeito do processo de pesquisa se forma sobre o solo de uma intersubjetividade que, como tal, se estende para além do quadro transcendental da ação instrumental. Na clarificação dialógica de questões metateóricas, a comunicação dos pesquisadores se vale de um conhecimento ligado ao quadro das interações simbolicamente mediadas, o qual é pressuposto para a aquisição do saber tecnicamente aplicável, sem que ele possa se justificar com as categorias desse próprio saber.

---

108 Id., Consequences of Four Incapacities, §317; ed. alemã, p.223-224.

7. A teoria de Dilthey sobre a compreensão de expressões: a identidade do Eu e a comunicação linguística

A base do entendimento [*Verständigung*] que os participantes do processo de pesquisa pressupõem como que às costas das ciências naturais é reclamada pelas ciências do espírito como seu domínio específico. O contexto comunicativo e a comunidade de experimentação formada pelos pesquisadores são incorporados no plano do pré-saber que se articula na linguagem corrente. As ciências empíricas estritas se movem no interior desse horizonte inquestionado. É por isso, certamente, que tampouco Peirce se viu obrigado a diferenciar expressamente do plano da ação instrumental aquele plano das interações simbolicamente mediadas, no qual as abordagens metódicas e as suposições teóricas são encontradas, discutidas e examinadas, aceitas ou rejeitadas por tentativas. Para *Dilthey*, ao contrário, esse fundo subcultural de todos os processos de pesquisa possíveis se apresenta simplesmente como o recorte de mundos sociais da vida. O sistema das ciências é *um* elemento de um contexto de vida abrangente: este é o domínio de objetos das ciências do espírito. Uma realização consistente da autorreflexão pragmatista das ciências naturais, que não se detivesse nos limites de uma comunicação tacitamente pressuposta entre os pesquisadores, teria tomado consciência da diferença entre *esse* domínio de objetos e a etapa do domínio de objetos próprio das ciências naturais. Ela teria levado ao abandono da pretensão monopolista de um positivismo que identifica as pesquisas com o conhecimento em geral, de acordo com o padrão da física desenvolvido no âmbito da lógica da ciência. Se o contexto de vida cultural se forma em um plano de intersubjetividade, que não pode ser analisado na atitude da ciência empírica estrita, embora seja pressuposto por esta, coloca-se então a questão de saber se as ciências do espírito não se moveriam em um quadro metodológico e não se deixariam conduzir por um interesse de conhecimento diferente daquele das ciências da natureza, tal como concebidas de início pelo pragmatismo.

Dilthey empreende a tentativa de demonstrar uma tal posição metodológica particular das ciências do espírito.[109] Ele se reporta a uma práxis de pesquisa que, em razão de seu próprio trabalho, foi-lhe tão familiar quanto foi para Peirce a práxis das ciências naturais por conta de seu laboratório. O cânone das ciências do espírito, cuja fundamentação se liga aos nomes de Wolff e Humboldt, Niebuhr, Eichhorn, Savigny, Bopp,

---

109 Eu me refiro principalmente aos últimos tratados metodológicos, reproduzidos no volume 7 dos *Gesammelte Schriften* [Escritos reunidos], sobre a *Grundlegung der Geisteswissenschaften* [Fundamentação das ciências do espírito] e sobre a *Aufbau der geschichtlichen Welt in den Geisteswissenschaften* [Construção do mundo histórico nas ciências humanas]. Esses trabalhos já se encontram sob a influência das *Logischen Untersuchungen* [Investigações lógicas] de Husserl e escapam, por isso, ao perigo do psicologismo, patente nos primeiros escritos. Além disso, eu me apoio nos ensaios e tratados reunidos no volume 5, entre os quais as importantes "Ideen über eine beschreibende und zergliedernde Psychologie" [Ideias sobre uma psicologia descritiva e analítica] e o ensaio sobre o surgimento da hermenêutica. Por fim, eu tomo em consideração o primeiro livro da *Einleitung in die Geisteswissenschaften* [Introdução às ciências do espírito], *Gesammelte Schriften*, v.1. A respeito da lógica das ciências do espírito em Dilthey, cf. Gadamer, *Wahrheit und Methode*, p.205 et seq.; além disso, Misch, *Lebensphilosophie und Phänomenologie*.

Schleiermacher e Grimm, constituiu-se na Alemanha, até mais ou menos meados do século XIX, pelas pesquisas desenvolvidas principalmente pela Escola Histórica:

> A par das ciências da natureza, um conjunto de conhecimentos se desenvolveu, naturalmente, a partir das tarefas da própria vida, vinculadas entre si pela comunidade de objeto. Tais ciências são a história, a economia política, as ciências do direito e do Estado, a ciência da religião, o estudo de literatura e de poesia, de arte figurativa e de música, de visões de mundo e de sistemas filosóficos, e, por fim, a psicologia. Todas essas ciências se referem ao mesmo grande fato: o gênero humano. Elas descrevem e narram, julgam e formam conceitos e teorias em referência a esse fato [...] E assim surge de início a possibilidade de definir esse grupo de ciências por meio de sua referência comum ao mesmo fato, a humanidade, e de demarcá-las em face das ciências naturais.[110]

Em seguida, Dilthey passa a levantar contra si mesmo a objeção segundo a qual a circunscrição do domínio de objetos não bastaria para demarcar de maneira logicamente cogente os dois grupos de ciências. Também a psicologia trata de seres humanos e é, no entanto, uma disciplina da ciência natural. Diversas regiões de fatos não são concebíveis em termos ontológicos, mas somente nos termos da teoria do conhecimento: não "há" fatos; pelo contrário, eles são constituídos. A diferença entre ciências da natureza e ciências do espírito tem

110 Dilthey, Der Aufbau der geschichtlichen Welt in den Geisteswissenschaften, p.79-81.

de ser atribuída, por isso, ao "modo de comportamento" do sujeito cognoscente, à sua posição em relação aos objetos.[111] Dilthey parte a princípio de um questionamento kantiano: "A construção das ciências naturais é determinada pela maneira como é dado seu objeto, a natureza".[112]

No entanto, Dilthey vê a diferença lógico-transcendental imediata entre os "modos de comportamento" das ciências da natureza e das ciências do espírito não em dois projetos distintos de objetivação, mas *no grau* da própria objetivação. Na medida em que fixamos a natureza sob o ponto de vista de como podemos nos apoderar dela enquanto um mundo de fenômenos submetido a leis universais, exige-se a exclusão do sujeito vivenciador:

> Nós nos apoderamos desse mundo físico graças ao estudo de suas leis. Essas leis podem ser encontradas somente quando o caráter vivencial de nossas impressões da natureza, o contexto em que estamos juntos dele, na medida em que somos nós próprios natureza, o sentimento vivo em que a fruímos, regressa cada vez mais para aquém da apreensão abstrata dela, a qual se dá de acordo com as relações de espaço, tempo, massa, movimento. Todos esses fatores cooperam para que o homem se exclua a si mesmo, a fim de construir com suas impressões esse grande objeto, a natureza, como uma ordem conforme leis. Ela acaba se tornando então o centro da realidade para o homem.[113]

---

111 Id., Abhandlungen zur Grundlegung der Geisteswissenschaften, p.248.

112 Id., *Gesammelte Schriften*, v.7, p.89.

113 Ibid., p.82-83.

A intersubjetividade do sistema de referências no interior do qual objetivamos a natureza como uma natureza a ser apoderada segundo leis é paga com a neutralização da sensibilidade multifacetada, biograficamente determinada e historicamente marcada, com a eliminação do espectro inteiro de experiências correntes pré-científicas, mas não com um distanciamento do sujeito cognoscente em geral. Pelo contrário, a natureza objetificada é o correlato de um Eu que intervém na realidade agindo instrumentalmente. O modo de conceber unicamente no qual os objetos "resistentes" se constituem segundo as categorias de número, espaço, tempo e massa corresponde a uma definição ativa graças a operações de medição:

> A resistência dos objetos externos, a ingerência da mão neles e sua mensurabilidade possibilitam ao pesquisador da natureza o experimento e a aplicação da matemática. Por isso, os componentes uniformes das experiências descobertos na observação e no experimento podem ser aqui coordenados com os meios de construção da mecânica e da matemática.[114]

Em contrapartida, a posição do sujeito nas ciências do espírito se caracteriza por uma experiência não restringida: sua experiência não se restringe, em virtude das condições experimentais da observação sistemática, ao domínio que se abre à "ingerência da mão". O acesso à realidade é liberado para o sujeito vivenciador; o solo de ressonância de todas as experiências acumuladas de maneira pré-científica ressoa em seu todo. À

114 Ibid., v.5, p.264.

maior parcela das camadas receptivas do sujeito que se encontra exposto a toda a amplitude da experiência corresponde um grau menor de objetivação em geral: a realidade parece se abrir à vivência como que por dentro.

Da posição distinta do sujeito no processo de conhecimento resulta, nas ciências da natureza e nas do espírito, uma *constelação*, em cada caso diferente, *de experiência e teoria*. Os fenômenos de uma natureza objetificada no interior do quadro da ação instrumental precisam ser complementados hipoteticamente por nós com "pensamentos de acréscimo" [*Hinzugedachtes*]: os eventos que aparecem para uma observação sistemática têm sentido de imediato apenas em conexão com hipóteses sobre o movimento dos corpos. Nós precisamos, portanto, "supor" para a natureza modelos de conexões possíveis, para que as regularidades empíricas possam ser explicadas por leis. Só mediante construções é solucionável a tarefa

> de pensar os objetos de tal sorte que a mudança dos fenômenos e as uniformidades que despontam nessa mudança de maneira cada vez mais evidente se tornem compreensíveis. Os conceitos por meio dos quais isso acontece são construções auxiliares que o pensamento cria para esse fim. Desse modo, a natureza nos é estranha, transcendente ao sujeito que apreende [...] Assim, a construção matemática e mecânica tornam-se meios de reduzir todos os fenômenos dos sentidos, por meio de hipóteses, aos movimentos dos suportes inalteráveis deles segundo leis inalteráveis.[115]

115 Ibid., v.7, p.90.

Dilthey, que tem em mira a física clássica, vê que a experiência sistematicamente objetificada tem de referir-se a teorias que por seu turno dependem da formação de modelos. Nas ciências do espírito, em contrapartida, o plano da teoria e o plano dos dados não estão ainda tão separados um do outro. Os conceitos e as suposições teóricas são menos produtos artificiais do que reconstruções miméticas. Enquanto o conhecimento ali termina em teorias ou em enunciados singulares sobre leis que foram controlados na experiência, aqui as teorias e as descrições servem apenas de veículo da produção de uma vivência reconstituinte [*nachvollziehend*]: "Não há aí suposições hipotéticas que coloquem algo sob o dado. Pois a compreensão penetra nas manifestações vitais alheias por uma transposição que parte da abundância das próprias vivências".[116] Enquanto o modo de proceder das ciências naturais se caracteriza pela "construção", justamente pela projeção hipotética de teorias e pelo exame experimental ulterior, as ciências do espírito objetivam uma "transposição", uma retransferência das objetivações espirituais para a vivência reconstituinte.[117]

116 Ibid., p.118.

117 "As ciências da natureza *subordinam* (os fenômenos) *a seus meios de construção*, suscitando por abstração a uniformidade dos fenômenos a ser classificados com esses meios de construção. As ciências do espírito, ao contrário, classificam retraduzindo, antes de tudo e principalmente, a realidade social e histórica que se propaga incomensuravelmente, tal como ela nos é dada somente em sua aparição externa ou em seus efeitos, ou como mero produto, como sedimento objetivado de vida, em vivacidade espiritual, da qual ela provém. Ali, portanto, abstração, aqui, inversamente, retradução na vivacidade plena e integral por meio de uma espécie de transposição" (Ibid., v.5, p.265).

É em correspondência com isso que se distinguem as operações cognitivas das disciplinas das ciências naturais e das do espírito; podemos *explicar* eventos dados partindo de condições iniciais exploradas e com o auxílio de hipóteses de leis, ao passo que os nexos simbólicos são *compreendidos* por meio de uma reconstituição [*Nachvollzug*] explicitante. Uma "explicação" requer a aplicação de proposições teóricas sobre fatos que são constatados na observação sistemática independentemente das teorias. A "compreensão", em contrapartida, é um ato em que experiência e apreensão teórica se fundem. O procedimento analítico-causal estabelece antes de tudo um nexo hipotético entre eventos em virtude de construções, ao passo que o procedimento explicativo das ciências compreensivas se move sempre no interior de um contexto objetivamente dado de antemão:

> Ora, as ciências do espírito se distinguem [...] das ciências da natureza pelo fato de que estas têm por seu objeto fatos que aparecem na consciência como dados de fora, como fenômenos e isoladamente, enquanto naquelas os fatos aparecem mais originalmente desde dentro, como realidade e como um contexto vivo. Daí resulta para as ciências da natureza que nelas apenas mediante inferências complementárias, por meio de uma vinculação de hipóteses, é dado um contexto de natureza. Para as ciências do espírito, ao contrário, segue-se que o contexto da vida psíquica subjaz em toda parte como um contexto originariamente dado. A natureza, nós a explicamos, a vida psíquica, nós a compreendemos. Pois, na experiência interna, mesmo os processos de influência, os vínculos das funções como elos individuais da vida psíquica são dados de modo a formar um todo. O contexto vivenciado

> é aqui o primeiro, a distinção dos elos individuais dele é o que vem depois. Isso condiciona uma diferença muito grande entre métodos por meio dos quais nós estudamos a vida psíquica, a história e a sociedade e aqueles graças aos quais se produziu o conhecimento da natureza.[118]

A análise lógica que Dilthey realiza sobre as ciências naturais é, em comparação com a lógica da pesquisa de Peirce, pouco articulada, quase rude. Mas, sobre o fundamento de um kantismo metodologicamente apropriado, acabam resultando pelo menos tantas convergências que as sugestões de Dilthey não contradizem na verdade um pragmatismo elaborado em termos de lógica transcendental. Acresce que elas têm na concepção de Dilthey apenas a tarefa de fornecer o pano de fundo tosco perante o qual é possível destacar a *lógica das ciências do espírito*. Este é o tema de Dilthey; essa lógica se centra na relação entre vivência, objetivação e compreensão.

A categoria de "vivência" foi para Dilthey, desde o começo, uma chave para sua teoria das ciências do espírito. Como objeto de observação sistemática e conhecimento analítico-causal, a humanidade continua a ser uma parte do domínio de objetos próprio das ciências naturais. Ela deixa de ser um componente meramente físico, tornando-se um objeto das ciências do espírito, tão logo os "estados humanos sejam vivenciados". Não a humanidade, mas o mundo, no qual se manifesta a vida social e histórica dos seres humanos, é aqui o objeto de pesquisa. Quando Dilthey acreditava ainda ser capaz de clarificar as questões da lógica da ciência no quadro

---

118 Ibid., p.143-144.

de uma psicologia descritiva e analítica, ele tornava plausível para si o ato da compreensão de manifestações vitais segundo o modelo de ressentir [*Nachfühlen*] estados psíquicos alheios. A compreensão de expressões e a vivência se encontram em uma relação recíproca: "pela abundância da própria vivência, a vivência fora de nós é reproduzida e compreendida, e até nas proposições mais abstratas das ciências do espírito o factual representado nos pensamentos é vivência e compreensão".[119] Ao compreender, desloco meu próprio si-mesmo [*Selbst*] para algo externo, de sorte que uma vivência passada ou alheia volta a se tornar presente em mim próprio. Nessa psicologia da compreensão como uma vivência substituída, enraíza-se uma concepção monadológica da hermenêutica das ciências do espírito, a qual Dilthey nunca superou completamente.

O impulso para uma *primeira revisão* da teoria da empatia já é dado, no entanto, pela própria tradição romântica da hermenêutica. Se a compreensão congenial das grandes obras requer a reprodução do processo original no qual a obra foi produzida, então ela não pode mais ser concebida suficientemente como uma substituição da vivência alheia por uma própria. Não é um estado psíquico que é reconstituído, mas a geração de um produto. A compreensão termina não na empatia, mas na reconstrução de uma objetivação espiritual. Sem dúvida, o intérprete retrocede de uma manifestação de vida solidamente fixada "para algo que cria, valoriza, age, se expressa, se objetiva".[120] Mas sua compreensão se dirige a contextos simbólicos, não aos físicos imediatamente: "tratar-se-ia de Estados, igrejas,

119 Ibid., p.263.
120 Ibid., v.7, p.87-88.

instituições, costumes, livros, obras de arte; tais elementos contêm sempre, como o próprio homem, a relação de um lado sensível exterior com um lado que escapa aos sentidos e que é, por isso, interior".[121]

O par conceitual romântico de exterior e interior se restringe, no contexto da hermenêutica, à relação da apresentação simbólica, da representação de um interior por meio de um signo dado na experiência exterior. É por isso que Dilthey denomina um erro "inserir o decurso da vida psíquica, a psicologia, para nosso saber desse lado interior [...] A compreensão desse espírito (objetivo) não é um conhecimento psicológico. Ele é o regresso a um construto espiritual de uma estrutura e de uma legalidade que lhe é própria".[122] Essa crítica evidente ao psicologismo baseia-se no discernimento de que a própria vivência se estrutura por nexos simbólicos. Uma vivência não está ligada a uma conscientização subjetiva de estados orgânicos subjacentes, mas às *intenções* e é sempre mediada por um ato de *compreensão do sentido*. Dilthey concebe a vida histórica como uma auto-objetivação do espírito. As objetivações nas quais o espírito ativo se coagula em obras, valores e significações representam uma estrutura de sentido que pode ser concebida e analisada independentemente dos processos de vida factuais, desligados de desenvolvimentos orgânicos, psíquicos, históricos e sociais. Todavia, o contexto objetivo dos símbolos vigentes, no qual nos encontramos inseridos desde sempre, pode ser compreendido somente por meio de uma reconstrução vivenciadora, ou seja, de tal modo que regressamos até o processo

121 Ibid., p.84.
122 Ibid., p.84-85.

da *produção* de sentido. Toda vivência de significado cognitivo é poético – se *poiesis* se refere à criação de sentido, justamente ao processo de produção em que o espírito se objetiva a si mesmo.

Dilthey toma de empréstimo da filosofia da reflexão, em vez de uma teoria ingênua da empatia, o modelo que subjaz ao nexo metodológico entre vivência, expressão e compreensão: o espírito tem sua vida no fato de que ele se exterioriza em objetivações e, ao mesmo tempo, retorna a si na reflexão sobre suas manifestações vitais. Nesse processo de formação do espírito se integra a história da espécie humana. Por isso, a existência cotidiana dos indivíduos socializados se move na mesma relação de vivência, expressão e compreensão que constitui também o modo de proceder das ciências do espírito. A compreensão hermenêutica é a forma metodicamente constituída da reflexividade abafada ou da transparência parcial na qual a vida dos seres humanos, comunicando-se em nível pré-científico e interagindo socialmente, se efetua de todo modo: o

> nexo de vida, expressão e compreensão [abrange] não apenas gestos, semblantes e palavras com os quais os homens se comunicam, ou as criações espirituais duradouras [...], ou as objetivações constantes do espírito em construtos sociais [...]: também a unidade psicofísica da vida é ela própria conhecida por meio da mesma dupla relação entre vivência e compreensão, ela se torna ciente de si mesma no presente, ela se encontra de novo na recordação com algo passado [...] Em resumo, é pelo processo da compreensão que a vida é esclarecida sobre si mesma em suas profundezas; e, por outro lado, compreendemo-nos a nós mesmos e aos outros somente quando levamos nossa vida vivenciada

> a toda espécie de expressão da vida própria ou alheia. Assim, em toda parte o nexo de vivência, expressão e compreensão é o procedimento próprio pelo qual a humanidade existe como objeto das ciências do espírito para nós [já antes de toda ciência; J. H.]. As ciências do espírito estão assim fundidas nesse nexo de vida, expressão e compreensão.[123]

Essa ancoragem da compreensão, realizada como uma arte, em uma estrutura prévia da compreensão, própria da práxis da vida cotidiana, é eleita por Dilthey como critério para demarcar as ciências do espírito: "Uma ciência pertence às ciências do espírito somente se seu objeto se torna acessível a nós pelo comportamento que está fundido no nexo de vida, expressão e compreensão".[124] Dilthey recorre de resto ao *topos* da tradição escolástica que Vico voltou contra Descartes no âmbito da teoria do conhecimento e que também Kant e Marx retomaram para justificar a ideia da filosofia da história: *verum et factum convertuntur*.[125] Visto que o ato da compreensão repete explicitamente somente aquele movimento que se efetua de todo modo como processo de formação do espírito no mundo da vida social, à maneira de uma reflexão sobre as próprias objetivações, o sujeito cognoscente é ao mesmo tempo parte do processo do qual provém o próprio mundo cultural. Nesse sentido, o sujeito compreende cientificamente as objetivações de cuja produção ele também participa em um nível pré-científico:

123 Ibid., p.86-87.
124 Ibid., p.87.
125 Cf. meu ensaio "Marxismo como crítica".

> Assim, o conceito de ciência do espírito é determinado, conforme a extensão dos fenômenos que incidem sobre ela, pela objetivação da vida no mundo exterior. *O espírito compreende somente o que ele criou*. A natureza, o objeto da ciência natural, abrange a realidade produzida independentemente da atuação do espírito.[126]

Em outra passagem, é dito de maneira mais pregnante: "a primeira condição de possibilidade da ciência da história reside em que eu mesmo sou um ser histórico, que aquele que *investiga* a história é ele mesmo quem *faz* a história".[127]

O princípio de Vico serve para justificar o modelo com base no qual Dilthey desdobra os traços fundamentais de sua lógica das ciências do espírito: visto que o sujeito cognoscente tem parte ao mesmo tempo na produção dos objetos de seu conhecimento, também "os juízos sintéticos universalmente válidos da história" são possíveis.[128] Com esse argumento, todavia, Dilthey se enreda em um círculo vicioso. Os juízos sintéticos *a priori* sobre o que seria a história definem aquele modelo segundo o qual o processo da vida histórica é concebido como tal: o modelo de um espírito que se objetiva e reflete simultaneamente sobre suas manifestações vitais. Essa concepção, porém, já subjaz à proposição de Vico sobre a identidade daquele que conhece o mundo histórico com aquele que o produz. Portanto, Dilthey não pode se basear sobre esse princípio para fundamentar aquela concepção.

---

126 Dilthey, *Gesammelte Schriften*, v.7, p.148.
127 Ibid., p.278.
128 Ibid.

Ora, atribuir a relação entre vivência, expressão e compreensão, introduzida de início em termos metodológicos, à estrutura da constituição de um mundo da vida[129] em geral, determinada transcendentalmente pela vida, pela expressão e pela compreensão, é insatisfatório para uma lógica da ciência. Na situação inicial dos fins do século XIX, determinada pelo positivismo, Dilthey pode justificar retomadas de modelos conceituais da filosofia da consciência (ou antecipações de uma análise do ser-aí comprovada somente em perspectiva fenomenológica) a favor de uma teoria das ciências do espírito tão pouco quanto Pierce pode justificar suas incursões pelo realismo dos universais. Tais padrões interpretativos tomados de empréstimo à tradição acabam desviando Dilthey e Peirce em direção a um objetivismo que os impede de elaborar de maneira consistente a abordagem de sua crítica do sentido conduzida em termos de lógica da pesquisa. Apenas uma autorreflexão das ciências que não transcenda precipitadamente o domínio das questões metodológicas pode renovar, no planto do positivismo, a pretensão de uma crítica do conhecimento que não recaia para aquém de Kant.

Também Dilthey explicita a relação entre *vivência, expressão e compreensão* antes de tudo no plano estritamente metodológico. Ele desenvolve as implicações da hermenêutica das ciências do espírito pelo exemplo da autobiografia. Essa escolha não tem um significado sistemático; ela de modo algum deve prejulgar uma concepção biográfica da história. A autobiografia é recomendada para investigar o modo de proceder hermenêutico,

129 Ela foi continuada por Heidegger na forma de uma hermenêutica existencial do ser-no-mundo; cf. *Sein und Zeit*.

o qual é igualmente vinculante para uma interpretação em termos de história universal, unicamente porque ela oferece um modelo concreto da maneira como "nossa consciência (trabalha) a fim de dar conta da vida".[130] A autobiografia desdobra a reflexividade abafada e a transparência parcial de nossas biografias, em cujo *medium* conduzimos nossa vida desde sempre, até chegar a uma forma articulada:

> A apreensão e a interpretação da própria vida percorre uma longa série de etapas; a explicação mais bem acabada é a autobiografia. Aqui o si-mesmo apreende seu percurso de vida de tal sorte que ele toma consciência do substrato humano, as relações históricas em que ele está entretecido. Assim, finalmente, a autobiografia pode se ampliar a ponto de formar um quadro histórico; e só isso lhe confere seus limites, mas também seu significado de que ele é suportado pela vivência, e que por essa profundidade o próprio si-mesmo e suas relações com o mundo se tornam inteligíveis. A consideração de um homem sobre si mesmo continua a ser um ponto de orientação e um fundamento.[131]

A biografia é a unidade elementar do processo de vida que abrange a espécie humana. Ela é um sistema que se delimita a si mesmo. Pois ela se apresenta como um curso de vida demarcado pelo nascimento e morte e é, além disso, um contexto vivencial que vincula os elos do curso de vida, mais precisamente, vincula um "sentido". A biografia constitui-se de relações de vida [*Lebensbezüge*]. Relações de vida existem entre um Eu,

---

130 Dilthey, *Gesammelte Schriften*, v.7, p.74.

131 Ibid., p.204.

por um lado, e coisas e seres humanos que surgem no mundo do Eu, por outro. Uma *relação de vida* fixa tanto certas significâncias de coisas e seres humanos para um sujeito quanto certos modos de comportamento do sujeito com seu entorno. A relação de vida possibilita uma apreensão cognitiva somente na medida em que ela ao mesmo tempo define uma atitude afetiva e pontos de vista orientadores da ação. No contexto das relações de vida, um objeto é apreendido teoricamente apenas à medida que ele se apresenta sob orientações axiológicas e, ao mesmo tempo, sob regras da atividade teleológica possível:

> Não há, em absoluto, nenhum homem e nenhuma coisa que sejam apenas objeto para mim e não contenham pressão ou promoção, objetivo de um esforço ou fixação da vontade, importância, exigência de consideração e proximidade íntima ou resistência, distância e estranheza. A relação de vida, seja ela restrita a um momento dado, seja duradoura, torna esses homens e esses objetos para mim portadores de felicidade, ampliação de minha existência, elevação de minha força, ou eles restringem nessa relação o espaço de ação de minha existência, eles exercem uma pressão sobre mim, eles diminuem minha força.[132]

Na medida em que a realidade incorre nas relações de vida de um sujeito, ela ganha relevância, ou seja, *significância* em um sentido global, no qual estão ainda fundidos, sem cortes, aspectos descritivos, valorativos e prescritivos. "Nesse subsolo", prossegue Dilthey, "despontam [...] concepções objetivas, valorizações, finalidades como tipos de comportamento em

132 Ibid., p.131.

nuanças inumeráveis que transitam entre si. Elas estão vinculadas no curso da vida formando contextos internos que abrangem e determinam toda atividade e desenvolvimento".[133]

Relações de vida são integradas em uma biografia individual. Pois elas, tomadas por si mesmas, são abstrações de um contexto cuja unidade é estabelecida por uma experiência de vida cumulativa. Em cada momento, todos os eventos passados respectivos de uma biografia são submetidos ao poder de uma interpretação retrospectiva. O quadro interpretativo da retrospectiva presente em cada caso é determinado por um futuro antecipado na medida em que as perspectivas projetadas acerca de algo aguardado, querido e desejado dependem por seu turno da recordação, da atualização reflexiva do passado:

> Eu possuo a contextura peculiar da minha vida, conforme a natureza do tempo, somente ao me recordar de seu decurso. Uma longa série de processos coopera então em minha recordação, nenhum é reproduzível por si mesmo. Já na memória se efetua uma seleção, e o princípio dessa seleção reside na significação que as diversas vivências tiveram para a compreensão da contextura do decurso de minha vida na época em que haviam se passado, na

133 Ibid., p.131-132. Em Dilthey, já se encontra o ponto de vista próprio da análise da linguagem segundo o qual os nexos factuais de significado de um mundo da vida individual encontram seu sedimento em nexos simbólicos: "Toda essas determinações do si-mesmo e dos objetos ou pessoas, tais como elas procedem das relações de vida, são elevadas à consideração e expressas na linguagem" (Ibid., p.133-134). O que é confundido no esquema de apreensão de uma relação de vida como significação, valor e fim separa-se nas formas gramaticais do uso descritivo, valorativo e prescritivo da linguagem.

> significação que preservaram na apreciação de épocas posteriores ou que também receberam, quando a recordação era ainda fresca, de uma nova concepção sobre a contextura de minha vida; e agora, quando eu repenso, daquilo que para mim ainda é reproduzível, conserva ainda uma posição na contextura da minha vida somente aquilo que tem uma significação para ela, tal como a vejo hoje. Justamente por meio dessa minha concepção de vida agora cada parte dela que é significativa conserva à luz dessa concepção a forma em que ela é concebida por mim hoje.[134]

A unidade da biografia se constitui pelo estoque de interpretações retrospectivas que sempre abrangem implicitamente o curso inteiro da vida, incluindo todas as interpretações anteriores. Dilthey compara essa *experiência cumulativa de vida* com a indução, pois a interpretação subsequente em cada caso retifica as universalizações das interpretações passadas em razão de experiências negativas. A forma lógica dos enunciados históricos espelha a particularidade das interpretações retrospectivas: são enunciados narrativos, que relatam os eventos da perspectiva de eventos posteriores, portanto com referência a um ponto de vista a partir do qual eles não poderiam ter sido observados e protocolados.

A experiência de vida integra as relações de vida convergentes em um curso de vida, formando a unidade de uma biografia individual. Essa unidade se ancora na identidade de um Eu e na articulação de um sentido ou de uma significação. A identidade do Eu se determina de início na dimensão do tempo como a síntese de vivências que se propagam na multiplicidade: ela

---

134 Ibid., p.73-74.

funda a continuidade do contexto biográfico no fluxo dos eventos psíquicos. A identidade resistente é o selo estampado sobre a superação da corrupção de nossa vida, não obstante sempre presente. A biografia se realiza no decurso do tempo e na simultaneidade perpetuada de um sistema de referências com o qual as partes se relacionam como com um todo: "Não é como se os objetos estivessem juntos em um aposento e fossem apreendidos por quem entrasse; eles possuem sua pertença recíproca apenas na relação com uma pessoa".[135] A *identidade do Eu* é distinguível da unidade do organismo correspondente, que do nascimento até a morte pode ser identificado no interior das coordenadas do espaço e do tempo como o mesmo corpo. Aqui um observador sob um determinado intervalo de tempo constata de maneira intersubjetivamente examinável a identidade de certos caracteres. Ali um Eu está certo da *própria* identidade, com a consciência da corrupção constante da vida, da decomposição de seu substrato:

> O decurso psicofísico (de uma biografia individual) [...] constitui de fora, para o espectador e graças à mesmidade do corpo fenomênico em que sucede o decurso, algo idêntico consigo mesmo; ao mesmo tempo, porém, esse decurso se caracteriza pelo estado de coisas notável de que toda parte dele está ligada na consciência com as outras partes por meio de uma vivência, caracterizada de uma maneira qualquer, de continuidade, coesão e mesmidade do que decorre desse modo.[136]

135 Ibid., p.343; cf. também ibid., p.72, p.229.
136 Ibid., p.228.

Ora, essa vivência, "caracterizada de uma maneira qualquer", depende somente de que a identidade do Eu se constitui na articulação de um sentido, de uma significação da biografia. Dilthey introduz de modo geral a categoria de significação com base na totalidade do contexto biográfico:

> O contexto da vivência em sua realidade concreta reside na categoria de significação. Esta é a unidade que reúne o decurso do vivenciado ou do revivenciado na recordação, mais precisamente, a significação dele não consiste em um ponto de unidade que residiria além da vivência, mas essa significação está contida de maneira constituinte nessas vivências como o contexto delas.[137]

Mantendo-se coesa mediante a identidade do Eu, a biografia de um indivíduo é o padrão da relação categorial do todo com suas partes, da qual se obtém depois a categoria de significação. Aquele sentido ao qual se dirige a compreensão hermenêutica que Dilthey denomina *significação* na acepção enfática resulta somente do valor posicional dos momentos em um contexto cuja identidade inclui tanto a decomposição constante da identidade quanto a superação pertinaz dessa corrupção. Ela tem de ser reiteradamente produzida, por isso, recorrendo-se a interpretações retrospectivas da biografia que são continuamente renovadas, retificadas e cumulativamente ampliadas. Só há "significação" dentro de um sistema de referências cuja modificação é da natureza de um processo de formação; ele deve preencher os critérios do "desenvolvimento" biográfico:

137 Ibid., p.237.

> A mutabilidade é própria dos objetos que construímos no conhecimento da natureza, tanto quanto da vida que se torna ciente de si mesma em suas determinações. Mas na vida somente o presente encerra a representação do passado na recordação e a do futuro na fantasia, que persegue suas possibilidades, e na atividade, que se põe fins sob essas possibilidades. Assim, o presente é preenchido por passados e traz consigo o futuro. Este é o sentido da palavra "desenvolvimento" nas ciências do espírito.[138]

A significação que pessoas ou coisas adquirem nas diversas relações de vida para um sujeito são, por isso, mero derivado do sentido de uma história de desenvolvimento em seu todo, da qual o sujeito toma ciência retrospectivamente a cada momento, por mais implicitamente que seja. Por meio disso se garante que toda significação determinada se integra no nexo de sentido que representa a unidade individual inalienável (e de modo, por assim dizer, apenas singular) de um mundo centrado no Eu e de uma biografia mantida coesa pela identidade do Eu.

Por outro lado, as significações que certamente devem ser atadas a símbolos jamais são privadas em um sentido estrito; elas têm sempre uma validade intersubjetiva. Em uma biografia concebida ao modo de uma mônada, não se poderia constituir, por isso, algo como uma significação. Evidentemente, uma manifestação de vida deve seu conteúdo semântico tanto ao valor posicional em um sistema linguístico válido também para outros sujeitos quanto ao valor posicional em um contexto biográfico – do contrário, esse conteúdo de modo algum poderia ser expresso *simbolicamente*. A experiência de vida se

---

138 Ibid., p.232.

constrói na comunicação com outras experiências de vida: "O ponto de vista individual, que se prende à experiência pessoal, se retifica e amplia na experiência universal de vida. Por esta eu entendo as proposições que se formam em um círculo qualquer de pessoas ligadas entre si e são comuns a elas [...] Seu sinal distintivo é que elas são criações da vida em comum".[139] O conceito do "comum" [*Gemeinsam*] é introduzido por Dilthey em um sentido específico: a comunidade [*Gemeinsamkeit*] se refere ao caráter intersubjetivamente vinculativo do mesmo símbolo para um grupo de sujeitos que se comunicam entre si na mesma linguagem; ela não se refere a uma concordância de diversos elementos em caracteres comuns, ou seja, a um pertencimento lógico de um elemento à mesma classe.

Biografias não se constituem apenas na vertical como um contexto temporal de experiências cumulativas de um indivíduo; elas se formam em cada instante horizontalmente, no plano da intersubjetividade de uma comunicação comum a sujeitos diversos:

> Cada *uma das manifestações vitais* representa no reino desse espírito objetivo algo *comum*. Cada palavra, cada frase, cada gesto ou forma de cordialidade, cada obra de arte e cada feito histórico são compreensíveis somente porque uma comunidade vincula os que se manifestam neles com aquele que compreende; cada um vivencia, pensa e age sempre em uma esfera de comunidade, e somente em uma tal esfera ele compreende.[140]

139 Ibid., p.132-133.
140 Ibid., p.146-147.

A experiência reflexiva de vida, que estabelece a continuidade da biografia mediante uma compreensão cumulativa de si mesma como um agrupamento de interpretações autobiográficas, tem de se mover desde sempre no *medium* do entendimento com *outros* sujeitos. Eu compreendo a mim mesmo somente naquela "esfera de comunidade" na qual simultaneamente compreendo o outro em suas objetivações; pois ambas nossas manifestações vitais se articulam na mesma linguagem, intersubjetivamente vinculante para nós. Sob esse ponto de vista, a biografia individual pode ser apreendida até mesmo como um produto dos processos que se desenrolam no plano da intersubjetividade. O indivíduo que faz experiências de vida é, de certo modo, somente o resultado de seu próprio processo de formação. Por isso, a biografia individual, que de início se recomendava como quadro de referências para análise das ciências do espírito, pode ser concebida agora, por sua vez, como função de contextos estruturais e sistemas sociais abrangentes:

> Uma riqueza infinita de vida se desdobra na existência individual de cada pessoa em virtude de suas relações com seu meio, com outros homens e coisas. Mas cada indivíduo é, ao mesmo tempo, um ponto de cruzamento de contextos, que transpassam os indivíduos, que consistem neles, mas se estendem para além de sua vida e possuem, pelo conteúdo, pelo valor e fim que se realiza neles, uma existência autônoma e um desenvolvimento próprio.[141]

Dilthey distingue os sistemas de valores culturais dos sistemas da organização exterior da sociedade. Mas cada forma de

141 Ibid., p.134-135.

interação e de entendimento entre indivíduos é mediada por um emprego intersubjetivamente vinculante de símbolos, que remete em última instância à *linguagem corrente*. A linguagem é o solo da intersubjetividade, sobre o qual cada pessoa precisa ter posto já o pé antes de poder se objetivar na primeira manifestação de vida – seja em palavras, atitudes ou ações. A linguagem, da qual Dilthey diz uma vez que nela "somente o interior humano encontra sua expressão integral, completa e objetivamente compreensível",[142] é o *medium* no qual as significações não são partilhadas apenas no sentido cognitivo, mas também no sentido abrangente de uma significância que abarca também aspectos afetivos e normativos: "A compreensão recíproca nos assegura a *comunidade* que existe entre os indivíduos [...] Essa comunidade se manifesta na mesmidade da razão, na simpatia da vida emotiva, na ligação recíproca da obrigação e do direito, a qual é acompanhada pela consciência do dever".[143]

Ora, o específico nessa comunidade linguisticamente estruturada é *que nela os indivíduos individuados se comunicam*. Sobre o solo da intersubjetividade, eles concordam em um universal de tal maneira que se identificam entre si, tanto conhecendo quanto se reconhecendo mutuamente como sujeitos semelhantes; simultaneamente, porém, os indivíduos podem manter também distância entre si na comunicação e afirmar uns contra os outros a identidade inalienável de seu Eu. A comunidade que

142 Ibid., v.5, p.319. Com isso, Dilthey fundamenta de resto o primado da hermenêutica no sentido da interpretação da expressão linguística, realizada como uma arte: "Por isso, a arte da compreensão tem seu ponto mediano na exegese ou na *interpretação dos resíduos da existência humana contidos no escrito*" (ibid.).

143 Ibid., v.7, p.141.

se baseia na validade intersubjetiva dos símbolos linguísticos possibilita as duas coisas de uma só vez: a *identificação* recíproca e *a insistência na não identidade* de um com o outro. Na condição dialógica se realiza uma relação dialética do universal e do individual, sem a qual a identidade do Eu não pode ser pensada: a identidade do Eu e a comunicação na linguagem corrente são conceitos complementares. Ambos denominam por lados distintos as condições de uma interação que se dá no plano do reconhecimento recíproco.

Vista a partir daqui, também a identidade do Eu, que assegura a continuidade do contexto biográfico na decomposição das vivências momentâneas, se apresenta como uma condição dialógica: na interpretação retrospectiva do curso de vida, o Eu se comunica consigo mesmo como com seu outro. A consciência de si se constitui no ponto de intersecção do plano horizontal do entendimento intersubjetivo com os outros *e* do plano vertical do entendimento intersubjetivo consigo mesmo. De um lado, a comunicação do Eu consigo mesmo pode ser entendida como um decalque de sua comunicação com outros sobre o plano vertical da experiência cumulativa de vida. De outro lado, a identidade do contexto biográfico acolheu em si a dimensão do tempo que falta à comunicação linguística. Por isso, as estruturas abrangentes que atravessam as biografias individuais podem ser pensadas inversamente, na vertical do desenvolvimento histórico, somente segundo o modelo da unidade de uma biografia.[144]

---

144 O espírito de gerações, épocas, culturas, é concebido por Dilthey segundo a analogia do sentido ou da significação de uma biografia individual. Épocas encontram sua limitação em um horizonte de

Dilthey concebe o espírito objetivo como a "comunidade das unidades de vida", a qual se caracteriza por uma dupla dialética do todo e suas partes: no plano *horizontal* da comunicação, pela relação da totalidade de uma comunidade linguística com os indivíduos, que aí se identificam uns com os outros na exata medida em que eles ao mesmo tempo afirmam uns contra os outros a sua não identidade; e *verticalmente*, na dimensão do tempo, pela relação da totalidade de uma biografia com as vivências e as relações de vida singulares com as quais ela se constrói, no que a identidade do contexto é salvaguardada na consciência da não identidade dos períodos de vida precedentes. Essa "comunidade de unidades de vida", determinadas pela relação dialógica e pelo reconhecimento recíproco, pela identidade do eu e pelo processo de formação biográfica, é pressuposta por Dilthey como quadro objetivo para as ciências do espírito,

---

vida, da mesma maneira que indivíduos em seu mundo. Por "horizonte de vida" ele entende "a limitação em que os homens de uma época vivem em relação a seu pensamento, sentimento e vontade. Neles existem um vínculo de vida, relações de vida, experiência de vida e formação intelectual que os indivíduos preservam e ligam em um círculo determinado de modificações na apreensão, na formação de valores e nas finalidades" (Ibid., p.177-178). As eras se concentram na identidade de um espírito do tempo que penetra todas as objetivações de um contexto histórico, tanto quando as biografias se concentram na identidade de um sentido constituidor do Eu: "Da mesma maneira que o indivíduo, assim também cada sistema cultural, cada comunidade tem seu ponto mediano em si mesmo. Nele as apreensões da realidade, a valorização, a geração de bens se vinculam em um todo" (Ibid., p.154). Nesse sentido, Dilthey fala em outra passagem do "centramento das eras e das épocas em si mesmas, na qual o problema da significação e do sentido se resolve na história" (Ibid., p.186).

da mesma maneira que Peirce pressupõe para as ciências da natureza o processo de pesquisa em seu todo, sustentado pela comunidade de experimentadores. E, da mesma maneira que Peirce se deparou com a questão metodológica fundamental da relação necessária entre o universal e o particular devido ao fato do progresso indutivo das ciências, assim também Dilthey se vê confrontado com a *relação entre universal e particular* devido à comunidade estruturada ao mesmo tempo histórica e linguisticamente. Todavia, aqui o problema se coloca não só no plano da lógica da pesquisa, mas também de imediato no plano lógico: a compreensão hermenêutica tem de apreender com categorias *inevitavelmente universais* um sentido *individual* inalienável:[145]

145 Dessa questão parte na mesma época a tentativa de *Rickert* de conceber de maneira metodologicamente rigorosa o dualismo de ciências da natureza e ciências do espírito. Ele restringiu a pretensão da crítica kantiana da razão ao domínio de validade da ciência nomológica, a fim de conquistar um lugar para as ciências do espírito, elevadas por Dilthey à categoria de crítica do conhecimento. Diferentemente de Dilthey, Rickert não se apoia no conceito hegeliano de espírito objetivo e nas relações dialéticas da intersubjetividade. Pelo contrário, ele concebe a cultura, em analogia com a natureza, nos termos da filosofia transcendental. Enquanto, segundo as categorias do entendimento, os fenômenos se constituem em "natureza" sob leis universais, a "cultura" se forma pela relação dos fatos com um sistema de valores. Os fenômenos culturais devem a essa relação axiológica individualizante o significado de um sentido histórico sempre irreiterável. Rickert discerne a impossibilidade lógica de uma ciência estritamente idiográfica afirmada por Windelband (*Geschichte und Naturwissenschaft*). Ele vê a operação peculiar das ciências compreensivas como um fato: estas apreendem com expressões inevitavelmente universais, portanto direcionadas ao reiterável, o

sentido não obstante irreiterável dos eventos históricos. Mas sua proposta não é capaz de explicar satisfatoriamente o fato.
O pressuposto secreto de Rickert, ligado à filosofia da vida, é a irracionalidade de uma realidade que ocorre de maneira não redutora somente na vivência desprovida de linguagem: sob a intervenção transcendentalmente mediada do espírito cognoscente, ela se decompõe em pareceres distintos. Os lados complementários, de acordo com os quais a realidade tem de ser apreendida sob a forma da continuidade conforme a leis ou a singularidades heterogêneas, permanecem separados. A escolha dos sistemas de referências teóricas correspondentes nos coloca perante uma alternativa completa. Enunciados de um sistema não se deixam transformar em enunciados do outro. Apenas o nome de "*continuum* heterogêneo" representa a unidade da realidade fendida na apreensão transcendental; à unidade meramente extrapolada não corresponde nenhuma síntese do entendimento finito. Porém, como a mesma realidade, que é concebida sob leis gerais como natureza, pode ser individualizada por relações axiológicas, se as próprias categorias axiológicas têm de valer como algo logicamente universal? Rickert postula que valores não têm o mesmo *status* lógico que conceitos classificatórios. Ele assegura que fenômenos culturais não são subsumidos aos valores constitutivos para eles da mesma maneira que os elementos em relação à extensão de uma classe (cf. Rickert, Die vier Arten des Allgemeinen in der Geschichte, adendo à quinta edição dos *Grenzen der naturwissenchaftlichen Begriffsbildung*", p.739 et seq., particularmente p.749-750). No entanto, essa exigência não pode ser cumprida no interior da lógica transcendental na qual ela é colocada. Rickert tem de meramente circunscrever o conceito de totalidade histórica, visto que ele desconfia dos meios dialéticos que poderiam apreendê-lo. Uma lógica das ciências do espírito que parte dos pressupostos da crítica transcendental da consciência não pode escapar à dialética do universal e do particular assinalada por Hegel. Esta conduz para além de Hegel, chegando ao conceito de fenômeno cultural como algo historicamente individuado, que exige ser identificado justamente como um não idêntico.

Da mesma ambivalência resultante da não efetuação de uma passagem de Kant a Hegel se nutre também a própria filosofia dos valores. Rickert constrói o conceito de cultura primeiramente no terreno do idealismo transcendental. Da mesma maneira que a categoria de natureza, "cultura" tem um sentido transcendental na qualidade de sumário dos fenômenos sob um sistema de valores vigentes – ela não diz nada sobre os objetos, mas determina as condições da apreensão possível de objetos. A isso corresponde a suposição otimista segundo a qual um sistema de valores deveria poder ser derivado *a priori* da razão prática. (Essa posição foi adotada por Rickert em seu primeiro tratado, *Kulturwissenschaft und Naturwissenschaft*.) Em seguida, Rickert iria deixá-la de lado. (A nova posição se delineia na reelaboração sistemática da teoria: *Die Grenzen der naturwissenschaftlichen Begriffsbildung*.) A abundância material dos assim chamados "valores" poderia ser decifrada apenas pelo contexto real das culturas, nas quais se exterioriza a ação orientada por valores própria dos sujeitos históricos – mesmo que a *validade* dos valores possa ser independente de tal gênese. Porém, se isso tem de ser admitido, o conceito kantianizante de cultura recai naquela ambiguidade transcendental e empírica que se desenvolvera dialeticamente no conceito hegeliano de espírito objetivo. As ciências da cultura encontram seus objetos já constituídos de antemão. Os significados culturais dos sistemas de valores empiricamente vigentes procederam da ação orientada por valores. Na figura empírica de valores historicamente coagulados e transmitidos, a operação transcendentalmente mediada dos sujeitos que agem orientados pelos valores é, por isso, ao mesmo tempo absorvida e conservada. Com a história, é incluída no domínio de objetos da ciência uma dimensão na qual, atravessando as cabeças dos sujeitos agentes, se exterioriza também um fragmento da consciência transcendental, ou seja, se objetiva um sentido que a cada momento só pode pretender validade dentro de uma rede de valores transcendentalmente distendida. Visto que Rickert não quer abandonar as determinações da filosofia transcendental, estas acabam se lhe esfarelando por entre as mãos involuntariamente.

> A comunidade das unidades de vida é agora o ponto de partida para todas as relações entre o particular e o universal nas ciências do espírito. A apreensão inteira do mundo espiritual é atravessada por tal experiência fundamental da comunidade, na qual a consciência do si-mesmo unitário e a da semelhança com os outros, a mesmidade da natureza humana e a individualidade se vinculam entre si. É ela que forma o pressuposto para a compreensão. Partindo da interpretação elementar, que exige apenas o conhecimento do significado das palavras e da regularidade com que elas são ligadas nas frases formando um sentido, e passando pela comunidade da linguagem e do pensamento, amplia-se constantemente a circunferência do comum, a qual torna possível o processo de compreensão.[146]

A relação entre universal e individual, que Dilthey considerou constitutiva tanto para a experiência de vida quanto para a comunicação com os outros, retorna na compreensão hermenêutica. "Verdades universais" sempre novas são necessárias para a análise do "mundo do único":[147]

> Assim, surge no trabalho das ciências do espírito [...] uma circulação de vivência, compreensão e representação do mundo espiritual com conceitos universais. E cada etapa desse trabalho possui agora uma unidade interior em sua apreensão do mundo espiritual, na medida em que o saber histórico do singular e as verdades universais se desenvolvem em relação recíproca entre si.[148]

146 Dilthey, *Gesammelte Schriften*, v.7, p.141.
147 Ibid., p.143.
148 Ibid., p.145.

Para as ciências naturais, o fato do progresso científico projeta a questão metodológica fundamental: como, com base em número finito de estados de coisas singulares constatados, pode ser conhecida uma relação universal? Para as ciências do espírito, o fato de uma ampliação sistemática do horizonte de nossa compreensão das manifestações vitais próprias e alheias projeta uma questão metodológica fundamental similar: como o sentido de um contexto de vida individuado pode ser apreendido e representado com categorias inevitavelmente universais?

8. Autorreflexão das ciências do espírito: a crítica historicista do sentido

A compreensão hermenêutica se dirige a um contexto transmitido de significações. Ela se distingue daquela compreensão monológica do sentido exigida pelas proposições teóricas. Devem ser chamadas "teóricas" todas as proposições capazes de ser expressas em uma linguagem formalizada ou transformadas em enunciados de uma semelhante linguagem, não importando se se trata de enunciados tautológicos ou de proposições plenas de conteúdo empírico. Podemos também dizer que proposições teóricas são os elementos de uma linguagem "pura". Pois os enunciados formalizados são purificados de todos os elementos que não residem no plano das relações simbólicas. Isso se torna patente nas teorias das ciências empíricas porque elas têm de satisfazer a exigência de uma separação estrita de proposições e fatos: a pertinência empírica de suas derivações hipotéticas é controlada *a posteriori* por proposições acerca da experiência que expressam o resultado de observações sistemáticas que são independentes das teorias. Linguagens "puras" exigem, na medida em que possuem uma referência empírica, a separação de princípio entre a compreensão de nexos lógicos e a observação de estados de coisas empíricos. A observação controlada se define pela exclusão de relações simbólicas, tanto quanto a compreensão monológica do sentido se define pela exclusão de relações factuais. Justamente esse limite é apagado pela compreensão hermenêutica.

A *compreensão de sentido* se torna problemática no aspecto metodológico se, como nas ciências do espírito, se trata de apropriar conteúdos de significações transmitidas: o "sentido" a ser explicitado tem aqui, a despeito de sua expressão simbólica, o *status* de um fato, de um dado empírico. A compreensão hermenêutica jamais pode analisar a estrutura de seu objeto a tal ponto que tudo que é contingente nele seria eliminado. Do contrário, ela teria de converter-se em uma reconstrução, isto é, em uma compreensão do sentido de relações formais. Das linguagens formalizadas fazem parte as regras metalinguísticas de constituição com base nas quais podemos reconstruir nessa linguagem enunciados possíveis, isto é, podemos nós mesmos gerá-los uma vez mais. Visto que não dispomos de semelhantes regras de reconstrução para os contextos de sentido transmitido, eles requerem uma compreensão de sentido hermenêutica que apreenda as relações simbólicas *como* relações factuais. A *hermenêutica* é uma forma de experiência e de análise gramatical ao mesmo tempo.

Peirce mostrou que aplicar proposições teóricas à realidade só é possível no interior de um quadro transcendental que pré-forma a experiência de uma maneira determinada. As teorias produzidas pelas ciências empíricas contêm informações sobre a realidade sob o ponto de vista de uma disposição técnica, possível sob condições especificáveis a qualquer momento e em toda parte. A ela corresponde, por isso, uma experiência generalizada no círculo de funções da ação instrumental, a qual abstrai todas as relações biográficas. Nos fenômenos gerados experimentalmente, todos os momentos da experiência de vida são reprimidos em favor de um efeito universal, ou seja, reiterável a bel-prazer. Essa objetivação determinada da realidade serve para podar uma experiência concreta e subjetivamente marcada, isto é, serve a um ajuste transcendentalmente prévio às expressões universais de uma linguagem teórica na qual não podem ocorrer denominações para aspectos individuais. O problema da relação entre universal e particular consiste em que as experiências singulares têm de concordar com categorias universais abstratas. Exatamente o inverso se passa com a compreensão hermenêutica, que se apropria da experiência de vida em toda sua amplitude, mas tem de ajustar as categorias universais da linguagem às intenções enfeixadas pelo centramento no Eu. O problema da relação entre universal e particular não se coloca, aqui, por causa da permanência de um mundo de experiência concretista, aquém da lógica de enunciados universais, mas por causa da inadequação dessa lógica em relação a uma experiência de vida que, não obstante, se articula desde sempre na linguagem corrente. O progresso indutivo das ciências empírico-analíticas só é possível fundando-se em uma adaptação transcendentalmente prévia da experiência possível às expressões universais das linguagens teóricas. O andamento quase-indutivo das ciências hermenêuticas se baseia, pelo contrário, sobre a operação específica da linguagem cotidiana, que possibilita comunicar indiretamente o valor posicional de categorias universais em um contexto concreto de vida. No curso de uma interpretação, a linguagem do hermeneuta vai se ajustando com base nisso à experiência de vida que se concentra em torno do sentido individual.

É manifesto que a linguagem corrente possui uma estrutura que de fato permite tornar compreensível, na relação dialógica, o individual por meio de categorias universais. Dessa mesma estrutura tem de se servir também a compreensão hermenêutica, que, com efeito, se limita a cultivar metodologicamente a experiência comunicativa cotidiana da compreensão de si e do outro. No entanto, a hermenêutica só pode se constituir em um modo de proceder explícito se ela consegue clarificar a estrutura da linguagem corrente no aspecto em que permite o que a sintaxe de uma linguagem pura justamente proíbe: tornar comunicável, por mais indiretamente que seja, o individual inefável.

Eu encontro um indício disso na classificação que Dilthey oferece para as "formas elementares da compreensão".[149] A compreensão hermenêutica se dirige a *três classes de manifestações de vida*: expressões linguísticas, ações e expressões vivenciais.

As *expressões linguísticas* podem ser completamente desligadas de um contexto concreto de vida; elas não implicam, nesse caso, "alusão alguma às particularidades da vida das quais provieram".[150] Uma exegese hermenêutica é desnecessária em casos semelhantes, pois uma relação dialógica entre um comunicante e um defrontante só continua a ser dada de maneira virtual: "o juízo em quem o expressa [é] o mesmo para quem o compreende; como por um meio de transporte, ele transita

149 Dilthey, *Gesammelte Schriften*, v.7, p.207 et seq.
150 Ibid., p.206.

inalteravelmente da posse de quem o enuncia para a posse de quem o entende".[151] Se expressões linguísticas aparecem em uma forma absoluta, tornando seu conteúdo independente da situação da comunicação, da "diversidade de tempos ou pessoas", então a compreensão é monológica: ela "está dirigida aqui ao mero conteúdo de pensamento que é igual a si mesmo em todo contexto, e assim a compreensão é aqui mais completa do que na relação com toda outra manifestação de vida".[152] Apenas enunciados de uma linguagem pura podem ser entendidos integralmente nesse sentido. Por outro lado, quanto mais as expressões linguísticas permanecem presas a um contexto concreto de vida, tanto mais importante se torna seu valor posicional dentro de uma relação dialógica determinada: o "meio de transporte" não mais permanece exterior ao conteúdo da expressão. A compreensão integral é turvada, visto que não existe mais um acordo geral sobre um sentido inalterável.

A linguagem é como que poluída porque algo de heterogêneo penetra nas juntas das relações lógicas, de hábito transparentes. Na expressão linguística se imiscui algo do "fundo escuro e da riqueza da vida psíquica", a qual não pode ser absorvida no conteúdo manifesto e, por isso, carece de interpretação para o outro. Aqui a hermenêutica se encontra em sua razão. Ela decifra o que permanece de início estranho entre os sujeitos falantes em meio a seu entendimento, visto que isso só pode ser comunicado de maneira indireta: "A exegese seria impossível se as manifestações de vida fossem inteiramente estranhas. Ela seria desnecessária se nada fosse estranho nelas.

---

151 Ibid., p.205.
152 Ibid., p.206.

É entre esses dois princípios extremos que ela reside portanto [a hermenêutica]. É exigida em toda parte onde é estranho algo que a arte da compreensão deve tornar próprio".[153] A meio caminho entre o monólogo e a impossibilidade da comunicação linguística em geral, move-se o diálogo em linguagem corrente. Nele se expressam sempre as condições de vida. Estas não são capazes de possuir seu sentido individual por via da comunicação direta, devendo ser apropriadas, por isso, de maneira hermenêutica pelo parceiro de diálogo como um elemento estranho, justamente pela via da interpretação do comunicado. Que o uso dialógico da linguagem exija sempre a compreensão hermenêutica é algo que se mostra pela discrepância fundamental entre a objetivação linguística de um contexto de vida e esse próprio contexto. Por mais que uma expressão linguística possa dar conta de uma situação e expor seu elemento específico, sempre permanece um hiato entre ela e o que foi intencionado a partir das relações de vida, um hiato que deve ser fechado todas as vezes pela interpretação.

A atividade da interpretação é facilitada à medida que as significações não se objetivam apenas na dimensão da linguagem, mas também de maneira extraverbal, no plano das *ações*. As ações formam a segunda classe de manifestações de vida a que se dirige a compreensão. Dilthey tem em vista aí a ação intencional; ela se encontra sob normas pelas quais se orienta o agente. A ação comunicativa, que tem a forma da interação que se dá na base de expectativas de comportamento recíproco, "não surge da intenção da comunicação", mas "a relação da ação com o espiritual que se expressa nela dessa maneira é re-

153 Ibid., p.225.

gular e permite suposições prováveis sobre este".[154] A interação simbolicamente mediada é tanto uma forma de representação quanto de comunicação linguística; parece haver significações que podem ser transpostas de um *medium* a outro. Essa convertibilidade do sentido de proposições em ações e de ações em proposições permite as interpretações recíprocas. Ora, para a ação comunicativa vale o mesmo que para a comunicação linguística: também nela o contexto de uma biografia individual mantida coesa pela identidade do Eu não pode ter expressão sem refração. Mais uma vez, é esse hiato que Dilthey acentua:

> Por causa do poder de um móbil proveniente da riqueza da vida, o ato acaba caindo na unilateralidade. Por mais ponderado que possa ser, ele expressa apenas uma parte de nossa essência. Possibilidades que residiam nessa essência são aniquiladas por ele. Assim, também a ação se desprende dos fundos do contexto de vida. E sem explicação, da mesma maneira que se associam nele as circunstâncias, a finalidade, os meios e o contexto de vida, ele não permite uma determinação multilateral do interior do qual surge.[155]

Mesmo as ações carecem da decifração hermenêutica, visto que o sujeito inconfundível tampouco pode se manifestar diretamente em ações que seguem normas universais quanto nas categorias universais do entendimento que se dá na linguagem corrente. Uma vez que as condições individuais de vida não se transferem sem perturbações nem para a linguagem nem

154 Ibid., p.206.
155 Ibid.

para a ação, o sujeito, tomado ao pé da letra sem mediações e identificado com suas ações manifestas sem mediações, seria malcompreendido. A hermenêutica, a título de arte de tornar compreensível comunicações indiretas, corresponde exatamente à distância que o sujeito tem de *manter* entre ele mesmo, como a identidade de um contexto biográfico, e suas objetivações e que, ao mesmo tempo, ele precisa *expressar* – sob pena da reificação por parte dos destinatários.

Uma terceira classe de manifestações vitais a que se dirige a compreensão é assinalada pela dimensão em que se torna visível a relação do Eu com suas objetivações linguísticas e extralinguísticas. Dilthey fala de *expressão vivencial*. Ele subsume sob esse termo sobretudo os fenômenos de expressão psicológica ligados ao solo de ressonância do corpo humano: as reações mímicas, fisionômicas, gestuais – as reações corporais de rubor e empalidecimento, de petrificação, de olhar inquieto, de distensão, também de riso e choro. Para esses fenômenos, H. Plessner propôs, inteiramente no sentido de Dilthey, uma hermenêutica das expressões não linguísticas, a qual elaborou em seus traços básicos.[156] Dilthey não se interessa por uma psicologia, mas por uma hermenêutica da expressão humana. Pois em termos hermenêuticos, a expressão vivencial é compreendida como um sinal das intenções não expressas e da relação inefável de um Eu com suas objetivações. É por isso que a expressão vivencial não se encontra no mesmo plano das proposições ou das ações. Por um lado, ela é mais próxima do contexto espontâneo de vida do

156 Plessner, *Lachen und Weinen*. Além disso, Über Hermeneutik des nichtsprachlichen Ausdrucks. Conferência para o VIII Congresso Alemão de Filosofia, em Heidelberg, 1966.

que as expressões simbólicas da linguagem corrente e da ação comunicativa: ela está ligada inequivocamente a um organismo determinado, em uma situação irreiterável. Por outro lado, falta à expressão vivencial um conteúdo cognitivo que pudesse ser interpretado inteiramente em proposições e ações.

> Existe uma relação particular entre ela, a vida da qual provém, e a compreensão que se obtém. Pois a expressão pode conter mais do contexto psíquico que toda introspecção pode divisar [...] Mas, ao mesmo tempo, reside na natureza da expressão vivencial o fato de que a relação entre ela e o espiritual, por ela expresso, só com muitas reservas pode ser colocado na base da compreensão. Ela não incide sob o juízo verdadeiro ou falso, mas sob o juízo da inveracidade e da veracidade. Pois dissimulação, mentira, engano rompem aqui a relação entre a expressão e o espiritual expresso.[157]

Sob o ponto de vista hermenêutico, a expressão vivencial, que permanece presa de maneira mais íntima do contexto de vida e que por isso alcança um grau menor de objetivação que qualquer outra expressão simbólica, presta-se a indicar o valor posicional que o sujeito adota ou que pretende adotar todas as vezes no contexto de suas ações e de diálogo. Visto que a identidade de um Eu não pode se mostrar nas categorias universais ou nas normas universais de suas manifestações de vida, podendo somente se comunicar indiretamente nelas, só podendo se dar justamente como *fenômeno*, faz parte da representação simbólica a dimensão de ser e aparência ou essência e fenômeno. Nessa dimensão, as expressões viven-

157 Dilthey, *Gesammelte Schriften*, v.7, p.206.

ciais podem apontar de maneira sintomática, na relação com as comunicações manifestas, um sentido latente: elas podem legitimar e reforçar, desmentir e negar, tornar compreensíveis trocadilhos irônicos, desmascarar dissimulações ou sinalizar os ofuscamentos como tais. A expressão serve, em conexão com palavras e atos, de indício de quão seriamente algo é pensado [*gemeint*], se o sujeito comunicante ilude a si mesmo ou aos outros, em que grau ele quer ou é lícito que seja identificado com uma manifestação de vida atual, quão amplo é o espectro do que é pensado no conjunto, do que é ocultado ou do que é intencionado em sentido contrário.

A estrutura da linguagem à qual corresponde a operação peculiar da compreensão hermenêutica só é concebível, porém, se levamos em consideração a *integração das três classes de manifestações de vida* na práxis cotidiana. No quadro dos mundos sociais da vida, a comunicação em linguagem corrente jamais é isolada das interações aprendidas e das expressões vivenciais que as acompanham ou intermedeiam. O entendimento acerca da simbólica linguística está sujeito ao controle permanente por meio da ocorrência factual da ação aguardada no contexto, e as ações, por seu turno, podem ser interpretadas no consenso perturbado por meio da comunicação linguística. É possível evidenciar a significação dos símbolos linguísticos mediante coparticipações nas interações rotinizadas. Linguagem e ação se interpretam reciprocamente: isso é desdobrado na concepção de Wittgenstein sobre o *jogo de linguagem*.[158] A dialética de universal e individual, possibilitada na intersubjetividade da

158 Habermas, Zur Logik der Sozialwissenschaften, *Philosophische Rundschau*, suplemento n.5, p.124 et seq.

fala e da ação, apoia-se ademais em manifestações espontâneas concomitantes das expressões ligadas ao corpo e se corrige por elas. Pela expressão vivencial se alinhava a interpolação da identidade do Eu, a qual se afirma, com insinuações e comunicações indiretas, contra a inadequação necessária das comunicações manifestas. A linguagem corrente não segue a sintaxe de uma linguagem pura: ela só se torna completa por se engrenar com interações e formas corporais de expressão. A gramática dos jogos de linguagem, no sentido de uma práxis de vida completa, regula não só a associação de símbolos, mas ao mesmo tempo as interpretações de símbolos linguísticos por meio de ações e expressões. Uma linguagem "pura" se caracteriza pela possibilidade de ser definida exaustivamente por regras de constituição metalinguísticas, isto é, com meios exclusivamente simbólicos. Uma linguagem natural, em contrapartida, escapa a uma reconstrução estritamente formal, ou seja, intralinguística, visto que é interpretável por algo não linguístico.

O específico da linguagem corrente reside nessa *reflexividade*; do ponto de vista da linguagem formal, podemos também dizer que a linguagem corrente é a sua própria metalinguagem. Ela adquire essa função única porque é ainda capaz de acolher em sua própria dimensão também as manifestações de vida não verbais, por meio das quais ela própria é interpretada. Podemos falar sobre ações e descrevê-las; podemos nomear expressões e até mesmo fazer da própria linguagem o *medium* de expressões vivenciais: seja foneticamente, ao explorarmos a expressividade do processo sonoro, seja estilisticamente, ao expor na própria linguagem a relação do sujeito com suas objetivações linguísticas. As indicações reflexivas sobre o não expresso são permitidas por toda linguagem corrente. Quatro categorias de insinuações desse tipo são até mesmo convencionalizadas, ou em subsistemas como o chiste e a poesia, ou em formas linguísticas estilizadas como o uso irônico, minimizador, imitador da linguagem, ou em figuras de linguagem como perguntas retóricas, eufemismos e assim por diante.

Nesses casos se fixa somente uma operação que, por princípio, a linguagem corrente cumpre sempre: a saber, *interpretar a si mesma*. E ela deve essa operação à relação complementar com as formas de expressão não verbais da ação e da expressão, a qual ela pode expressar, por sua vez, no *medium* da própria linguagem. Sem as objetivações não linguísticas complementares, a linguagem natural permaneceria fragmentária. Mas lhe é possível evocar a presença virtual de complementos ausentes – e nisso consiste sua relação reflexiva consigo mesma: ela pode se interpretar linguisticamente pelo entorno de algo não linguístico substitutivo. Decifrar essas autointerpretações é a tarefa da hermenêutica. Não cabe ao intérprete valer-se de certezas demonstrativas nessa atividade, pois uma "prova" para interpolações só poderia ser alegada se pudéssemos todas as vezes recolocar um texto transmitido na práxis de vida coetânea que de fato inteirou certa vez o escrito e a fala.

> A exigência de Wolf de que os pensamentos do escritor possam ser descobertos com intuição necessária pela arte hermenêutica é irrealizável já na crítica do texto e na compreensão linguística. O contexto dos pensamentos, a feição das insinuações, depende, porém, da apreensão do modo individual de combinação. A consideração dela [...] é divinatória e jamais resulta em certeza demonstrativa.[159]

159 Dilthey, *Gesammelte Schriften*, v.7, p.226.

No entanto, a divinação, perseguindo a comunicação indireta da linguagem em seus conteúdos manifestos, não permanece sem controle por meio da "comparação": "A divinação e a comparação estão ligadas uma à outra em algo temporalmente indiferenciado. Nós não podemos jamais dispensar um procedimento comparativo em relação ao individual".[160]

No contexto metodológico, a expressão "divinação" pode ser errônea, já que os modos de proceder hermenêuticos constituídos nas ciências do espírito devem, com efeito, justamente tirar do sentido individual a aparência de irracionalidade, e da apropriação de conteúdos semânticos transmitidos, a suspeita de algo meramente arbitrário. E, no entanto, esses procedimentos não são cogentes da mesma maneira que os modos de proceder empírico analíticos. Pois eles se movem, considerados da perspectiva lógica, em um círculo inevitável. À lógica da pesquisa, que Peirce caracterizou pelo nexo dos três modos de inferência, corresponde nas ciências hermenêuticas um andamento quase-indutivo,

> que pela captação de partes indeterminadas e determinadas avança na tentativa de apreender o sentido do todo, alternando com a tentativa de determinar por esse sentido as partes de maneira mais sólida. O fracasso se faz valer na medida em que as diversas partes não querem se deixar compreender dessa maneira. E isso obriga então a uma nova determinação do sentido, que o compreenda agora de modo suficiente. E essa tentativa continua até que o sentido inteiro é exaurido.[161]

160 Ibid.
161 Ibid., p.227.

Também o quadro categorial no interior do qual se movem as análises das ciências do espírito é adquirido todas as vezes pelo caminho de uma formação circular de conceitos:

> Toda vez que o pensamento científico procura efetuar a formação de conceitos, a determinação dos caracteres que constituem o conceito pressupõe, no entanto, a constatação dos elementos que devem ser reunidos no conceito. E a constatação e a seleção desses elementos exigem caracteres nos quais pode ser constatada sua pertença à extensão do conceito. Para determinar o conceito de poesia, eu tenho de extraí-lo daqueles elementos que constituem a extensão desse conceito, e para constatar que obras pertencem à poesia, eu preciso possuir de pronto um caractere pelo qual a obra pode ser reconhecida como poética. Essa relação é, assim, o traço mais universal da estrutura das ciências do espírito.[162]

Os conceitos e os sistemas de referências teóricas não passam de solidificações de uma pré-compreensão estrategicamente bem-sucedida que é temporariamente estabelecida para fins de comparação analítica.

A aporia peculiar do modo de proceder das ciências do espírito é designada de *círculo hermenêutico*. Porém, se, como sugere o termo, se apreende o problema somente sob o ponto de vista lógico, não pode se tornar muito plausível o direito metodológico dessa infração formal: o que torna tão "fecundo" o círculo hermenêutico, e o que o distingue de um círculo vicioso? Em sentido usual, a práxis de exegese e a formação hermenêutica de conceitos procederia de maneira circular se

162 Ibid., p.153.

se tratasse de uma análise ou exclusivamente linguística ou puramente empírica. A análise das relações entre símbolos sistematicamente ordenados se serve de enunciados metalinguísticos sobre uma linguagem-objeto. Se a atividade da hermenêutica se esgotasse nisso, seria difícil discernir por que ela não iria manter separados os dois planos linguísticos, evitando uma determinação recíproca circular entre conceitos analíticos e objetos linguísticos. Se, por outro lado, os objetos da compreensão hermenêutica não pudessem ser concebidos como objetos linguísticos, mas como dados empíricos, existira entre o plano teórico e os dados uma relação que é, sob pontos de vista lógicos, igualmente não problemática. O círculo aparente só resulta do fato de que os objetos das ciências do espírito desfrutam de um duplo *status* especial: os conteúdos semânticos transmitidos, objetivados em palavras ou em ações, aos quais se dirige a compreensão hermenêutica, são símbolos e fatos na mesma medida. Por isso, a compreensão tem de vincular a análise linguística com a experiência. Sem a coerção para essa combinação peculiar, o andamento circular do processo de exegese permaneceria cativo de um círculo vicioso.

A exegese de um texto depende de uma relação recíproca entre a interpretação das "partes" por meio de um "todo" pré-compreendido de maneira difusa inicialmente e a correção desse conceito prévio por meio das partes subsumidas nele. É manifesto que uma força modificadora proveniente das partes só pode reagir ao todo prejulgado, sobre cujo pano de fundo elas, porém, são interpretadas, porque elas já são interpretadas independentemente dessa antecipação hermenêutica. Certamente, a pré-compreensão complexa do texto inteiro tem o valor posicional de um esquema interpretativo variável, ao qual se atribuem os diversos elementos para torná-los compreensíveis. Mas o esquema só é capaz de tornar compreensível os elementos abarcados sob ele na medida em que ele próprio pode também ser corrigido por esses "dados". Os elementos não se relacionam com o esquema interpretativo como fatos em relação a teorias, nem como expressões da linguagem-objeto em relação às expressões interpretantes de uma metalinguagem. Ambos, o *explicandum* e o *explicans*, pertencem ao mesmo sistema linguístico. É por isso que Dilthey não adota entre eles nenhuma relação de níveis (como entre fatos e teoria, linguagem-objeto e metalinguagem), mas uma relação entre parte e todo: o intérprete tem de aprender a falar ele mesmo a linguagem que interpreta. Para tanto, basta que ele se apoie na reflexividade da linguagem corrente. Esta se baseia, como foi mostrado, no fato de que a "gramática" da linguagem corrente não define somente as relações intralinguísticas, mas regula o contexto comunicativo de proposições, ações e vivências em seu todo, isto é, regula uma práxis de vida socialmente aprendida. Essa engrenagem entre linguagem e práxis torna compreensível por que não cabe denominar circular, no sentido lógico, o movimento hermenêutico que se funda aí. O nexo entre o esquema interpretativo e os elementos abarcados sob ele se apresenta *para o* intérprete como um nexo imanente à linguagem, que obedece somente a regras da gramática; porém, *em si* se articula nele ao mesmo tempo um contexto de vida que representa um sentido individual que não se esgota em categorias universais sem perturbações. Nesse aspecto, a análise linguística também explora o conteúdo empírico de uma experiência de vida comunicada indiretamente.

Os nexos simbólicos aos quais se dirige a compreensão hermenêutica não se deixam reduzir aos componentes de uma linguagem pura, integralmente definida pelas regras metalinguísticas de constituição. Por isso, sua interpretação não pode assumir a forma de uma reconstrução analiticamente cogente, recorrendo-se à aplicação de regras universais – nem é possível medi-la por um tal *standard*. Dentro de um sistema aberto da linguagem corrente, que serve ao mesmo tempo de metalinguagem para si própria, nós elegemos, para cada início de interpretação, um esquema interpretativo prévio, que já no começo antecipa o resultado do processo inteiro de interpretação. *Na medida em que* a exegese é uma análise linguística, esse recurso não tem nenhum conteúdo empírico no sentido estrito. Por outro lado, ela tem um *status* hipotético e carece muito certamente de prova; nisso se torna patente que a exegese *também* assume a tarefa de uma análise empírica. A ligação da hermenêutica com uma linguagem corrente, entretecida por sua vez com a práxis, explica o duplo caráter de um procedimento que explora nos nexos *gramaticais*, ao mesmo tempo, o conteúdo *empírico* de condições individuadas de vida. A atribuição de símbolos dados ao quadro de referências eleito, ou seja, o processo de aplicação, é uma decifração do material e, simultaneamente, uma experimentação da chave de decifração no material: portanto, análise linguística e controle empírico de uma só vez. Dilthey denomina esse vínculo de "a dificuldade central de toda arte de interpretação":

> Pelas diversas palavras e por seus vínculos deve ser compreendido o todo de uma obra, e, no entanto, a compreensão plena do individual pressupõe já a compreensão do todo. Esse círculo

> se repete na relação da obra individual com a mentalidade e o desenvolvimento de seu autor, e ele retorna do mesmo modo na relação dessa obra individual com seu gênero literário.[163]

Se o círculo hermenêutico se soluciona demonstrando a integração peculiar de linguagem e práxis e a engrenagem correspondente de análise linguística e experiência, então ele acaba perdendo seu caráter logicamente duvidoso; ao mesmo tempo, porém, ele se torna o indício da *relação de vida prática* imediata da hermenêutica. No "trabalho intelectualmente formador da vida"[164] se enraíza a hermenêutica na medida em a sobrevivência de indivíduos socializados se liga a uma intersubjetividade confiável do entendimento.

> A compreensão se desenvolve, a princípio, em meio aos interesses da vida prática. Aqui as pessoas dependem do intercâmbio entre si. Elas precisam se tornar compreensíveis reciprocamente. Um precisa saber o que o outro quer. Assim, surge de início as formas elementares da compreensão [...] É sob uma tal forma elementar que eu concebo a interpretação de uma manifestação de vida singular.[165]

A manifestação de vida singular, no entanto, está inserida simultaneamente em um contexto de vida individual e é soletrada em uma linguagem intersubjetivamente válida. As formas elementares da compreensão já pressupõem de modo implícito,

---

163 Ibid., v.5, p.330.
164 Ibid., v.7, p.136.
165 Ibid., p.207.

por isso, as formas mais elevadas: estas se dirigem hermeneuticamente à apreensão de um contexto unicamente a partir do qual um elemento individual se torna compreensível. No caso modelo do intérprete mediador, torna-se palpável o contexto de vida da hermenêutica e seu interesse condutor do conhecimento:

> A passagem das formas elementares da compreensão para as mais elevadas já está inscrita nas elementares. Quanto maior se torna a distância entre uma manifestação de vida dada e aquele que compreende, tanto mais frequentes são as inseguranças que surgem. Tenta-se superá-las. Uma primeira passagem às formas mais elevadas da compreensão surge do fato de que a compreensão parte do contexto normal da manifestação de vida e do espiritual expresso nela. Se no resultado da compreensão aparece uma dificuldade interna ou uma contradição com o habitualmente conhecido, aquele que compreende é conduzido ao exame. Ele se recorda dos casos em que não se sucedeu a relação normal entre a manifestação de vida e o interior. Ora, um semelhante desvio se encontra já nos casos em que subtraímos ao olhar de um intruso nossos estados interiores, nossas ideias e nosso propósitos lançando mão de uma atitude impenetrável ou do silêncio. Aqui basta a ausência de uma manifestação de vida visível para tornar falsa a interpretação do observador. Mas em não poucos casos precisamos contar com que, além disso, exista a intenção de nos iludir. Semblantes, gestos e palavras estão em contradição com o interior. Assim, surge de maneira distinta a tarefa de aduzir outras manifestações de vida ou regressar ao contexto de vida inteiro, a fim de obter uma resolução sobre nossa dúvida.[166]

166 Ibid., p.210.

A função da compreensão na práxis de vida é análoga ao valor posicional que Peirce demonstrou para a pesquisa empírico-analítica. Ambas as categorias de investigação estão inseridas em sistemas de ações: ambas são desencadeadas por perturbações nas relações rotinizadas, seja com a natureza, seja com outras pessoas; ambas objetivam a eliminação de dúvidas e a restauração de modos de comportamento não problemáticos; mas, em um caso, o critério de desapontamento é o fracasso de uma ação racional com relação a fins, controlada pelo êxito, no outro, a perturbação de um consenso, isto é, a não concordância de expectativas recíprocas entre pelo menos dois sujeitos agentes. É de acordo com isso que se distinguem as intenções das duas direções de pesquisa: ali as máximas comportamentais que fracassam na realidade devem ser substituídas por regras técnicas comprovadas; aqui devem ser interpretadas as manifestações de vida que são incompreensíveis e que bloqueiam a reciprocidade das expectativas comportamentais. Enquanto o experimento alça os controles cotidianos de êxito voltados às regras da ação instrumental, convertendo-os em uma forma metódica de exame, a hermenêutica é a forma científica das operações cotidianas de interpretação: "Interpretação e crítica desenvolveram, no seu decurso histórico, meios de auxílio sempre novos para a solução de sua tarefa, da mesma maneira que a pesquisa das ciências naturais desenvolveram refinamentos sempre novos para o experimento".[167] O questionamento hermenêutico dos textos tem algo em comum com o "questionamento da natureza no experimento": ambos requerem uma habilidade artística bem desenvolvida que procede segundo

167 Ibid., p.217.

regras gerais. Todavia, o domínio da arte hermenêutica permanece preso ao "virtuosismo pessoal" em um grau maior que o domínio da operação de medição.[168]

As ciências hermenêuticas estão imersas nas interações mediadas pela linguagem corrente da mesma maneira que as ciências empírico-analíticas em relação ao círculo de funções da ação instrumental. Ambas se deixam conduzir por *interesses do conhecimento* que se enraízam nos contextos de vida da ação comunicativa e da instrumental. Enquanto os procedimentos empírico-analíticos se dirigem ao objetivo de pôr a descoberto e apreender a realidade sob o ponto de vista transcendental da disposição técnica possível, os procedimentos hermenêuticos pretendem assegurar a intersubjetividade do entendimento na comunicação em linguagem corrente e na ação sob normas comuns. O procedimento hermenêutico se destina, de acordo com sua estrutura, a garantir, no interior de tradições culturais, uma possível compreensão de si por parte de indivíduos e grupos, a qual orienta a ação e uma compreensão recíproca do diferente em relação a outros indivíduos e outros grupos. Ele possibilita a forma de consenso sem coerção e o tipo de intersubjetividade refletida de que depende a ação comunicativa. Ele conjura os perigos da ruptura da comunicação em duas direções: tanto na vertical da biografia individual própria e da tradição coletiva de que se faz parte, como também na horizontal da mediação entre tradições de indivíduos, grupos e culturas diversos. Se esses fluxos comunicativos estancam, e a intersubjetividade do entendimento se petrifica ou se decompõe, acaba se destruindo uma condição de sobrevivência que é tão elementar quanto

168 Ibid., v.5, p.320.

a condição complementar do êxito da ação instrumental: a saber, a possibilidade de obtenção de acordo sem coerção e reconhecimento sem violência. Visto que este é o pressuposto da práxis, *denominamos "prático" o interesse condutor do conhecimento próprio das ciências do espírito*. Ele se distingue do interesse técnico do conhecimento por estar dirigido não à apreensão de uma realidade objetivada, mas à preservação da intersubjetividade de um entendimento em cujo horizonte somente a realidade pode aparecer como algo.

A relação de vida prática da hermenêutica não é derivável apenas da estrutura da própria compreensão. As ciências do espírito surgiram também de categorias do saber profissional que sistematizam a interpretação em uma perícia. A jurisprudência científica procedeu da jurisprudência romana, da mesma maneira que a doutrina clássica da política procedeu das discussões dos oradores e dos cidadãos nas antigas cidades-estados. As disciplinas das ciências do espírito não se desenvolveram das disciplinas artesanais e daquelas espécies de ofícios em que se requer um saber técnico, mas de domínios da ação profissionalizados exigindo uma inteligência prática:

> À medida que [...] as espécies de ofícios foram se articulando no interior da sociedade de maneira cada vez mais diversificada, a pré-formação técnica para elas desenvolveu e abarcou em si mesma cada vez mais teoria: por sua necessidade prática, essas teorias técnicas penetraram cada vez mais fundo na essência da sociedade [...] A especialização das ciências particulares da sociedade não se efetuou depois por meio de um artifício da compreensão teórica, que teria procurado solucionar o problema do fato do mundo

histórico-social recorrendo a uma dissecação metódica do objeto a ser investigado: a vida mesma a realizou.[169]

O interesse prático do conhecimento, que comanda a história de surgimento das ciências do espírito, determina também o contexto de emprego do saber hermenêutico. Na segunda metade do século XIX, no mais tardar desde que se constituiu o cânone das ciências do espírito, torna-se evidente a sua reação à autocompreensão do público culto, orientadora da ação. A historiografia e as filologias determinam a direção em que a tradição cultural é apropriada e prosseguida na consciência prática das camadas burguesas cultas: "Vida e experiência de vida são as fontes da compreensão do mundo histórico-social, que fluem sempre frescas [...] somente na reação à vida e à sociedade as ciências do espírito alcançam sua significação suprema, e essa significação se encontra em crescimento constante".[170] No entanto, Dilthey enxerga no interesse prático do conhecimento também os perigos para a cientificidade da hermenêutica; por isso ele acrescenta: "Mas o caminho para esse efeito tem de passar pela objetividade do conhecimento científico".[171]

Essa última observação resulta de uma consideração reveladora de uma inconsistência que repercute cheia de consequências na fundamentação das ciências do espírito proposta por Dilthey. Se a relação prática de vida das ciências do espírito, que determina tanto seu *surgimento histórico* quanto seu *contexto factual de emprego*, não se prende apenas exteriormente ao modo de pro-

169 Id., Einleitung in die Geisteswissenschaften, p.38-39.
170 Id., *Gesammelte Schriften*, v.7, p.138.
171 Ibid.

ceder hermenêutico, se, pelo contrário, o interesse prático do conhecimento define *a priori* o plano da própria hermenêutica, da mesma maneira que o interesse técnico do conhecimento define o quadro das ciências empírico-analíticas, então não pode surgir daí estorvo algum para a objetividade da ciência – pois só o interesse condutor do conhecimento determina as condições de objetividade possível do conhecimento. Na passagem mencionada, pelo contrário, Dilthey vê duas tendências em conflito: as tendências da "vida" com as da "ciência":

> Assim, a vida como ponto de partida e o nexo permanente com ela formam o primeiro traço fundamental da estrutura das ciências do espírito; elas se baseiam, porém, na vivência, na compreensão e na experiência de vida. Essa relação imediata mútua em que se encontram a vida e as ciências do espírito leva a um conflito entre as tendências da vida e a meta científica nas ciências do espírito. Assim como os historiadores, os economistas políticos, os teóricos da religião se encontram no interior da vida, eles querem influenciá-la. Eles submetem a seu juízo pessoas históricas, movimentos de massas, orientações, e esse juízo é condicionado por sua individualidade, pela nação a que pertencem, ao tempo em que vivem. Mesmo onde creem proceder isentos de pressupostos, são determinados por esse seu horizonte; toda análise efetuada sobre os conceitos de uma geração passada mostra nesses conceitos elementos que surgiram das condições da época. Ao mesmo tempo, porém, em toda ciência está contida, como tal, a exigência da validade universal. Se deve haver as ciências do espírito na acepção rigorosa de ciência, então elas têm de pôr essa meta de maneira cada vez mais consciente e crítica.[172]

172 Ibid., p.137.

Nessa contraposição de relação de vida prática e objetividade científica, impõe-se em Dilthey um positivismo secreto. Dilthey gostaria de exonerar a compreensão hermenêutica do contexto de interesses em que se insere no plano transcendental e acomodá-la no elemento contemplativo segundo o ideal da descrição pura. Da mesma maneira que Peirce, também Dilthey permanece preso à figura do positivismo no fim, na medida em que suspende a autorreflexão das ciências do espírito justamente no ponto em que o interesse prático do conhecimento transparece como o fundamento do conhecimento hermenêutico possível, e não como a corrupção dele, e assim recai no objetivismo.[173]

Dispersas mas convincentes, as investigações metodológicas que tomam seu ponto de partida do modelo da autobiografia revelaram a assimetria entre vivência, expressão e compreensão: vivência e objetivação não se relacionam simetricamente, à maneira de um interior projetado integralmente sobre o plano do exterior. Nesse caso, e só nesse caso, a compreensão poderia ser concebida em estrita complementaridade com a vivência, como um ato que reproduz a vivência original subjacente à expressão dada, e assim reconstrói criativamente o surgimento da objetivação. Em contraposição a isso, foi mostrado que toda objetivação é parte de um contexto simbólico intersubjetivamente vinculante. Ela é comum a vários sujeitos, de modo que estes se identificam uns com os outros mediante os símbolos

---

173 Essa recaída no objetivismo foi analisada por Gadamer com excelência; no entanto, eu não penso que possamos concebê-la a partir de uma discrepância entre ciência e filosofia da vida. Cf. Gadamer, *Wahrheit und Methode*, p.218 et seq.

universais, da mesma maneira que também podem se afirmar como o não idêntico uns contra os outros. Um objetiva, assim como o outro, sua vivência no plano da intersubjetividade justamente *não sem refração*; ambos são obrigados, sob pena de perder a identidade, à mediação comunicativa indireta de sua imediatez. A compreensão hermenêutica tem uma posição oblíqua em relação à expressão simbólica, visto que nela o interior não pode justamente entrar de maneira direta por fora. Mas, se as coisas se passam de tal modo que a hermenêutica tem de acolher aquela dialética do universal e do individual que determina a relação de objetivação e vivência e chega à expressão *como tal* no *medium* do "comum", então a compreensão mesma se liga a uma situação em que pelo menos dois sujeitos se comunicam em uma linguagem que lhes permite partilhar, sob símbolos intersubjetivamente vinculantes, o impartilhável por excelência, ou seja, torná-lo comunicável. O procedimento hermenêutico liga o intérprete ao papel de um parceiro de diálogo. Somente esse *modelo da participação em uma comunicação rotinizada* pode elucidar a operação específica da hermenêutica. Contudo, Dilthey jamais deixou de lado o *modelo do deslocar-se para o interior*, da reprodução e da revivência por princípio solitária, mesmo na forma modificada da reconstrução de criações de sentido. A teoria da empatia conservou-se, mesmo nos últimos escritos, na qualidade de conceito fundamental:

> A posição que a compreensão mais elevada ocupa em relação a seus objetos é determinada por sua tarefa de descobrir um contexto de vida no dado. Isso só é possível na medida em que o contexto que existe na própria vivência e é experimentado em inúmeros casos se encontra sempre presente e prontificado com

> todas as possibilidades residentes nele. Essa constituição dada na tarefa da compreensão, nós a denominamos um deslocar-se para o interior, seja para o interior de um homem, seja para o interior de uma obra [...] [isto] é designado também de *transferência* do próprio si-mesmo à suma dada das manifestações de vida. Sobre o fundamento desse deslocar-se para o interior, dessa transposição, surge, porém, o gênero supremo em que a totalidade da vida psíquica tem eficácia na compreensão – a reprodução ou a revivência.[174]

Dilthey não pode se desligar do modelo da compreensão como empatia porque, apesar de apoiar-se na arte, ele não consegue suplantar o conceito contemplativo de verdade. *A revivência* é de certa maneira um equivalente da *observação*; ambas preenchem no plano empírico o critério de uma teoria da verdade como cópia: elas garantem, ao que parece, a reprodução de algo imediato na consciência solitária, purificada de todos os turvamentos meramente subjetivos. A objetividade do conhecimento se define, então, pela eliminação de tais influências turvadoras. A essa condição não poderia satisfazer por princípio uma compreensão que está essencialmente presa a um contexto comunicativo. Pois, em uma interação que liga ao menos dois sujeitos no quadro da intersubjetividade do entendimento sobre significações constantes, produzida na linguagem corrente, o intérprete é tanto participante como o *interpretandum*. No lugar da relação de sujeito observador e objeto [*Gegen*stand] entra, aqui, a relação de sujeito participante e oponente [*Gegen*spieler]. A experiência é mediada pela

174 Dilthey, *Gesammelte Schriften*, v.7, p.213-214.

interação de ambos – compreensão é experiência comunicativa. Sua objetividade é ameaçada, portanto, pelos dois lados: pela influência do intérprete, cuja subjetividade participante distorce as respostas, não menos que pelas reações do defrontante, que embaraça um observador participante. No entanto: se descrevemos os riscos à objetividade *desta maneira*, adotamos de imediato a perspectiva daquela teoria da verdade como cópia que o positivismo quisera nos sugerir com a referência ao modelo da observação controlada. A coerção dessa tradição é ainda tão forte em Dilthey que ele não pode deixar de remontar o domínio de experiência da comunicação ao padrão da observação desengajada: aquele que se desloca para o interior da subjetividade de um outro e reproduz suas vivências apaga o específico de sua própria identidade tanto quanto o observador de um experimento. Se Dilthey tivesse seguido a consequência de suas investigações, ele teria visto que a objetividade da compreensão só é possível no interior do papel do parceiro refletido em contexto comunicativo.

O intérprete não pode se desprender de modo abstrato, independentemente de ele ter de lidar com objetivações coetâneas ou com tradições históricas, de sua situação hermenêutica inicial. Ele não pode simplesmente saltar o horizonte aberto da própria práxis de vida e suspender o contexto tradicional por meio do qual sua subjetividade é formada, a fim de imergir no fluxo sub-histórico da vida que permite a identificação fruitiva de todos com todos. Contudo, a objetividade da compreensão hermenêutica é alcançável na medida em que o sujeito compreensivo aprende a discernir a apropriação comunicativa das objetivações alheias por si mesmo, em seu próprio processo de formação. Uma interpretação pode acertar e penetrar a coisa somente à proporção que o intérprete reflete sobre essa coisa, *e ao mesmo tempo* sobre si mesmo, como momentos do contexto objetivo que abrange e possibilita ambos em igual medida. Nesse sentido, a objetividade da compreensão depende desse princípio que, apenas em aparência, é subjetivista, o qual Dilthey fez valer para a autobiografia: "A consideração de um homem [de um grupo social, de uma época] sobre si mesmo continua a ser um ponto de orientação e fundamento".[175] Dilthey gostaria de ver apaziguado um conflito inevitável entre as tendências da vida e a ciência ao superarmos o interesse prático do conhecimento a favor da universalidade desinteressada da empatia. Em contrapartida, posta em marcha pelo próprio Dilthey, a reflexão sobre a intransponibilidade daquele interesse poderia ter desmascarado aquele conflito como ilusão, justificando a objetividade da compreensão hermenêutica na forma de um conhecimento baseado na experiência comunicativa e mediado irrevogavelmente pela relação dialógica. Mas Dilthey permanece fixado no modelo do "ressentir estados psíquicos alheios":

> A ciência filológica e histórica inteira está fundada no pressuposto de que essa compreensão posterior do singular pode ser elevada à objetividade. A consciência histórica construída sobre isso possibilita ao homem moderno ter presente em si mesmo o passado inteiro da humanidade: para além de todas as barreiras do próprio tempo, ele enxerga as culturas passadas; ele acolhe em si a força delas e desfruta de sua magia: um grande aumento de fortuna lhe resulta daí. E se as ciências sistemáticas do espírito derivam

175 Ibid., p.204.

> dessa apreensão objetiva do singular as relações legais universais e os contextos abrangentes, então os processos de compreensão e interpretação continuam a ser o fundamento também para elas. Por isso, essas ciências, tanto quanto a história, são dependentes em sua certeza de saber se a compreensão do singular pode ser elevada à *validade universal*.[176]

Dilthey liga a objetividade do conhecimento das ciências do espírito à condição de uma simultaneidade virtual do intérprete com seu objeto. Em face do "espacialmente estranho ou do linguisticamente estranho", ele tem de se "deslocar para o interior da situação de um leitor da época e do entorno do autor".[177] A *simultaneidade* preenche nas ciências do espírito a mesma função que a reiterabilidade do experimento nas ciências da natureza: a permutabilidade do sujeito do conhecimento é garantida.

No entanto, a suposição metodológica da simultaneidade possível de intérprete e objeto é tão pouco evidente que é preciso da *filosofia da vida* para torná-la plausível. Apenas na medida em que as objetivações do mundo espiritual representam as protuberâncias de um fluxo de vida onipresente estendendo-se pelo tempo, cuja unidade é assegurada pela simultaneidade potencial e pela ubiquidade de suas produções, o mundo histórico pode ser concebido positivistamente, a saber, apreendido como suma de todas as vivências possíveis – o que pode ser vivenciado é para o intérprete o que é o caso. A esse mundo, copiado na consciência histórica da modernidade, corresponde

176 Ibid., v.5, p.317.
177 Ibid., v.7, p.219.

a genialidade da "omnicompreensão"; pois a vivência reprodutora de quem se desloca para o interior do original promete a participação em um fluxo de vida onipresente. Essa própria vida é irracional, pois a única coisa que se pode saber sobre ela é que se torna palpável somente em suas objetivações. A irracionalidade da vida justifica o intérprete no papel do observador não participante, pois, se a própria vida projeta suas objetivações sobre o plano de uma simultaneidade simulada, então ele abarca "objetivamente" o "contexto do universalmente humano com a individuação, que sobre seu fundamento se propaga na multiplicidade das existências espirituais".[178] A compreensão hermenêutica se desembaraça assim da dialética específica do universal e do individual, ligada à comunicação na linguagem corrente, a favor de uma classificação de fenômenos inequívoca, de acordo com uma lógica extensional. Dilthey nomeia três etapas da universalização; ele fala de um sistema ordenado "que leva da regularidade e da estrutura no universalmente humano até os tipos por meio dos quais a compreensão apreende os indivíduos".[179]

As convicções fundamentais da filosofia da vida permitem a Dilthey *transferir o ideal de objetividade das ciências naturais para as ciências do espírito*. Isso é de importância especial para o grupo de disciplinas que Dilthey denomina ciências sistemáticas do espírito, contrapondo-as às ciências históricas, as quais vão da biografia à história universal. Enquanto estas se dirigem, em um caso como no outro, ao contexto concreto de desenvolvi-

178 Ibid., p.213.
179 Ibid.

mento e aos processos de formação de sujeitos sociais especificáveis, aquelas têm de lidar com as estruturas permanentes, com os sistemas parciais, isoláveis em seções da vida social, que é, por assim dizer, atravessada pelo movimento histórico. Dilthey reúne essas ciências no sistema das ciências espirituais do homem autonomamente constituídas: da linguagem, economia, Estado, direito, religião e arte.[180] Ele prefere recorrer ao exemplo da economia, a fim de tornar clara a diferença entre as ciências sistemáticas do espírito e as históricas; elas desenvolvem teorias universais sobre recortes da vida social caracterizados por nexos estruturais que permanecem iguais e representam eles mesmos sistemas. Um tal sistema social

> baseia-se de início sobre a ação recíproca entre os indivíduos na sociedade, na medida em que tal ação tem por consequência, sobre o fundamento de um componente da natureza humana comum a eles, um entrosamento das atividades no qual esse componente da natureza humana alcança sua satisfação [...] Cada indivíduo é um ponto de cruzamento de uma pluralidade de sistemas que se especializam de maneira cada vez mais fina no decurso do progresso cultural [...] A ciência abstrata coloca a partir de então esses sistemas, entretecidos dessa maneira na realidade social e histórica, uns ao lado dos outros [...] Cada um [...] é o produto de um componente da natureza humana [...] Ele está inscrito nesse fundamento comum à sociedade de todos os tempos, mesmo que ele só atinja um desdobramento especializado e internamente rico em um grau elevado de cultura.[181]

180 Ibid., p.146.
181 Ibid., v.1, p.49, 51-52.

O objetivismo fundamentado na filosofia da vida encoraja Dilthey a introduzir teorias universais sobre sistemas sociais e sistemas parciais com base na compreensão hermenêutica. A identidade da vida inesgotável possibilita metodologicamente a atualização de objetivações disponíveis a qualquer momento, a qual não é influenciada pela situação inicial do intérprete; ao mesmo tempo, ela assegura antropologicamente um fundamento amplo o suficiente para as estruturas historicamente resistentes e para os sistemas de referências teóricas correspondentes.

No entanto, dessa maneira se escamoteia a dificuldade que Dilthey caracterizou certa vez, em contraposição às teses de Windelband, como problema lógico fundamental das ciências sistemáticas do espírito: o "*vínculo do geral e da individuação*".[182] O procedimento aparentemente circular de uma explicação recíproca das partes à luz de um todo pré-compreendido de modo difuso e, inversamente, do todo na refração das partes pouco a pouco precisadas pode bastar para a interpretação de determinas manifestações de vida e de histórias de desenvolvimento concretas: a hermenêutica é o fundamento das ciências históricas do espírito. Mas não cabe remeter as ciências sistemáticas do espírito a essa hermenêutica e, ao mesmo tempo, supor que elas escapam à dialética de universal e individual. Para as ciências sistemáticas do espírito, o fundamento metodológico das históricas é manifestadamente estreito demais. Aquelas não se restringem à explicação dos contextos de significação, mas analisam as relações regulares entre grandezas empíricas. Na medida em que são ciências nomológicas, têm de servir-se

182 Ibid., v.5, p.258.

dos modos de proceder empírico-analíticos; na medida em que seguem a intenção das ciências do espírito, permanecem presas, a um só tempo, ao quadro metodológico da hermenêutica, não adentrando, da mesma maneira que as ciências naturais, no círculo de funções da ação instrumental. Esse problema de um *entrelaçamento de modos de proceder empírico-analíticos com a hermenêutica* e a questão sobre a formação de teorias no interior das ciências sistemáticas do espírito são de importância central para a lógica das ciências sociais, só plenamente desenvolvidas no século XX.[183] Dilthey não os retoma explicitamente. A recaída em um objetivismo que silencia a autorreflexão da hermenêutica própria das ciências do espírito conduz ao encapsulamento diante de uma problemática que, se vejo bem, só irrompe em *uma* passagem, no fim do manuscrito sobre *A construção do mundo histórico nas ciências humanas*:

> Cada um dos sistemas culturais forma um contexto que se baseia nas comunidades [isto é, na intersubjetividade das interações mediadas pela linguagem corrente]; uma vez que o contexto realiza uma operação, ele tem um caráter teleológico [isto é, ele é um contexto a ser analisado sob pontos de vista funcionalistas]. Aqui desponta, porém, uma dificuldade, que se prende à formação de conceitos nessas ciências. Os indivíduos que cooperam em uma tal operação pertencem ao contexto somente nos processos em que atuam conjuntamente para realizar a operação, mas eles são operantes nesses processos com todo o seu ser, e assim jamais pode se construir a partir da finalidade dessa operação um tal

---

183 Cf. meu tratado Zur Logik der Sozialwissenschaften, *Philosophische Rundschau*, particularmente o capítulo 3, p.95 et seq.

âmbito [como acontece, todavia, nas ciências normativas e analíticas]; pelo contrário, a par da energia dirigida às operações no âmbito, sempre cooperam também os outros aspectos da natureza humana; a mutabilidade histórica dela se faz valer. Nisso reside o problema lógico fundamental da ciência dos sistemas culturais.[184]

As ciências sistemáticas do espírito erguem teorias universais e, no entanto, não podem ser simplesmente desprendidas do solo da história universal. Como a pretensão de universalidade que elas levantam para suas teorias pode ser compatibilizada com sua intenção de apreender os processos históricos individuados? Freud não retomou essa questão como uma questão metodológica, mas a psicanálise dá uma resposta a ela, se a concebemos como uma teoria universal de processos biográficos de formação.

184 Dilthey, *Gesammelte Schriften*, v.7, p.188 (acréscimos entre colchetes são de Habermas).

III
Crítica como unidade de conhecimento e interesse

A redução da teoria do conhecimento à teoria da ciência, que o positivismo mais antigo colocou em marcha pela primeira vez, foi interrompida por um contramovimento caracterizado exemplarmente por Peirce e Dilthey. A autorreflexão das ciências da natureza e das ciências do espírito se limitou, no entanto, a interromper o curso vitorioso do positivismo, ela não o deteve. Assim, mesmo postos a nu, os interesses condutores do conhecimento foram suscetíveis logo a seguir de um mal-entendido psicologista, sucumbindo àquela crítica do psicologismo sobre cuja base o positivismo mais recente se erigiu na forma de um empirismo lógico, determinando até hoje a autocompreensão cientificista das ciências.

Recorrendo-se ao conceito de *interesse da razão*, proposto por Kant e desenvolvido particularmente por Fichte, é possível clarificar o nexo de conhecimento e interesse descoberto no âmbito da metodologia e colocá-lo sob a proteção de interpretações falsas. Uma referência meramente histórica à filosofia da reflexão não é capaz de reabilitar, contudo, a dimensão da autorreflexão como tal. Por isso, o exemplo da psicanálise se destina a demonstrar que aquela dimensão volta a irromper no solo do próprio positivismo: Freud desenvolveu um quadro interpretativo para os processos perturbados e desviantes de formação, passíveis de ser direcionados para as vias normais por uma autorreflexão terapeuticamente conduzida. No entanto, ele não concebeu sua teoria precisamente como uma autorreflexão generalizada de forma sistemática mas como uma ciência empírica estrita. Freud não toma consciência metodologicamente do que separa a psicanálise tanto das ciências empírico-analíticas como das ciências que procedem de maneira exclusivamente hermenêutica, antes atribui essa diferença à peculiaridade da técnica de análise. É por isso que a teoria de Freud permanece, sem dúvida, um refugo que desde então a lógica positivista da ciência busca em vão digerir e que a linha de pesquisa behaviorista busca em vão integrar, mas a autorreflexão dissimulada, que é a pedra no sapato, não se dá a conhecer como tal. Nietzsche é um dos poucos contemporâneos que une a sensibilidade para a envergadura das investigações metodológicas com a capacidade de se movimentar com destreza na dimensão da autorreflexão. Mas justamente ele, um dialético do contraesclarecimento, faz de tudo para renegar, na forma da autorreflexão, a força da própria reflexão, entregando assim ao psicologismo os interesses condutores do conhecimento que ele enxerga muito bem.

9. Razão e interesse: retrospecto sobre Kant e Fichte

Peirce impulsionou a autorreflexão das ciências da natureza, e Dilthey, a das ciências do espírito, até chegarem a uma etapa em que se tornam palpáveis os interesses condutores do conhecimento. A pesquisa empírico-analítica é o prosseguimento sistemático de um processo de aprendizagem cumulativo, que se efetua de maneira pré-científica no círculo de funções da ação instrumental. A pesquisa hermenêutica confere uma forma de método ao processo de entendimento (e de autoentendimento), o qual é aprendido de maneira pré-científica no contexto de tradições próprio das interações simbolicamente mediadas. Ali se trata de gerar um saber *tecnicamente aplicável*, aqui, de clarificar um saber *praticamente operante*. A análise empírica explora a realidade sob o ponto de vista da disposição técnica possível sobre processos objetificados da natureza, ao passo que a hermenêutica assegura (tanto no plano horizontal da interpretação das culturas alheias como também no plano vertical da apropriação das próprias tradições) a intersubjetividade do entendimento possível, orientador da ação. As ciências empíricas estritas se encontram sob as condições transcendentais da ação instrumental, ao passo que as ciências hermenêuticas procedem no plano da ação comunicativa.

Em ambos os casos, a *constelação de linguagem, ação e experiência* é por princípio distinta. No *círculo de funções da ação instrumental*, a realidade se constitui como sumário do que pode ser experimentado sob o ponto de vista da disposição técnica possível: à realidade objetivada sob condições transcendentais corresponde uma experiência restringida. Sob as mesmas condições se forma também a linguagem de enunciados empírico-analíticos sobre a realidade. Proposições teóricas pertencem a uma linguagem formalizada, ou pelo menos formalizável. Segundo a forma lógica, trata-se de cálculos que podemos gerar por meio de uma manipulação regulada de signos e reconstruir a qualquer momento. Sob condições da ação instrumental se constitui uma linguagem pura como sumário de todos os nexos simbólicos que podem ser estabelecidos por meio de operações conforme regras. A "linguagem pura" se deve a uma abstração do material espontâneo das linguagens correntes, tanto quanto a "natureza" objetivada se deve a uma abstração do material espontâneo da experiência em linguagem corrente. Ambas, a linguagem restringida e a experiência restringida, se definem por resultarem de operações, seja com signos, seja com corpos móveis. Assim como a própria ação instrumental, também o uso da linguagem integrado a ela é monológico. Ele assegura às proposições teóricas entre si um nexo sistemático que coage segundo regras de derivação. O valor posicional transcendental da ação instrumental se confirma pelo procedimento da vinculação de teoria e experiência: a observação sistemática tem a forma de uma organização experimental (ou quase-experimental) que permite registrar êxitos e operações de medição. Operações de medição possibilitam a correlação reversivelmente unívoca de eventos operativamente constatados e signos associados de forma sistemática. Se ao quadro da experiência empírico-analítica correspondesse um sujeito transcendental, *medir* seria a operação sintética que genuinamente o caracterizaria. Só uma teoria da medição pode clarificar, por isso, as condições da objetividade do conhecimento possível no sentido das ciências nomológicas.

No contexto da ação comunicativa, a linguagem e a experiência não aparecem sob as condições transcendentais da ação. O que tem um valor posicional transcendental é a gramática da linguagem corrente, que ao mesmo tempo regula os elementos não linguísticos de uma práxis de vida exercida. Uma gramática de jogo de linguagem associa símbolos, ações e expressões; ela define esquemas de concepção do mundo e de interação. As regras gramaticais determinam o solo de uma intersubjetividade refratada entre indivíduos socializados; e esse solo nós podemos pisar apenas proporcionalmente à internalização daquelas regras – como colaboradores socializados e não como observadores imparciais. A realidade se constitui no quadro de uma forma de vida de grupos comunicantes, organizada em linguagem corrente. Real é o que pode ser experimentado sob as interpretações de uma simbólica vigente. Nesse sentido, podemos conceber aquela realidade objetivada sob o ponto de vista da disposição técnica possível e a experiência operacionalizada de maneira correspondente como um caso limite. Esse caso limite se caracteriza pelo fato de que a linguagem é separada de seu entrosamento com interações e monologicamente fechada, a ação é apartada da comunicação e reduzida ao ato solitário do emprego de meios racionais com relação a fins, e, finalmente, a experiência de vida individuada é eliminada a favor de uma experiência repetível dos êxitos da ação instrumental – as condições da ação comunicativa são aqui, justamente, suspensas. Se concebemos desse modo o quadro transcendental da ação instrumental como uma variação extrema de mundos da vida constituídos em termos de linguagem corrente (mais precisamente, como aquela em que todos os mundos de vida historicamente individuados *têm* de concordar abstratamente), então se torna evidente que o padrão da ação comunicativa não pode ter para as ciências hermenêuticas um valor posicional transcendental da mesma maneira que o quadro da ação instrumental para as ciências nomológicas. Pois o domínio de objetos das ciências do espírito se constitui não só sob as condições transcendentais da metodologia da pesquisa, ele já é dado como constituído. Certamente, as regras de toda interpretação são definidas pelo padrão de interações simbolicamente mediadas em geral. Mas o intérprete se move, depois de socializado em sua língua materna e conduzido de modo geral à interpretação, não *sob* regras transcendentais, mas *no plano* dos próprios contextos transcendentais. O conteúdo de experiência de um texto transmitido pode ser decifrado pelo intérprete apenas na relação com a estrutura transcendental do mundo ao qual o próprio pertence. A teoria e a experiência não se distanciam uma da outra como nas ciências empírico-analíticas. A interpretação que tem de ter início tão logo se vê perturbada em uma experiência comunicativa, confiável sob esquemas comuns de concepção de mundo e de ação, e se dirige simultaneamente às experiências adquiridas em um mundo constituído em termos de linguagem corrente e também às regras gramaticais da constituição desse próprio mundo. Ela é análise linguística e experiência de uma só vez. Em correspondência com isso, ela corrige suas antecipações hermenêuticas por um consenso entre oponentes, obtido segundo regras gramaticais – também nisso convergem peculiarmente a experiência e o discernimento analítico.

Peirce e *Dilthey* desenvolvem a metodologia das ciências da natureza e das do espírito como lógica da pesquisa; e o processo de pesquisa é concebido por eles, respectivamente, a partir de um contexto de vida objetivo, seja da *técnica*, seja da *práxis de vida*. A lógica da ciência volta a obter, por meio disso, a dimensão da teoria do conhecimento abandonada pela teoria positivista da ciência: da mesma maneira que outrora a lógica transcendental, ela busca uma resposta à questão sobre as condições *a priori* do conhecimento possível. No entanto, essas condições não são mais *a priori em si*, mas tão somente *para o* processo de pesquisa. A investigação lógica imanente do progresso nas ciências empírico-analíticas e o andamento da explicação hermenêutica se chocam logo a seguir com seus limites: nem o contexto dos modos de inferência analisados por Peirce nem o movimento circular da interpretação apreendido por Dilthey são satisfatórios sob os pontos de vista da lógica formal. Como são "possíveis" a indução, por um lado, e o círculo hermenêutico, por outro, não é algo que possa ser mostrado logicamente, mas somente nos termos da teoria do conhecimento. Em ambos os casos, trata-se de regras da transformação lógica de proposições, cuja validade só é plausível se as proposições transformadas são referidas *a priori* a determinadas categorias de experiências, no interior de um quadro transcendental, seja da ação instrumental, seja de uma forma de vida constituída na linguagem corrente. Esses sistemas de referências possuem um valor posicional transcendental, mas eles determinam a arquitetônica dos processos de pesquisa e não a da consciência transcendental em geral. A lógica das ciências da natureza e das do espírito não tem de lidar, como a lógica transcendental, com a constituição da razão teórica pura, mas com as regras metodológicas para a organização de processos de pesquisa. Essas regras não têm mais o *status* de regras transcendentais puras; elas têm um valor posicional transcendental, mas procedem de contextos de vida factuais: de estruturas de uma espécie que reproduz sua vida por meio de processos de aprendizagem do trabalho socialmente organizado, tanto quanto por meio de processos de entendimento em interações mediadas pela linguagem corrente. Pelo nexo de interesses dessas condições de vida fundamentais mede-se, por isso, o sentido da validade de enunciados que podem ser obtidos no interior dos sistemas de referências quase-transcendentais dos processos de pesquisa das ciências da natureza e das do espírito: o saber nomológico é tecnicamente aplicável no mesmo sentido em que o saber hermenêutico é praticamente efetivo.

A *redução* do quadro das ciências nomológicas e hermenêuticas a um *contexto de vida* e a derivação correspondente do sentido da validade de enunciados a partir de interesses do conhecimento tornam-se necessárias tão logo entre no lugar de um sujeito transcendental uma espécie reproduzindo-se sob condições culturais, e isso significa: uma *espécie que se constitui a si mesma somente* em um processo de formação. Os processos de pesquisa, em relação aos quais a espécie nos interessa como seu sujeito, são parte do processo de formação abrangente da história da espécie. As condições de objetividade da experiência possível, definidas juntamente com o quadro transcendental dos processos de pesquisa, seja das ciências da natureza, seja das ciências do espírito, não se limitam mais a explicitar o sentido transcendental de um conhecimento finito, restringido aos fenômenos de modo geral; além disso, elas pré-formam, segundo os critérios do contexto de vida objetivo do qual procede a estrutura de ambas as direções de pesquisa, um respectivo sentido determinado dos próprios modos de conhecimento ligados ao método. As ciências empírico-analíticas exploram a realidade na medida em que ela aparece no círculo de funções da ação instrumental; enunciados nomológicos sobre esse domínio de objetos se orientam, por isso, conforme seu sentido imanente, a um contexto determinado de emprego – *eles abrangem a realidade tendo em vista uma disposição técnica, possível sempre e em toda parte sob condições especificadas*. As ciências hermenêuticas exploram a realidade não sob um outro ponto de vista transcendental; pelo contrário, elas se dirigem à estrutura transcendental de formas de vida factuais e diversas, no interior da qual a realidade é interpretada a cada situação de maneira distinta, segundo as gramáticas da concepção de mundo e de ação; enunciados hermenêuticos sobre estruturas desse tipo se orientam, por isso, conforme seu sentido imanente, a um contexto de emprego correspondente – *eles abrangem interpretações da realidade tendo em vista uma intersubjetividade do entendimento orientador da ação, possível para uma situação hermenêutica inicial dada*. Portanto, falamos de um interesse técnico ou prático do conhecimento na medida em que os contextos de vida da ação instrumental e da interação simbolicamente mediada pré-formam, pelo caminho da lógica da pesquisa, o sentido da validade de enunciados possíveis, na acepção de que eles, caso representem conhecimentos, têm uma função somente nesses contextos de vida – ou seja, são tecnicamente empregados ou são praticamente efetivos.

O conceito de "interesse" não deve sugerir uma redução naturalista de determinações lógico-transcendentais a determinações empíricas, ele deve justamente prevenir uma tal redução. Interesses condutores do conhecimento fazem a mediação da história natural da espécie humana com a lógica de seu processo de formação; mas não é possível valer-se deles para reduzir a lógica a uma base natural qualquer. Eu denomino *interesses* as orientações basilares que se prendem a determinadas condições fundamentais da reprodução possível e da autoconstituição da espécie humana, a saber, *trabalho e interação*. Essas orientações basilares não objetivam, por isso, a satisfação de carências empíricas imediatas, mas a solução de problemas sistemáticos. No entanto, só é possível falar aqui de soluções de problemas no sentido de tentativa. Pois os interesses condutores do conhecimento não se deixam determinar lançando-se mão de problematizações que só apareceriam *como* problemas no interior de um quadro metodológicos definido por eles. Os interesses condutores do conhecimento se medem somente por aqueles problemas objetivamente colocados da conservação da vida, os quais foram respondidos pela forma cultural da existência como tais. Trabalho e interação incluem *eo ipso* processos de aprendizagem e de entendimento. E de uma certa etapa de desenvolvimento em diante, estes precisam ser assegurados na forma de pesquisa metódica, caso o processo de formação da espécie não deva entrar em risco. Visto que a reprodução da vida se determina culturalmente pelo trabalho e pela interação no plano antropológico, os interesses do conhecimento presos às condições existenciais de trabalho e interação não podem ser concebidos em um quadro de referências biológicas de reprodução e conservação da espécie. A reprodução da vida social, em relação à qual os interesses condutores do conhecimento seriam mal entendidos se tomados como sua mera função, não pode em absoluto ser caracterizada de maneira suficiente sem o recurso às condições culturais de reprodução, a um processo de formação que *já implica* conhecimento em dupla forma. O "interesse do conhecimento" é por isso uma categoria peculiar, que se ajusta tão pouco à distinção entre determinações empíricas ou transcendentais ou entre determinações factuais e simbólicas quanto à distinção entre determinações motivacionais e cognitivas. Pois o conhecimento não é um mero instrumento de adaptação de um organismo ao entorno cambiante, nem é o ato de um ser racional puro e inteiramente desligado dos contextos de vida como contemplação.

Peirce e Dilthey se deparam com a base de interesses do conhecimento científico, mas não refletiram sobre eles enquanto tais. Não formaram o conceito de interesse condutor do conhecimento e tampouco apreenderam propriamente o que ele intenciona. Eles analisaram, por certo, a fundação da lógica da pesquisa nas condições de vida, mas só poderiam identificar as orientações basilares das ciências empírico-analíticas e das ciências hermenêuticas *como* interesse condutor do conhecimento em um quadro que lhes era estranho: justamente no interior da concepção de uma *história da espécie* compreendida como *processo de formação*. A ideia de um processo de formação, unicamente no qual se constitui o sujeito da espécie como tal, foi desdobrada por Hegel e retomada por Marx sob pressupostos materialistas. Sobre o fundamento do positivismo, o retorno sem mediações a essa ideia iria aparecer como uma recaída na metafísica; a partir desse ponto só há um caminho *legítimo* de volta: ele foi trilhado por Peirce e Dilthey ao refletirem sobre a gênese das ciências a partir de um contexto de vida objetivo, explorando, assim, a metodologia *com o enfoque* da teoria do conhecimento. Mas o que Peirce e Dilthey fazem, nem um nem outro discerniram. Do contrário, eles não poderiam ter se furtado àquela experiência da reflexão que Hegel outrora desenvolvera na *Fenomenologia*. Eu me refiro à experiência da força emancipadora da reflexão, que o sujeito experimenta em si mesmo na medida em que ele se torna transparente em sua história de surgimento. A experiência da reflexão se articula substantivamente no conceito de processo de formação; em termos de método, ele leva a um ponto de vista do qual resulta livremente a identidade entre a razão e a vontade de razão. Na autorreflexão, um conhecimento em virtude do conhecimento coincide com o interesse pela maioridade; pois a efetuação da reflexão se sabe como movimento de emancipação. A razão se encontra ao mesmo tempo sob o interesse pela razão. Nós podemos dizer que ela segue um *interesse emancipatório do conhecimento*, que objetiva a efetuação da reflexão como tal.

No entanto, as coisas se passam antes de tal modo que a categoria de interesse do conhecimento é creditada pelo interesse inato à razão. Os interesses técnico e prático do conhecimento só podem ser concebidos inequivocamente *como* interesses condutores do conhecimento, isto é, sem sucumbir à psicologização ou a um novo objetivismo, a partir do nexo com o interesse emancipatório do conhecimento da reflexão racional. Visto que Peirce e Dilthey não concebem sua metodologia como a autorreflexão da ciência, que no entanto ela é, eles erram o ponto de unidade de conhecimento e interesse.

Já na filosofia transcendental de *Kant* emerge o conceito de um interesse da razão; mas só Fichte, depois de ter subordinado a razão teórica à razão prática, pode desdobrar o conceito no sentido de um interesse emancipatório, inerente à própria razão agente.

Interesse em geral é o comprazimento que vinculamos à representação da existência de um objeto ou de uma ação. O interesse visa à existência porque ele expressa uma relação do objeto interessante com nossa faculdade de desejar [*Begehrungsvermögen*]. Pois, ou o interesse pressupõe uma necessidade ou o interesse produz uma necessidade.[1] A isso corresponde a distinção de interesse empírico e puro. Kant a introduz tendo em vista a razão prática. O comprazimento pelo bem – e isso

1 Kant, Kritik der Urteilskraft, p.280 et seq.

significa: por ações que são determinadas por princípios da razão – é um *interesse puro*. Na medida em que a vontade age por respeito pelas leis da razão prática, ela toma um interesse *no* bem, mas ela não age *por* interesse:

> O primeiro significa o interesse *prático* na ação, o segundo o interesse *patológico* no objeto da ação. O primeiro indica apenas a dependência da vontade de princípios da razão em si mesma, o segundo, dos princípios dela para as finalidades da inclinação, pois a razão apenas aponta para a regra prática de como remediar a carência da inclinação. No primeiro caso, a ação me interessa, no segundo, o objeto da ação (na medida em que me é agradável).[2]

O interesse (patológico) dos sentidos no agradável ou útil *surge* da carência; o interesse (prático) da razão no bem *desperta* uma carência. A faculdade de desejar é ali excitada por uma inclinação e aqui, determinada por princípios da razão. Em analogia com a inclinação sensível na qualidade de desejo que se tornou hábito, nós podemos falar de uma inclinação intelectual livre dos sentidos, se ela se constitui de um interesse puro como uma atitude duradoura:

> Ainda que, onde um interesse da razão meramente puro tem de ser aceito, não se lhe possa imputar nenhum interesse da inclinação, nós podemos, para se conformar ao uso linguístico, conceder a uma inclinação, mesmo para o que pode ser apenas objeto de um

2 Id., Grundlegung zur Metaphysik der Sitten, p.42, nota. Em uma passagem posterior, Kant precisa a distinção entre interesse empírico e puro (ibid., p.97, nota).

> prazer intelectual, um desejo habitual derivado do interesse puro da razão, mas essa inclinação não seria então a causa mas o efeito do último interesse, e nós poderíamos denominá-la *inclinação livre dos sentidos (propensio intellectualis)*.[3]

O valor posicional sistemático do conceito de um interesse prático puro da razão torna-se evidente na última seção da *Fundamentação da metafísica dos costumes*. Sob o título de "limite extremo de toda filosofia prática", Kant coloca a questão de saber como a liberdade seria possível. A tarefa de explicar a liberdade da vontade é paradoxal, uma vez que a liberdade se define pela independência de forças propulsoras empíricas, e uma explicação só seria possível, no entanto, com recurso a leis da natureza. Poder-se-ia explicar a liberdade somente pelo fato de que declaramos um interesse que tomamos pela observância de leis morais; por outro lado, a observância dessas leis não seria uma ação moral e, portanto, uma ação livre, se lhe subjazesse um motivo sensível. Contudo, o sentimento moral testemunha algo como um interesse factual pela realização das leis morais, precisamente pelo fato de que se torne realidade o "ideal magnífico de um reino universal de *fins em si mesmos* (de seres racionais), ao qual podemos pertencer como membros somente quando procedemos cuidadosamente segundo máximas da liberdade, como se fossem leis da natureza".[4] De um interesse sensível não se pode tratar aí *ex definitione*; portanto, temos de contar com um interesse puro, com um efeito subjetivo que a lei da razão exerce sobre a vontade. Kant se

---

3 Id., Die Metaphysik der Sitten. In: *Werke*, v.IV, p.317.
4 Id., *Werke*, v.4, p.101.

vê obrigado a atribuir à razão uma causalidade em relação à faculdade natural de desejar; ela mesma precisa, para se tornar prática, poder afetar a sensibilidade:

> Para querer aquilo em relação ao qual a razão somente prescreve o dever ao ser racional afetado pela sensibilidade, é preciso certamente uma faculdade da razão de *infundir* um *sentimento de prazer* ou de comprazimento no cumprimento do dever, portanto, uma causalidade da razão de determinar a sensibilidade de acordo com seus princípios. É, porém, inteiramente impossível discernir, isto é, tornar compreensível *a priori*, como um mero pensamento que não contém ele próprio nada de sensível em si mesmo produza uma sensação de prazer ou desprazer; pois isso é uma espécie particular de causalidade, da qual, como de toda causalidade, não podemos de modo algum determinar nada *a priori*, mas temos por isso de interrogar a experiência.[5]

A tarefa de explicar a liberdade da vontade estoura inopinadamente o quadro lógico-transcendental; pois a forma do questionamento, como a liberdade seria possível?, ilude acerca do fato de que, em consideração à razão prática, nos inteiramos das condições não da liberdade possível, mas da real. Aquela questão significa, na verdade: como a razão pura pode ser prática? Por isso, temos de fazer uma referência a um momento na razão que, segundo Kant, é incompatível propriamente com as determinações da razão: a um interesse da razão. Sem dúvida, a razão não pode aparecer sob as condições empíricas da sensibilidade; mas a representação de uma *afecção da sensibilidade por parte*

5 Ibid., p.98.

da razão, de maneira que surja um interesse em uma ação sob leis morais, protege a razão de imiscuições da empiria apenas em aparência. Se o efeito daquela causalidade peculiar da razão, o comprazimento prático puro, é testemunhado de maneira contingente e apenas pela experiência, então também a causa dela tem de ser pensada como um fato. A figura conceitual de um interesse determinado somente pela razão pode se destacar suficientemente das forças propulsoras meramente factuais, mas apenas ao preço de introduzir um momento de facticidade na própria razão. Um interesse puro é pensável somente sob a condição de que a própria razão, na mesma medida em que ela infunde um sentimento de prazer, segue uma inclinação, por mais distinta que seja das inclinações imediatas – à razão é inerente um impulso para a realização da razão. Isso é impensável sob condições transcendentais. E Kant confessa, no limite extremo de toda filosofia prática, nada mais que o nome de um interesse puro expressa essa impensabilidade de uma relação de causalidade entre razão e sensibilidade, assegurada no entanto pelo sentimento moral:

> Porém, uma vez que esta [causalidade] não pode nos deixar à mão nenhuma relação da causa com o efeito, como entre dois objetos da experiência, mas aqui a razão pura deve ser, mediante meras ideias (que não podem oferecer de modo algum um objeto para a experiência), a causa de um efeito [precisamente do comprazimento no cumprimento do dever], que no entanto reside na experiência, então a explicação de como e por que nos interessa a *universalidade da máxima como lei*, portanto a moralidade, é inteiramente impossível para nós homens.[6]

---

6 Ibid.

O conceito de interesse puro tem um valor posicional único no interior do sistema kantiano. Ele determina um fato sobre o qual pode se apoiar nossa certeza da *realidade* da razão prática pura. Esse fato não é dado, todavia, na experiência habitual, mas creditado por um sentimento moral, o qual tem de pretender o papel de uma experiência transcendental. Pois nosso interesse pela observância das leis morais é gerado pela razão e, contudo, é um fato contingente, que não pode ser discernido *a priori*. Nesse sentido, um interesse derivado da razão implica pensar também um momento determinante da razão. Esse pensamento conduz, porém, a uma gênese não empírica da razão e, no entanto, não completamente afastada dos momentos da experiência, o que constitui um absurdo segundo as determinações da filosofia transcendental. Coerentemente, Kant não trata esse absurdo como uma ilusão transcendental da razão prática; ele se satisfaz com a constatação de que o comprazimento prático puro nos certifica de *que* a razão pura pode ser prática, sem que nós possamos conceber *como* isso seria possível. A causa da liberdade não é empírica, mas ela tampouco é apenas inteligível; nós podemos designá-la como um fato, mas não concebê-la. O título de interesse puro nos remete a uma base da razão que garante unicamente as condições da realização da razão, mas não pode ser atribuída, por sua vez, a princípios da razão; antes lhes subjaz, como um fato de ordem superior. Aquela *base da razão* é atestada nos interesses da razão, mas ela escapa ao conhecimento humano, que, caso deva se estender até lá, não teria de ser nem empírico nem puro, mas as duas coisas de uma só vez. Por isso, Kant alerta para a violação do limite extremo da razão prática pura, visto que aqui não é a razão, como a razão teórica aplicada ao limite, que transgride a experiência, mas antes a experiência do sentimento moral que transgride a razão. O "interesse puro" é um conceito limite que articula uma experiência como inconcebível:

> Ora, como a razão pura, sem outras forças propulsoras que possam ser tiradas de não importa onde, poderia ser prática por si mesma, isto é, como o mero *princípio da validade universal de todas as suas máximas como leis* [...], sem nenhuma matéria (objeto) da vontade pela qual se poderia de antemão tomar um interesse de alguma maneira, ofereceria por si mesmo uma força propulsora, e provocaria um interesse que se chamaria puramente *moral*, ou, com outras palavras: como *a razão pura pode ser prática* – toda razão humana é inteiramente inapta para explicar isso, e todo empenho e trabalho de buscar uma explicação disto é vão.[7]

É digno de nota que Kant aplique o conceito de interesse puro, que ele desenvolveu na razão prática, a todas as faculdades do ânimo: "A cada uma das faculdades do ânimo se pode atribuir um *interesse*, isto é, um princípio que contenha a condição unicamente sob a qual é promovido o seu exercício".[8] A atribuição do interesse a um princípio mostra, no entanto, que o *status* do conceito, peculiarmente contrário ao sistema, é abandonado e se abstrai do momento de uma facticidade inerente à razão. Não se vê bem o que é acrescido à razão teórica por um interesse especulativo da razão, se este consiste "no *conhecimento* do objeto até chegar aos princípios supremos *a priori*",[9] sem

7 Ibid., p.99.
8 Id., Kritik der praktischen Vernunft, v.4, p.249.
9 Ibid., p.250.

que aqui, como no caso do interesse da razão prática, possa ser identificada uma experiência de comprazimento. Com efeito, não é inteiramente inteligível como um comprazimento teórico puro deveria ser pensado em analogia com um comprazimento prático puro: pois todo interesse, seja puro, seja empírico, se determina na relação com a faculdade de desejar em geral e se refere à práxis possível. Também um interesse especulativo da razão só seria justificado como interesse pelo fato de a razão teórica ser colocada a serviço da razão prática, sem ser alienada por isso de sua intenção própria de um conhecimento em virtude do conhecimento. De um interesse do conhecimento se carece não apenas para promover o uso especulativo da razão como tal, mas também para vincular a razão especulativa pura com a razão prática pura, mais precisamente sob a condução justamente da razão prática: "Porém, estar subordinada à razão especulativa e, portanto, inverter a ordem, é algo que não se pode exigir da razão prática pura, visto que todo interesse é em última instância prático, e mesmo o da razão especulativa é apenas condicionado e só no uso prático é integral".[10]

Kant confessa, por fim, que só se pode falar a rigor de um interesse especulativo da razão se a razão teórica se vincula à razão prática "para um conhecimento".

Há um uso legítimo da razão teórica com propósito prático. Aí o interesse prático puro parece assumir o papel de um interesse condutor do conhecimento. Das três questões nas quais converge todo interesse de nossa razão, a terceira requer um tal uso da razão especulativa com um propósito prático. A primeira questão: "o que eu posso saber?", é meramente

10 Ibid., p.252.

especulativa; a segunda questão: "o que eu devo fazer?", é meramente prática; porém, a terceira questão: "o que posso esperar?", é prática e teórica ao mesmo tempo. Aqui as coisas se passam de tal modo "que o prático leva apenas como um fio condutor à resposta da questão teórica, e, se esta se ergue ao alto, da questão especulativa".[11] O princípio da esperança determina o propósito prático, para o qual se recorre à razão especulativa. O conhecimento conduz nessa consideração, como nós sabemos, à imortalidade da alma e à existência de Deus como postulados da razão prática pura. Kant se empenha em justificar esse uso interessado da razão especulativa, sem ao mesmo tempo ampliar o uso empírico da razão teórica. O conhecimento da razão com propósito prático mantém um *status* próprio, mais fraco em relação a conhecimentos que a razão teórica pode defender por força de uma competência própria e sem a condução por parte de um interesse prático puro:

> Se a razão pura pode ser prática por si mesma, e o é realmente, como o comprova a consciência da lei moral, então é sempre apenas uma e mesma razão que, seja com propósito teórico, seja com propósito prático, julga *a priori* segundo princípios, e é claro aí que, se sua faculdade não basta de imediato quanto ao primeiro para estabelecer afirmativamente certas proposições, mas estas tampouco lhe contradizem, deve-se aceitar justamente essas proposições, tão logo elas façam parte *inseparavelmente do interesse prático* da razão pura, sem dúvida como uma oferta estranha a ela, que não cresceu em seu solo, mas que é suficientemente creditada, e se deve buscar compará-las e associá-las com tudo o que ela tem

11 Id., Kritik der reinen Vernunft, v.2, p.677.

> em seu poder como razão especulativa; porém, resignando-se a que não se trata de discernimentos seus, mas de ampliações de seu uso com um outro propósito, nomeadamente prático, o qual não é de todo e de forma alguma contrário ao seu interesse, que consiste na restrição da transgressão especulativa.[12]

Kant não pode livrar inteiramente da ambiguidade o uso interessado da razão especulativa. De um lado, ele recorre à unidade da razão para que a aplicação prática da razão teórica não apareça como uma refuncionalização ou uma instrumentalização posterior de uma faculdade da razão por meio de outra. De outro lado, porém, razão prática e razão teórica são tão pouco unas que os postulados da razão prática pura permanecem uma "oferta estranha" para a teórica. É por isso que o uso interessado da razão teórica não leva ao conhecimento no sentido estrito; quem confundisse a ampliação da razão no propósito prático com a ampliação do domínio do conhecimento teórico possível se tornaria culpado de "transgressão especulativa", contra a qual se dirigira a crítica da razão pura, principalmente pelo esforço inteiro da dialética transcendental. O papel de um interesse condutor do conhecimento em sentido mais estrito poderia ser assumido pelo interesse prático da razão somente se Kant tomasse a sério a unidade de razão teórica e razão prática. Só se o interesse especulativo da razão, que em Kant objetiva, ainda tautologicamente, o exercício da faculdade teórica para as finalidades do conhecimento, fosse tomado a sério como interesse prático puro, a razão teórica iria perder sua competência independente do interesse da razão.

---

12 Id., Kritik der praktischen Vernunft, v.4, p.251.

Fichte efetuou esse passo. Ele concebe o ato da razão, a intuição intelectual, como uma ação refletida, que retorna a si mesma, e torna o primado da razão prática algo fundamental: no lugar do vínculo contingente da razão especulativa pura com a razão prática pura "para um conhecimento" aparece a dependência de princípio da razão especulativa em relação à prática. A organização da razão se encontra sob o propósito prático de um sujeito que se põe a si mesmo. Na forma da autorreflexão originária, como mostra a doutrina da ciência, a razão é imediatamente prática. O Eu se liberta do dogmatismo ao transparecer para si mesmo em seu autoproduzir. Precisa-se da qualidade ética de uma vontade de emancipação para que o Eu se alce à intuição intelectual. O idealista "pode intuir apenas em si mesmo o ato indicado do Eu, e, para poder intuí-lo, precisa efetuá-lo. Ele o produz em si mesmo por arbítrio e com liberdade".[13] É dogmaticamente inibida, ao contrário, uma consciência que se concebe como produto das coisas ao seu redor, como um produto natural: "O princípio dos dogmáticos é a crença nas coisas, por mor de si mesmos: portanto, uma crença mediata no próprio si-mesmo [*Selbst*] disperso e suportado apenas pelos objetos".[14] Para poder se desfazer das barreiras desse dogmatismo, é preciso antes fazer que o interesse da razão se torne interesse próprio: "A razão última da distinção entre idealista e dogmático é, de acordo com isso, a distinção de seu interesse".[15] A necessidade da emancipação

13 Fichte, Zweite Einleitung in die Wissenschaftslehre, p.43-44.
14 Id., Erste Einleitung in die Wissenschaftslehre, p.17.
15 Ibid.

e um ato originariamente efetuado da liberdade são pressupostos por toda lógica para que o ser humano se eleve ao ponto de vista idealista da maioridade, a partir do qual é possível discernir criticamente o dogmatismo da consciência natural e, com isso, o mecanismo oculto da autoconstituição do Eu e do mundo: "O interesse supremo e a razão de todo interesse restante é o interesse *por nós mesmos*. No caso do filósofo, é assim. Não perder seu si-mesmo no raciocínio, mas conservá-lo e afirmá-lo, este é o interesse que guia invisivelmente todo seu pensamento".[16]

No desdobramento das antinomias da razão pura, também Kant menciona os interesses que guiam os dogmáticos e os empiristas, ambos dogmáticos à sua maneira. Mas o "interesse da razão em seu próprio conflito",[17] que se dirige contra ambas as partes, das quais uma defende a tese e a outra a antítese em cada caso, Kant o vê por fim apenas no abandono do interesse de modo geral: a razão, que reflete sobre si mesma, tem de "despojar-se inteiramente de toda parcialidade".[18] À razão especulativa permanece exterior, apesar de tudo, a razão prática e o seu interesse puro. Em contraposição a isso, Fichte atribui os interesses, que se imiscuem na defesa dos sistemas filosóficos, a uma oposição fundamental entre os que se deixam apanhar pelo interesse da razão na emancipação e na autonomia do Eu, e aqueles que permanecem presos a suas inclinações empíricas e, com isso, dependentes da natureza.

16 Ibid.

17 Kant, Kritik der reinen Vernunft, p.440 et seq.

18 Ibid., p.450.

Ora, há duas fases da humanidade; e no avanço de nosso gênero, antes de a última ser escalada, duas espécies principais de homens. Alguns, que ainda não se elevaram ao pleno sentimento de sua liberdade e absoluta autonomia, encontram-se a si mesmos no representar das coisas; eles têm apenas aquela consciência de si dispersa, presa a objetos, e a ser coligida a partir de sua diversidade. Sua imagem lhes é projetada apenas através das coisas, como por um espelho; se estas lhe são arrancadas, então ao mesmo tempo seu si-mesmo se perde junto com elas; eles não podem abandonar, por mor deles mesmos, a crença na autonomia das coisas: pois eles mesmos existem somente com estas. Tudo o que eles são eles vieram a ser realmente por meio do mundo exterior. Quem de fato é só um produto das coisas jamais se enxergará de outra maneira; e ele terá razão na medida em que fala exclusivamente de si e de seus semelhantes [...] Porém, quem se torna consciente de sua autonomia e independência de tudo o que lhe é exterior – e alguém se torna isso somente porque, independentemente de tudo, faz de si mesmo algo por meio de si mesmo – não carece das coisas para esteio de seu si-mesmo, e não pode precisar delas, visto que elas suprimem aquela autonomia e a transformam em aparência vazia. O Eu, que ele possui e que o interessa, suprime aquela crença nas coisas; ele crê em sua autonomia por inclinação, ele a apanha com afeto. Sua crença em si mesmo é imediata.[19]

A ligação afetiva com a autonomia do Eu e o interesse pela liberdade revelam ainda o nexo com o comprazimento prático puro de Kant: este havia, com efeito, obtido o conceito de in-

19 Fichte, Erste Einleitung in die Wissenschaftslehre, p.17-18.

teresse da razão no afeto pela realização do ideal de um reino de seres racionais livres. Só que Fichte concebe esse impulso prático puro, a "consciência do imperativo categórico", não como uma produção da razão prática, mas como ato da própria razão, como *a* autorreflexão, na qual o Eu se faz transparente como uma ação que retorna a si mesma. Fichte identifica nas operações da razão teórica o trabalho da prática e denomina intuição intelectual o ponto de unidade de ambas:

> A intuição intelectual de qual fala a doutrina da ciência não se refere de modo algum a um ser, mas a um agir, e ela não é assinalada em Kant de modo algum (a não ser, se se quiser, pela expressão *apercepção pura*). Mas mesmo no sistema kantiano pode-se demonstrar com toda a exatidão a passagem na qual deveria se falar dela. Do imperativo categórico não há certamente consciência, segundo Kant? Ora, que é então essa consciência? Essa questão Kant esqueceu de colocar-se, já que ele em parte alguma tratou do fundamento de *toda* filosofia, mas na crítica da razão pura apenas da teórica, na qual o imperativo categórico não poderia se apresentar; na crítica da razão prática, apenas da prática, na qual havia de lidar meramente com o conteúdo, e a questão sobre a espécie de consciência não pôde surgir.[20]

Visto que, em segredo, Kant havia concebido a razão prática segundo o padrão da teórica, a experiência transcendental do sentimento moral, do interesse pela observância da lei moral iria levantar o seguinte problema para ele: como um mero pensamento, que não contém ele próprio nada de sensível em si,

---

20 Id., Zweite Einleitung in die Wissenschaftslehre, p.56.

poderia produzir uma sensação de prazer ou desprazer? Esse embaraço torna-se supérfluo, junto com a construção auxiliar de uma causalidade especial da razão, assim que, inversamente, a razão prática forneça o padrão para a teórica. Pois nesse caso, o interesse prático da razão pertence à própria razão: no interesse pela autonomia do Eu, a razão se impõe na mesma medida em que o ato da razão produz como tal a liberdade. *A autorreflexão é intuição e emancipação, discernimento e libertação da dependência dogmática de uma só vez.* O dogmatismo, que a razão dissolve analítica e praticamente em igual medida, é falsa consciência: erro e existência não livre em particular. Só o Eu que se transparece na intuição intelectual como sujeito e que se põe a si mesmo conquista a autonomia. O dogmático, ao contrário, porque não encontra a força para a autorreflexão, vive na dispersão como sujeito dependente, determinado pelos objetos e convertido por si mesmo em coisa: ele leva uma existência não livre, visto que ele não é ciente de sua autoatividade refletida em si mesmo. Dogmatismo é uma carência moral na mesma medida em que é uma incapacidade teórica; por isso, o idealista corre o risco de dispensar o dogmático com escárnio em vez de esclarecê-lo. É nesse contexto que se encontra o seguinte dito de Fichte, célebre e amiúde mal compreendido em termos psicologistas:

> Que filosofia se escolhe depende, por conseguinte, de que homem se é: pois um sistema filosófico não é um mobiliário morto, que se poderia descartar ou recolher como nos bem agradasse, mas é animado pela alma do homem que o possui. Um caráter lasso por natureza, ou lasseado e prostrado pela servidão

de espírito, pelo luxo e pela vaidade adquiridos, jamais se elevará até o idealismo.[21]

Fichte se limita a expressar mais uma vez nessa formulação ilustrativa a identidade da razão teórica com a prática. A relação na qual somos penetrados pelo interesse da razão, na qual somos apanhados pelo afeto para com a autonomia do Eu e progredimos na autorreflexão, determina simultaneamente o grau de autonomia adquirido *e* o ponto de vista de nossa concepção filosófica de ser e consciência.

O caminho pelo qual o conceito de interesse da razão se desdobra de Kant a Fichte conduz do conceito de um interesse pelas ações da vontade livre, instilado pela razão prática, até o conceito de um interesse pela autonomia do Eu, operante na própria razão. A identificação da razão teórica com a prática que Fichte efetua pode se tornar clara por esse interesse. Como um ato da liberdade, ele antecede à autorreflexão tanto quanto ele se impõe também na força emancipatória da autorreflexão. Essa *unidade de razão e uso interessado da razão* conflita com o conceito contemplativo de conhecimento. O interesse tem de ser concebido como um momento estranho à teoria, assomando-se de fora e turvando a objetividade do conhecimento, na medida em que o sentido tradicional de teoria pura separa por princípio o processo de conhecimento e os contextos de vida. O entrelaçamento peculiar de conhecimento e interesse, com o qual nos deparamos na travessia pela metodologia das ciências, está sempre exposto, dado o pano de fundo de uma teoria do conhecimento puro como cópia, por mais varia-

21 Id., Erste Einleitung in die Wissenschaftslehre, p.18.

da que seja, ao perigo de ser mal compreendido em termos psicologistas. Ficamos na tentação de compreender aqueles dois interesses condutores do conhecimento analisados até aqui como se eles se sobrepusessem a um aparato cognitivo já constituído, para interferir de modo prejulgador em um processo de conhecimento. Ainda em Kant, com efeito, adere-se algo disso ao uso da razão especulativa com propósito prático, mesmo que o interesse de que se vale já seja concebido como um interesse puro da razão, embora prática. Só no conceito de autorreflexão interessada de Fichte o interesse entretecido com a razão perde sua ulterioridade e se torna constitutivo para o conhecimento e para a ação em igual medida. O conceito de autorreflexão desdobrado por Fichte como ação que retorna a si mesma tem um significado sistemático para a categoria de interesse condutor do conhecimento. Também nesse plano, o interesse antecede o conhecimento tanto quanto só se realiza por força deste.

Nós não seguimos o propósito sistemático da *Doutrina da ciência*, que deve transportar seus leitores, por um único ato, até o ponto de unidade da autointuição de um Eu que produz o mundo e a si mesmo absolutamente. Hegel escolhe com boa razão o caminho complementário da experiência fenomenológica, que salta por cima do dogmatismo não com uma proposição, mas antes percorre os estágios da consciência fenomênica como tantas quantas etapas de reflexão. A autorreflexão originária de Fichte é estendida até chegar à experiência da reflexão. O propósito da *Fenomenologia do espírito*, que deve conduzir seus leitores até o saber absoluto e ao conceito de ciência especulativa, *tampouco* podemos seguir, contudo. Certamente, o movimento da reflexão, principiando na consciência empírica, unifica razão e interesse; visto que ele atinge a cada etapa a dogmática de uma visão de mundo e de uma forma de vida, o processo de conhecimento coincide com um processo de formação. Mas não podemos conceber a vida de um sujeito da espécie se constituindo a si mesmo como movimento absoluto de reflexão. Pois as condições sob as quais a espécie humana se constitui não são somente as condições postas por reflexão. O processo de formação não é incondicionado como o pôr-se absoluto do Eu fichteano ou como o movimento absoluto do espírito. Ele depende das condições contingentes tanto da natureza subjetiva como da objetiva: das condições de uma socialização individuadora de indivíduos em interação, por um lado, e das condições do "metabolismo" dos que agem comunicativamente com um entorno a ser disponibilizado tecnicamente, por outro. Na medida em que o interesse da razão pela emancipação, investido no processo de formação da espécie e penetrando o movimento da reflexão, se dirige à satisfação daquelas condições da interação simbolicamente mediada e da ação instrumental, ele assume a forma restrita de interesse prático e de interesse técnico do conhecimento. É claro que, de certa maneira, é necessária a reinterpretação materialista do interesse da razão introduzido de modo idealista: o interesse emancipatório depende, por sua vez, dos interesses pela orientação intersubjetiva possível da ação e pela disposição técnica possível.

Os interesses que conduzem nesse plano os processos de conhecimento não se aplicam à existência de objetos, mas a ações instrumentais exitosas e interações bem-sucedidas como tais – no mesmo sentido, Kant havia distinguido entre o interesse puro que tomamos por ações morais e as inclinações empíricas, que se desencadeiam meramente com a existência dos objetos da ação. Só que, da mesma maneira que a razão, que instila aqueles dois interesses, não é mais razão prática pura, mas uma razão que unifica na autorreflexão o conhecimento e o interesse, os interesses dirigidos à ação comunicativa e à instrumental incluem necessariamente também as categorias correspondentes do saber: elas obtêm *eo ipso* o valor posicional de interesses condutores do *conhecimento*. Pois aquelas formas de ação não podem ser estabelecidas de maneira sólida sem que sejam asseguradas as categorias correspondentes do saber, o processo de aprendizagem acumulativo e as interpretações constantes mediadoras das tradições.

Nós mostramos que no círculo de funções da ação instrumental resulta uma constelação de ação, linguagem e experiência diferente daquela no quadro das interações simbolicamente mediadas. As condições da ação instrumental e da comunicativa são ao mesmo tempo as condições da objetividade do conhecimento possível; elas definem o sentido da validade de enunciados nomológicos ou hermenêuticos. A inserção de processos de conhecimento em contextos de vida chama a atenção para o papel dos interesses condutores do conhecimento: um contexto de vida é um contexto de interesses. Mas esse contexto de interesses não pode ser definido, tanto quanto o nível em que se reproduz a vida social, independentemente daquelas formas de ação e das categorias correspondentes do saber. O interesse pela conservação da vida prende-se, no plano antropológico, a uma vida organizada pelo conhecimento e pela ação. Os interesses condutores do conhecimento são determinados, portanto, pelos dois momentos: eles são, por um lado, testemunho de que os processos de conhecimento procedem de contextos de vida e funcionam no interior deles; mas neles ganha expressão, por outro lado, o fato de que a forma de vida socialmente reproduzida se caracteriza antes de tudo pelo nexo específico de conhecimento e ação.

O interesse depende de ações que, embora em constelação diversa, definem as condições do conhecimento possível tanto quanto elas dependem, por seu turno, de processos de conhecimento. Esse entrelaçamento de conhecimento e interesse foi evidenciado por nós com aquela categoria de "ações" que coincidem com a "atividade" da reflexão: com as ações emancipatórias. Um ato de autorreflexão, que "muda uma vida", é um movimento de emancipação. Assim como aqui o interesse da razão não pode corromper a força cognitiva da razão, visto que conhecimento e ação, como Fichte explicita incansavelmente, estão fundidos em *um único* ato, tampouco o interesse permanece exterior ao conhecimento onde ambos os momentos do agir e do conhecer já se encontram distanciados um do outro: no plano da ação instrumental e da comunicativa.

Todavia, só podemos nos certificar metodologicamente dos interesses condutores do conhecimento das ciências da natureza e do espírito depois que pisamos a dimensão da autorreflexão. *A razão se apreende como interessada na efetuação da autorreflexão.* Por isso, é com o nexo fundamental de conhecimento e interesse que nos deparamos quando desdobramos a metodologia à maneira da experiência da reflexão: como a dissolução crítica do objetivismo, ou seja, da autocompreensão objetivista das ciências, que escamoteia o interesse [*Anteil*] da atividade subjetiva nos objetos pré-formados do conhecimento possível. Nem Peirce nem Dilthey compreenderam suas investigações metodológicas nesse sentido, como uma autorreflexão das ciências. Peirce compreende sua lógica da pesquisa em conexão com o progresso científico, cujas condições ele analisa: ela é uma disciplina auxiliar, que contribui para a institucionalização bem-sucedida tanto quanto para a aceleração do processo de pesquisa em seu todo e, com isso, para a racionalização progressiva da realidade. Dilthey compreende sua lógica das ciências do espírito em conexão com o andamento da hermenêutica, cujas condições ele analisa: ela é uma disciplina auxiliar, que contribui para a propagação da consciência histórica e para a atualização estética de uma vida histórica ubiquitária. Nenhum dos dois leva em consideração a questão de saber se a metodologia, como teoria do conhecimento, reconstrói as experiências profundas da história da espécie, conduzindo assim a uma nova etapa da autorreflexão no processo de formação da espécie.

10. Autorreflexão como ciência: a crítica psicanalítica do sentido em Freud

No fim do século XIX, surgiu uma nova disciplina, inicialmente como a obra de um único homem, que se movia desde o começo no elemento da autorreflexão e que, contudo, reivindicava, de maneira digna de crédito, a legitimação de proceder de forma científica em sentido estrito. *Freud* não é, como Peirce e Dilthey, um investigador no âmbito da lógica da ciência que pode se dirigir de modo reflexivo às próprias experiências no interior de uma disciplina científica já estabelecida. Pelo contrário, *à medida que* desenvolvia uma nova disciplina, ele refletia sobre seus pressupostos. Freud não foi um filósofo. A tentativa de estabelecer uma doutrina das neuroses no terreno da medicina leva-o a uma teoria de natureza própria. Ele se depara com considerações metodológicas na medida em que a fundamentação de uma ciência força a refletir sobre o novo começo: nesse sentido, também Galileu não só criou a nova física, como ainda a discutiu em termos metodológicos. A psicanálise é relevante para nós na qualidade de único exemplo tangível de uma ciência que se vale da autorreflexão como método. Com o surgimento da psicanálise se abre a possibilidade de um acesso metodológico, franqueado pela própria lógica da pesquisa, a uma dimensão soterrada pelo positivismo. Essa possibilidade não se realizou, pois o próprio Freud, o fisiólogo por origem, inaugurou o mal-entendido cientificista da psicanálise. Isso acabou obstruindo aquela possibilidade. No entanto, o mal-entendido não é de todo infundado. Pois a psicanálise vincula a hermenêutica a operações que pareciam ser reservadas genuinamente às ciências naturais.[22]

De início, a psicanálise aparece somente como uma forma particular de interpretação; ela fornece pontos de vista teóricos e regras técnicas para uma interpretação de nexos simbólicos. Freud sempre orientou a interpretação dos sonhos pelo modelo hermenêutico do trabalho filológico. Às vezes, ele a compara com a tradução de um autor de língua estrangeira, por exemplo, de um texto de Lívio.[23] Mas o trabalho de interpretação

22 Apel, Die Entfaltung der sprachanalytischen Philosophie und das Problem der Geisteswissenschaften, *Philosophisches Jahrbuch*, v.72, p.139 et seq..; id., Szientifik, Hermeneutik, Ideologiekritik, *Man and World*, v.1, p.37 et seq.

23 Freud, *Gesammelte Werke*, v.13, p.304. Eu cito em conformidade com a edição (em 17 volumes) aos cuidados de A. Freud, E. Bibring, W. Hoffer, E. Kris e O. Isakower, publicada no ano de 1940, em

do analista se distingue daquele do filólogo não só por causa da articulação de um *domínio de objetos particular*; ele requer uma hermenêutica especificamente ampliada que, em comparação com a interpretação usual nas ciências do espírito, considera uma *nova dimensão*. Não é por acaso que Dilthey havia tomado a biografia como ponto de partida de sua análise da compreensão; a reconstrução de um contexto biográfico passível de ser recordado é o modelo de exegese dos nexos simbólicos em geral. Dilthey escolhe a biografia como padrão porque a história de vida parece ter a vantagem da transparência: ela não oferece à recordação a resistência do opaco. Aqui, no foco da recordação biográfica, concentra-se a vida histórica como "o conhecido por dentro, é aquilo para trás do qual não é possível recuar".[24] Para Freud, ao contrário, a biografia só é objeto de análise na medida em que é ao mesmo tempo o conhecido e o desconhecido por dentro, de sorte que se deve recuar para trás do que é manifestamente recordado. Dilthey liga a hermenêutica ao que é subjetivamente suposto, cujo sentido pode ser garantido por recordação imediata.

> A vida é histórica na medida em que é compreendida em seu movimento progressivo no tempo e em seu contexto de efeitos [*Wirkungszusammenhang*] que assim se origina. A possibilidade disso reside na reprodução desse percurso em uma recordação que não reproduz o individual, mas o próprio contexto, seus estágios. O que, na compreensão do percurso da própria vida, realiza a re-

---

Londres, pela primeira vez, e no ano de 1963, na sua quarta tiragem, em Frankfurt.

24 Dilthey, *Gesammelte Schriften*, v.7, p.261.

cordação é produzido na história por meio das manifestações de vida que o espírito objetivo abrange, graças à associação segundo seu movimento e atuação.[25]

Naturalmente, Dilthey sabe que, para além do horizonte de uma biografia presentificada, não podemos contar com a garantia subjetiva da recordação imediata. É por isso que a compreensão se dirige também para os construtos simbólicos e aos textos em que o nexo de sentido se objetivou, a fim de socorrer a recordação deteriorada do gênero humano com o estabelecimento crítico dos textos:

> A primeira condição para a construção do mundo histórico é, por isso, a purificação das recordações do gênero humano, confusas e deterioradas de diversas maneiras, em si mesmas, graças à crítica que consiste na correlação com a exegese. Por isso, a ciência fundamental da história é a filologia, em sua acepção formal de estudo científico das línguas nas quais a tradição está sedimentada, como coligação da herança da humanidade até então, como purificação dos erros contidos nela, como a ordenação cronológica e como combinação que estabelece esses documentos em suas relações internas. A filologia nesse sentido não é um meio auxiliar do historiador, ela assinala antes um âmbito primeiro do seu modo de proceder.[26]

Assim como Freud, Dilthey conta com a inconfiabilidade e com a confusão da recordação subjetiva; ambos veem a ne-

25 Ibid.
26 Ibid.

cessidade de uma crítica que purifique o texto mutilado da tradição. Mas a crítica filológica se distingue da psicanalítica porque ela, pela via da apropriação do espírito objetivo, reconduz ao nexo intencional do que é subjetivamente suposto, a título de base última da experiência. Sem dúvida, Dilthey suplantou a compreensão psicológica da expressão em favor da compreensão hermenêutica do sentido, "no lugar do refinamento psicológico entrou a compreensão dos construtos espirituais".[27] Mas também a filologia dirigida ao nexo de símbolos permanece restrita a uma linguagem na qual se expressa o que é conscientemente intencionado. Ao tornar compreensíveis as objetivações, ela atualiza o seu conteúdo intencional no *medium* da experiência da vida cotidiana. Nesse sentido, a filologia assume apenas funções auxiliares para uma força de recordação biográfica que funciona em condições normais. O que ela elimina no trabalho crítico, na preparação dos textos, são as falhas acidentais. As omissões e as deturpações que a crítica filológica repara não possuem um valor posicional sistemático, pois o nexo de sentido dos textos com os quais a hermenêutica tem de lidar só é ameaçado por *influências externas*. O sentido pode ser destruído pelos canais de transmissão, limitados em sua capacidade e eficiência, seja da memória, seja da tradição cultural.

A interpretação psicanalítica, em contrapartida, não se dirige aos nexos de sentido na dimensão do que é conscientemente intencionado; seu trabalho crítico não elimina falhas acidentais. As omissões e as deturpações que ela repara têm um valor posicional sistemático, pois os nexos simbólicos que a

27 Ibid., v.3, p.260.

psicanálise busca compreender são deteriorados por *influências internas*. As mutilações possuem *como tais* um sentido. Um texto deteriorado dessa espécie só é compreensível em seu sentido, de maneira suficiente, depois que se conseguiu esclarecer o sentido da própria corrupção: isso assinala a tarefa peculiar de uma hermenêutica que não se restringe aos modos de proceder da filologia, mas antes *unifica a análise da linguagem com a pesquisa psicológica dos nexos causais*. A manifestação incompleta ou distorcida do sentido não resulta, em tais casos, da transmissão deficiente; trata-se sempre, com efeito, de um contexto biográfico que se tornou inacessível para o próprio sujeito. No interior do horizonte da biografia presentificada, a recordação comete falhas, de tal sorte que o distúrbio funcional da recordação como tal desafia a hermenêutica, exigindo que seja compreendido a partir do nexo objetivo de sentido.

Dilthey havia concebido a recordação biográfica como condição da compreensão hermenêutica possível, ligando assim a compreensão ao que é conscientemente intencionado. Freud se depara com distúrbios sistemáticos da recordação, os quais, por sua vez, expressam intenções; porém, nesse caso, estas transcendem necessariamente o domínio do que é subjetivamente suposto. Com sua análise da linguagem corrente, Dilthey apenas aludiu ao caso limite da discrepância entre proposições, ações e expressões de vivências; mas este é o caso normal para o psicanalista.

A gramática da linguagem corrente não regula apenas o nexo de símbolos, mas também o entrelaçamento de elementos linguísticos, padrões de ação e expressões. No caso normal, essas três categorias de expressões se comportam complementarmente, de modo que os elementos linguísticos "combinam" com interações, e ambos, por sua vez, com expressões, por mais que uma integração incompleta deixe um espaço de ação necessário para comunicações indiretas. No caso limite, porém, o jogo de linguagem pode desintegrar tais "combinações" a tal ponto que as três categorias de expressões não concordam mais: então as ações e as expressões extraverbais desmentem o que é manifestado *expressis verbis*. Mas o sujeito agente se desmente não para os outros que interagem com ele e notam o desvio das regras gramaticais do jogo de linguagem. O próprio sujeito agente não é capaz de notar a discrepância ou, se ele a nota, não entende porque se expressa e ao mesmo tempo comete um mal-entendido nessa discrepância. Sua autocompreensão tem de ater-se ao que é conscientemente intencionado, à expressão linguística, em todo caso, ao verbalizável. Contudo, o conteúdo intencional que transparece nas ações e nas expressões discrepantes adentra no contexto biográfico do sujeito, tanto quanto os significados subjetivamente supostos. O sujeito tem de iludir-se sobre essas expressões extralinguísticas que não se coordenam com as expressões linguísticas; porém, uma vez que se objetiva também nelas, ele se ilude sobre si mesmo.

A interpretação psicanalítica se ocupa então com semelhantes nexos simbólicos, nos quais um sujeito se ilude sobre si mesmo. A *hermenêutica profunda*, que Freud contrapõe à hermenêutica filológica de Dilthey, refere-se a textos que indiciam as *autoilusões do autor*. Além do conteúdo manifesto (e das comunicações indiretas, mas intencionadas e apoiadas nele), documenta-se em tais textos o conteúdo latente de um fragmento de suas orientações, inacessível ao autor, alienado dele e, contudo, pertencente a ele: Freud cunha a fórmula do "território estrangeiro interno"[28] para abranger o caráter de alheamento de algo que é muito próprio do sujeito. No entanto, as manifestações simbólicas que pertencem a essa classe de "textos" se dão a conhecer mediante particularidades que despontam somente no contexto mais vasto do concurso de expressões linguísticas e as demais objetivações:

> Eu transgrido certamente o significado terminológico usual quando postulo para a psicanálise o interesse do investigador da *linguagem*. Por linguagem é preciso entender aqui não meramente a expressão de pensamentos em palavras, mas também a linguagem de gestos e todo outro tipo de expressão da atividade psíquica, assim como a escrita. Nesse caso, porém, é lícito alegar que as interpretações da psicanálise são inicialmente traduções de um modo de expressão que nos é estranho para um modo que é familiar a nosso pensamento.[29]

Pode ser que o texto corrente de nossos jogos de linguagem cotidianos (falas e ações) seja perturbado por erros aparentemente contingentes: por omissões e deturpações que, se residem no interior dos limites da tolerância usual, cabe menosprezar e ignorar como acaso. Tais *atos falhos*, entre os quais Freud conta os casos de esquecimento, lapsos de fala, de escrita, de leitura e de entendimento, e os assim chamados atos acidentais, são indicadores de que o texto falho expressa e oculta, ao mesmo tempo, as autoilusões do autor.[30] Se os erros textuais

28 Freud, *Gesammelte Werke*, v.15, p.62.
29 Ibid., v.8, p.403.
30 Cf. id., Zur Psychopathologie des Alltagslebens.

são chamativos e residem no domínio patológico, falamos de sintomas. Eles não podem ser ignorados nem compreendidos. Contudo, os sintomas são parte de conexões intencionais: o texto corrente dos jogos de linguagem cotidianos não é quebrado por influências externas, mas por distúrbios internos. As neuroses distorcem os nexos simbólicos em todas as três dimensões: a expressão linguística (representações compulsivas), ações (compulsões à repetição) e a expressão vivencial ligada ao corpo (sintomas corporais histéricos). Todavia, no caso dos distúrbios psicossomáticos, o sintoma está tão distante do texto de origem que seu caráter simbólico tem de ser primeiramente demonstrado pelo trabalho de interpretação. Os sintomas neuróticos em sentido mais estrito se encontram, de certa maneira, entre os atos falhos e as enfermidades psicossomáticas: eles não podem ser malbaratados como acidentes, mas tampouco podem ser denegados em longo prazo no seu caráter de símbolo, o que os comprova como partes segregadas de uma contextura simbólica: são as cicatrizes de um texto deteriorado, que o autor defronta como um texto que lhe é incompreensível.

O padrão não patológico de um semelhante texto é o sonho.[31] O próprio sonhador produz o texto do sonho, manifestadamente como um nexo intencional; mas, após despertar, o sujeito, que é de certo modo idêntico ao autor do sonho, não entende mais sua produção. O sonho se desatrela das ações e das expressões; o jogo de linguagem integral é somente imaginado.

---

31 Cf., sobre isso: id., Die Traumdeutung; id., Über den Traum, p.643 et seq.; id., Die Handhabung der Traumdeutung in der Psychoanalyse, p.349 et seq.; id., Metapsychologische Ergänzungen zur Traumlehre, p.411 et seq.

Os atos falhos e os sintomas não podem mais se mostrar, por isso, nas discrepâncias entre expressões verbais e não verbais. Mas esse isolamento da produção do sonho em relação ao comportamento é, ao mesmo tempo, a condição de um espaço de ação extremo para as forças que estouram o texto ressoante da consciência diurna (os "resíduos diurnos"), transformando-o no texto onírico.

Assim, Freud concebeu o sonho como o "modelo normal" de afecções patológicas; a interpretação dos sonhos permaneceu sempre o modelo para o esclarecimento de nexos de sentido patologicamente deturpados. Acresce-se que a interpretação dos sonhos possui, no desenvolvimento da psicanálise, uma posição central, visto que, graças à decifração hermenêutica dos textos oníricos, Freud se deparou com o mecanismo de defesa e de formação de sintoma:

> A metamorfose dos pensamentos latentes do sonho em conteúdo manifesto merece toda a nossa atenção a título de primeiro exemplo a ser conhecido de conversão de um material psíquico de um modo de expressão para o outro, de um modo de expressão que nos é compreensível sem mais para um outro sobre o qual só podemos avançar com orientação e esforço, embora ela também deva ser reconhecida como operação de nossa atividade psíquica.[32]

32 Id., *Gesammelte Werke* v.2/3, p.655. Na advertência preliminar para sua obra pioneira sobre a *Interpretação dos sonhos* (1900), já se diz: "O sonho se revela no exame psicológico como o primeiro elo na série de construtos psíquicos anormais, cujos elos posteriores, a fobia histérica, a representação compulsiva e a delirante, devem ocupar o médico por razões práticas. O sonho não pode pretender uma semelhante significação prática [...] mas tanto maior é seu valor

Em relação aos sonhos, Freud obriga o analista a ter a atitude rigorosa do intérprete. No importante capítulo 7 da *Interpretação dos sonhos*, ele professa suas próprias interpretações, não sem satisfação: "O que segundo a opinião dos (muitos) autores deve ser uma improvisação arbitrária, tramada às pressas no apuro do momento, nós o tratamos como um texto sagrado".[33]

Por outro lado, a concepção hermenêutica não basta, pois os sonhos pertencem aos textos com que o próprio autor se defronta como algo alienado e incompreensível. O analista precisa investigar atrás do conteúdo manifesto do texto onírico, a fim de apreender os pensamentos latentes do sonho. A técnica da interpretação do sonho vai além da arte da hermenêutica na medida em que tem de alcançar não apenas o sentido de um texto possivelmente deturpado, mas *o sentido da própria deturpação do sonho*, a transformação de um pensamento latente do sonho no sonho manifesto, portanto, na medida em que tem de reconstruir o que Freud denominou o "trabalho do sonho". A interpretação dos sonhos conduz a uma reflexão que percorre o mesmo caminho pelo qual se desenvolveu o texto onírico: ela se comporta de maneira complementária em relação ao trabalho do sonho. Nesse processo, o analista pode se apoiar sobre a associação livre de elementos singulares do sonho e sobre os complementos espontâneos posteriores direcionados ao texto que foi comunicado de início.

---

teórico como paradigma, e quem não sabe explicar o surgimento das imagens oníricas se empenhará em vão [...] para compreender as fobias, as ideias compulsivas e as delirantes" (ibid., p.VII).

33 Ibid., p.518.

A camada superior do sonho que pode ser identificada e removida dessa maneira é a fachada onírica, o resultado de uma elaboração secundária que só começou depois que a recordação do sonho emergiu como objeto para a consciência do sonhador, quando desperto. Essa atividade racionalizadora busca sistematizar conteúdos confusos, preencher lacunas e aplainar contradições. A camada seguinte do sonho se deixa resumir aos resíduos diurnos pendentes, ou seja, aos fragmentos textuais dos jogos de linguagem da véspera que se chocaram com bloqueios e não foram levados até o fim. Resta uma camada profunda, com os conteúdos simbólicos que se comportam de maneira resistente perante o trabalho de interpretação. Freud denomina-os de verdadeiros símbolos do sonho, a saber, representações que expressam um conteúdo latente metafórica ou alegoricamente, ou sob um outro disfarce sistemático. A próxima informação que recebemos a respeito desses símbolos oníricos provém da experiência peculiar de *resistência* que contrapõem à interpretação. Essa resistência, que Freud atribui a uma censura onírica, torna-se patente nas associações falhas, hesitantes ou arrevesadas, tanto quanto no esquecimento de fragmentos textuais que são adicionados mais tarde:

> Não é possível ignorar as manifestações dessa resistência durante o trabalho. Em muitos pontos, as associações são dadas sem hesitação, e já a primeira ou a segunda associação traz o esclarecimento. Em outros, o paciente estaca e vacila antes de exprimir uma associação, e então é preciso escutar amiúde uma longa cadeia de associações antes de ter algo de útil para a compreensão do sonho. Quanto mais longa e arrevesada a cadeia associativa, tanto mais forte é a resistência, nós o supomos, certamente com razão. Tam-

> bém no esquecimento dos sonhos detectamos a mesma influência. Ocorre com bastante frequência que o paciente não possa mais se lembrar de um de seus sonhos, apesar de todo o esforço. Mas, depois que eliminamos em uma parte do trabalho analítico uma dificuldade que havia incomodado o paciente em sua relação com a análise, o sonho esquecido reaparece de súbito. Também duas outras observações fazem parte disso. Sucede com muita frequência que de um sonho se omite inicialmente um fragmento que depois é acrescido como adendo. Isso deve ser compreendido como uma tentativa de esquecer esse fragmento. A experiência mostra que justamente esse fragmento é o mais significativo; supomos que no caminho de sua comunicação se encontrava uma resistência mais forte do que no caso dos demais. Além disso, vemos amiúde que o sonhador trabalha contra o esquecimento de seus sonhos, fixando o sonho por escrito imediatamente depois de despertar [...] Tiramos disso tudo a conclusão de que a resistência que notamos no trabalho de interpretação do sonho tem de possuir uma participação também no desenvolvimento do sonho. É possível distinguir diretamente sonhos que se originaram sob pouca e alta pressão de resistência. Mas essa pressão cambia também no interior do mesmo sonho, de passagem a passagem; ela é responsável pelas lacunas, obscuridades e confusões que podem interromper a contextura dos mais belos sonhos.[34]

Mais tarde, Freud concebeu também os sonhos de punição como uma reação onírica aos desejos precedentes.[35] A resistên-

---

34 Ibid., v.15, p.13-14.

35 Ibid., p.28-29. Para a concepção anterior, cf. id., Traumdeutung, p.479-480, 563 et seq.

cia, que o analista experimenta na tentativa de desenlaçar os pensamentos latentes do sonho de seu disfarce, é a chave para o mecanismo do trabalho do sonho. A resistência é o indício seguro de um conflito:

> É preciso haver uma força que quer expressar algo e uma outra que teima em não admitir essa manifestação. O que então sucede como sonho manifesto pode resumir todas as decisões nas quais se condensou essa luta dos dois esforços. Em um ponto pode ser que uma força consiga impor o que ela queria dizer, em outro ponto a instância resistente tem sucesso em extinguir por completo a comunicação intencionada ou substituí-la por algo que não revela nenhum sinal dela. Mais frequentes, e para a formação do sonho mais característicos, são os casos em que o conflito se desfechou em um compromisso, de sorte que a instância comunicante conseguiu dizer, sem dúvida, o que ela queria, mas não do modo como ela o queria, e sim apenas de maneira mitigada, deturpada e irreconhecível. Ou seja, se o sonho não reproduz fielmente os pensamentos do sonho, se é preciso um trabalho de interpretação para lançar pontes sobre o abismo entre ambos, então isso é um êxito da instância resistente, inibidora e restritiva, que temos de explorar a partir da percepção da resistência na interpretação do sonho.[36]

Podemos supor que a instância restritiva que controla de dia a fala e a ação, reprime os motivos da ação, mas durante o sono afrouxa sua dominação, confiando na aquietação da atividade motora. Ela impede a realização das motivações

36 Ibid., v.15, p.14-15.

indesejadas, tirando de circulação as interpretações correspondentes, isto é, representações e símbolos. Essa circulação consiste de interações aprendidas, ligadas à esfera pública da comunicação em linguagem corrente. As instituições do intercurso social licenciam apenas determinados motivos de ação; a outras disposições de carências, atadas igualmente às interpretações em linguagem corrente, está vedado o caminho para ação manifesta, seja por violência direta do oponente, seja pela sanção das normas sociais reconhecidas. Tais conflitos, de início exteriores, têm um prosseguimento intrapsíquico, na medida em que não podem ser suportados conscientemente, convertendo-se em um conflito permanente entre uma instância de defesa, representando a repressão social, e os motivos de ação não realizáveis. O caminho psiquicamente mais eficaz para tornar inócuas as disposições de carências indesejadas é *excluir da comunicação pública* as interpretações às quais se atam – justamente *o recalque*. Os símbolos atravancados e os motivos assim reprimidos são denominados por Freud "desejos inconscientes". As motivações conscientes, presentes no uso público da linguagem, são metamorfoseadas pelo mecanismo de recalque em motivos inconscientes, tornando-se desprovidos de fala, por assim dizer. No sono, quando a censura pode ser afrouxada por conta da paralisação da atividade motora, os motivos recalcados encontram, graças ao vínculo com os símbolos publicamente admitidos dos resíduos diurnos, uma linguagem, mas *uma linguagem privatizada* – "pois o sonho não é em si uma manifestação social, não é um meio de entendimento".[37]

37 Ibid., p.8.

É possível conceber o texto do sonho como um compromisso. Este se fecha entre uma censura social substituída no si-mesmo, por um lado, e os motivos inconscientes, excluídos da comunicação, por outro. Visto que os motivos inconscientes penetram, sob as condições excepcionais do sono, no material do pré-consciente, publicamente comunicável, a linguagem de compromisso do texto onírico se caracteriza por um vínculo peculiar de linguagem pública e privatizada. A sequência de cenas visuais não se ordena mais segundo regras sintáticas, pois faltam os meios linguísticos diferenciadores para as relações lógicas; mesmo as regras fundamentais elementares da lógica são colocadas fora de ação. Na linguagem "desgramaticalizada" do sonho, os nexos se produzem por sobreposição e por uma compressão do material; Freud fala de "condensação". Essas imagens comprimidas da linguagem primitiva do sonho são apropriadas para transferir os acentos de significação, deslocando assim as significações originais. O mecanismo de "deslocamento" serve à instância de censura para deturpar o sentido original. O outro mecanismo é a erradicação de passagens chocantes do texto. Também vai ao encontro das omissões a estrutura da linguagem onírica, com suas compressões ligadas de maneira apenas branda.

A análise do sonho reconhece na *omissão* e no *deslocamento* duas estratégias distintas de defesa: o recalque no sentido mais estrito, dirigido repressivamente contra o si-mesmo, e o disfarce, passível de tornar-se também o fundamento para uma guinada projetiva do si-mesmo para fora. No nosso contexto, é interessante que Freud tenha descoberto essas estratégias de defesa originalmente nas mutilações e nas distorções do texto onírico. Pois a defesa se dirige de imediato contra as interpretações dos motivos da ação. Estes são tornados inócuos porque os símbolos aos quais se ligam as disposições de carências desaparecem da comunicação pública. Por conseguinte, cabe falar de "censura" em um sentido bastante exato: a censura psicológica, assim como a oficial, reprime o material linguístico e os significados articulados nele. Ambas as formas de censura se servem dos mesmos mecanismos de defesa: aos procedimentos de proibição e reelaboração do texto correspondem os mecanismos psíquicos de omissão (recalque) e deslocamento.[38]

Por fim, o conteúdo latente, que a análise do sonho libera em regra, lança luz sobre o valor posicional da produção oní-

---

38 Enquanto hoje a censura proíbe livros indesejados, confisca e destrói edições, anteriormente prevalecia outros métodos de esterilização: "Ou as passagens chocantes eram grosseiramente riscadas, de modo que ficavam ilegíveis, e nesse caso elas tampouco podiam ser transcritas, e o copista mais próximo do livro oferecia um texto irrepreensível, mas cheio de lacunas em algumas passagens e talvez incompreensível ali. Ou não se ficava satisfeito com isso, queria-se evitar também o indício de mutilação do texto, ou seja, passava-se a deturpar o texto. Diversas palavras eram selecionadas ou substituídas por outras, novas frases eram intercaladas; o melhor era riscar a passagem inteira e inserir em seu lugar uma outra que afirmasse o exato oposto. O copista mais próximo do livro podia então produzir um texto insuspeito, mas que era falsificado; ele não continha mais o que o autor havia querido comunicar, e muito provavelmente ele não havia sido corrigido para a verdade. Se não se realiza a comparação de maneira por demais rigorosa, pode-se dizer que o recalque se relaciona com os outros métodos de defesa como a omissão em relação à deturpação de textos, e nas formas diversas dessa falsificação, pode-se encontrar as analogias para a multiplicidade da alteração do Eu" (ibid., v.16, p.81-82).

rica em geral. Trata-se da *repetição de cenas da infância investidas de conflito*: "O sonho é um fragmento da vida psíquica infantil suplantada".[39] As cenas infantis permitem concluir que os desejos inconscientes mais produtivos provêm de recalques sucedidos em um período relativamente cedo, ou seja, derivam de conflitos nos quais a pessoa da criança, não completamente formada e dependente, foi submetida constantemente à autoridade das primeiras pessoas de referência e às exigências sociais representadas por elas. Assim, Freud pôde resumir, já em 1900, o resultado de uma psicologia dos processos oníricos na tese segundo a qual a elaboração típica do sonho "de uma corrente de pensamentos só ocorre quando se tornou a transferência de um desejo inconsciente, que provem do infantil e que se encontra sob o recalque".[40] É por isso que cabe à análise do sonho a tarefa determinada de "erguer o véu da amnésia que esconde os primeiros anos infantis e trazer à lembrança consciente as manifestações, neles contidas, da vida sexual na primeira infância".[41]

A regressão noturna da vida psíquica à fase da infância torna compreensível o caráter peculiarmente atemporal dos motivos inconscientes. Tão logo os símbolos segregados e os motivos recalcados da ação conseguem obter, contra a censura instituída, o acesso ao material suscetível de consciência, como no sonho, ou o acesso ao domínio da comunicação pública e da interação avezada, como nos sintomas de diversas neuroses, eles acabam ligando o presente a constelações do passado.

---

39 Ibid., v.2/3, p.572-573.

40 Ibid., p.603.

41 Ibid., v.15, p.29.

Freud transfere as determinações que obteve do modelo normal do texto onírico para aqueles fenômenos da vida desperta cuja simbólica é mutilada e deturpada de maneira análoga à linguagem "desgramaticalizada" do sonho. Nesse processo, os quadros clínicos de histeria de conversão, de neurose obsessiva e de diversas fobias aparecem somente como casos patológicos limites em uma escala de atitudes falhas que em parte residem no interior do domínio normal, em parte representam elas mesmas os *standards* do que vale como normal. Pois "*defectivo*" é, em sentido metodológico estrito, todo *desvio do modelo do jogo de linguagem da ação comunicativa*, no qual coincidem os motivos da ação e as intenções linguisticamente expressas. Os símbolos segregados e as disposições de carências associadas a eles não são admitidas naquele modelo; supõe-se que eles ou não existem, ou, se existem, permanecem sem consequências no plano da comunicação pública, da interação avezada e da expressão observável. Um tal modelo poderia, no entanto, encontrar uma aplicação universal somente sob as condições de uma sociedade não repressiva; os desvios do modelo são, por isso, sob todas as condições sociais conhecidas, o caso normal.

Ao domínio de objetos da hermenêutica profunda pertencem todas as passagens nas quais o texto de nosso jogo de linguagem cotidiano é quebrado por símbolos incompreensíveis, em razão de distúrbios internos. Esses símbolos são incompreensíveis porque não obedecem às regras gramaticais da linguagem corrente, às normas da ação e de padrões culturalmente exercidos de expressão. Eles são ou ignorados e encobertos, ou racionalizados por elaboração secundária (caso já não sejam eles mesmos resultados de racionalizações), ou ainda reduzidos a distúrbios externos, somáticos. Freud abarca essas formações simbólicas desviantes, que estuda no sonho como exemplares, com a expressão *sintoma*, tirada da medicina. Os sintomas são persistentes, só desaparecem em caso normal quando substituídos por equivalentes funcionais. A persistência dos sintomas é expressão de uma fixação de representações e modos de comportamento em padrões constantes e compulsivos. Eles restringem o espaço de flexibilidade da fala e da ação comunicativa; eles podem tanto rebaixar o conteúdo de realidade das percepções e dos processos intelectuais quanto desequilibrar a economia dos afetos, submeter o comportamento a ritualizações ou prejudicar de modo imediato as funções corporais. Os sintomas se deixam compreender como resultado de um compromisso entre desejos recalcados que procedem da infância e de proibições socialmente impostas à satisfação do desejo. É por isso que, na maioria das vezes, eles tornam patentes, mesmo que em porções cambiantes, os dois momentos: possuem o caráter de formações substitutivas para uma satisfação frustrada e são também expressão da sanção com que a instância defensiva ameaça o desejo inconsciente. Enfim, os sintomas são indícios de uma autoalienação específica do sujeito concernido. Nos pontos de rotura do texto se impôs o conteúdo de uma interpretação produzida pelo si-mesmo, mas estranha ao Eu. Visto que os símbolos que interpretam as carências reprimidas são excluídos da comunicação pública, *a comunicação do sujeito falante e agente consigo mesmo se interrompe*. A linguagem privatizada dos motivos inconscientes se esquivou ao Eu, embora ela retroaja muito certamente sobre o uso da linguagem controlado pelo Eu e sobre as motivações de suas ações – com o resultado de que o Eu se ilude necessariamente sobre sua identidade nos nexos simbólicos que produz com consciência.

De maneira usual, o intérprete tem a tarefa de mediar a comunicação entre dois parceiros de línguas distintas: ele traduz de uma linguagem para a outra, ele provoca a intersubjetividade da validade dos símbolos e das regras linguísticas, ele suplanta as dificuldades de entendimento entre os parceiros, separados por motivos históricos, sociais ou culturais. Esse modelo da hermenêutica das ciências do espírito não é pertinente para o trabalho de interpretação psicanalítica. Pois, mesmo no caso limite patológico da neurose, o entendimento do paciente com seu parceiro de diálogo e de papel não é perturbado diretamente, mas apenas indiretamente pela repercussão dos sintomas. Tudo se passa de tal modo que o neurótico, mesmo sob as condições da repressão, cuida da manutenção da intersubjetividade do entendimento cotidiano e segue as expectativas sancionadas. Pela comunicação não perturbada sob essas circunstâncias da frustração, ele paga então o preço do *distúrbio da comunicação em si mesmo*. Contudo, se a restrição da comunicação pública, institucionalmente necessária nas relações de dominação, não deve afetar a aparência de intersubjetividade da ação comunicativa sem coerção, as barreiras da comunicação têm de ser erigidas no interior dos sujeitos. Assim, a *parte privatizada da linguagem excomungada* [*exkommuniziert*], juntamente com os motivos indesejados da ação, é silenciada na pessoa do neurótico, tornando-se inacessível para ele mesmo. Esse distúrbio da comunicação requer um intérprete que faça a mediação não entre dois parceiros de línguas distintas, mas que ensine a um e mesmo sujeito a compreender a própria linguagem. O analista orienta o paciente para que ele aprenda a ler os próprios textos, mutilados e deturpados por ele mesmo, traduzindo os símbolos de um modo de expressão deformada na linguagem privada para o modo de expressão da comunicação pública. Essa tradução explora, para uma recordação até então bloqueada, as fases geneticamente importantes da história de vida, tomando-se consciência do próprio processo de formação: nesse aspecto, a hermenêutica psicanalítica não visa, como a hermenêutica das ciências do espírito, à compreensão dos nexos simbólicos; antes, *o ato da compreensão*, ao qual ela conduz, *é autorreflexão*.

A tese de que a recordação psicanalítica pertence ao tipo da autorreflexão é facilmente demonstrável pelas investigações de Freud sobre a *técnica de análise*.[42] Pois não se pode determinar o tratamento analítico sem fazer referência à experiência da reflexão. A hermenêutica obtém seu valor posicional no processo de emergência da consciência de si; não basta falar da tradução de um texto, a própria tradução é reflexão: "tradução do inconsciente no consciente".[43] Recalques só podem ser superados por força da reflexão:

> A tarefa que o método psicanalítico se empenha em resolver se deixa expressar em fórmulas diversas, mas que são equivalentes segundo sua essência. Pode-se dizer: a tarefa da cura é superar as

---

42 Cf. sobretudo, id., Über wilde Psychoanalyse, p.118 et seq.; id., Erinnern, Wiederholen und Durcharbeiten, p.126 et seq.; id., Bemerkungen zur Übertragungsliebe, p.306 et seq.; id., Wege der psychoanalytischen Therapie, p.183 et seq.); id., Bemerkungen zu Theorie und Praxis der Traumdeutung, p.301 et seq.; id., Konstruktionen in der Analyse, p.43 et seq.; id., Die endliche und die unendliche Analyse, p.59 et seq.

43 Id., *Gesammelte Werke*, v.11, p.451.

> amnésias. Se todas as lacunas da recordação são preenchidas, se todos os efeitos enigmáticos da vida psíquica são esclarecidos, a continuação e até mesmo uma nova formação do sofrimento se tornou impossível. Pode-se formular a condição de outra maneira: é preciso desfazer todos os recalques; o estado psíquico é nesse caso o mesmo em que todas as amnésias são preenchidas. De maior alcance é uma outra formulação: trata-se de tornar o inconsciente acessível ao consciente, o que acontece mediante a suplantação das resistências.[44]

O ponto de partida da teoria é a experiência da resistência, precisamente aquela força bloqueadora que se contrapõe à comunicação livre e pública de conteúdos recalcados. A conscientização analítica se revela como processo de reflexão por não ser somente um processo no plano cognitivo, mas por dissolver, ao mesmo tempo, a resistência no plano afetivo. A limitação dogmática de uma falsa consciência se mede não pela *falha*, mas pela *inacessibilidade* específica de informações; não é apenas uma falta cognitiva, mas a falta se fixa no fundamento das atitudes afetivas por *standards* habitualizados. É por isso que a mera comunicação de informações e a denominação de resistências não possuem nenhum efeito terapêutico:

> É uma concepção há muito superada, prendendo-se à aparência superficial, aquela segundo a qual o doente padece em consequência de uma espécie de ignorância, e, quando se supera essa ignorância por meio da comunicação (sobre os nexos causais de sua doença com sua vida, sobre suas vivências de infância etc.),

44 Ibid., v.5, p.8.

> ele tem de se tornar saudável. Não é esse não saber em si que é o momento patogênico, mas a fundação do não saber em *resistências internas*, as quais primeiramente provocaram o não saber e o sustêm ainda agora. É no combate a essas resistências que reside a tarefa da terapia. A comunicação do que o doente não sabe, visto que ele o recalcou, é apenas uma das preparações necessárias para a terapia. Se o saber do inconsciente fosse tão importante para o doente como o inexperiente em psicanálise crê, para a cura iria bastar que ele ouvisse preleções ou lesse livros. Essas medidas, porém, têm tanta influência sobre os sintomas de sofrimento nervoso como a distribuição de cartas de *menu* para os famintos em uma época de fome. A comparação é útil até mesmo para além de seu primeiro emprego, pois a comunicação do inconsciente aos doentes tem regularmente a consequência de que o conflito se intensifica nele, exacerbando-se as moléstias.[45]

O trabalho do *analista* parece coincidir de início com o do historiador; mais exatamente, com o do *arqueólogo*, pois a tarefa consiste, com efeito, na reconstrução da pré-história do paciente. No final da análise deve ser possível expor em narrativas aqueles eventos dos anos de vida esquecidos, relevantes para a história da doença, os quais, no começo da análise, nem o médico nem o paciente conhecem. O trabalho intelectual é partilhado entre médico e paciente de tal maneira que um *reconstrói* o esquecido partindo dos textos defectivos do outro, partindo de seus sonhos, associações e repetições, ao passo que o outro *se recorda*, incitado pelas construções do médico, que são hipoteticamente propostas. O trabalho de construção

---

45 Ibid., v.8, p.123; cf. também v.10, p.135.

do analista interpretante torna patente, em termos de método, uma convergência de longo alcance com as reconstruções que o arqueólogo efetua em sítios, por exemplo. No entanto, enquanto a exposição histórica de um processo esquecido ou de uma "história" é a meta do arqueólogo, o "caminho que parte da construção do analista" termina "na recordação (atual) do analisando".[46] Só a recordação do paciente decide sobre a pertinência da construção; se é pertinente, ela tem de "trazer de volta", também para o paciente, um fragmento da história de vida perdida, isto é, tem de poder desencadear uma autorreflexão.

No começo de um passo do trabalho analítico, o saber do médico que constrói é distinto do saber do paciente que oferece resistência. Do ponto de vista do analista, a construção examinada de maneira hipotética, que inteira os elementos dispersos de um texto mutilado e deturpado formando um padrão compreensível, permanece somente "para nós" por um longo tempo, até que a comunicação da construção se transforme em esclarecimento, ou seja, em um saber "para ele", para a consciência do paciente: "*Nosso* saber nesse fragmento tornou-se então também *seu* saber".[47] O esforço comum que supera esse hiato entre a comunicação e o esclarecimento, Freud o denomina "perlaboração" [*Durcharbeiten*]. *A perlaboração* designa a parte dinâmica de uma operação cognitiva que leva à recognição somente contra as resistências.

O analista pode introduzir o processo de esclarecimento na medida em que consegue refuncionalizar a dinâmica do recal-

46 Ibid., v.16, p.52-53.
47 Ibid., v.17, p.104.

que, de tal maneira que ela não trabalha para a estabilização da resistência, mas para sua dissolução crítica:

> As moções inconscientes não querem ser lembradas, como a cura o deseja, mas se empenham por reproduzir-se, em correspondência com a atemporalidade e com a capacidade de alucinação do inconsciente. O doente atribui atualidade e realidade, em semelhança ao que se passa no sonho, aos resultados da descoberta de suas moções inconscientes; ele quer pôr em ação suas paixões, sem tomar consideração pela situação real. O médico quer compeli-lo a alinhar essas emoções no contexto do tratamento e de sua história de vida, para subordiná-las à consideração intelectual e reconhecê-las segundo seu valor psíquico. Essa luta entre médico e paciente, entre intelecto e vida pulsional, entre conhecer e querer agir, se passa quase exclusivamente nos fenômenos de transferência.[48]

O paciente se encontra sob a compulsão de repetir o conflito originário sob as condições da censura. Ele age nos trilhos das atitudes patológicas e das formações substitutivas, fixadas na infância como compromisso entre a realização do desejo e a defesa. O processo que o médico deve reconstruir se lhe contrapõe não como um assunto histórico, mas como um poder atual. Ora, as condições experimentais da situação de análise, de um lado, consistem em enfraquecer, mediante a diluição dos controles conscientes (distensão, associação livre, comunicação sem reservas), os mecanismos de defesa e em fortalecer inicialmente a necessidade de agir, mas, de outro lado, consistem em

---

48 Ibid., v.8, p.374.

fazer essas reações repetitivas correrem no vazio, dada a presença de um oponente reticente e capaz de tornar virtual a urgência, e, com isso, consistem em fazer essas reações retroagir sobre o próprio paciente. Assim, a neurose comum se transforma em uma *neurose de transferência*. A compulsão patológica à repetição pode ser reconfigurada sob as condições controladas de uma doença artificial, tornando-se "um motivo para a recordação". O médico utiliza a possibilidade de conferir aos sintomas um novo significado de transferência e "resolver com o trabalho da recordação o que o paciente gostaria de descarregar por meio de uma ação".[49] O controle, por assim dizer, experimental da "repetição" sob as condições da situação analítica oferece ao médico uma oportunidade de conhecimento e uma oportunidade de tratamento, em igual medida. O agir na situação de transferência (e em situações cotidianas equiparáveis na época do tratamento) leva a cenas que fornecem pontos de apoio para a reconstrução das cenas originárias do conflito infantil. Mas as construções do médico só podem ser convertidas em recordações atuais do paciente na medida em que este, confrontado com as consequências de seu agir ao se suspender na transferência a situação de urgência, aprende a se ver com os olhos de um outro e a refletir nos sintomas os derivados de suas próprias ações.

Nós partimos da tese segundo a qual o processo cognitivo do paciente, induzido pelo médico, pode ser concebido como autorreflexão. A lógica da situação de transferência e a divisão de trabalho na comunicação entre o médico que constrói e o paciente que transforma o agir em recordar apoia essa tese.

49 Ibid., v.10, p.133.

O discernimento analítico é complementário do processo mal orientado de formação. Ele se deve a um *processo de aprendizagem compensatório que anula os processos de segregação.* Trata-se aí da remoção de símbolos do uso público da linguagem, de uma distorção das regras vigentes da comunicação por uma linguagem privada, de um lado, e de uma esterilização dos motivos da ação associados aos símbolos excluídos, de outro. A totalidade virtual que se despedaça em função da segregação é representada pelo modelo da ação comunicativa pura. De acordo com esse modelo, todas as interações habitualizadas e todas as interpretações ricas em consequências para a práxis de vida são acessíveis em qualquer momento, com base no aparelho interiorizado da linguagem corrente não restringida, a uma comunicação sem coerção e pública, de sorte que se protege também a transparência da história de vida. Os processos de formação que desviam desse modelo (e Freud não deixa nenhuma dúvida de que, sob as condições de um desenvolvimento sexual bifásico com latência forçada, *todos* os processos de socialização têm de transcorrer de maneira *anômica* nesse sentido) remontam a uma repressão por parte de instâncias sociais. Essa influência externa foi substituída pela defesa intrapsíquica de uma instância erigida no interior, tornando-se persistente. Ela leva a compromissos de longo prazo com as pretensões da parte segregada, os quais ocorrem ao preço da compulsão patológica e da autoilusão. Este é o fundamento da formação dos sintomas, pela qual se afeta o texto dos jogos de linguagem cotidianos, tornando-se, assim, objeto de uma elaboração analítica possível.

A análise tem consequências terapêuticas imediatas, visto que a superação crítica dos bloqueios da consciência e a penetração nas falsas objetificações dão início à apropriação de um fragmento perdido da história de vida, fazendo recuar, desse modo, o processo de segregação. Por isso, o conhecimento analítico é autorreflexão. E por isso Freud rejeitou a comparação da psicanálise com a análise química. A análise e a decomposição de complexos em seus componentes simples não levam a uma multiplicidade de elementos que poderiam ser recompostos depois sintaticamente. A expressão "psicossíntese" é considerada por Freud uma frase sem conteúdo, já que não toca na operação específica da autorreflexão, em que a dissolução analítica *como tal* é a síntese, o restabelecimento de uma unidade corrompida:

> O doente neurótico nos defronta com uma vida psíquica dilacerada, alcantilada por contradições, e, enquanto a analisamos e removemos as resistências, essa vida psíquica vai crescendo junto, a grande unidade que chamamos seu Eu passa a incluir todas as moções pulsionais que eram até então segregadas e deixadas presas e de lado por ele.[50]

Três outras características apresentam a psicanálise como autorreflexão. De início, dois momentos estão inclusos nela em igual medida: o cognitivo e o afetivamente motivacional. Ela é crítica no sentido de que é inerente ao discernimento a força analítica de dissolver atitudes dogmáticas. A crítica *termina* em uma transformação do fundamento afetivo-motivacional, assim como ela *começa* também com a necessidade de uma transformação prática. A crítica não teria o poder de romper a

50 Ibid., v.12, p.186.

falsa consciência, se não é impelida por uma *paixão da crítica*. No começo se encontra a experiência do sofrimento e da aflição, e o interesse pela superação do estado oprimente. O paciente procura o médico porque sofre em seus sintomas e gostaria de convalescer deles – a psicanálise pode contar com isso também. Mas, diferentemente do tratamento médico usual, a pressão do sofrimento e o interesse pelo restabelecimento não são apenas *ensejo* para a introdução da terapia, mas o *pressuposto* do próprio sucesso da terapia.

> Durante o tratamento, é possível observar que toda melhora do estado de seu sofrimento retarda a velocidade do restabelecimento e diminui a força pulsional que impele para a cura. Mas não podemos renunciar a essa força pulsional [...] Por mias cruel que soe isso, temos de cuidar para que o sofrimento do doente não encontre um fim prematuro por qualquer medida eficaz. Se ele foi mitigado pela decomposição e depreciação dos sintomas, temos de incitá-lo de novo em algum outro lugar na forma de uma privação sensível, do contrário corremos o risco de nunca chegar a mais do que melhoras modestas e insustentáveis.[51]

Freud exige que o tratamento analítico seja efetuado sob as condições de abstinência. Ele gostaria de impedir que o paciente substitua prematuramente, no curso do tratamento, os sintomas pela satisfação substitutiva sem o caráter de sofrimento. Na práxis médica habitual, uma tal exigência iria parecer absurda; ela tem sentido na terapia psicanalítica porque seu sucesso não depende de uma influência tecnicamente exitosa

51 Ibid., p.188.

sobre o organismo doente por parte do médico, mas da marcha de uma autorreflexão do doente. Porém, esta permanece em marcha, enquanto o conhecimento analítico é impelido, contra as resistências motivacionais, pelo *interesse no autoconhecimento*.

Uma outra característica tem a ver com isso. Freud sempre acentuou que, ao paciente que se doa no tratamento analítico, não é permitido se relacionar com sua doença da maneira que se relaciona com um sofrimento somático. É preciso levá-lo a considerar o acontecimento da doença como uma parte de si mesmo. Em vez de tratar os sintomas e suas causas como um elemento exterior, o paciente tem de estar pronto para assumir de certa maneira uma responsabilidade pela doença. Freud discutiu esse problema no caso análogo da responsabilidade pelo conteúdo dos sonhos:

> Evidentemente, é preciso tomar-se por responsável por suas moções oníricas más [...] Se o conteúdo do sonho [...] não é inspiração de espíritos estranhos, então ele é um fragmento de meu ser. Se eu quero classificar as tendências dadas em mim, conforme os padrões de medida sociais, em boas e más, então eu tenho de sustentar para os tipos a responsabilidade, e se eu digo defensivamente que o que é desconhecido, inconsciente e recalcado em mim não é meu "Eu", então não estou no terreno da psicanálise, não aceitei suas explicações e posso ser corrigido pela crítica de meus próximos, pelos incômodos de minhas ações e pelas confusões de meus sentimentos. Posso vir a saber que isso denegado por mim não "é" somente em mim, mas por vezes "atua" também fora de mim.[52]

52 Ibid., v.1, p.567.

Visto que a análise exige do doente a experiência da autorreflexão, ela requer uma "responsabilidade ética pelo conteúdo" da doença. Pois o discernimento ao qual a análise deve conduzir é, com efeito, unicamente aquele segundo o qual o *Eu* do paciente se reconhece em seu outro representado pela doença, como *seu si-mesmo* que lhe foi alienado, identificando-se com ele. Como na dialética da eticidade de Hegel, o criminoso reconhece em sua vítima o próprio ser arruinado, uma autorreflexão mediante a qual as partes abstratamente separadas reconhecem a totalidade ética destruída como seu fundamento comum *e com isso* retornam a ele. O conhecimento analítico é, ao mesmo tempo, um discernimento moral, visto que, no movimento de autorreflexão, a unidade da razão teórica e da razão prática não é ainda suspensa.

Uma última peculiaridade da análise confirma esse caráter. A exigência de que a ninguém é lícito exercer uma análise se não se submeteu antes a uma análise didática parece corresponder aos requisitos usuais de qualificação médica. Deve-se ter apreendido a profissão que se quer exercer. Mas a exigência que previne contra os riscos da análise "selvagem" postula mais do que uma formação suficiente. Antes, requer-se do analista que ele suporte uma análise no papel do paciente, a fim de libertar-se justamente das doenças que tem de tratar mais tarde como analista. Essa circunstância é digna de nota: "Não se afirma de hábito que alguém não serve como médico para doenças internas se seus órgãos internos não são saudáveis; ao contrário, pode-se achar certas vantagens se alguém ameaçado pela tuberculose se especializa no tratamento de tuberculoses".[53]

53 Ibid., v.16, p.93-94.

Mas é manifesto que a situação analítica encerra riscos que não são típicos da práxis médica usual – "fontes de erros da equação pessoal". O médico é inibido em seu trabalho de interpretação psicanalítica e não alcança as construções corretas quando ele mesmo, sob a compulsão de motivos inconscientes, projeta sobre seu defrontante as próprias angústias ou não percebe determinados modos de comportamento do paciente:

> O médico doente do pulmão ou do coração, na medida em que permaneceu capacitado de modo geral, não será impedido por sua doença nem no diagnóstico nem na terapia dos sofrimentos internos, ao passo que o analista, por consequência das condições especiais do trabalho analítico, é realmente estorvado por seus próprios defeitos na apreensão correta das condições dos pacientes e na reação a elas de maneira útil.[54]

Em outra passagem, Freud atribui essa circunstância a "um momento particular ligado ao objeto", "uma vez que na psicologia não se trata, como na física, de poder despertar somente um interesse científico frio".[55] Na situação de transferência, o médico não procede de maneira contemplativa; pelo contrário, obtém sua interpretação na medida em que assume de forma metódica *o papel do parceiro*: ele converte a compulsão neurótica à repetição em uma identificação de transferência, preserva e, ao mesmo tempo, virtualiza as transferências ambivalentes e, no instante correto, desliga o vínculo do paciente consigo. Nisso tudo, o médico se faz de instrumento do conhecimento, mas

---

54 Ibid., p.94.
55 Ibid., v.12, p.127.

não por eliminação, mas justamente pela *intervenção controlada de sua subjetividade.*[56]

Em uma fase posterior de seu desenvolvimento, Freud inscreveu as suposições fundamentais da psicanálise em um *modelo estrutural.*[57] O concurso das três instâncias, Eu, Isso e Supereu [*Ich, Es* e *Über-Ich*], representa o contexto funcional do aparelho psíquico. Os nomes das três instâncias não combinam muito com a concepção mecanicista básica de Freud sobre a estrutura da vida psíquica, embora devam servir para explicar o modo de trabalho do aparelho psíquico. As construções conceituais *Eu, Isso* e *Supereu* devem seus nomes, não por acaso, à experiência da *reflexão*. Só posteriormente foram transpostos para um quadro de referências objetivista e reinterpretados. As funções do Eu, em conexão com as duas outras instâncias, Isso

56 No entanto, o autocontrole adquirido pela análise didática não é necessária apenas para, durante a análise, manter a superioridade de quem entra em interações, conserva nelas uma certa distância e altera planejadamente os padrões interativos. Ainda mais importante é a circunstância de que o paciente só pode, de modo geral, galgar à etapa da autorreflexão, na qual o médico se lhe contrapõe. Autorreflexão não é um movimento solitário, liga-se à intersubjetividade de uma comunicação linguística com um outro; a consciência de si constitui-se, por fim, apenas na base do reconhecimento recíproco. Se o médico faz o paciente se desligar da situação de transferência e o libera como um Eu autônomo, os sujeitos têm de adotar uma posição entre si na qual o que recebeu alta sabe que a identidade do Eu só é possível pela identidade do outro que o reconhece, dependente, por sua vez, de seu reconhecimento.

57 Freud, Das Ich und das Es, p.235 et seq.; id., Hemmung, Symptom, Angst, p.111 et seq.; id., Neue Folge der Vorlesungen zur Einführung in die Psychoanalyse; id., Abriß der Psychoanalyse, p.63 et seq.

e Supereu, foram descobertas por Freud na interpretação dos sonhos e no diálogo analítico, portanto, na exegese de textos especificamente mutilados e deturpados. Ele acentua que "a teoria psicanalítica inteira é construída propriamente sobre a percepção da resistência que o paciente oferece na tentativa de torná-lo consciente de seu inconsciente".[58] Na resistência se manifesta uma operação de defesa peculiar, que deve ser compreendida tendo em vista tanto a instância defensiva como o próprio material repelido e recalcado.

Resistência significa: manter afastado da consciência. Portanto, contamos com uma esfera do consciente e do pré-consciente, dado juntamente no horizonte da consciência, evocável em qualquer momento e conectado com a comunicação linguística e com as ações. Ele cumpre o critério da publicidade, e isso significa a comunicabilidade, seja em palavras, seja em ações. Em contrapartida, *o inconsciente é retirado à comunicação pública*. Não obstante, na medida em que ele se exterioriza em símbolos ou em ações, mostra-se como sintoma, isto é, como mutilação e deturpação do texto dos jogos de linguagem habitualizados no cotidiano. A experiência da resistência e a distorção específica dos nexos simbólicos remetem de forma complementar à mesma coisa: ao inconsciente, que, de um lado, é "reprimido", ou seja, é afastado da comunicação pública, mas, de outro, se insinua por meandros nas falas públicas e nas ações observáveis, "impingindo-se" à consciência: repressão e movimento ascensional são os dois momentos do "recalque".

Partindo das experiências da comunicação do médico com seu paciente, Freud obteve o conceito de inconsciente em uma

---

58 Id., *Gesammelte Werke*, v.15, p.74.

forma específica de distúrbio da comunicação em linguagem corrente. Para isso teria sido necessária, na verdade, uma *teoria da linguagem* que não existia então e, até hoje, apenas se delineia em seus esboços. Em todo caso, encontram-se algumas observações esclarecedoras. A espécie humana se distingue do animal por uma

> complicação [...] pela qual também os processos internos no Eu podem adquirir a qualidade de consciência. Esta é a obra da função de linguagem que coloca em vínculo sólido os conteúdos do Eu com os traços mnêmicos das percepções visuais, mas em especial das acústicas. A partir daí, a periferia perceptiva da camada cortical pode ser excitada, em uma extensão muito maior, também por dentro, processos interiores como séries de representações e processos de pensamento podem tornar-se conscientes, e se carece de um dispositivo especial que distingue entre as duas possibilidades, o assim chamado *teste de realidade*. A equiparação "percepção–realidade" (mundo exterior) caducou. Erros que resultam agora facilmente, no sonho regularmente, são chamados de *alucinações*.[59]

A função de linguagem que Freud tem em vista nessa passagem é uma estabilização dos processos de consciência pelo fato de que o "interno" se liga a símbolos, ganhando existência "externa". Em razão dessa função, as barreiras das operações da inteligência animal podem ser rebentadas, e é possível que o comportamento adaptativo se transforme em ação instrumental. Freud partilha o conceito pragmatista de pensamento como

59 Ibid., v.17, p.84.

ação de prova, como "um tatear motor com baixo dispêndio de descarga".[60] Através dos símbolos linguísticos, cadeias de ação alternativas podem ser simuladas a título de ensaio, isto é, calculadas. Por isso, a linguagem é a base das operações do Eu de que depende a capacidade para o teste de realidade. Em sentido estrito, o teste de realidade só se torna necessário, por outro lado, depois que as carências se vincularam alucinatoriamente a antecipações de satisfações e, com isso, foram canalizadas como carências culturalmente determinadas. Só *no medium da linguagem* se articula, na forma de *carências interpretadas*, a herança, ligada à história natural, da potencialidade pulsional plástica, sem dúvida prejulgada no sentido libidinoso e no agressivo, mas de resto indefinida, já que se desacopla da atividade motora herdada. No plano antropológico, as demandas pulsionais são representadas por interpretações, ou seja, por satisfações alucinatórias do desejo. Uma vez que as demandas libidinosas e as agressivas excedentes são disfuncionais para a autoafirmação dos indivíduos e da espécie, elas se chocam com a realidade. Testando a realidade, a instância do Eu torna previsíveis esses conflitos; ela reconhece quais moções pulsionais, quando motivam as ações, suscitariam situações perigosas e tornariam inevitáveis alguns conflitos externos. O Eu reconhece semelhantes moções pulsionais, mesmo indiretamente, como perigos. Ele reage com angústia e com técnicas da defesa de angústia. Nos casos em que o conflito entre desejo e realidade não pode ser solucionado por meio de intervenções na realidade, só resta a fuga. Porém, se, no caso de um excesso constante de fantasia desiderativa para além das possibilidades de satisfação real, a

60 Ibid., v.14, p.14.

situação normal não oferece nenhum chance de fuga, a técnica da defesa de angústia se volta da realidade, como fonte imediata de perigos, e se dirige contra as demandas pulsionais identificadas como fontes indiretas de perigos. "Parece claro então que o processo de defesa (intrapsíquico) é análogo à fuga pela qual o Eu escapa a um perigo que o ameaça exteriormente, ou seja, que ele representa justamente uma tentativa de fuga diante de um perigo pulsional."[61]

Essa tentativa de conceber o processo de defesa interno segundo o padrão da reação de fuga leva a formulações que concordam surpreendentemente com os discernimentos hermenêuticos da psicanálise: o Eu em fuga, que não consegue mais escapar a uma realidade externa, precisa se ocultar de si mesmo. O texto no qual o Eu se compreende a si mesmo em sua situação é depurado, por isso, dos representantes das demandas pulsionais indesejadas, ou seja, é censurado. A identidade dessa parte psíquica defensiva com o si-mesmo é negada, é reificada, para o Eu, constituindo um elemento neutro, um Isso [*Es*]. O que vale também para os representantes do Isso no plano do contexto simbólico depurado, para os sintomas:

> O processo que se tornou sintoma pelo recalque afirma agora sua existência fora da organização do Eu e independentemente dela. E não ele somente, também todos os seus derivados usufruem da mesma prerrogativa, poder-se-ia dizer: da exterritorialidade, e, onde eles se encontram por associação com partes da organização do Eu, é de se perguntar se eles não aliciarão essas partes e se não se propagarão com esse ganho à custa do Eu.

61 Ibid., v.19, p.176.

> Uma analogia que nos é familiar há muito tempo considera o sintoma como um corpo estranho, que sustém incessantemente fenômenos de estímulo e reação nas atividades em que ele se inseriu. Sem dúvida, ocorre que a luta defensiva contra a moção pulsional desagradável é concluída pela formação de sintoma; até onde podemos ver, isso é possível sobretudo na conversão histérica, mas, em regra, o percurso é outro; após o primeiro ato de recalque, segue-se um epílogo moroso ou nunca terminável, a luta contra a moção pulsional encontra seu prosseguimento na luta contra o sintoma.[62]

A luta defensiva secundária contra os sintomas mostra que o processo de fuga interna com o qual o Eu se oculta de si mesmo substitui um inimigo externo pelos derivados do Isso que foram neutralizados, constituindo-se em corpos estranhos.

A fuga do Eu de si mesmo é *uma operação que se conduz na e com a linguagem*; do contrário, não seria possível *anular o processo de defesa hermeneuticamente, pelo caminho de uma análise da linguagem*. Freud tentou conceber o ato de recalque no quadro linguístico como um desligamento das representações pulsionais em relação à linguagem como tal. Nesse contexto, ele parte da suposição segundo a qual

> a diferença real entre uma representação *Ics* e uma representação *Pcs* (um pensamento) consiste em que a primeira se efetua em um material qualquer que permanece desconhecido, ao passo que na última (a *Pcs*) aparece o vínculo com *representações de palavras* [...] A questão: como tomar consciência de algo? soaria, portanto,

62 Ibid., v.14, p.125.

de maneira mais conveniente: como ter pré-consciência de algo? E a resposta seria: por meio do vínculo com representações de palavras correspondentes.[63]

Ora, a distinção entre representações de palavras e representações isentas de símbolos é tão problemática quanto é insatisfatória a suposição de um substrato não linguístico, no qual essas representações desligadas da linguagem pudessem "efetuar-se". Acresce-se que não é possível ver muito bem segundo que regras, se não as *gramaticais*, as representações inconscientes iriam se vincular com resíduos de palavras. Nesse ponto, a falta de uma teoria desenvolvida da linguagem se torna notável. Parece-me mais plausível conceber o ato de recalque como uma remoção das interpretações das carências. A linguagem onírica desgramaticalizada e imageticamente comprimida oferece pontos de apoio para um tal *modelo de excomungação*. Esse processo seria a reprodução intrapsíquica de uma categoria determinada de punição, cuja eficácia era patente sobretudo nos tempos arcaicos: a expulsão e o degredo, cuja linguagem ele partilha. Com a *segregação de diversos símbolos da comunicação pública* seria posta, ao mesmo tempo, uma *privatização de seu conteúdo semântico*.[64] Contudo, um nexo lógico da linguagem deformada

63 Ibid., v.13, p.247. [*Ics* e *Pcs* traduzem respectivamente *Ubw* e *Vbw*, ou seja, sinais que designam o *inconsciente* e o *pré-consciente* em Freud – N. T.]

64 Esse conceito de recalque como deformação da linguagem corrente, ao modo de uma linguagem privada, foi desdobrado muito convincentemente por Alfred Lorenzer, partindo do próprio exemplo freudiano da fobia de cavalos do pequeno Hans. Cf. Lorenzer, *Der Prozeß des Verstehens in der psychoanalytischen Operation* (manuscrito).

com a pública se conserva, na medida em que continua possível uma tradução partindo do dialeto da linguagem privada – nisso consiste, com efeito, a atividade do terapeuta como análise de linguagem.

As construções conceituais do Eu e do Isso resultaram de uma interpretação das experiências do analista com a "resistência" do paciente. Freud concebeu o processo de defesa como a inversão da reflexão, ou seja, como o processo análogo à fuga por meio do qual o Eu se esconde de si mesmo. "Isso" é então o nome para a parte do si-mesmo externalizada em virtude da defesa, ao passo que o "Eu" é a instância que cumpre a tarefa de teste de realidade e de censura das pulsões. Com essa distinção estrutural parece coincidir a distinção topológica em inconsciente e consciente (ou pré-consciente). Se é lícito chamar reflexão a conscientização do inconsciente, então o processo em direção contrária à reflexão deve transformar o consciente em inconsciente. Ora, a mesma experiência clínica da qual provieram as construções do Eu e do Isso mostra que a atividade da instância defensiva de modo algum decorre sempre com consciência, mas até mesmo na maioria das vezes de maneira inconsciente. Isso obrigou a introduzir a categoria de "Supereu":

> O sinal objetivo da resistência é que as associações do paciente falham ou se distanciam muito do tema tratado. Ele pode reconhecer a resistência também subjetivamente, pelo fato de que tem sensações penosas quando se aproxima do tema. Mas é possível que esse sinal último fique ausente. Então dissemos ao paciente que concluímos de seu comportamento que ele se encontra agora em resistência, e ele responde que não sabe de nada disso, nota

apenas a dificultação das associações. Torna-se patente que tínhamos razão, mas então sua resistência era também inconsciente, tão inconsciente quanto o recalcado, em cuja elevação nós trabalhamos. Há muito se deveria ter lançado a questão: de qual parte de sua vida psíquica provém uma tal resistência inconsciente? O principiante na psicanálise será célere com a resposta à mão: é justamente a resistência do inconsciente. Uma resposta ambígua, inútil! Se com isso se quer dizer que ela provém do recalcado, então temos de dizer: certamente que não! Ao recalcado temos de atribuir antes um forte movimento ascensional, um ímpeto para penetrar na consciência. A resistência só pode ser uma manifestação do Eu, que efetuou a seu tempo o recalque e agora quer preservá-lo. É desse modo que sempre concebemos, mesmo anteriormente. Desde que supomos uma instância especial no Eu que defende as exigências de restrição e recusa, o Supereu, podemos dizer que o recalque é a obra desse Supereu, que ele mesmo o efetua ou, por sua incumbência, o Eu, obediente a ele.[65]

À *adaptação inteligente à realidade exterior*, que coloca o Eu em condições de testar a realidade, corresponde *a apropriação de papéis sociais* pelo caminho da *identificação com outros sujeitos*, os quais representam para a criança as expectativas socialmente sancionadas. Por meio da internalização dessas expectativas, com base na introjeção, na instauração no Eu de objetos de amor abandonados, forma-se o Supereu. As sedimentações das escolhas de objeto abandonadas fazem surgir a instância da consciência moral, que ancoram na própria estrutura da personalidade as exigências repressivas da sociedade contra

65 Freud, *Gesammelte Werke*, v.15, p.74-75.

as demandas pulsionais "excedentes", por isso prenhes de conflitos e identificadas como "perigosas". O Supereu é a autoridade social prolongada no âmbito intrapsíquico. A função da censura pulsional é exercida então pelo Eu, como que sob o patronato do Supereu. Na medida em que ele age como órgão executivo do Supereu, a defesa permanece inconsciente. É nisso que o recalque se distingue do domínio consciente sobre as pulsões. O Eu da criança dependente é manifestamente débil demais para efetuar por força própria as operações de defesa de caso a caso e com eficiência. Assim, instaura-se no si-mesmo aquela instância que compele o Eu a fugir de si mesmo com a mesma violência objetiva com que se lhe contrapõem objetivamente, por outro lado, como resultado do recalque, os derivados do Isso.

As coisas parecem ser de tal modo que a *internalização* de normas proibitivas é um processo de grau semelhante à *defesa* contra motivos indesejados.[66] Isto fundamenta a afinidade do Supereu com o Isso, que permanecem ambos inconscientes. No entanto, os processos de internalização e defesa procedem de maneira complementar: enquanto aqui se reprimem as motivações de ação socialmente indesejadas, que pertencem de início ao Eu na qualidade de fantasias desiderativas, lá as motivações de ação socialmente desejadas são impressas de fora

66 Partindo do estudo da melancolia, Freud concebe a internalização como o mecanismo pelo qual um objeto de amor abandonado é "reinstaurado no interior"; assim, uma identificação pode ser preservada mesmo quando o investimento de objeto tem de ser dissolvido. O caso modelo da internalização é a instauração dos objetos parentais no interior, que, com a solução normal da situação edipiana, "institui" o Supereu.

em um Eu relutante. A internalização pode ser comparada ao processo de defesa no ponto em que também ela tira de discussão os imperativos que se articulam de início linguisticamente. Mas esse bloqueio não está vinculado a uma deformação como linguagem privada. Freud acentua nesse contexto que

> ao Supereu [...] é impossível denegar sua procedência do que foi escutado; com efeito, ele é uma parte do Eu e permanece acessível à consciência a partir dessas representações de palavras (conceitos, abstrações), mas a energia de investimento não é transmitida aos conteúdos do Supereu pela percepção auditiva, pela instrução, pela leitura, mas pelas fontes no Isso.[67]

Aparentemente, acontece uma espécie de sacralização de determinadas proposições mediante a conexão com motivos de ação libidinosos recalcados. Desse modo, os símbolos que expressam os mandamentos do Supereu de modo algum se tornam simplesmente inacessíveis à comunicação pública, mas, como proposições fundamentais libidinosamente ligadas, imunizam-se contra as objeções críticas. Isso explica também a fraqueza do Eu, em seu teste de realidade, perante a autoridade do Supereu proibitivo, ao qual, no entanto, ele permanece vinculado na base de uma linguagem comum, não mutilada.

A *derivação do modelo estrutural a partir das experiências da situação analítica* liga as três categorias Eu, Isso e Supereu ao sentido específico de uma comunicação na qual o médico e o paciente adentram com o objetivo de pôr em marcha um processo de esclarecimento e de levar o enfermo à autorreflexão. Por isso, não

---

67 Freud, *Gesammelte Werke*, v.13, p.282.

faz sentido descrever por sua vez o mesmo contexto, ao qual temos de remontar para explicar o Eu, o Isso e o Supereu, com o auxílio do modelo estrutural introduzido desse modo. Mas é isso que Freud faz. Ele interpreta o trabalho de interpretação do médico com expressões teóricas do modelo estrutural. Com isso, a comunicação, que de início foi descrita sob os pontos de vista da técnica analítica, passa a ser concebida em termos teóricos. Na verdade, a exposição teórica não contém nenhum elemento que vá além da descrição preliminar da técnica. Pois a linguagem teórica contém predicados básicos que só podem ser introduzidos com referência à exposição pré-teórica da técnica. *A linguagem teórica é mais pobre do que a linguagem em que foi descrita a técnica*. Isso vale justamente para as expressões que se referem ao sentido específico da análise. Isso significa que o que se tornou inconsciente se transforma em consciência e é reapropriado pelo Eu, que as moções recalcadas são descobertas e criticadas, que o si-mesmo cindido não pode mais arranjar uma síntese e assim por diante.[68] No modelo estrutural, porém, a instância do Eu não é precisamente dotada da capacidade à qual se apela com aquelas expressões: o Eu exerce as funções de adaptação inteligente e de censura pulsional, mas lhe falta a operação específica da qual a operação de defesa é simplesmente o negativo – a autorreflexão.

Freud distingue muito bem entre o deslocamento, como um processo primário, e a sublimação; esta é um deslocamento sob o controle do Eu. Ele distingue analogamente entre a defesa como uma reação inconsciente e o domínio racional sobre as pulsões; esta é uma defesa não apenas por meio do Eu, mas sob

68 Ibid., v.17, p.106-107.

o controle do Eu. Porém, o movimento da reflexão, que transforma um estado em um outro, o esforço caracteristicamente emancipador da crítica, que transforma o estado patológico da compulsão e da autoilusão no estado do conflito superado e da reconciliação com a linguagem excomungada – *isso* não aparece entre as funções do Eu no plano metapsicológico. É característico: o modelo estrutural denega que as próprias categorias procedem de um processo de esclarecimento.

11. O mal-entendido cientificista da metapsicologia sobre si mesma. Sobre a lógica da interpretação universal

Em *Estudo biográfico*, Freud declara que seu interesse científico havia se ligado, já em seus anos de juventude, mais "às condições humanas do que aos objetos naturais"; ele não havia sentido uma predileção pela posição e pela atividade do médico nem naquela época nem mais tarde. Contudo, o estudante só encontrou "paz e satisfação plena" na fisiologia. No laboratório de Ernst Brücke, ele trabalhou ao longo de seis anos em questões de histologia do sistema nervoso.[69] Essa discrepância de interesses pode ter contribuído para que Freud tenha fundado, de fato, uma nova *ciência humana*, mas visto nela sempre uma *ciência natural*. Mais ainda, da neurofisiologia, na qual aprendera a reelaborar questões antropologicamente relevantes com métodos da medicina e das ciências naturais, ele tira de empréstimo os modelos determinantes para a formação da teoria. Freud nunca duvidou de que a psicologia

69 Freud, *Gesammelte Werke*, v.19, p.34-35.

seria uma ciência natural.[70] Processos psíquicos poderiam se tornar objetos de pesquisa da mesma maneira que eventos naturais observáveis.[71] As construções conceituais não teria um valor posicional na psicologia diferente do que em uma ciência natural; pois também o físico não ofereceria nenhuma informação sobre a essência da eletricidade, mas utilizaria a "eletricidade" como o psicólogo utiliza a "pulsão" como um conceito teórico.[72] No entanto, só a psicanálise converteu a psicologia em ciência:

> Nossas suposições de um aparelho psíquico espacialmente estendido, funcionalmente composto, desenvolvido em virtude das carências da vida, o qual dá origem aos fenômenos da consciência somente em um determinado ponto e sob certas condições, colocou-nos em condições de erigir a psicologia sobre um fundamento semelhante a toda outra ciência natural, por exemplo, a física.[73]

Freud não teme as consequências dessa equiparação da psicanálise com as ciências naturais. Em princípio, ele considera possível que um dia o emprego terapêutico da psicanálise será substituído pela aplicação farmacológica da bioquímica. A autocompreensão da psicanálise como uma ciência natural sugere o modelo da exploração técnica das informações científicas. Se a análise se apresenta apenas *aparentemente* como uma interpre-

70 "O que mais ela iria ser?" (ibid., v.17, p.143).
71 Ibid., v.15, p.171.
72 Ibid., v.17, p.142.
73 Ibid., p.126; cf. também p.80.

tação de textos e conduz *de fato* a uma disponibilização técnica do aparelho psíquico, então não é estranho que a influência psicológica possa ser substituída um dia, com mais eficácia, pelas técnicas de tratamento somático: "O futuro pode nos ensinar a influenciar diretamente, com materiais químicos especiais, as quantidades de energias e suas distribuições no aparelho psíquico [...] por enquanto, não nos está à disposição nada melhor do que a técnica psicanalítica".[74]

No entanto, já essa proposição revela que uma concepção tecnológica da análise só está em acordo com uma teoria que se desprendeu do quadro categorial da autorreflexão, substituindo um modelo estrutural afinado com processos de formação por um *modelo de distribuição energética*. Na medida em que a teoria, segundo o seu próprio sentido, permanece referida à reconstrução de um fragmento perdido da história de vida e, com isso, à autorreflexão, seu emprego é necessariamente *prático*. Ela provoca a reorganização da autocompreensão de indivíduos socializados, a qual orienta a ação e se estrutura na linguagem corrente. Nesse papel, porém, a psicanálise jamais pode ser substituída por tecnologias que são obtidas de outras teorias, de teorias das ciências empíricas em sentido estrito. Pois a psicofarmacologia só produz modificações da consciência na medida em que dispõe das funções do organismo humano da mesma maneira que dispõe dos processos naturais objetificados. A experiência da reflexão, induzida pelo esclarecimento, é, por sua vez, o ato pelo qual o sujeito justamente se desliga de uma posição no interior da qual se tornou objeto. Essa operação específica tem de ser exigida do próprio sujeito; não pode

74 Ibid., p.108.

haver para tanto nenhum substituto, isto é, uma tecnologia, uma vez que a técnica não serve senão para desonerar o sujeito das próprias operações.

Partindo dos modelos de moções guiadas dos neurônios, familiares à neurofisiologia da época, Freud projetou nos primeiros anos uma psicologia da qual acabou se distanciando logo a seguir.[75] Naquele momento, Freud esperava poder fundamentar a psicologia *imediatamente* a título de ciência natural, ou seja, como parte especial de uma fisiologia cerebral que por sua vez imitava a mecânica. Ela se destinava a apresentar "os processos psíquicos na qualidade de estados quantitativamente determinados de partes materiais demonstráveis".[76] Categorias como tensão, descarga, excitação e inibição se referiam à distribuição de energia no sistema nervoso e às moções dos neurônios, representadas segundo a mecânica de corpos sólidos. Esse *programa fisicalista* é deixado de lado por Freud em favor de uma abordagem psicológica em sentido estrito. Esta, por sua vez, mantém a linguagem neurofisiológica, mas torna seus predicados fundamentais acessíveis a uma *reinterpretação mentalista* tácita. A energia torna-se energia pulsional, sobre cujo substrato corporal não se pode fazer nenhum enunciado. Inibição e descarga das reservas energéticas, e os mecanismos de sua distribuição, devem trabalhar de acordo com o padrão de um sistema espacialmente estendido, mas se renuncia doravante a uma localização:

75 As três partes que Freud enviou a Fliess em outubro de 1895 só foram publicadas em 1950, no adendo ao volume de cartas *Aus den Anfängen der Psychoanalyse*; cf. Jones, *Das Leben und Werk von Sigmund Freud*, v.1, p.438 et seq.

76 Cf. ibid., p.444.

A ideia que nos é colocada à disposição desse modo é a de uma *localidade psíquica*. Queremos deixar inteiramente de lado que o aparelho psíquico de que se trata aqui nos é também conhecido como um preparado anatômico, e queremos cuidadosamente nos afastar da tentação de determinar anatomicamente a localidade psíquica. Permanecemos no terreno da psicologia e tencionamos apenas seguir a exigência de representar o instrumento que serve às operações psíquicas como um microscópio composto, um aparelho fotográfico e coisas semelhantes. A localidade psíquica corresponde então a um lugar no interior do aparelho, onde sucede uma das primeiras etapas da imagem. No microscópio e no telescópio, trata-se em parte, como se sabe, de localidades ideais, regiões onde não se situa nenhum componente tangível do aparelho. Pedir desculpas pelas imperfeições desta e de todas imagens semelhantes é algo que considero supérfluo. Essas metáforas devem apenas nos apoiar em uma tentativa que se empreende de tornar compreensível a complicação da atividade psíquica, analisando essa atividade e atribuindo cada atividade a cada componente do aparelho.[77]

Nós representamos, portanto, o aparelho psíquico como um instrumento composto, cujos componentes queremos chamar de *instâncias* ou, por mor da clareza, de *sistemas*. Então formamos a expectativa de que esses sistemas talvez tenham reciprocamente uma orientação espacial constante, mais ou menos como os diversos sistemas de lentes do telescópio se encontram um atrás do outro. A rigor, não precisamos fazer a suposição de uma ordem realmente espacial do sistema psíquico. Basta-nos que uma série sólida seja produzida pelo fato de que, em certos processos psíquicos, os

77 Freud, *Gesammelte Werke*, v.2/3, p.541.

sistemas são percorridos pela excitação em uma determinada sequência temporal.[78]

Freud estabelece algumas correlações elementares entre experiências subjetivas e os cursos energéticos representados como objetivos. O desprazer resulta do acúmulo de excitação, no que a intensidade da excitação deve ser proporcional a uma quantidade de energia; inversamente, o prazer surge na descarga da energia represada, portanto, por meio de uma redução da excitação. Os movimentos do aparelho se regulam pela tendência de evitar o acúmulo de excitação.[79] Essa correlação entre expressões mentalistas (como pulsão, excitação, desprazer, prazer, desejo) e processos fisicalistas (como quantidade de energia, tensão e descarga energética, e, como propriedade sistêmica, a tendência ao escoamento de energia) basta para desligar as categorias de consciente e inconsciente, obtidas de início da comunicação entre médico e paciente, do sistema de referências da autorreflexão e transferi-las para o modelo de distribuição energética:

> O primeiro desejo deve ter sido um investimento alucinatório da recordação de satisfação. Porém, se não foi retida até exaurir-se, essa alucinação se revelou incapaz de provocar a cessação da carência, portanto, o prazer vinculado à satisfação. Torna-se necessária assim uma segunda atividade – em nossa maneira de expressar, a atividade de um segundo sistema –, a qual não permite que o investimento da recordação avance até a percepção e dali prenda

78 Ibid., p.542.
79 Ibid., p.604.

> as forças psíquicas, mas antes conduza a excitação proveniente do estímulo da carência para um meandro que enfim, passando pela motilidade voluntária, altere o mundo exterior de tal maneira que a percepção real do objeto de satisfação possa ocorrer. Já investigamos o esquema do aparelho psíquico até esse ponto; os dois sistemas são o gérmen para o que instituímos como *Ics* e *Pcs* no aparelho plenamente constituído.[80]

Junto com Breuer, Freud havia publicado, em 1895, o *Estudo sobre a histeria*. Nele, os fenômenos patológicos já eram explicados segundo o modelo desenvolvido mais tarde. Sob hipnose, uma paciente de Breuer havia deixado transparecer que seus sintomas tinham a ver com cenas deixadas para trás na história de sua vida, nas quais teve de reprimir fortes excitações. Esses afetos podiam ser compreendidos como quantidades energéticas deslocáveis, cujas vias normais de descarga foram bloqueadas e que, por isso, foram empregadas de maneira anormal. Considerado psicologicamente, o sintoma surge em virtude da retenção de um afeto; no modelo, isso pode ser apresentado também como o resultado da conversão de uma quantidade de energia impedida de escoar. O procedimento terapêutico exercido por Breuer teria a meta de "conduzir a quantia de afetos empregada para a conservação do sistema, a qual tomara vias erradas e como que se entalou ali, para os caminhos normais, onde ela poderia chegar à descarga (*ab-reação*)".[81] Freud reconhecera logo depois as desvantagens da hipnose, introduzindo em seu lugar a técnica da livre associação. A "regra fundamental da análise" formula as condições de uma reserva livre de repressão, na qual

80 Ibid., p.604.

81 Ibid., v.14, p.46-47.

a "situação de urgência", isto é, a pressão das sanções sociais, se anula tão crivelmente quanto possível.

A passagem da técnica antiga para a nova é essencial. Ela não resulta de ponderações sobre conveniências terapêuticas, mas antes do discernimento de princípio segundo o qual a recordação do paciente, reconhecida como rica em consequências terapêuticas, deve levar à apropriação *consciente* de um fragmento reprimido da história de vida – a liberação hipnótica do inconsciente, visto que se limita a manipular os processos da consciência e não é respondida *pelo próprio sujeito*, não pode romper definitivamente as barreiras da recordação. Freud rejeitou a técnica de Breuer porque a análise não é *um processo natural controlado*, mas, no plano da intersubjetividade em linguagem corrente entre médico e paciente, é *um movimento de autorreflexão*. Isto é salientado em particular no mencionado tratado sobre "Recordar, repetir e perlaborar". E, não obstante isso, ao final do mesmo tratado ele acaba concebendo esse movimento da autorreflexão, induzido sob as condições da regra fundamental da análise, de acordo com o antigo modelo de Breuer, isto é, a recordação como ab-reação:

> Essa perlaboração sobre as resistências pode tornar-se na prática uma tarefa penosa para o analisando e uma prova de paciência para o médico. Mas é aquela parte do trabalho que tem a maior influência transformadora sobre o paciente e que distingue o tratamento da análise de toda influência por sugestão. Teoricamente, pode-se equipará-lo à "ab-reação" das quantias de afetos entaladas pelo recalque, sem a qual o tratamento hipnótico permaneceria sem influência.[82]

---

82 Ibid., v.10, p.136.

Visto que permanece preso desde o começo à autocompreensão cientificista, Freud recai em um objetivismo que, sem mediações, retrocede da etapa da autorreflexão ao positivismo coetâneo do tipo de Mach e, por isso, adota uma forma particularmente rude. Independentemente da biografia da obra, o mau caminho metodológico pode ser reconstruído mais ou menos da seguinte maneira. As categorias fundamentais da nova disciplina, as construções conceituais, as suposições sobre os nexos funcionais do aparelho psíquico e sobre os mecanismos de surgimento de sintomas e a dissolução de compulsões patológicas – esse quadro metapsicológico foi desenvolvido de início a partir das experiências da situação de análise e da interpretação dos sonhos. Essa constatação tem um sentido metodológico, não apenas ligado à psicologia da pesquisa. Pois aquelas categorias e os nexos não foram apenas *descobertos* sob as condições determinadas de uma comunicação especificamente protegida, de modo algum eles podem *se explicitar* independentemente delas. As condições dessa comunicação são, por consequência, as condições de possibilidade do conhecimento de análise para os dois parceiros, médico e paciente, em igual medida. Talvez Freud tivesse em mente essa implicação quando considerou um título honorífico do trabalho analítico "que pesquisa e tratamento coincidam nele".[83] Mas, se o quadro categorial da psicanálise, como comprovamos por seu modelo estrutural, se liga em termos de lógica da ciência aos pressupostos de uma interpretação de textos mutilados e deturpados, com os quais os autores se iludem a respeito de si mesmos,

83 Ibid., v.8, p.380.

também a formação da teoria permanece inserida no contexto da autorreflexão.

Uma alternativa é oferecida apenas pela tentativa de reformular as suposições psicanalíticas no quadro categorial de uma ciência empírica estrita. Desse modo, os teoremas são reformulados no quadro da psicologia do aprendizado de orientação behaviorista e submetidos então aos procedimentos usuais de teste. Mais exigente é a tentativa de reconstruir o modelo da personalidade, aperfeiçoado pela psicologia do Eu, mas fundamentado na dinâmica pulsional, com os meios do funcionalismo mais recente, a título de um sistema autorregulado. Em ambos os casos, o novo quadro teórico possibilita uma operacionalização de conceitos e requer um teste de hipóteses derivadas sob condições experimentais. Decerto, Freud supôs tacitamente que sua *metapsicologia, que desliga o modelo estrutural* do fundamento da comunicação entre médico e paciente, associando-o, em vez disso, de maneira definitória, *ao modelo de distribuição energética*, representaria uma formulação desse tipo, rigorosa no sentido das ciências empíricas.

No entanto, ele não sustém uma relação sem ambivalências com a metapsicologia, da qual falava por vezes como se fosse uma "feiticeira", a fim de se defender de seu traço especulativo inquietante.[84] Nessa ambivalência se poderia esconder também uma leve dúvida quanto ao *status* dessa ciência, que ele próprio defendeu tão enfaticamente. Freud se iludiu a respeito do fato de que a psicologia, na medida em que se entende como ciência empírica estrita, não pode se dar por satisfeita com um modelo que se atém a um uso fisicalista da linguagem,

---

84 Ibid., v.16, p.69.

sem levar seriamente a hipóteses operacionalizáveis. O modelo de distribuição energética cria apenas a *aparência* de que os enunciados psicanalíticos se refeririam a transformações energéticas mensuráveis. Mas nem um único enunciado sobre relações quantitativas, derivado sob o ponto de vista da economia pulsional, jamais foi testado experimentalmente. O modelo do aparelho psíquico é formulado de tal sorte que, aos eventos sobre os quais a metapsicologia faz enunciados, associa-se verbalmente, sem dúvida, a possibilidade de observação, mas ela não é realizada de fato – e não *pode* ser realizada.

É possível que Freud não tivesse claro para si o alcance metodológico dessa limitação, já que considera a situação analítica de diálogo como uma organização de caráter quase-experimental, concebendo, assim, a base empírica da clínica como um substituto suficiente para o teste experimental. Diante da objeção de que a psicanálise não permite nenhuma prova experimental, ele se defende com a referência à astronomia, que tampouco faria experiências com os corpos celestes, limitando-se à observação deles.[85] A verdadeira diferença entre a observação astronômica e o diálogo analítico é, porém, que ali a seleção quase-experimental das condições de partida permite uma observação controlada de eventos prognosticados, ao passo que aqui o plano do controle de sucessos da ação instrumental[86] está ausente de modo geral, e é substituído pelo plano da intersubjetividade do entendimento sobre o sentido de símbolos incompreensíveis. Contudo, que Freud

85 Ibid., v.15, p.23.

86 Ou quase-ação: a seleção é um substituto para a manipulação factual das condições de partida.

não se atém firmemente ao diálogo analítico como a única base empírica apenas para o desenvolvimento da metapsicologia, mas também para a validade da teoria, é algo que revela, por outro lado, uma consciência do *status* real dessa ciência. Freud pressente decerto que a realização consequente do programa de uma psicologia como "ciência natural", ou mesmo que somente como ciência estrita do comportamento, iria sacrificar justamente *a* intenção à qual a psicanálise deve sobretudo a sua existência: a intenção de esclarecimento, de acordo com a qual do Isso deve vir a ser o Eu. Todavia, ele não renunciou àquele programa, ele não concebeu a metapsicologia como aquilo que só pode ser no sistema de referências da autorreflexão: como uma *interpretação universal de processos de formação*.

Faria todo sentido reservar o nome "metapsicologia" para aquelas suposições fundamentais que se referem ao contexto patológico da linguagem corrente e da interação, passíveis de ser apresentadas em um modelo estrutural fundado em termos da teoria da linguagem. Não se trata aí de uma teoria empírica, mas de uma metateoria ou, melhor, de uma *meta-hermenêutica* que clarifique as condições de possibilidade do conhecimento psicanalítico. A metapsicologia desdobra a *lógica da interpretação na situação analítica de diálogo*. Nesse sentido, ela se encontra no mesmo plano que a metodologia das ciências da natureza e das do espírito. Assim como estas, ela reflete o quadro transcendental do conhecimento analítico como um contexto objetivo de processos de pesquisa organizados, e isso significa aqui, ao mesmo tempo, também processos de autoinvestigação. Na etapa da autorreflexão, no entanto, diferentemente da lógica das ciências da natureza e das do espírito, não pode haver algo como uma metodologia apartada de conteúdos materiais, visto que a estrutura do contexto de conhecimento faz unidade com a do objeto a ser conhecido. Conceber a situação de transferência como condição do conhecimento possível significa, ao mesmo tempo, apreender um contexto patológico. Por causa desse conteúdo material, as proposições teóricas que gostaríamos de reservar à metapsicologia não foram reconhecidas como proposições metapsicológicas, e raramente foram separadas das próprias interpretações dos processos de formação desviantes, ricas em conteúdo empírico. Contudo, existe uma diferença no nível metodológico: as interpretações universais são, tanto quanto as teorias das ciências empíricas, por mais distinta que seja a base empírica, acessíveis diretamente ao teste empírico, ao passo que as suposições fundamentais da meta-hermenêutica a respeito da ação comunicativa, da deformação da linguagem e da patologia do comportamento provêm da reflexão ulterior sobre as condições do conhecimento psicanalítico possível e só indiretamente podem se confirmar ou fracassar pelo êxito de toda uma categoria de processos de pesquisa, por assim dizer.

Na etapa de sua autorreflexão, a metodologia das ciências da natureza pode descobrir um nexo específico de linguagem e ação instrumental, e a metodologia das ciências do espírito, um nexo semelhante entre linguagem e interação, ambas reconhecendo esses nexos como objetivos e determinando-os em seu papel transcendental. A metapsicologia trata de um nexo tão fundamental quanto: a saber, aquele entre a *deformação da linguagem* e a *patologia do comportamento*. Ela pressupõe aí uma teoria da linguagem corrente, cuja tarefa é clarificar a validade intersubjetiva de símbolos e a mediação linguística de interações na base do reconhecimento recíproco, tanto quanto tornar conceitual a habitualização socializadora com a gramática dos jogos de linguagem como processo de individuação. Uma vez que a estrutura da linguagem, de acordo com essa teoria, determina em igual medida a linguagem e a práxis de vida, também os motivos da ação são concebidos na qualidade de carências linguisticamente interpretadas, de sorte que as motivações representam não impulsos que se impõem pelas costas, mas intenções subjetivamente orientadoras, simbolicamente mediadas e, ao mesmo tempo, reciprocamente entrelaçadas.

A tarefa da metapsicologia é, então, revelar esse caso normal como caso limite de uma estrutura da motivação que depende simultaneamente das interpretações das carências publicamente comunicadas e das reprimidas e privatizadas. Os *símbolos segregados* e os *motivos repelidos* desdobram seu poder por cima das cabeças dos sujeitos e forçam a satisfações e simbolizações substitutivas. Dessa maneira, eles distorcem o texto dos jogos de linguagem cotidianos e fazem-se notar como distúrbio das interações avezadas: por meio da compulsão, da mentira e da incapacidade de corresponder a expectativas convertidas em obrigações. Em comparação com as motivações conscientes, as inconscientes recuperam, por isso, um momento da impulsão por trás, do pulsional; e, uma vez que as potencialidades pulsionais, tanto as que são absorvidas no sistema social da autoconservação coletiva como também as que não são absorvidas nele, mas são reprimidas, permitem reconhecer com evidência as orientações libidinosas e agressivas, uma teoria da pulsão é indispensável. Porém, esta tem de manter-se livre de um falso objetivismo. Já o conceito de instinto, que é referido ao comportamento animal, foi obtido privativamente da pré-compreensão de um mundo humano, interpretado em linguagem corrente, ainda que de maneira redutora, ou seja, obtido simplesmente das situações de fome, amor e ódio. Essa ligação com as estruturas de sentido do mundo da vida, por mais elementar que possa ser, tampouco é perdida pelo conceito de pulsão, retransferido do animal ao humano. Trata-se de intenções retorcidas e apartadas que se inverteram de motivos conscientes em causas, submetendo a ação comunicativa à causalidade de condições naturalizadas. Ela é a *causalidade do destino*, e não da natureza, visto que domina graças aos meios simbólicos do espírito – é só por isso que ela também pode ser vencida pela força da reflexão.

Graças ao trabalho de Alfred Lorenzer, que concebe a análise dos processos de dinâmica pulsional como análise de linguagem no sentido de uma hermenêutica profunda,[87] nós estamos em condições de formular com mais exatidão os mecanismos decisivos da patologia da linguagem, da deformação das estruturas internas da linguagem e da ação e de sua dissolução analítica. A análise da linguagem, que decifra nos sintomas os motivos inconscientes, da mesma maneira que decifra o sentido reprimido pela censura partindo das passagens deterioradas, dos pontos de rotura de um texto, transgride a dimensão do sentido subjetivamente suposto da ação intencional. Ela sai da linguagem, na medida em que esta serve à comunicação, e penetra naquela camada simbólica na qual os sujeitos *se iludem* a respeito de si mesmos com a linguagem e, ao mesmo tempo, *se traem* nela. A análise se prende, por isso, aos nexos causais que surgem quando a linguagem, tão logo ela se fecha à comunicação pública por conta da repressão, reage com uma compulsão

87 Lorenzer, *Der Prozeß des Verstehens in der psychoanalytischen Operation*.

complementar, fazendo a consciência e a ação comunicativa se curvar ao poder de uma segunda natureza. Os elos finais são de hábito experiências traumáticas de uma cena da infância, por um lado, e falsificações da realidade e modos anormais de comportamento, perpetuados sob a compulsão à repetição, por outro. O processo de defesa original decorre na situação de conflito da infância como fuga diante de um parceiro superior. Ele retira da comunicação pública a interpretação linguística do motivo da ação repelido. Por meio disso, a conexão gramatical da linguagem pública permanece intacta, mas as partes do conteúdo semântico são privatizadas. A formação de sintomas é o substituto de um símbolo que tem agora um valor posicional alterado. De modo algum o símbolo segregado despenca inteiramente da conexão com a linguagem pública; essa conexão gramatical tornou-se, porém, como que subterrânea. Ele obtém sua força ao emaranhar a lógica do uso público da linguagem por meio de identificações semanticamente falsas. O símbolo reprimido se conecta com o plano do texto público, sem dúvida segundo regras objetivamente compreensíveis *resultantes* das circunstâncias contingentes da história de vida, mas não precisamente segundo as regras intersubjetivamente *reconhecidas*. Por isso, o velamento sintomático do sentido e o distúrbio correspondente da interação não são compreensíveis de início nem para os outros nem para o próprio sujeito. Eles se tornam compreensíveis em um plano da intersubjetividade que tem de ser primeiramente produzido entre o sujeito como Eu e o sujeito como Isso, na medida em que o médico e o paciente vão quebrando em comum, reflexivamente, os bloqueios da comunicação. O que é facilitado pela situação de transferência, já que o agir inconsciente corre no vazio perante o médico, de sorte que o conflito repetido pode repercutir sobre o doente e, com os auxílios da interpretação do analista, ser reconhecido em seu caráter de compulsão, conectado com as cenas de repetição fora da análise e, por fim, reconduzido à cena originária. Essa reconstrução dissolve as falsas identificações das expressões da linguagem universal com os significados da linguagem privada, tornando compreensível a conexão gramatical oculta entre o símbolo segregado e o texto público sintomaticamente distorcido. O nexo entre símbolos linguísticos, *gramatical* conforme sua essência, aparece, segundo sua forma de fenômeno, como um nexo *causal* entre os eventos empíricos e as características petrificadas da personalidade.[88] A autorreflexão suspende esse nexo causal, com o que desaparece a deformação da linguagem privada, tanto quanto a satisfação substitutiva sintomática dos motivos da ação recalcados e agora acessíveis ao controle consciente.

O modelo das três instâncias, Eu, Isso e Supereu, permite uma exposição sistemática da estrutura da deformação da linguagem e da patologia do comportamento. Nesse modelo é possível organizar os enunciados meta-hermenêuticos. Eles clarificam o quadro metodológico em que podem se desenvolver as interpretações de processos de formação, ricas em conteúdo empírico. Porém, essas *interpretações universais* devem se distinguir certamente do *quadro metapsicológico*. Elas são interpretações do desenvolvimento na primeira infância (o surgimento do fundamento motivacional e a constituição paralela das funções do Eu) e servem de fundos narrativos que, em cada

88 A separação que MacIntyre (*Das Unbewußte*, p.82 et seq.) traça entre motivo e causa torna irreconhecível esse nexo.

caso singular da história de vida, devem ser colocados na base como um esquema exegético, para que se possa descobrir a cena original do conflito. Os mecanismos de aprendizagem com os quais Freud conta (escolha de objeto, identificação com o modelo, introjeção de objetos de amor abandonados) tornam compreensível a dinâmica do surgimento de estruturas do Eu no plano da interação simbolicamente mediada. Os mecanismos de defesa interferem nesse processo, na medida em que as normas sociais, incorporadas nas expectativas das pessoas de referência primária, confrontam o Eu infantil com um poder insuportável, forçando à fuga de si mesmo e à objetificação de si mesmo no Isso. O processo de formação da criança é determinado por problemas de cuja solução depende as questões de saber se e em que medida o processo de socialização posterior é onerado com a hipoteca de conflitos pendentes e funções do Eu restringidas e, assim, conduzido a um acúmulo de ilusões, de compulsões ou de frustrações (como também de falhas) em razão de uma situação de partida prejulgada – ou se ele possibilita um desdobramento relativo da identidade do Eu.

As interpretações universais de Freud contêm suposições sobre diversos padrões de interação da criança com suas pessoas de referência primária, sobre os conflitos correspondentes e as formas de sua superação e sobre as estruturas de personalidade resultantes daí no desfecho do processo de socialização na primeira infância, as quais representam, por sua vez, potenciais para a história de vida posterior, permitindo prognósticos condicionais. Uma vez que os processos de aprendizagem se efetuam nas trilhas da ação comunicativa, a *teoria* pode assumir a forma de uma *narrativa*, a qual expõe o desenvolvimento psicodinâmico da criança como um enredo:

com uma distribuição típica de papéis, conflitos fundamentais aparecendo sucessivamente, padrões de interação repetindo-se, com perigos, crises, desfechos, com triunfos e derrotas. Por outro lado, uma vez que os conflitos são compreendidos sob o ponto de vista da defesa, e as estruturas de personalidade, em termos metapsicológicos, segundo a relação entre Eu, Isso e Supereu, aquela história é exposta esquematicamente como um processo de formação que percorre etapas de auto-objetificação e tem o seu *telos* na consciência de si de uma história apropriada reflexivamente.

Somente a metapsicologia pressuposta permite uma *generalização sistemática* do que, do contrário, permaneceria *história* [*Historie*]. Ela oferece um conjunto de categorias e hipóteses básicas que se estendem aos contextos de deformação da linguagem e da patologia do comportamento. As interpretações universais desenvolvidas nesse quadro são o resultado de múltiplas e repetidas experiências clínicas: elas foram obtidas segundo o procedimento elástico de antecipações hermenêuticas circularmente comprovadas. Mas também essas experiências já se desenvolveram com a *antecipação geral do esquema de processos de formação perturbados*. Acresce que uma interpretação, tão logo pretenda o *status* de uma interpretação "universal", escapa ao procedimento hermenêutico da correção ininterrupta da pré-compreensão pelo texto. Diferentemente da antecipação hermenêutica do filólogo, a interpretação universal é "verificada" e precisa se comprovar nos prognósticos derivados, da mesma maneira que uma teoria universal. Se a psicanálise oferece um fundo narrativo, sobre o qual os processos de formação interrompidos podem ser complementados formando uma história integral, as predições obtidas com seu auxílio servem à reconstrução do passado; mas elas são, também, hipóteses que podem fracassar.

Uma interpretação universal determina processos de formação como uma sequência de estados sistêmicos, regular ou alternativa, dependendo das condições de partida. As variáveis relevantes de desenvolvimento podem ser analisadas, por isso, na sua dependência em relação ao sistema como um todo. O contexto objetivo-intencional da história de vida, que só se torna acessível pela autorreflexão, não é, no entanto, funcionalista na acepção usual. Os eventos elementares são processos de um drama, eles não aparecem sob o ponto de vista instrumentalista da organização de meios racionais com relação a finas ou do comportamento adaptativo. O nexo funcional é interpretado segundo o *modelo teatral*: os processos elementares aparecem como partes de um contexto de interações, por meio das quais se realiza um "sentido". Esse sentido nós não podemos equiparar, segundo o *modelo do artífice*, a fins que são realizados com meios. Não se trata de uma categoria de sentido extraída do círculo de funções da ação instrumental, como a preservação de um estado sistêmico sob condições externas cambiantes. Trata-se de um sentido que, embora não seja intencionado como tal, forma-se mediante a ação de comunicação e se articula reflexivamente como experiência biográfica. Assim, na continuidade de um drama, o "sentido" se desvela. No próprio processo de formação, no entanto, somos atores e críticos de uma só vez. Ao final, o sentido do próprio processo tem de poder nos vir criticamente à consciência, a nós que nos encontramos enredados no drama da história de vida; o sujeito tem de poder narrar também sua própria história e tem de ter compreendido as inibições que se encontram no caminho da autorreflexão.

Pois o estado final de um processo de formação só é alcançado quando o sujeito se recorda de suas identificações e alienações, de suas objetificações forçadas e de suas reflexões conquistadas, como o caminho pelo qual ele se constitui.

Apenas a *história fundamentada em termos metapsicológicos, sistematicamente universalizada*, do desenvolvimento da primeira infância, com suas variantes evolutivas típicas, coloca o médico em condições de compor as informações fragmentárias obtidas no diálogo analítico, de tal sorte que pode reconstruir as lacunas da recordação e antecipar hipoteticamente a experiência da reflexão, da qual o paciente é incapaz de início. Ele faz propostas de interpretação para uma história que o paciente não pode narrar; contudo, só podem ser verificadas de fato porque o paciente as assume e narra com seu auxílio sua própria história. A interpretação do caso se comprova somente na continuação bem-sucedida de um processo de formação interrompido.

Interpretações universais têm uma posição peculiar entre o sujeito que investiga e o domínio de objetos pesquisado. Enquanto, de hábito, as teorias contêm enunciados sobre um domínio de objetos ao qual permanecem exteriores *na qualidade de* enunciados, a validade de interpretações universais depende diretamente de que os enunciados sobre o domínio de objetos sejam aplicados sobre si mesmos pelos "objetos", isto é, pelas pessoas concernidas. As informações usuais das ciências empíricas só têm sentido para os participantes do processo de pesquisa, e nesse caso para aqueles que empregam essas afirmações; nos dois casos, a validade das informações se mede unicamente pelos *standards* de congruência e de pertinência empírica. Elas representam conhecimentos que foram testados nos objetos mediante a aplicação sobre a realidade; mas eles não valem naturalmente apenas para os sujeitos. Em contrapartida, os discernimentos da análise só podem ter validade para o analista depois que eles foram aceitos pelo próprio analisando como conhecimento. Pois a pertinência empírica de interpretações universais não depende da observação controlada e de uma comunicação adjacente entre os pesquisadores, mas somente da autorreflexão efetuada e de uma comunicação adjacente entre o pesquisador e seu "objeto".

Pode-se objetar que a validade empírica de *interpretações universais* é determinada, da mesma maneira que as *teorias universais*, pelas aplicações reiteradas sobre as condições reais de partida, e que ela, na medida em que se prova, existe de forma cogente para todos os sujeitos que têm acesso aos conhecimentos de modo geral. Essa formulação correta encobre, no entanto, a diferença específica: a aplicação de hipóteses sobre a realidade permanece um assunto do sujeito pesquisador, no caso do teste de teorias por observação (portanto, no círculo de funções da ação instrumental); no caso do teste de interpretações universais por autorreflexão (portanto, no quadro de uma comunicação entre médico e paciente), a aplicação torna-se, porém, a *autoaplicação* do objeto de pesquisa, participante no processo de conhecimento. O processo de pesquisa só pode levar a informações válidas passando por uma transformação na autoinvestigação do paciente. Teorias valem, caso valham, para todos os que podem adotar a posição do sujeito pesquisador. Interpretações universais valem, caso valham, para o sujeito pesquisador e para todos os que podem adotar sua posição somente na medida em que aqueles que são convertidos em objeto de diversas interpretações *se reconhecem a si próprios* nelas. O sujeito não pode obter um conhecimento do objeto sem que tenha se tornado conhecimento para o objeto e sem que este tenha se libertado por meio dele, tornando-se sujeito.

Essa constelação não é tão estranha. Cada interpretação pertinente, mesmo a das ciências do espírito, só é possível, dado que reestabelece uma intersubjetividade perturbada do entendimento, em uma linguagem *comum* ao intérprete e a seu objeto. É por isso que tem de valer em igual medida para o sujeito e o objeto. No entanto, essa posição do pensamento tem consequências para interpretações universais de processos de formação que não se apresentam para as interpretações das ciências do espírito. Pois interpretações universais partilham com teorias universais a pretensão mais vasta de permitir explicações causais e prognósticos condicionais. Mas, diferentemente das ciências empíricas estritas, a psicanálise não pode levar a cabo essa pretensão na base de uma separação metodologicamente clara entre o domínio de objetos e o plano dos enunciados teóricos. Isto tem consequências para a estrutura da linguagem da interpretação (1), para as condições do teste empírico (2) e, por fim, para a própria lógica da explicação (3).

(1) Assim como as interpretações de modo geral, também as interpretações universais permanecem presas à dimensão da linguagem corrente. Sem dúvida, são narrativas sistematicamente generalizadas, mas continuam a ser históricas. A exposição histórica se serve de enunciados narrativos. Chamam-se narrativos porque representam eventos como elementos de histórias.[89] Nós explicamos um evento de maneira narrativa se mostramos como um sujeito se enreda em uma história. Em cada história, nomes individuais assomam, pois sempre

89 Cf. Danto, *Analytical Philosophy of History*, p.143 et seq.

se trata de modificações de estado de um sujeito ou de um grupo de sujeitos que se entendem como próximos. A unidade da história é fundada pela identidade de um horizonte de expectativa atribuível a eles. Pois a narrativa relata a influência, modificadora do estado, de eventos subjetivamente experimentados, os quais ocorrem em um mundo da vida e alcançam um significado para os sujeitos agentes. Estes precisam poder compreender-se nesse elemento histórico, tanto a si mesmos como seu próprio mundo. O significado histórico do acontecimento sempre se refere implicitamente ao nexo de sentido de uma história de vida mantida coesa pela identidade do Eu, ou de uma história coletiva determinada pela identidade do grupo. Por isso, a exposição narrativa se liga à linguagem corrente: pois apenas a reflexividade característica da linguagem corrente possibilita comunicar o individual em expressões inevitavelmente universais.[90]

Cada história é, dado que representa um contexto individualizado, uma história particular. Cada exposição histórica implica a pretensão de *unicidade*. Uma interpretação *universal*, em contrapartida, precisa romper, embora não abandone o plano da exposição narrativa, esse feitiço do histórico. Ela tem a forma de uma narrativa porque deve servir aos sujeitos para reconstruir a própria história de vida em forma narrativa; mas só pode ser um fundo para *muitas* narrativas semelhantes, visto que deve valer não só para um caso individual. Ela é uma *história sistematicamente generalizada*, visto que oferece o esquema para muitas histórias com percursos alternativos previsíveis, ainda que cada uma dessas histórias tenha de poder aparecer

90 Cf. o capítulo 6.

então, por sua vez, com a pretensão da exposição autobiográfica de um elemento individualizado. Como é possível uma tal universalização? Em cada história, e mesmo aquela que é ainda tão contingente, insere-se um elemento universal, pois, em cada uma, um outro pode entrever algo exemplar. Histórias são compreendidas tanto mais como exemplos quanto mais contêm algo de típico. O conceito de tipo designa aqui uma qualidade da traduzibilidade: uma história é típica, em uma situação dada e com referência a um determinado público, se o "enredo" pode ser facilmente desligado de seu contexto e *transferido* para outras condições de vida, igualmente individualizadas. Podemos aplicar o caso "típico" ao nosso próprio caso: somos nós mesmos que efetuamos a aplicação, que abstraímos o comparável do diverso e concretizamos de volta o modelo abstraído sob as circunstâncias determinadas de nosso próprio caso.

Assim procede também o médico, que, lançando mão de um material dado, reconstrói a história de vida do enfermo; assim procede o próprio paciente, quando ele, lançando mão do esquema ofertado, narra sua história de vida também em suas fases esquecidas até então. Ambos não se orientam, no entanto, por um *exemplo*, mas – precisamente – por um *esquema*. Na interpretação universal, faltam os traços individuais do exemplo, o passo da abstração já se efetuou; médico e paciente têm de dar apenas o segundo passo da aplicação. A universalização sistemática consiste, portanto, em que, nas experiências hermenêuticas preliminares, já se realizou a abstração de muitas histórias típicas, tendo-se em vista muitos casos individuais. A interpretação universal não contém nomes individuais, mas somente papéis anônimos; não contém circunstâncias contingentes, mas constelações e padrões de ação repetitivos; não contém um uso idiomático da linguagem, mas um vocabulário estandardizado. Ela não expõe um processo típico, mas descreve com conceitos-tipos o esquema para um enredo com variantes condicionais. Desse modo, Freud expôs o conflito de Édipo e suas soluções: com auxílio de conceitos estruturais como Eu, Isso e Supereu (obtidos das experiências do diálogo analítico); com auxílio de papéis, pessoas e padrões de interação (resultantes da estrutura familiar); e, por fim, com o auxílio do mecanismo de ação e da comunicação (como escolha de objeto, identificação e interiorização). O uso de uma *linguagem corrente "terminologizada"* não caracteriza um passo casual no desenvolvimento da psicanálise. Todas as tentativas de conferir à metapsicologia uma forma mais rigorosa fracassaram, pelo contrário, porque as condições da aplicação de interpretações universais excluem uma formalização da linguagem corrente. Pois os termos empregados aí servem à estruturação de narrativas; reporta-se a elas na linguagem corrente do paciente quando ambos, médico e paciente, completam o esquema narrativo analítico formando uma história. Ao inscrever nomes individuais em papéis anônimos e integralizar os padrões de interação em cenas vividas, eles desenvolvem *ad hoc* uma nova linguagem, na qual a linguagem da interpretação universal se coloca em concordância com a do paciente.

Esse passo revela a *aplicação* como uma *tradução*. O que permanece encoberto enquanto a linguagem corrente "terminologizada" da teoria, sobre o pano de fundo social comum da procedência burguesa e da formação escolar ginasial, vai ao encontro da linguagem do paciente. O problema de tradução torna-se explícito como tal quando a distância social da linguagem aumenta. Freud tem consciência disso. O que se mostra na discussão sobre a possibilidade de que, no futuro, a psicanálise possa encontrar uma divulgação entre as massas:

> Nesse caso, para nós resultará a tarefa de adaptar nossa técnica às novas condições. Eu não duvido de que a pertinência de nossas suposições psicológicas também impressionará os incultos, mas teremos de buscar a expressão mais simples e mais palpável de nossas doutrinas teóricas.[91]

Os problemas de aplicação que se apresentam para as teorias das ciências empíricas são análogos apenas em aparência. Também na aplicação de hipóteses de leis às condições de partida, os eventos singulares expressos em proposições de existência são certamente colocados em relação com as expressões universais das proposições teóricas. Mas essa subsunção não é problemática, uma vez que os eventos singulares são tomados em consideração apenas na medida em que satisfazem os critérios dos predicados universais ("essa pedra" vale, por exemplo, como "massa"). Por isso, basta verificar se o evento singular corresponde à definição operacional por meio da qual se determina a expressão teórica. Essa *aplicação operacional* se move necessariamente no quadro da ação instrumental. Ela não basta, por isso, para a aplicação de expressões teóricas de interpretações universais. O material sobre o qual estas se aplicam não consiste em eventos singulares, mas em expressões simbólicas de uma forma de vida fragmentária, portanto, em componentes de um contexto individualizado de uma maneira

91 Freud, *Gesammelte Werke*, v.12, p.193.

específica. Nesse caso, depende da compreensão hermenêutica daquele que fornece o material saber se um elemento de sua história de vida é ou não interpretado de maneira suficiente mediante uma expressão teórica ofertada. Essa *aplicação hermenêutica* se move necessariamente no quadro da comunicação em linguagem corrente. Ela não realiza a mesma coisa que a aplicação operacional. Enquanto nesta se decide se as condições empíricas dadas podem valer como caso de aplicação para a teoria, no que as derivações teóricas permanecem intocadas como tais, a aplicação hermenêutica cuida de *integralizar* o fundo narrativo das interpretações universais, formando uma narrativa, ou seja, uma exposição narrativa de uma história individual: as condições de aplicação definem uma *realização* da interpretação que justamente deve permanecer em branco no plano da interpretação universal. Sem dúvida, as derivações teóricas são mediadas por uma comunicação com o médico, mas são efetuadas pelo próprio paciente.

(2) Ora, isso tem a ver com a peculiaridade metodológica de que as interpretações universais não obedecem aos mesmos critérios de refutação que as teorias universais. Se um prognóstico condicional, derivado de hipóteses de lei e de condições de partida, é falsificado, a hipótese pode ser considerada refutada. Nós podemos testar uma interpretação universal de maneira análoga, derivando uma construção de uma de suas derivações e das comunicações de um enfermo. Podemos dar a essa construção a forma de um prognóstico condicional. Se ele é correto, o paciente é levado a refletir sobre um determinado fragmento da história de vida esquecida e a suplantar os distúrbios da comunicação, assim como do comportamento. Mas o caminho da falsificação não é, nesse caso, o mesmo que nas

teorias universais. Pois, se o enfermo recusa uma construção, a interpretação da qual ela deriva de modo algum é considerada refutada. Pois as hipóteses psicanalíticas se referem justamente às condições de suspensão da experiência pela qual, no entanto, elas precisam se comprovar também: a experiência da reflexão é a única instância na qual as hipóteses podem se comprovar ou fracassar. Se ela falta, sempre existe ainda uma alternativa: ou a interpretação é falsa (isto é, a teoria ou sua aplicação ao caso dado) ou as resistências, diagnosticadas corretamente de resto, são fortes demais. A instância na qual as falsas construções podem fracassar não coincidem com a observação controlada nem com a experiência comunicativa. Uma interpretação do caso se comprova somente na *continuação* bem-sucedida *de um processo de formação*, isto é, tão somente na autorreflexão efetuada, e não equivocadamente por aquilo que o paciente *diz* ou como ele se *comporta*. Êxito e fracasso não são aqui, como no quadro da ação instrumental ou da ação comunicativa, verificáveis intersubjetivamente, cada um a seu modo. Tampouco o desaparecimento dos sintomas permite uma conclusão cogente: eles podem ter sido substituídos por outros sintomas, que de início escaparam à observação e à experiência da interação. Também o sintoma se liga fundamentalmente ao significado que tem *para* o sujeito em defesa; ele está incluído no contexto de auto-objetificação e autorreflexão e não possui, independentemente dele, uma força falsificadora ou verificadora. Freud tem consciência dessa dificuldade metodológica. Ele sabe que é ambíguo o não do analisando que rejeita uma construção proposta:

> Em casos raros, ele se revela expressão da rejeição justificada; em uma frequência incomparável, é a manifestação de uma re-

> sistência provocada pelo conteúdo da construção comunicada, mas pode emanar tanto quanto de um outro fator da situação analítica complexa. O não do paciente não comprova nada a respeito da correção da construção, mas combina muito bem com essa possibilidade. Uma vez que toda construção dessa espécie é incompleta, abrangendo apenas um pedacinho do acontecimento esquecido, estamos liberados para supor que o analisando não renega propriamente o que lhe é comunicado, mas mantém em pé sua contradição em virtude da parte ainda não descoberta. Em regra, ele só manifestará seu consentimento quando vier a saber toda a verdade, e ela é amiúde bem vasta. A única interpretação segura de seu "não" é, portanto, aquela sobre a incompletude; a construção certamente não lhe disse tudo. Resulta, portanto, que se pode obter das manifestações diretas do paciente, após a comunicação de uma construção, poucos pontos de apoio para saber se foi tomada a direção correta ou incorreta. Tanto mais interessante é que há espécies indiretas de confirmação.[92]

Freud pensa nas associações confirmadoras do sonhador, que supre os fragmentos de texto esquecidos até então ou produz novos sonhos. Por outro lado, coloca-se, nesse caso, a dúvida de se os sonhos não podem ter sido influenciados por sugestão do médico:

> Se o sonho traz situações que podem ser referidas a cenas do passado do sonhador, parece particularmente significativa a questão de saber se também nesses conteúdos oníricos pode se implicar a influência do médico. Essa questão ganha máxima

92 Ibid., v.16, p.49-50.

> urgência nos assim chamados sonhos *confirmadores*, que vêm depois da análise. Em muitos pacientes, não se obtém nada diferente. Eles só reproduzem as vivências passadas de sua infância depois que elas foram construídas a partir de sintomas, associações e alusões e depois que isso lhes foi comunicado. Depois tal coisa rende os sonhos confirmadores, contra os quais, porém, depõe a dúvida de que seriam inteiramente desprovidos de força comprobatória, uma vez que podem ter sido fantasiados por sugestão do médico, em vez de ter ascendido do inconsciente do sonhador. Não se pode evitar na análise essa situação ambígua, pois, se não interpretamos, construímos e comunicamos no caso desses pacientes, nunca encontramos o acesso ao recalcado neles.[93]

Freud está convencido de que a sugestão do médico encontra seus limites no fato de que o próprio mecanismo de formação do sonho não pode ser influenciado. Em todo caso, a situação analítica não confere apenas ao "não", mas também ao "sim" do paciente um valor posicional especial. O médico tampouco pode crer piamente nas confirmações. Muitos críticos supõem que o analista apenas induziria uma reinterpretação da interpretação vinculante até então, instilando no paciente uma nova terminologia.[94] Freud contrapõe a isso o fato de que a confirmação do paciente não tem para o teste de uma construção um valor posicional diferente de sua contradição:

> É correto que não acatemos um "não" do analisando como um valor integral, mas tampouco deixemos valer seu "sim"; é

93 Ibid., v.13, p.307-308.

94 Cf. MacIntyre, *Das Unbewußte*, p.112 et seq.

inteiramente injustificado nos imputar que reinterpretamos sua manifestação em todos os casos convertendo-a em uma confirmação. Na realidade, as coisas não se passam de maneira tão simples, não tomamos a decisão de maneira tão fácil. O "sim" direto do analisando é ambíguo. De fato, ele pode indicar que o analisando reconhece a construção efetuada como correta, mas ele pode também não ter significado algum ou pode ser mesmo o que podemos chamar de "hipócrita", na medida em que é cômodo para sua resistência ocultar ainda a verdade não descoberta por meio de um semelhante assentimento. Esse sim só tem um valor quando é seguido de confirmações indiretas, quando o paciente, em conexão direta com seu sim, produz novas recordações, as quais inteiram a construção, ampliando-a. Só nesse caso reconhecemos o "sim" como a resolução plena do ponto em causa.[95]

Mesmo a confirmação indireta por associação tem apenas um valor relativo se é considerada de maneira isolada. Freud insiste com razão em que apenas o andamento da análise pode decidir sobre a utilidade ou a inutilidade de uma construção: somente o contexto do processo de formação em seu todo tem força confirmadora e falsificadora.[96]

O teste de hipóteses, mesmo no caso de interpretações universais, só pode obedecer às regras que são adequadas à situação do exame; apenas elas garantem a objetividade rigorosa da validade. Em contrapartida, quem requer que interpretações universais sejam tratadas como a exegese filológica de textos ou como teoria universais, e submetidas a *standards*

95 Freud, *Gesammelte Werke*, v.16, p.49.

96 Ibid., p.49.

trazidos de fora, seja do jogo de linguagem em funcionamento, seja da observação controlada, coloca-se de antemão fora da dimensão da autorreflexão, unicamente na qual os enunciados psicanalíticos podem ter sentido.

(3) Uma última característica da lógica de interpretações universais resulta do vínculo da compreensão hermenêutica com a explicação causal: a própria compreensão obtém força de explanação. A circunstância de que construções podem adotar a forma de hipóteses explicativas tendo em vista sintomas mostra a afinidade com o modo de proceder analítico-causal. A circunstância de que uma construção é ela mesma uma interpretação, e que a instância de teste é um ato de recordação e de assentimento do paciente, mostra, ao mesmo tempo, a diferença em relação ao modo de proceder *analítico-causal* e, em todo caso, uma certa afinidade com o modo de proceder *explicativo-hermenêutico*. Freud retoma essa questão no interior de uma inflexão médica ao se perguntar se seria lícito que a psicanálise fosse denominada seriamente uma terapia causal. Sua resposta é conflitante, a questão mesma parece ter sido colocada de maneira falsa:

> Na medida em que a terapia analítica não se coloca como tarefa imediata à eliminação dos sintomas, ela se comporta como uma terapia causal. Em outro aspecto, os senhores podem dizer que ela não o é. Pois nós seguimos o encadeamento causal por muito tempo, para além dos recalques, até chegar às disposições pulsionais, suas relativas intensidades na constituição e os meandros no curso de seu desenvolvimento. Se os senhores suporem agora que seria possível para nós, talvez por um viés químico, interferir nesse mecanismo, elevar ou reduzir a quantidade da

> libido disponível a cada vez ou fortalecer uma pulsão à custa de uma outra, isso seria uma terapia causal no sentido próprio, para a qual nossa análise teria realizado o trabalho preliminar indispensável de reconhecimento. Por ora, não se discute, como os senhores sabem, uma tal influência sobre os processos da libido; com nossa terapia psíquica, atacamos um outro ponto do contexto – não exatamente as raízes dos fenômenos, evidentes para nós, mas suficientemente longe dos sintomas – um ponto que se nos tornou acessível graças a condições dignas de nota.[97]

A comparação da psicanálise com a análise bioquímica mostra que suas hipóteses não se estendem aos nexos causais de eventos empíricos, pois, do contrário, as informações científicas nos colocariam em condições, aqui como lá, de alterar uma situação dada de forma manipuladora. A psicanálise não nos concede um poder de disposição técnica sobre a alma enferma que fosse análoga à da bioquímica sobre o organismo doente. E, no entanto, ela realiza mais do que um mero tratamento de sintomas, visto que, embora não no plano dos eventos físicos, apreende muito bem nexos causais – em um ponto "que se nos tornou acessível graças a condições dignas de nota". Trata-se justamente daquele ponto em que, em função da causalidade dos símbolos segregados e dos motivos reprimidos, a linguagem e o comportamento são patologicamente deformados. Com Hegel, podemos denominá-la, diferentemente da causalidade da natureza, uma causalidade do destino, uma vez que o nexo causal entre a cena originária, a defesa e o sintoma não se ancora, como leis naturais, em uma *invariância da natureza*, mas

97 Ibid., v.11, p.452-453.

somente de forma naturalizada, em uma *invariância da história de vida*, representada pela compulsão à repetição, mas dissolúvel pela força da reflexão.

As hipóteses que derivamos de interpretações universais não se referem, como as das teorias universais, à natureza, mas à esfera que se tornou uma segunda natureza por meio da auto--objetificação: ao "inconsciente". Esse termo deve designar a classe de todas as compulsões motivadoras, autonomizadas em relação ao contexto, as quais provêm das disposições de carências não licenciadas socialmente e são demonstráveis no nexo causal entre a situação de frustração originária, por um lado, e os modos anormais de linguagem e comportamento, por outro. O peso das motivações causais da ação dessa procedência é uma medida para os distúrbios e os desvios no processo de formação. Enquanto na disposição técnica sobre a natureza, em razão de nosso conhecimento de nexos causais, fazemos a natureza trabalhar a nosso favor, o discernimento analítico concerne à causalidade do inconsciente como tal: a terapia não tange, como a terapia da medicina somática, "causal" no sentido estrito, um *serviço* dos nexos causais conhecidos; antes, ela deve sua eficácia à *superação* dos próprios nexos causais. No máximo, a metapsicologia contém hipóteses sobre o mecanismo de defesa, da segregação de símbolos, da repressão de motivos e sobre o modo de trabalho complementar da autorreflexão, hipóteses, portanto, que "explicam" o surgimento e a superação de uma causalidade do destino. Um *pendant* das hipóteses de leis das teorias universais seriam, por isso, as suposições fundamentais da metapsicologia acerca da estrutura da linguagem e da ação; mas justamente elas se desenvolvem no plano metateórico e não têm, por isso, o *status* de hipóteses de leis usuais.

O conceito de uma causalidade do inconsciente torna compreensível também o efeito terapêutico da "análise", uma palavra em que, não por acaso, crítica como conhecimento e crítica como transformação são tomadas em conjunto. As consequências práticas imediatas da crítica são visadas por uma análise causal somente porque o nexo *empírico* que ela apreende é ao mesmo tempo um nexo *intencional* que pode ser reconstruído e compreendido segundo regras gramaticais. De início, podemos conceber uma construção, que o médico oferece ao paciente, como uma hipótese de explicação derivada de uma interpretação universal e de condições adicionais; pois existe o nexo causal suposto entre a situação conflitiva passada e as reações compulsivamente repetidas no presente (sintomas). Em termos de conteúdo, as hipóteses se referem, porém, ao nexo de sentido, que é determinado pelo conflito, pela defesa contra o desejo desencadeador do conflito, pela segregação do símbolo desiderativo, pela satisfação substitutiva do desejo censurado, pela formação de sintomas e pela defesa secundária. Um *nexo causal* é formulado hipoteticamente como um *nexo de sentido hermeneuticamente compreensível*. Essa formulação preenche, ao mesmo tempo, as condições de uma hipótese causal e de uma interpretação (tendo em vista um texto distorcido por sintomas). A compreensão da hermenêutica profunda assume a função de explicação. Ela comprova sua força explanatória na autorreflexão, que também supera uma objetificação, ao mesmo tempo compreendida e explicada: esta é a operação crítica do que Hegel pôs sob o título de *conceituar*.

De acordo com a forma lógica, no entanto, a compreensão explanatória se distingue em um ponto decisivo da explicação formulada estritamente nos termos das ciências empíricas.

Ambas se apoiam sobre enunciados causais que, com o auxílio de condições adicionais, são obtidos de proposições universais, precisamente de interpretações derivadas (variantes condicionais) ou hipóteses de leis. Ora, o conteúdo das proposições teóricas permanece intocado por uma aplicação operacional sobre a realidade; nesse caso, podemos apoiar as explicações em leis *isentas de contexto*. No caso da aplicação hermenêutica, porém, as proposições teóricas são traduzidas na exposição narrativa de uma história individual, de tal sorte que o enunciado causal não se realiza sem esse contexto. Interpretações universais só podem afirmar abstratamente sua pretensão à validade universal porque suas derivações são determinadas suplementarmente pelo contexto. Explicações narrativas se distinguem das estritamente dedutivas porque os eventos ou os estados para os quais elas afirmam uma relação causal experimentam, na aplicação, uma determinação mais ampla. É por isso que interpretações universais não permitem explicações isentas de contexto.[98]

12. Psicanálise e teoria social. A redução nietzschiana dos interesses do conhecimento

Freud entendeu que a sociologia seria uma psicologia aplicada.[99] Em seus escritos sobre teoria da cultura, ele próprio

98 Cf. a respeito: Danto, *Analytical Philosophy of History*, caps.10 e 11, p.201 et seq.

99 Freud, *Gesammelte Werke*, v.15, p.194.

se testou como sociólogo. São questões da psicanálise que o levaram ao âmbito de uma teoria da sociedade.

O analista se serve de um conceito preliminar de normalidade e desvio quando compreende como "sintomas" determinados distúrbios de comunicação, de comportamento e dos órgãos. Mas, manifestamente, esse conceito é determinado pela cultura, não podendo se definir com uma referência a um estado de coisas estabelecido: "Reconhecemos que a delimitação entre a norma psíquica e a anormalidade não é exequível cientificamente, de sorte que a essa distinção, apesar de sua importância prática, só cabe um valor convencional".[100]

Mas, se o que tem de valer todas as vezes como processo de formação normal e como desviante se determina somente segundo os critérios tirados do quadro institucional de uma sociedade, então é possível que essa mesma sociedade em seu todo, comparada com outras culturas, se encontre em uma constituição patológica, embora coloque, para o caso individual subsumido sob ela, o critério da normalidade: "Na neurose em particular, serve-nos de apoio mais próximo o contraste em que o doente se destaca de seu entorno, suposto como 'normal'. Um tal pano de fundo inexiste em uma massa afetada de maneira semelhante; ele precisaria ser buscado em outra parte".[101]

O que Freud denomina "diagnóstico de neuroses coletivas" exige uma investigação que se estenda para além dos critérios de um quadro institucional dado, abrindo os olhos para a história do desenvolvimento cultural da espécie humana, o

100 Ibid., v.17, p.125.
101 Ibid., v.14, p.505.

"processo da cultura". Essa perspectiva da história do desenvolvimento se sugere, além disso, por uma outra reflexão, que se origina igualmente da própria psicanálise.

A tarefa central da defesa contra as moções pulsionais indesejadas remete a um conflito fundamental entre, por um lado, as funções de autoconservação, que tem de ser assegurada, sob a coerção da *natureza externa*, exercidas pelo esforço coletivo de indivíduos socializados, e, por outro, o potencial excedente da *natureza interna*, as carências libidinais e agressivas. Além disso, a instância do Supereu, construída sobre identificações silenciadas com as expectativas das pessoas de referência primárias, testemunha que um Eu dirigido por seu desejo não se confronta imediatamente com a realidade da natureza externa; a realidade com que se choca e em vista da qual as próprias moções pulsionais, prenhes de conflito, aparecem como fonte de riscos, é o sistema da autoconservação, é a sociedade, cujas exigências institucionais os pais representam perante as crianças. A autoridade exterior, prolongada pela instauração do Supereu no âmbito intrapsíquico, é, por consequência, *economicamente* fundada:

> O motivo da sociedade humana é, em última instância, um motivo econômico; dado que não tem meios de vida suficientes para conservar seus membros sem o trabalho deles, ela precisa restringir o número de seus membros e direcionar as energias de sua atividade sexual para o trabalho. Logo, a necessidade vital, eterna, pré-histórica, mantida até o presente.[102]

---

102 Ibid., v.11, p.322, cf. também ibidem, p.368.

Mas, se o conflito fundamental se define pelas condições do trabalho material e pela carência econômica, então a escassez de bens, as frustrações decorrentes impostas são uma grandeza historicamente variável. A pressão da realidade e a medida correspondente de repressão social dependem, então, tanto do grau de disposição técnica sobre as forças naturais quanto da organização de seus rendimentos e da distribuição dos bens produzidos. Quanto mais o poder de disposição técnica se amplia, amenizando a pressão da realidade, tanto mais débil se torna a censura pulsional forçada pelo sistema da autoconservação, tanto mais forte se torna a organização do Eu e, com isso, a capacidade de lidar racionalmente com as frustrações. Assim, é natural comparar o processo histórico-universal de organização social [*Vergesellschaftung*] com o processo de socialização do indivíduo. Na medida em que a pressão da realidade é superpotente, e a organização do Eu, débil, de sorte que a renúncia pulsional só pode se operar por forças afetivas, a espécie encontra, para o problema da defesa, soluções coletivas que se assemelham às soluções neuróticas no plano individual. As mesmas constelações que impelem os indivíduos à neurose levam a sociedade a erigir instituições. O que caracteriza as instituições constitui, ao mesmo tempo, sua semelhança com formas patológicas. Assim como a compulsão à repetição [*Wiederholungszwang*] por dentro, a coerção [*Zwang*] institucional provoca por fora uma reprodução do comportamento uniforme, relativamente rígida e protegida da crítica:

> O conhecimento das enfermidades neuróticas de diversos seres humanos realizou bons serviços para a compreensão das grandes instituições sociais, pois as próprias neuroses se revelam

tentativas de solucionar individualmente os problemas da compensação do desejo, os quais devem ser solucionados socialmente pelas instituições.[103]

Disso resulta também o ponto de vista para a decifração da tradição cultural. Nela se sedimentam os conteúdos projetivos das fantasias desiderativas, expressando as intenções repelidas. É possível concebê-los como sublimações que representam as satisfações virtuais e que garantem uma compensação publicamente licenciada para a renúncia cultural impingida. "Toda história da cultura mostra apenas quais caminhos os homens trilharam para atar seus desejos insatisfeitos, sob as condições, cambiantes e transformadas pelo progresso técnico, da aprovação e da frustração por parte da realidade."[104]

Esta é a chave psicanalítica para uma teoria social que, de um lado, converge de maneira surpreendente com a reconstrução marxiana da história da espécie, mas em outro aspecto sublinha também pontos de vista especificamente novos. Assim como Marx em relação à sociedade, Freud concebe a "cultura" como aquilo por meio da qual a espécie humana se eleva acima das condições animais de existência. Ela é um sistema de autoconservação, que serve antes de tudo a duas funções: a afirmação contra a natureza e a organização das relações dos homens entre si.[105] Como Marx, Freud distingue, embora com outros nomes, as forças produtivas, que indicam o grau de disposição técnica sobre os processos naturais, das relações de produção:

103 Ibid., v.8, p.416.
104 Ibid., p.415.
105 Ibid., v.14, p.448-449.

> A cultura humana – eu me refiro a tudo aquilo em que a vida humana se elevou acima das suas condições animais e em que ela se distingue da vida dos animais (e eu desdenho separar cultura e civilização) – mostra ao observador, como se sabe, dois aspectos. Ela abrange, por um lado, todo o saber e o poder que os homens conquistaram para dominar as forças da natureza e adquirir seus bens para a satisfação das carências humanas, por outro lado, todas as instituições que são necessárias para regular as relações dos homens entre si, e em particular a distribuição dos bens alcançáveis. As duas direções da cultura não são independentes uma da outra, em primeiro lugar porque as relações recíprocas dos homens são influenciadas profundamente pela medida de satisfação pulsional que os bens disponíveis possibilitam, em segundo lugar, porque o próprio homem individual pode entrar na relação de um bem com um outro, na medida em que este utiliza sua força de trabalho ou o toma como objeto sexual, mas, em terceiro lugar, porque cada indivíduo é virtualmente um inimigo da cultura, que, ainda assim, deve ser um interesse humano universal.[106]

A última formulação, segundo a qual *cada um* é virtualmente um inimigo da cultura, já remete à diferença entre Marx e Freud. Marx concebe o quadro institucional como uma regulamentação dos interesses que são postos imediatamente no sistema do trabalho social segundo a relação de compensações sociais e onerações impostas. O poder [*Gewalt*] das instituições deriva de que elas estabelecem por um longo prazo uma distribuição de compensações e onerações, fundada na violência [*Gewalt*] e distorcida de uma maneira específica de

106 Ibid., p.326-327.

classe. Freud, em contrapartida, concebe o quadro institucional em conexão com a repressão de moções pulsionais, a qual deve ser impingida no sistema da autoconservação *de modo geral*, independentemente mesmo da distribuição, *específica de classe*, de bens e privações (enquanto, em geral, a economia da escassez imprimir em cada gozo o caráter constritivo da compensação):

> É digno de nota que os homens, por menos que possam existir no isolamento, sentem como gravemente pesados os sacrifícios que a cultura exige deles, a fim de possibilitar o convívio. A cultura tem de ser defendida, portanto, contra os indivíduos, e suas organizações, instituições e mandamentos se colocam a serviço dessa tarefa; têm por finalidade não apenas produzir uma certa distribuição de bens, mas também preservá-la, têm inclusive de proteger, contra os estímulos hostis dos homens, tudo o que serve à domação da natureza e à geração de bens. As criações humanas são fáceis de destruir, e a ciência e a técnica, que as construíram, podem também ser empregadas para sua aniquilação.[107]

Freud situa as instituições em um contexto diferente daquele da ação instrumental. Não é o trabalho, mas a coerção para o trabalho socialmente dividido que carece de regulação:

> Com o conhecimento de que toda cultura se baseia na coerção do trabalho e na renúncia às pulsões e, por isso, provoca inevitavelmente uma oposição entre os atingidos por essas injunções, tornou-se claro que os próprios bens, os meios para sua obtenção e os ordenamentos para sua distribuição não podem ser o

107 Ibid., p.327.

> essencial ou o exclusivo da cultura. Pois eles são ameaçados pelas insurgências e pela sede de destruição dos participantes da cultura. A par dos bens, aparecem agora os meios que podem servir para defender a cultura, os meios coercitivos e outros que devem conseguir reconciliar os homens com ela e compensá-los por seus sacrifícios. Mas estes últimos podem ser descritos como a posse psíquica da cultura.[108]

O quadro institucional do sistema do trabalho social serve à organização do trabalho na medida em que se trata de cooperação e divisão do trabalho, e da distribuição de bens, portanto, da *inserção da ação racional com relação a fins em um contexto de interação*. Essa rede da ação comunicativa serve também, certamente, às necessidades funcionais do sistema do trabalho social, mas, ao mesmo tempo, tem de consolidar-se institucionalmente, porque, sob a pressão da realidade, nem todas as carências interpretadas encontram satisfação, e porque os motivos da ação socialmente excedentes não podem ser todos repelidos com consciência, mas somente com o auxílio de forças afetivas. O quadro institucional consiste, por isso, em normas coercitivas que não só licenciam carências linguisticamente interpretadas, como também as redirecionam, transformam e reprimem.

A dominação das normas sociais se baseia em uma defesa que, enquanto for tributária de mecanismos inconscientes e não de um controle consciente, forçará, por seu turno, a satisfações substitutivas, provocando sintomas. O caráter institucionalmente solidificado e não transparente é adquirido por ela justamente em razão da compulsão neurótica coletiva,

---

108 Ibid., p.331.

a compulsão oculta que substitui a coerção manifesta das sanções abertas. Ao mesmo tempo, uma parte das satisfações substitutivas pode ser reelaborada em legitimações a favor de normas vigentes. As fantasias desiderativas coletivas, que compensam as renúncias da cultura, estruturam-se em interpretações do mundo e colocam-se a serviço da dominação na qualidade de racionalizações, uma vez que não são privadas, mas, no plano da própria comunicação pública, levam uma existência segregada, isto é, protegida da crítica. É o que Freud denomina a "posse psíquica da cultura": imagens religiosas do mundo e ritos, ideais e sistemas de valor, estilizações e produtos artísticos, o mundo das formações projetivas e da aparência objetiva, em suma: as "ilusões".

Todavia, Freud não é tão descuidado a ponto de reduzir a superestrutura cultural aos fenômenos patológicos. Uma *ilusão* que assumiu uma figura objetiva no plano da tradição cultural, como a religião judaico-cristã, não é *uma ideia fixa*:

> Para a ilusão permanece como característica a derivação de desejos humanos; ela se aproxima nesse aspecto da ideia fixa psiquiátrica, mas se separa também desta, deixando de lado a estrutura mais complicada da ideia fixa. Na ideia fixa, nós sublinhamos como essencial a contradição dirigida contra a realidade; a ilusão não tem de ser necessariamente falsa, isto é, irrealizável ou em contradição com a realidade.[109]

Para os indivíduos, o quadro institucional da sociedade estabelecida é uma realidade inalterável. Desejos incompatíveis

109 Ibid., p.353.

com essa realidade são irrealizáveis e mantêm, por isso, transformados em sintoma pela defesa e impelidos para a via da satisfação substitutiva, o caráter de fantasias desiderativas. Mas certamente, para a espécie em seu todo, os limites da realidade são alteráveis. O grau de repressão socialmente necessária se mede pelo alcance variável do poder de disposição técnica sobre os processos naturais. Assim, o quadro institucional, que regula a distribuição das tarefas e das compensações, estabilizando uma ordem da dominação que assegura a renúncia da cultura, torna-se mais brando com a técnica mais avançada e transformam progressivamente em realidade as partes da tradição cultural que de início possuem um teor projetivo, ou seja, convertem satisfações virtuais em satisfações institucionalmente reconhecidas. As "ilusões" *não são apenas* falsa consciência. Como naquilo que Marx chamava de ideologia, também nelas está contida a utopia. Se o progresso técnico abre a possibilidade objetiva de reduzir a repressão socialmente necessária abaixo da medida da repressão institucionalmente exigida, esse conteúdo utópico pode se desligar de sua amálgama com os componentes da cultura alucinatórios, com os componentes ideológicos, refuncionalizados como legitimação da dominação, transpondo-se para a crítica das formações da dominação que se tornaram historicamente obsoletas.

Nesse contexto, também a luta de classes encontra seu lugar. Na medida em que o sistema da dominação, que assegura a repressão *geral* impingida em igual medida a todos os membros da sociedade, é administrado por uma classe social, também as privações e as frustrações *específicas de classe* se vinculam com as gerais. As tradições legitimadoras da dominação têm de compensar a massa da população também por essas frustrações específicas, que vão além das privações gerais. Por isso, são as massas reprimidas, em primeiro lugar, que não se deixam mais prender por legitimações que se tornaram quebradiças, voltando os conteúdos utópicos criticamente contra a cultura existente:

> No caso das restrições que se referem apenas a classes determinadas da sociedade, nos deparamos com condições rudes e também que jamais deixaram de ser reconhecidas. É de se esperar que essas classes postas de lado invejem nos privilegiados suas prerrogativas e que façam de tudo para se desembaraçar do seu próprio excesso de privação. Onde isso não é possível, uma medida duradoura de insatisfação se afirmará no interior dessa cultura, a qual pode levar a insurgências perigosas. Mas, se uma cultura não vai além do ponto em que a satisfação de uma porção de participantes tem por pressuposto a repressão de uma outra, talvez da maioria, e este é o caso em todas as culturas presentes, então é compreensível que esses reprimidos desenvolvam uma hostilidade intensiva contra a cultura, a qual eles possibilitam por meio de seu trabalho, mas de cujos bens têm uma parcela pequena demais [...] Não é preciso ser dito que uma cultura que deixa insatisfeito um número tão grande de participantes e os impele à insurgência não tem perspectiva de se preservar por um longo tempo, nem o merece.[110]

Marx havia desdobrado a ideia da autoconstituição da espécie humana na história natural em duas dimensões: como um *processo de autoprodução*, impulsionado pela atividade produ-

110 Ibid., p.333.

tiva dos que trabalham socialmente e acumulado nas forças produtivas, e como um *processo de formação*, impulsionado pela atividade crítico-revolucionária das classes e acumulado nas experiências de reflexão. Por um lado, Marx não pode dar conta do *status* daquela ciência, que deveria reconstruir como crítica a autoconstituição da espécie, visto que seu conceito materialista de síntese entre homem e natureza permanecera restrito ao quadro categorial da ação instrumental.[111] Nesse quadro, o saber produtivo podia se justificar, mas não o saber reflexivo. O padrão da atividade produtiva era ainda menos apropriado para reconstruir a dominação e a ideologia. Ora, em contraposição a isso, Freud obteve na metapsicologia um quadro da ação comunicativa distorcida, que permite compreender o surgimento das instituições e o valor posicional das ilusões, justamente da dominação e da ideologia. Freud pôde expor uma correlação que Marx não discerniu.

Freud concebe as instituições como um poder que permutou a violência externa aguda pela compulsão interna, posta de maneira sólida, de uma comunicação invertida que se restringe a si mesma. A tradição cultural é entendida por ele, de maneira correspondente, como inconsciente coletivo, sempre censurado e invertido para fora, no qual os símbolos bloqueados direcionam os motivos segregados, mas irrequietamente agitados, da comunicação para os trilhos da satisfação virtual. São os poderes que, em vez do perigo externo e da sanção imediata, enfeitiçam a consciência, legitimando a dominação. Ao mesmo tempo, são poderes dos quais a consciência ideologicamente aprisionada pode se libertar pela autorreflexão, se um novo

111 Cf. acima, p.98 et seq.

potencial de dominação da natureza tira a credibilidade das antigas legitimações.

Marx não conseguiu discernir a *dominação* e a *ideologia* como *comunicação distorcida*, visto que fez a suposição segundo a qual os homens se distinguiram dos animais quando começaram a produzir seus meios de vida. Marx estava convencido de que outrora a espécie humana se elevou acima das condições animais de existência pelo fato de que conseguiu transgredir os limites da inteligência animal e transformar o comportamento adaptativo em ação instrumental. Como a base natural da história, interessa-o, por isso, a organização corporal do homem, específica do gênero, sob a categoria do trabalho possível: *o animal fabricante de instrumentos*. O olhar de Freud, em contrapartida, não estava dirigido ao sistema do trabalho social, mas à família. Ele fez a suposição de que os homens se distinguiram dos animais quando conseguiram inventar uma agência de socialização para o recém-nascido biologicamente ameaçado e dependente por um longo tempo. Freud estava convencido de que outrora a espécie humana se elevou acima das condições animais da existência pelo fato de que conseguiu transgredir os limites da sociabilidade animal e transformar o comportamento guiado por instintos em ação comunicativa. Como base natural da história, interessa-o, por isso, a organização corporal do homem, específica do gênero, sob a categoria do excesso pulsional e de sua canalização: *o animal pulsionalmente inibido e ao mesmo tempo fantasiador*. O desenvolvimento bifásico da sexualidade humana, interrompido por um período de latência com base no recalque edipiano, e o papel da agressividade na instauração da instância do Supereu fazem aparecer, como problema antropológico fundamental, não a *organização do trabalho*, mas o *desenvolvimento das instituições*, que solucionam de maneira duradoura o conflito entre o excesso pulsional e a coerção da realidade. É por isso que Freud não investigou em primeira linha aquelas funções do Eu que se desdobram no plano cognitivo, no quadro da ação instrumental. Ele se concentra no surgimento dos fundamentos motivacionais da ação comunicativa. Interessam-no os destinos das potencialidades pulsionais primárias, nas vias de uma interação, determinada pela estrutura familiar, da criança com um entorno do qual permanece dependente durante um longo período de crescimento.

Mas, se a base natural da espécie humana se determina essencialmente pelo excesso pulsional e pela dependência infantil prolongada, e se sobre essa base a geração das instituições pode ser concebida partindo de contextos de comunicação distorcida, então a dominação e a ideologia obtêm um valor posicional diferente, mais substancial, do que aquele em Marx. Em razão disso, torna-se palpável a lógica do movimento da reflexão dirigida contra a dominação e a ideologia, a qual recebe suas impulsões por conta dos progressos no sistema do trabalho social (técnica e ciência): é a lógica da tentativa e erro, mas transposta para o plano da história universal. Sob os pressupostos da teoria freudiana, a base natural não oferece uma *promessa* de que por meio do desdobramento das forças produtivas é criada alguma vez a possibilidade objetiva de libertar o quadro institucional completamente da repressividade, nem pode ela desencorajar em princípio uma tal *esperança*. A direção de uma história da espécie, que ao mesmo tempo se determina por um processo de autoprodução sob as categorias do trabalho e por um processo de formação sob as condições da comunicação distorcida, foi indicada claramente por Freud: o desenvolvimento das forças produtivas gera de novo, em cada etapa, a possibilidade objetiva de mitigar a violência do quadro institucional e de "substituir os fundamentos afetivos de sua obediência à cultura por fundamentos racionais".[112] Cada passo pelo caminho da realização de uma ideia, posta com a contradição de uma comunicação violentamente distorcida, é marcado pela transformação do quadro institucional e pela destruição de uma ideologia. A meta é "a fundamentação racional das prescrições da cultura", portanto, uma organização das relações sociais segundo o princípio de que a validade de toda norma rica em consequências políticas se tornou dependente de um consenso obtido no interior da comunicação isenta de dominação.[113] Mas Freud insiste em que todo esforço de assimilar essa ideia na ação, promovendo o esclarecimento de maneira crítico-revolucionária, se compromete rigorosamente com a negação determinada do sofrimento inequivocamente identificável – e, igualmente, com a consciência hipotética e prática de efetuar um experimento que pode *fracassar*.

As ideias do esclarecimento provêm do fundo das ilusões historicamente transmitidas. Por isso, temos de conceber as ações do esclarecimento como tentativas de testar os limites da realização do conteúdo utópico da tradição cultural sob as circunstâncias dadas. No entanto, a lógica de tentativa e erro requer, no plano da razão prática, restrições que a lógica do controle nas ciências empíricas pode dispensar: em um teste que deve examinar as condições de uma "limitação do sofrimento" possível, o risco de elevar o sofrimento não pode se

112 Ibid., v.14, p.369.

113 Freud desenvolveu essa ideia pelo exemplo da proibição de matar; cf. ibid., p.363 et seq.

tornar ele próprio um componente das condições experimentais. Dessa reflexão resulta a reserva cuidadosamente sugerida por Freud em relação ao "grande experimento cultural que é feito no presente em um amplo território entre a Europa e a Ásia".[114] O progresso do conhecimento nas dimensões das ciências e da crítica fundamenta a esperança de "que é possível ao trabalho científico experimentar alguma coisa acerca da realidade do mundo, com a qual aumentamos nosso poder e de acordo com a qual podemos organizar nossa vida". É essa esperança racional que separa por princípio a intenção do esclarecimento e as tradições dogmáticas, mas não mais: "Minhas ilusões não são incorrigíveis como as religiosas, não têm o caráter alucinatório. Se a experiência for mostrar que nos enganamos, então renunciaremos a nossas expectativas. Tomem os senhores a minha tentativa pelo que ela é" – justamente como uma tentativa que pode ser refutada na práxis. Essa cautela inibe não a atividade crítico-revolucionária, mas a *certeza* totalitária de que a ideia pela qual se deixa guiar com boas razões *é* realizável sob todas as circunstâncias. Freud aborda a dominação e a ideologia de uma maneira profunda demais para prometer *otimismo* no lugar de uma lógica da esperança fundamentada e da tentativa controlada.[115]

Esse é o mérito de uma teoria que inclui na base natural da história a herança, ligada à história natural e desde sempre flexível, de uma potencialidade pulsional dotada de tendências tão libidinosas quanto agressivas e que excede as oportunidades

---

114 Ibid., p.330; cf. também ibid., v.15, p.196-197.

115 Cf., sobre isso, Adorno, Weltgeist und Naturgeschichte. In: *Negative Dialektik*, p.293 et seq.

de satisfação. Paradoxalmente, porém, o mesmo ponto de vista pode também induzir a uma construção objetivista da história, que relança Freud para aquém da etapa de reflexão alcançada por Marx, impedindo-o de desdobrar no âmbito da teoria social o discernimento fundamental da psicanálise.[116] Uma vez que Marx ligou a autoconstituição da espécie ao mecanismo do trabalho social, ele nunca havia tentado separar a dinâmica da história de desenvolvimento da atividade da espécie como um sujeito, apreendendo-a com as categorias da evolução natural. Freud, em contrapartida, introduziu, já no plano metapsicológico, um modelo energético de dinâmica pulsional dotado de um aspecto objetivo. Assim, ele vê também o processo cultural da espécie ligado a uma dinâmica das pulsões: as forças pulsionais libidinosas e as agressivas, poderes pré-históricos da evolução, como que atravessam o sujeito espécie e determinam a sua história. Ora, o padrão biológico da filosofia da história é apenas a silhueta do modelo teológico, ambos pré-críticos em igual medida. As pulsões como *primum movens* da história, a cultura como o resultado de sua luta – uma tal concepção iria esquecer que *obtivemos* o conceito de impulso somente de maneira privativa, da deformação da linguagem e da patologia do comportamento. No plano antropológico, não encontramos nenhuma necessidade que já não tenha sido interpretada linguisticamente e atada simbolicamente às ações virtuais. A herança, ligada à história natural, das potencialidades pulsionais "não especializadas" determina as condições de partida da

116 Também a excelente interpretação de Herbert Marcuse sobre a teoria social implicada nos escritos de Freud não escapa inteiramente desse perigo: *Triebstruktur und Gesellschaft*.

reprodução da espécie humana, mas os meios dessa reprodução social conferem à *conservação do gênero*, desde o começo, a qualidade de *autoconservação*. Todavia, precisamos acrescentar imediatamente que a experiência da autoconservação coletiva define a pré-compreensão da qual derivamos privativamente algo como a conservação do gênero para a pré-história animal da espécie humana. Em todo caso, uma reconstrução da história da espécie que não abandona o terreno da crítica tem de relembrar a base de sua experiência e conceber a espécie, desde o "instante" em que consegue reproduzir sua vida somente sob as condições culturais, como um *sujeito*, ainda que tenha primeiramente de produzir-se a si mesma *como* sujeito.

Marx, nesse ponto herdeiro da tradição idealista, reteve tacitamente a síntese como ponto de referência: a síntese de um fragmento da natureza subjetiva com uma natureza objetiva para ela, no que as condições contingentes da síntese remetem a uma natureza em si que é explorada. "Natureza em si" é uma construção; ela designa uma *natura naturans*, que produziu a natureza subjetiva tanto quanto aquela que se lhe defronta como objetiva, mas de tal sorte que *nós*, como os sujeitos cognoscentes, não podemos ocupar por princípio uma posição fora ou mesmo "dentro" da divisão da "natureza em si" em um natureza subjetiva e em uma objetiva. As potencialidades pulsionais reconstruídas pertencem como tais à natureza incognoscível; contudo, elas são acessíveis ao conhecimento na medida em que determinam a situação de partida daquele conflito no qual se esfalfa a espécie humana. As formas nas quais o conflito se resolve são dependentes, em contrapartida, das condições culturais de nossa existência: trabalho, linguagem e dominação. Nós nos certificamos das *estruturas do trabalho, da linguagem e da dominação* não ingenuamente, mas pelo caminho de uma *autorreflexão do conhecimento* que começa pela teoria da ciência, em seguida recebe uma guinada transcendental e, por fim, se inteira de seu contexto objetivo.

O processo de pesquisa das ciências naturais é organizado no quadro transcendental da ação instrumental, de modo que a natureza se torna objeto de conhecimento necessariamente sob o ponto de vista da disposição técnica. O processo de pesquisa das ciências do espírito se move no plano transcendental da ação comunicativa, de modo que a explicação dos nexos de sentido se encontra necessariamente sob o ponto de vista da proteção da intersubjetividade do entendimento. Nós concebemos aqueles dois pontos de vista transcendentais, visto que espelham as estruturas do trabalho e da interação, portanto, os contextos de vida, como a expressão cognitiva de interesses condutores do conhecimento. Necessariamente, esse nexo de conhecimento e interesse só resulta, porém, da autorreflexão das ciências que satisfazem o tipo da crítica. Escolhemos a psicanálise como um exemplo. O processo de pesquisa, que tem de ser ao mesmo tempo um processo de autoinvestigação, liga-se aqui às condições do diálogo analítico. Essas condições são transcendentais na medida em que definem o sentido da validade das interpretações psicanalíticas, e, no entanto, são objetivas, na medida em que possibilitam um tratamento factual de fenômenos patológicos. A *atribuição* de um ponto de vista transcendental a um contexto objetivo e a um interesse do conhecimento respectivo é dispensável, visto que a dissolução analítica de uma comunicação distorcida, que determina a compulsão do comportamento e a falsa consciência, é as duas coisas em uma: teoria e terapia.

No ato da autorreflexão, o conhecimento de uma objetificação, cujo poder se baseia unicamente no fato de que o sujeito não se reconhece nela como seu outro, faz unidade imediata com o interesse pelo conhecimento, isto é, pela emancipação em relação justamente àquele poder. Na situação analítica, a unidade de contemplação e emancipação, de discernimento e libertação da dependência dogmática, é efetivamente aquela unidade de razão e uso interessado da razão que Fichte desdobrou no conceito de autorreflexão. Ora, a autorreflexão não se efetua mais como a ação de um Eu absoluto, mas sob as condições de uma comunicação patologicamente forçada entre médico e paciente. Sob os pressupostos materialistas, o interesse da razão não pode mais ser concebido, por isso, pelo caminho de uma autoexplicação autárquica da razão. A fórmula segundo a qual *o interesse é inerente à razão* tem um sentido suficiente somente no idealismo, ou seja, na medida em que estamos convencidos de que a razão pode se tornar transparente pelo caminho da *autofundamentação*. Mas, se nós concebemos a operação cognitiva e a força crítica da razão a partir de uma autoconstituição da espécie humana sob as condições contingentes da natureza, então é *a razão que é inerente ao interesse*. Com essa unidade de razão e interesse se depara Freud, dada a situação em que a maiêutica do médico só é capaz de promover a autorreflexão sob a coerção patológica, e sob o interesse correspondente de superar essa coerção.

A reflexão sobre a relatividade histórica dos critérios para o que vale como patológico levou Freud da coerção patológica no plano individual para a patologia da sociedade em seu todo. Instituição da dominação e tradições culturais são concebidas por Freud como soluções temporárias de um conflito fundamental entre as potencialidades pulsionais excedentes e as condições da autoconservação coletiva. As soluções são temporárias, uma vez que, na base afetiva da repressão, geram a coerção das soluções substitutivas patológicas. Mas, como na situação clínica, na própria sociedade é posto, junto com a coerção patológica, o interesse por sua superação. Visto que a patologia das instituições sociais, tanto quanto a da consciência individual, se fixa no *medium* da linguagem e da ação comunicativa, e assume a forma de uma distorção estrutural da comunicação, aquele interesse posto com a pressão do sofrimento também é imediatamente um interesse no esclarecimento – e reflexão é o único movimento possível em que tal interesse se impõe. O interesse da razão é uma tendência para a realização crítico-revolucionária progressiva, mas *de modo tentativo*, das grandes ilusões da humanidade, nas quais se elaboraram os motivos reprimidos como fantasias esperançosas.

Na tendência do interesse da razão prossegue o interesse da autoconservação; nesse aspecto, também a razão tem sua base na história natural. Mas o interesse da autoconservação é quebrado; ele não é nem uma carência empírica nem a propriedade sistêmica de um organismo. Pois o interesse na autoconservação não pode se definir de modo algum independentemente das condições culturais: trabalho, linguagem e dominação. O interesse na autoconservação não pode objetivar *inopinadamente* a reprodução da vida da espécie, visto que essa própria espécie, sob as condições de existência da cultura, tem de interpretar primeiramente o que vale para ela como vida. Essas interpretações, por seu turno, se orientam por ideias de vida boa. O "bom" não é aí uma convenção nem uma essencialidade, ele é fantasiado, mas tem de ser fantasiado de modo tão exato que concerna a um interesse fundamental, articulando-o: justamente o interesse pelo grau de emancipação que é objetivamente possível na história, sob as condições dadas e sob as condições manipuláveis. Enquanto os seres humanos tiverem de conservar sua vida por meio do trabalho e da interação sob a renúncia pulsional, portanto sob a coerção patológica de uma comunicação distorcida, o interesse na autoconservação possuirá, com necessidade, a forma de interesse da razão, o qual se desdobra somente na crítica e se confirma por suas consequências práticas.

Só quando, pelo tipo da ciência crítica, essa unidade de conhecimento e interesse é discernida, *a correlação de pontos de vista transcendentais da pesquisa e interesses condutores do conhecimento* pode ser vista como necessária. Uma vez que a reprodução da vida social se associa às condições culturais do trabalho e da interação, o interesse da autoconservação não se dirige imediatamente à satisfação de carências empíricas, mas às condições funcionais do trabalho e da interação: ele se estende, em igual medida, às categorias respectivas do saber, aos processos cumulativos de aprendizagem e às interpretações duradouras mediadoras da tradição. Tão logo esse saber cotidiano é assegurado e ampliado de forma metódica, os processos de pesquisa correspondentes também aparecem entre as determinações daquele interesse.

Enquanto o interesse da autoconservação for mal compreendido de um ponto de vista naturalista, será difícil enxergar como ele poderia assumir a forma de um interesse condutor do conhecimento que não permanecesse exterior à função do próprio conhecimento. Ora, mostramos em *um* exemplo de ciência crítica que o interesse da autoconservação só pode ser pensado de maneira consequente como um interesse que atua por meio da própria razão. Mas, se no movimento da autorreflexão conhecimento e interesse fazem uma unidade, então a dependência das condições transcendentais das ciências da natureza e das do espírito em relação aos interesses do conhecimento técnico e prático *tampouco* pode significar uma heteronomia do conhecimento. Isto significa que os interesses condutores do conhecimento, que determinam as condições de objetividade da validade de enunciados, são *eles mesmos* racionais, de sorte que o sentido do conhecimento, e com isso também o critério de sua autonomia, não pode ser clarificado sem um recuo ao nexo com o interesse de modo geral. Freud reconheceu esse nexo de conhecimento e interesse, constitutivo do conhecimento *como tal*, e o protegeu contra o mal-entendido psicologista, como se a demonstração de tal mal-entendido fosse sinônima de uma desvalorização subjetivista do conhecimento:

> Tentaram [...] desvalorizar radicalmente o empenho científico com a ponderação segundo a qual ele, ligado às condições de nossa própria organização, não pode fornecer nada mais que resultados subjetivos, ao passo que a natureza real das coisas fora de nós lhe permanece inacessível. Nisso não se importam com alguns momentos que são decisivos da constituição do trabalho científico: que nossa organização, isto é, nosso aparelho psíquico, se desenvolveu justamente no empenho pela informação sobre o mundo exterior, portanto, que tem de ter realizado um pouco de funcionalidade em sua estrutura, que ele mesmo é um componente daquele mundo que devemos investigar e que ele permite muito bem uma tal investigação, que a tarefa da ciência é plenamente circunscrita quando a limitamos a mostrar como o mundo tem de

aparecer para nós, por consequência da particularidade de nossa organização, que os resultados finitos da ciência, justamente por causa do tipo de sua aquisição, não são condicionados somente por nossa organização, mas também por aquilo que atuou sobre essa organização, e, enfim, que o problema de uma constituição do mundo sem consideração por nosso aparelho psíquico perceptivo é uma abstração vazia, sem interesse prático. Não, nossa ciência não é uma ilusão.[117]

---

117 Freud, *Gesammelte Werke*, v.14, p.380. Freud havia distinguido entre carência e interesse. Disposições carenciais são componentes do "Isso"; falamos de interesse quando motivações estão ligadas às funções do Eu. Expresso de maneira paradoxal: interesses são carências do Eu. Partindo dessa distinção, podemos correlacionar os interesses condutores do conhecimento e as funções do Eu. O teste de realidade se baseia em uma operação cognitiva que se desdobra no círculo de funções da ação instrumental e da adaptação inteligente às condições de vida externas. A esse aprendizado operacional de regras comportamentais controladas pelo êxito corresponde o interesse técnico do conhecimento pela ampliação do poder de disposição sobre processos objetificados. A censura pulsional, em contrapartida, pressupõe uma operação cognitiva que se forma em contextos de interação pelo caminho da identificação e da internalização. A esse aprendizado moral de papéis sociais corresponde o interesse prático do conhecimento em assegurar a intersubjetividade do entendimento. A síntese, por fim, do Isso e do Supereu, portanto, a integração de partes inconscientes no Eu, efetua-se por meio de uma operação cognitiva que se origina em contextos patológicos de uma comunicação especificamente distorcida. A esse processo de aprendizagem autorreflexivo corresponde o interesse emancipatório do conhecimento em superar a repressão e a falsa consciência. No entanto, em uma correlação de interesses condutores do conhecimento e funções do Eu no quadro do modelo estrutural, temos de permanecer conscientes de que justamente

É exatamente isso que, em contrapartida, Nietzsche procura demonstrar. Nietzsche viu o nexo de conhecimento e interesse, mas, ao mesmo tempo, psicologizou-o e, com isso, converteu-o em fundamento de uma dissolução metacrítica do conhecimento em geral. Nietzsche completou a *autossupressão da teoria do conhecimento*, posta em marcha por Hegel e prosseguida por Marx: desta vez como *autodenegação da reflexão*.

As considerações de Nietzsche sobre teoria do conhecimento em sentido amplo partem tacitamente de duas suposições fundamentais positivistas. Em primeiro lugar, Nietzsche estava convencido de que a crítica do conhecimento tradicional, de Kant a Schopenhauer, coloca uma pretensão irrealizável, a saber, a reflexão do sujeito cognoscente sobre si mesmo, e, por isso, desperta uma metacrítica. A forma moderna de ceticismo pode ser desmascarada como dogmatismo disfarçado:

> Desconfiado a fundo dos dogmas da teoria do conhecimento, eu gostava de olhar ora por esta ora por aquela janela, guardando-me de me estabelecer ali e considerando-os danosos – e não

---

esse modelo de Eu, Isso e Supereu foi obtido das experiências de reflexão e, por isso, se situa no plano metateórico. Na medida em que se tem clareza disso, uma interpretação dos interesses do conhecimento nos termos da metapsicologia não pode favorecer uma psicologização contraproducente do nexo de conhecimento e interesse. Por outro lado, com uma tal interpretação não se ganhou muito, pois uma análise mais ampla dos interesses condutores do conhecimento obriga a abandonar a metapsicologia, de modo geral o solo da lógica da pesquisa, e a recuar até o contexto objetivo da história da espécie. Por sua vez, torna-se patente que a teoria do conhecimento só pode ser efetuada como teoria social.

> por última razão: é verossímil que um instrumento *possa* criticar sua própria aptidão? Antes, eu prestava atenção ao fato de que jamais surgiu um ceticismo ou um dogmatismo na teoria do conhecimento sem segundas intenções, de que ela tem um valor de segunda ordem, tão logo se pondera *o que* no fundo *força* a essa posição. Um discernimento fundamental: tanto Kant quanto Hegel, quanto Schopenhauer – tanto a atitude cética-epocal, quanto a historicizante, quanto a pessimista, são de origem *moral*.[118]

Nietzsche se refere ao argumento voltado por Hegel contra Kant, a fim de recusar o ingresso na teoria do conhecimento. No entanto, ele não visa com isso a consequência de uma restrição à metodologia; ele certamente se entrega a uma autorreflexão das ciências, mas com a meta de enganar as duas coisas de maneira paradoxal: a crítica e a ciência.

Em segundo lugar, Nietzsche partilha com o positivismo o conceito de ciência. Somente as informações que correspondem aos critérios dos resultados das ciências empíricas podem valer como conhecimento no sentido estrito. Com isso, erige-se um *standard* perante o qual a tradição em seu todo afunda na mitologia. Com todo progresso científico, as imagens de mundo arcaicas, as contemplações religiosas e as interpretações filosóficas perdem o chão. Cosmologias, tanto quanto interpretações pré-científicas do mundo, que possibilitam orientações da ação e justificações de normas, perdem sua credibilidade na mesma medida quando uma natureza objetivada é conhecida em seus nexos causais e submetida ao poder de disposição técnica:

118 Nietzsche, *Werke in 3 Bänden*, v.3, p.486.

> Na medida em que aumenta o senso de causalidade, diminui a extensão do reino da moralidade: pois toda vez que se conceberam os efeitos necessários, e se aprendeu a pensar afastando-se de todo os acasos, de toda posteridade casual (*post hoc*), destruiu-se um número incontável de *causalidades fantásticas*, nas quais se acreditou como fundamentos dos costumes até então – o mundo real é muito menor do que o fantástico – e toda vez desapareceu do mundo um pouco da pusilanimidade e da coerção, toda vez também um pouco de respeito pela autoridade: a moralidade em grande parte foi prejudicada. Quem, contra isso, quer aumentá-la, precisa saber impedir que os resultados se tornem *controláveis*.[119]

Assim como Comte antes dele, Nietzsche concebe as consequências críticas do progresso técnico-científico como suplantação da metafísica; assim como Max Weber depois dele, concebe as consequências práticas desse processo como uma racionalização da ação e uma subjetivação dos poderes últimos [*Glaubensmächte*], orientadores da ação. Teorias científicas podem enfraquecer a pretensão de validade das interpretações tradicionais, sempre ligadas secretamente à práxis; nesse aspecto, elas são *críticas*. Mas elas têm de manter livre o lugar das interpretações refutadas, visto que não podem produzir uma relação com a práxis: nesse aspecto, são meramente *destrutivas*. De teorias científicas se segue um saber tecnicamente aplicável, mas não um saber normativo, não um saber orientador da ação: "A ciência perscruta o percurso natural, mas jamais pode *mandar* no homem. Inclinação, amor, prazer, desprazer, exaltação, exaustão – isso tudo a ciência não conhece. O que o homem

119 Ibid., v.1, p.1021.

vive e vivencia, ele precisa *interpretá-lo* de algum lugar, avaliá-lo com isso".[120]

O processo de esclarecimento, que as ciências possibilitam, é crítico, mas a dissolução crítica de dogmas não liberta, ela cria indiferença: ela não é emancipatória, mas niilista. Fora do nexo de teoria e práxis, que as ciências dissolvem e não podem substituir com suficiência por um novo nexo entre teoria e técnica, as informações não têm nenhum "significado". De início, Nietzsche segue a necessidade imanente do esclarecimento positivista; mas a consciência da intenção abandonada que outrora esteve vinculada ao conhecimento separa-o do positivismo. Nietzsche, o filósofo que ele não mais pode ser, não consegue se desembaraçar da lembrança de que "sempre se pressupõe que do discernimento sobre a origem das coisas deve depender a salvação do homem"; ao mesmo tempo, ele vê

> que agora, em contrapartida, quanto mais longe perseguimos a origem, tanto menos estamos envolvidos com os nossos interesses; até mesmo que todas nossas avaliações e estados de interesse, que depositamos nas coisas, começam a perder seu sentido, quanto mais recuamos com nosso conhecimento e chegamos até as coisas mesmas.[121]

O conceito positivista de ciência torna-se peculiarmente ambivalente com a recepção feita por Nietzsche. À ciência moderna se concede, de um lado, um monopólio de conhecimento, o qual se confirma na desvalorização do conhecimento

120 Ibid., v.3, p.343.
121 Ibid., v.1, p.1044.

metafísico. De outro lado, o conhecimento monopolizado é desvalorizado porque forçosamente dispensa o nexo com a práxis, próprio da metafísica e, com isso, perde nosso interesse. De acordo com o positivismo, não pode haver um conhecimento que transcenda o conhecimento metódico das ciências empíricas; mas Nietzsche, que o aceita, não pode consentir em legar seriamente a esse conhecimento o título de conhecimento. Pois, devido à mesma metodologia que garante *certeza* a seus conhecimentos, a ciência se torna alienada dos interesses, os quais unicamente poderiam conferir um *significado* a seus conhecimentos. Em consideração aos objetos que atraem um interesse que vá além da disposição técnica, "a ciência prepara uma *ignorância soberana*, um sentimento de que não cabe de modo algum o 'conhecer', que se trata de uma espécie de soberba sonhar com isso, mais ainda, que não nos resta o mínimo conceito para fazer que 'conhecer' valha ainda que como *possibilidade*".[122]

Uma ponderação análoga à "ausência de significado das ciências naturais" já havia sido apresentada por Nietzsche contra a história em sua "Segunda consideração extemporânea". Também as ciências do espírito tornam-se alienadas do contexto de vida assim que passam a obedecer aos critérios do método científico. A consciência histórica serve à práxis de vida somente na medida em que se apropria criticamente de uma tradição cultural a partir do horizonte do presente, aperfeiçoando-a. A história viva torna o passado e o alheio um componente de um processo de formação presente. A formação histórica é a escala da "força plástica" com que um homem ou uma cultura

122 Ibid., v.3, p.862.

se torna transparente a si mesmo na presentificação do passado e do alheio. Os que pensam historicamente

> creem que o sentido da existência virá à luz cada vez mais no percurso de seu *processo*; por isso, só olham para trás para entender o presente na consideração do processo até então e para aprender a desejar mais veementemente o futuro; eles não sabem de modo algum o quanto pensam e agem de maneira não histórica, apesar de todo seu conhecimento histórico, e o quanto também sua ocupação com a história não está a serviço do conhecimento puro, mas da vida.[123]

Nietzsche presume observar um momento do não histórico nessa reflexão que se vale da práxis de vida, procede dela e retorna a ela, porque essa "constelação de vida e história"[124] se altera tão logo a história se torna ciência. Objetificados na simultaneidade fictícia da consciência contemplativa e usufruidora, os objetos de uma história universal trancafiada no museu passam a não ter consequências para o sujeito cognoscente. A tradição metodicamente objetificada é neutralizada justamente *como* tradição e, por isso, não pode mais adentrar no processo de formação presente: "O saber [...] agora não atua mais como motivo reconfigurador, impelindo para fora, e permanece oculto em um mundo interno certamente caótico".[125]

A polêmica contra a ociosidade amimalhada dos virtuoses do historicismo coetâneo se funda em uma *crítica da cientificização*

123 Ibid., v.1, p.217.
124 Ibid., p.231.
125 Ibid., p.232.

da história. O objetivismo não é ainda percebido por Nietzsche como uma falsa *autocompreensão* cientificista, mas é tomado como a implicação necessária da própria *ciência* da história. Nietzsche crê, por isso, que uma história "a serviço da vida" carece das ligações pré-científicas com o não histórico e com o supra-histórico.[126] Se, no contexto de sua crítica das ciências do espírito, ele tivesse retomado o conceito de "interpretação", desenvolvido dois anos antes em seu ensaio "Sobre verdade e mentira no sentido extramoral", aquela confrontação não teria sido mais possível. Nesse caso, pelo contrário, a categoria de interpretação teria sido evidenciada como fundamento dissimulado do método filológico-histórico, tanto quanto o objetivismo seria evidenciado como a falsa consciência de um procedimento associado inevitavelmente ao processo de formação do sujeito cognoscente.

Em consideração às ciências do espírito, os apuros de Nietzsche continuam a ser os mesmos que em vista das ciências da natureza: ele não pode escapar à pretensão do *conceito positivista de ciência* e, contudo, não pode se desembaraçar do conceito mais exigente de uma *teoria* que tem *significado* para a vida. Em relação à história, ele se socorre com a exigência de que ela deveria se desvencilhar da camisa de força metodológica, mesmo que ao preço da objetividade possível. E ele quisera serenar-se com a seguinte reflexão: "Não é a vitória da *ciência* o que caracteriza nosso século XIX, mas a vitória do *método* científico sobre a ciência".[127] Mas essa fórmula não poderia ser aplicada às ciên-

126 Ibid., p.281.

127 Ibid., v.3, p.814. (A fundamentação que Gadamer oferece para a hermenêutica filosófica segue inconfessadamente essa intenção. Cf. o prefácio para a segunda edição de *Wahrheit und Methode*).

cias naturais. Em relação a elas, a exigência análoga de romper com o pensamento metódico teria se voltado a si mesma. Aqui, Nietzsche, quando quis unificar as heranças incompatíveis do positivismo e da grande filosofia, viu-se obrigado a criticar o objetivismo da ciência, de maneira imanente, como falsa autocompreensão, a fim de pôr a descoberto o nexo oculto com a práxis de vida.

A "teoria do conhecimento" de Nietzsche, afiada como sempre por aforismos, consiste na tentativa de conceber o quadro categorial das ciências da natureza (espaço, tempo, evento), o conceito de lei (causalidade) e a base operacional da experiência (medição), tanto quanto as regras da lógica e do cálculo, como o *a priori relativo* de um mundo de aparência objetiva, gerado para a finalidade de dominar a natureza e, com isso, conservar a existência:

> O aparelho inteiro do conhecimento é um aparelho de abstração e simplificação – não se dirige ao conhecimento, mas ao *apoderamento* das coisas: "fins" e "meios" estão tão distantes da essência quanto os "conceitos". Com "fins" e "meios", apodera-se do processo (*inventa-se* um processo que seja apreensível), com "conceitos", porém, apodera-se de coisas que fazem o processo.[128]

Nietzsche concebe a ciência como a atividade com que transformamos a "natureza" em conceitos para a finalidade de dominá-la. Na coerção da correção lógica e da pertinência empírica, a coação do interesse pela disposição técnica possí-

128 Nietzsche, *Werke in 3 Bänden*, v.3, p.442.

vel sobre processos naturais objetificados se impõe e, nesta, a coerção pura para conservar a existência:

> Por mais que nosso intelecto seja uma consequência de condições da existência – nós não o teríamos se não tivéssemos *necessidade* dele, e não o teríamos *assim* se não tivéssemos necessidade dele *assim*, se pudéssemos também viver *de outro modo*.[129]
>
> Não se deve entender essa *coação* para formar conceitos, gêneros, formas, fins, leis, como se estivéssemos, com isso, em condições de fixar o mundo *verdadeiro*; mas como coação para nos preparar um mundo em que *nossa existência* é possibilitada – criamos com isso um mundo que é para nós calculável, simplificado, compreensível etc.[130]

Essa proposição poderia ser compreendia no sentido de um pragmatismo determinado em termos de lógica transcendental. O interesse pela dominação da natureza, condutor do conhecimento, definiria as condições da objetividade possível do conhecimento da natureza. Longe de suspender a diferença entre ilusão e conhecimento, ele determinaria somente o quadro em que a realidade é objetivamente cognoscível para nós. Com isso, por um lado, a pretensão crítica do conhecimento científico seria mantida em pé perante a metafísica, e a pretensão monopolista da ciência moderna, porém, seria colocada também em questão: a par do interesse técnico, poderia haver outros interesses condutores e legitimadores do conhecimento. Manifestadamente, não é esta a concepção de Nietzsche.

129 Ibid., p.526.
130 Ibid., p.440.

A atribuição metodológica da ciência a um interesse pela autoconservação não serve a uma determinação lógico-transcendental do conhecimento possível, mas à negação da possibilidade do conhecimento em geral: "Nosso aparelho cognitivo não está *dirigido* para o conhecimento".[131] A reflexão sobre os novos *standards*, desenvolvidos pela ciência moderna, continua a ser ensejo de uma crítica das interpretações tradicionais do mundo, mas a mesma crítica se estende agora também à própria ciência. Metafísica e ciência geraram, em igual medida, a ficção de um mundo calculável de casos idênticos; a ficção do *a priori* científico se revelou sustentável, quando muito. A "aberração" objetivista que Nietzsche, motivado pela autocompreensão positivista da ciência, aponta na ciência, é a mesma à qual a ciência sucumbe necessariamente:

> A aberração da filosofia se baseia em que, em vez de ver na lógica e nas categorias da razão os meios para a preparação do mundo segundo os fins da utilidade (portanto, "fundamentalmente", para uma *falsificação* útil), acreditou-se ter nelas o critério da verdade ou da *realidade*. O "critério da verdade" era, de fato, meramente a *utilidade biológica de um tal sistema de falsificação fundamental*: e, uma vez que a espécie animal não conhece nada mais importante do que se conservar, de fato seria lícito falar aqui de "verdade". A ingenuidade era somente a de tomar a idiossincrasia antropocêntrica como *medida das coisas*, como linha diretriz a respeito do "real" e do "irreal": em suma, absolutizar um condicionamento.[132]

131 Ibid., p.440.
132 Ibid., p.726.

A base de interesses do conhecimento afeta a possibilidade do conhecimento como tal. Uma vez que a satisfação de *todas* as carências coincide com o interesse da autoconservação, *toda e qualquer* ilusão, se nela alguma carência interpreta o mundo, coloca a mesma pretensão de validade. O nexo de conhecimento e interesse, concebido em termos naturalistas, dissolve, sem dúvida, a aparência objetivista em cada figura, mas não sem *justificá-lo* de novo *de um ponto de vista subjetivista*: "Na medida em que o termo 'conhecimento' tem um sentido de modo geral, o mundo é cognoscível: mas ele é *interpretável* de modos diferentes, ele não tem nenhum sentido atrás de si, mas inúmeros sentidos – 'perspectivismo'. São nossas carências *que interpretam o mundo*; nossos impulsos e seus prós e contras".[133] Nietzsche tira daí a consequência[134] de que, no lugar da teoria do conhecimento, tem de entrar agora uma doutrina perspectivista dos afetos. No entanto, é fácil ver que Nietzsche não teria de modo algum chegado a um perspectivismo se não tivesse rejeitado desde o começo a teoria do conhecimento, tomando-a como impossível.

Porque Nietzsche estava preso desde o início no positivismo, na medida em que não podia reconhecer sua crítica à autocompreensão objetivista da ciência como crítica do conhecimento, ele acabou entendendo mal o interesse condutor do conhecimento, com o qual havia se deparado. Só quando interesse e impulso fazem unidade imediata, as condições subjetivas da objetividade do conhecimento possível, postas pelo interesse, afetam o sentido da distinção entre ilusão e

133 Ibid., p.903.
134 Ibid., p.560.

conhecimento como tal. Nada, porém, compele a uma interpretação empirista do interesse condutor do conhecimento, se autorreflexão da ciência, que se inteira da base de interesses, não é mal compreendida, por sua vez, de maneira positivista, isto é, renegada na qualidade de crítica. É exatamente a isso que Nietzsche se vê obrigado. Ele alega reiteradamente o mesmo argumento contra a possibilidade da teoria do conhecimento:

> Seria preciso *saber* [...] o que é *certeza*, o que é *conhecimento* e coisas que tais. Como nós, porém, não o sabemos, uma crítica da faculdade de conhecer é absurda: como o instrumento iria poder criticar a si mesmo, se ele só pode utilizar a si mesmo para a crítica? Ele nem sequer pode definir-se a si mesmo![135]

Hegel havia utilizado esse argumento contra Kant a fim de forçar a crítica do conhecimento, por sua vez, a uma crítica dos próprios pressupostos e, com isso, levar adiante uma autorreflexão interrompida. Nietzsche, em contrapartida, toma de empréstimo o argumento para se certificar da impossibilidade da autorreflexão em geral.

Nietzsche partilha a cegueira de uma era positivista em relação à experiência de reflexão; ele nega que a recordação crítica de uma aparência autoproduzida, mas autonomizada em relação ao sujeito, que a autorreflexão de uma consciência falsa seja *conhecimento*: "Nós sabemos que a destruição de uma ilusão não resulta em nenhuma verdade, mas apenas em um *pouco de ignorância* a mais, uma ampliação de nosso 'espaço va-

---

135 Ibid., p.499.

zio', um crescimento de nosso 'deserto'".[136] No entanto, essa denegação da reflexão não resulta em Nietzsche, como nos contemporâneos de inclinação positivista, do encantamento do pesquisador por parte da aparência objetivista da ciência, que tem de ser conduzida *intentione recta*. Nietzsche, e isso o destaca de todos os demais, denega a força crítica da reflexão com os meios, e só *com os meios da própria reflexão*. Sua crítica da filosofia ocidental, sua crítica da ciência, sua crítica da moral dominante, são um testemunho único de um conhecimento empenhado na via da autorreflexão, e somente da autorreflexão. Nietzsche o sabe: "Nós somos seres de antemão ilógicos e, por isso, injustos, *e podemos reconhecer isso*: esta é uma das maiores e insolúveis desarmonias da existência".[137] Contudo, Nietzsche se fixa de tal modo nas convicções fundamentais positivistas que não é capaz de reconhecer de maneira sistemática a função cognitiva da autorreflexão, da qual vive como escritor filosófico. A contradição irônica de uma autodenegação da reflexão é, no entanto, tão tenaz, que não pode ser dissolvida com argumentos, mas somente aplacada por conjurações. A reflexão, que se aniquila a si mesma, não pode contar com o auxílio da regressão benevolente: ela precisa da autossugestão para ocultar de si mesma o que ela exerce continuamente, a saber, a crítica:

> Nós, psicólogos do futuro, não temos muito boa vontade para a auto-observação: tomamos quase como um sinal de degenerescência quando um instrumento busca "se conhecer a si mesmo";

136 Ibid., p.446.
137 Ibid., v.I, p.471.

> nós somos instrumentos do conhecimento e gostaríamos de ter toda a ingenuidade e precisão de um instrumento – consequentemente, não nos cabe analisar a nós mesmos, conhecer a nós mesmos.[138]

A história da dissolução da teoria do conhecimento na metodologia é a pré-história do positivismo mais recente. Nietzsche escreveu seu último capítulo. Como *virtuose de uma reflexão que se denega a si mesma*, ele ao mesmo tempo desdobrou e interpretou mal, em termos empiristas, o nexo de conhecimento e interesse. Para o positivismo que se fundamentava de uma nova maneira, Nietzsche pareceu ter oferecido a prova de que a autorreflexão das ciências não conduz senão à psicologização das condições que, como condições lógicas e metodológicas, não podem ser colocadas em um *único* plano junto com as relações empíricas. A "autorreflexão" das ciências pôde aparecer como mais um exemplo da falácia naturalista, repetida com frequência e plena de consequências na história da filosofia moderna. Assim, acreditou-se que só seria preciso renovar a separação fundamental entre questões de validade e a gênese de enunciados; e nisso foi possível deixar a cargo da psicologia da pesquisa a teoria do conhecimento, mesmo a teoria do conhecimento desdobrada de maneira imanente a partir de uma lógica das ciências da natureza e das ciências do espírito. Sobre essa base, o positivismo mais recente erigiu, então, uma metodologia pura, uma metodologia purgada, no entanto, das questões que verdadeiramente interessam.

---

138 Ibid., v.3, p.790-791.

Posfácio de 1973

Conhecimento e interesse aparece inalterado após quase quinze anos, em uma edição de bolso. Isso não significa que não considere o texto como carente de modificações. Pelo contrário, a discussão inesperada, intensiva e ampla levantou tantas questões que, se quisesse tratá-las sistematicamente, precisaria escrever um *outro livro*. A crítica (na medida em que é crítica e não incide sob a rubrica da postura retórica ou da luta de vertentes políticas)[1] pode ser classificada segundo cinco complexos de questões:

a) objeções contra o procedimento de uma historiografia reconstrutiva, o qual é ao mesmo tempo histórico e sistemático (Ginsberg, Lobkowicz);
b) objeções contra a interpretação de autores em particular, sobretudo contra de textos de Hegel (Bubner), Marx (Hahn), Freud (Nichols) e Husserl (Evans);
c) objeções contra a versão não realista do problema do conhecimento, em especial contra a delimitação dos

1 Por exemplo, Beyer, *Die Sünden der Frankfurter Schule*.

diversos domínios de objetos no âmbito da teoria da constituição e suas respectivas "formas de saber" (Ballestrem, McCarthy, Krüger, Lobkowicz);

d) objeções contra a versão não idealista da objetividade e da verdade, em especial contra o conceito revisado de transcendental e o *status ambíguo* dos interesses do conhecimento (Anacker, Bubner, Hess, Rohrmoser, Theunissen);

e) objeções contra inconsistências e obscuridades com o objetivo de clarificar, modificar ou continuar meu projeto no âmbito da teoria da ciência (Apel, Böhler, Floistadt, Giegel, Schroyer, Wellmer).

Nessa classificação, não levo em consideração trabalhos excelentes, nos quais algumas estratégias de solução são retomadas e retrabalhadas de maneira produtiva (por exemplo, o de Hellesness). As exposições monográficas de Bahr, Glaser, Ley e Willms se limitam a tanger as margens dos problemas tratados em *Conhecimento e interesse*. Algumas objeções mais importantes eu aprofundei em minha introdução à nova edição de *Teoria e práxis*, em 1971.

Além disso, Fred. R. Dallmayr expôs em vários trabalhos a discussão sobre *Conhecimento e interesse*, avaliando-a com maestria. Dadas essas circunstâncias, escolho usar o espaço escasso de um posfácio para prestar contas sobre o que aprendi com os argumentos e os contra-argumentos. Nesse contexto, não posso entrar em detalhes que hoje me parece necessário revisar; antes, gostaria de tornar claro porque pretendo me ater ao pensamento sistemático do livro. Este aparece sob uma outra luz em razão das diferenciações que considero necessárias hoje.

1. Sobre o *status* de uma historiografia com propósito sistemático

Particularmente para o leitor anglo-saxão, a historiografia filosófica com um propósito sistemático – um tipo de pensamento e de exposição que no continente, desde Hegel, não precisaria mais de uma justificação explícita (talvez para seu prejuízo) – é desconcertante. O objetivo de minha investigação é a crítica do cientificismo, no que entendo por cientificismo uma atitude fundamental, que até pouco tempo dominou a filosofia do presente mais diferenciada e influente, ou seja, a filosofia analítica: a atitude segundo a qual uma filosofia científica tem de proceder *intentione recta*, da mesma maneira que as próprias ciências, isto é, ter diante de si seu objeto (sem poder de modo algum se certificar de si mesma reflexivamente). Na medida em que se ocupa com o problema do conhecimento, essa atitude compromete a análise com uma metodologia das ciências dirigida à análise da linguagem; até os avanços do último Wittgenstein, essa metodologia excluía da análise lógica a pragmática do uso natural e do uso científico da linguagem. Karl-Otto Apel denomina tal coisa de "falácia abstrativa" do cientificismo:

> Sob o pressuposto da abstração da dimensão pragmática do signo, não há [...] nenhum *sujeito* humano da argumentação e, por isso, tampouco a possibilidade de uma *reflexão* sobre as condições da possibilidade da argumentação, pressuposta *por nós desde sempre*. Em vez disso, há – certamente – a hierarquia infinita de *meta*linguagens, *meta*teorias e assim por diante, nas quais a *competência de reflexão* do ser humano se faz notar e se oculta, ao mesmo tempo.[1a]

1a Apel, *Transformation der Philosophie*, v.2, p.406.

Uma crítica do cientificismo encontra-se, portanto, perante a tarefa de trazer à consciência a reflexão denegada (embora desde sempre exercida na filosofia) como tal, isto é, uma *dimensão* do problema do conhecimento que se tornou irreconhecível (apesar da fenomenologia). *Um* caminho para solucionar essa tarefa pareceu ser, para mim, a reconstrução da *pré*-história do positivismo mais recente, se tal reconstrução fosse efetuada com o propósito de oferecer a força analítica da recordação contra aquele processo de recalque em que se enraíza o cientificismo. Posso ter me saído mal nisso, mas, quanto ao propósito, declarado já em meu prefácio, não deixei ninguém no escuro. No entanto, eu não escapo de um círculo: uma historiografia da filosofia que quer seguir a figura da autorreflexão tem de parecer uma curiosidade para aqueles que não levam a sério a autorreflexão como um *movimento do pensamento*.

Para escapar ao círculo de uma moralização falsa e presunçosa, eu quis ajuntar de imediato que a crítica do cientificismo, mesmo independentemente de uma maiêutica própria à história da filosofia, tem de poder se afirmar unicamente por força de argumentos sistemáticos: nisso sou da mesma opinião que meus críticos. Em 1967, eu havia elaborado um plano para três livros, dos quais o primeiro, *Conhecimento e interesse*, iria ter o valor posicional de prolegômenos (cf. o prefácio). O plano para os dois livros seguintes, que iriam conter uma reconstrução crítica do desenvolvimento da filosofia analítica, eu acabei não o executando. Isso se explica por razões objetivas: hoje a crítica e a autocrítica do cientificismo estão em pleno andamento, seja como for. Nos países de língua alemã, K.-O. Apel,[2]

2 Apel, *Transformation der Philosophie*, v.2.

H. J. Giegel,[3] F. Kambartel,[4] H. Schnädelbach,[5] E. Tugendhat[6] e A. Wellmer,[7] entre outros, exerceram uma *crítica imanente* aos importantes teoremas da filosofia analítica, com o objetivo de levar adiante a lógica da pesquisa e a análise da linguagem, em consequência de sua própria cadeia de pensamentos, até chegar à reflexão sobre as condições de possibilidade da experiência e da argumentação. Além disso, a *filosofia metodológica que provém da Escola de Erlanger* contém abordagens para uma teoria da ciência que retoma a problemática da fundamentação negligenciada pelo cientificismo. No entanto, ela se mantém em uma ambivalência peculiar entre a teoria reconstrutiva da linguagem e a normatização universal da linguagem.[8] Também nos próprios países de língua inglesa, graças à *confrontação da teoria da ciência com a história da ciência*, surgiram novas frentes.[9] A problemática que remonta à dependência dos enunciados observacionais em relação às teorias foi intensificada pela tese de Kuhn sobre a dependência das próprias teorias em relação aos paradigmas. As reações de Feyerabend, Lakatos e, sobretudo, de Toulmin[10]

---

3 Giegel, *Logik der seelischen Ereignisse*.

4 Kambartel, *Erfahrung und Struktur*.

5 Schnädelbach, *Erfahrung, Begrüdung und Reflexion*; id., Dispositionsbegriffe der Erkenntnistheorie, *Zeitschrift für allgemeine Wissenschaftstheorie*, p.89 et seq.

6 Tugendhat, Phänomenologie und Sprachanalyse, p.3 et seq.

7 Wellmer, *Methodologie als Erkenntnistheorie*; id., *Kausalität und Erklärung*.

8 Lorenzen, *Methodisches Denken*; id., Szientismus versus Dialektik, p.57 et seq.; Lorenz, *Elemente der Sprachkritik*; Mittelstrass, *Das praktische Fundament der Wissenschaft*.

9 Lakatos; Musgrave (orgs.), *Criticism and the Growth of Knowledge*; cf. também Hesse, In Defense of Objectivity.

10 Toulmin, *Human Understanding*.

mostram que a tarefa de uma reconstrução racional da história da ciência não permite mais a renúncia cientificista à *análise lógica* do contexto do surgimento e do emprego da teoria.[11] Entretanto, para uma teoria da constituição da experiência e para uma teoria da verdade como consenso, que podem ser construídas no quadro de uma hermenêutica transcendental (Apel) ou, como eu preferiria dizer, de uma pragmática universal, um outro desenvolvimento é ainda mais importante. A análise lógica do emprego da linguagem permaneceu particularista em Wittgenstein e em seus discípulos, não se constituindo como uma *teoria dos jogos de linguagem*; exatamente essa tarefa parece ser enfrentada agora, em reação ao desafio da análise da linguagem por parte da linguística gerativa. Abordagens para uma *pragmática universal* se encontram entre analistas da linguagem como Searle, que almeja uma teoria dos atos de fala apoiando-se em Austin e Strawson, bem como entre linguistas que, como Wunderlich, incluem em suas investigações as estruturas universais das situações de fala possíveis.[12]

Essas *quatro* linhas de argumentação, que se delineiam na discussão filosófica dos últimos anos, tornam sem objeto, em larga medida, uma crítica ao cientificismo com orientação sistemática, com o que, no entanto, não quero de modo algum levantar a afirmação segundo a qual a atitude cientificista fundamental não domine mais, hoje como ontem, a filosofia con-

11 Sobre isso, cf. Apel, *Transformation der Philosophie*, v.1, introdução; Bubner, *Dialektische Elemente einer Forschungslogik*, p.129 et seq.

12 Searle, *Sprechakte*; Habermas, Vorbereitende Bemerkungen zu einer Theorie der kommunikativen Kompetenz, p.101 et seq.; Maas; Wunderlich, *Pragmatik und sprachliches Handeln*; Wunderlich (org.), *Linguistische Pragmatik*.

temporânea. Eu quero apenas dizer: o contexto da discussão se alterou nos últimos anos, de maneira que a atividade crítica recuou para trás da atividade construtiva de elaborar uma teoria da ação comunicativa (que espero poder apresentar em breve).

Não gostaria de concluir as observações sobre o *status* das investigações acerca de conhecimento e interesse sem me referir a um grave mal-entendido. M. A. Hill coloca de ponta-cabeça minha tese de que a crítica radical do conhecimento só é possível como teoria da sociedade, ao afirmar que eu dissolveria a teoria da sociedade na teoria do conhecimento.[13] Naturalmente, a autorreflexão de um processo de formação não significa que esse processo se reflita na cabeça de quem o recorda por análise; eu afirmo apenas que a autorreflexão bem-sucedida adentra de novo no processo de formação do

---

13 Duas demonstrações: "*According to Habermas the development of technology is made possible by the self-reflexive nature of the synthetic activity, and consequently the dialectic of man and nature is really determined by the cognition of the species subject rather than simply by its labour, as in Marx*". "*When Habermas offers us self-formation of the species as subject through self-reflection on its cognitive interests, the deeds and words of man in the world dissolve into the panorama of the mind conceiving the world in its own image in the scholar's imagination.*" (Hill, J. Habermas: A Social Science of the Mind, p.249, 253). [Trad.: "De acordo com Habermas, o desenvolvimento da técnica se tornou possível pela natureza autorreflexiva da atividade de síntese, e, consequentemente, a dialética entre homem e natureza é determinada realmente pelo conhecimento do sujeito espécie, em vez de simplesmente por seu trabalho, como em Marx". "Quando Habermas nos apresenta a autoformação da espécie como sujeito por meio da autorreflexão sobre seus interesses cognitivos, as ações e as palavras do homem no mundo se dissolvem no panorama do espírito concebendo o mundo segundo sua própria imagem na imaginação do escolástico." – N. T.]

qual se tomou consciência. Eu acentuo o nexo entre teoria do conhecimento e teoria da sociedade por duas razões. De um lado, os constituintes do sistema social não podem ser apreendidos suficientemente sem que se esclareçam, no âmbito da teoria do conhecimento, as operações cognitivas, ao mesmo tempo dependentes da verdade e ligadas à ação; de outro, também as tentativas de reconstruir nos termos da teoria do conhecimento a competência cognitiva possuem a forma de hipóteses que podem ser indiretamente testadas, empregando-as como meios construtivos de uma teoria da evolução social.[14] O discurso sobre a "antropologia do conhecimento" (Apel) torna evidente, sem dúvida, a renúncia ao absolutismo da filosofia transcendental, e isso significa, às premissas idealistas, mas não permite reconhecer que enunciados sobre a espécie humana que se originou de maneira contingente (e que deve ocupar de modo geral o lugar lógico da consciência transcendental) só podem ser fundamentados, em última instância, no quadro de uma teoria da história da espécie ou da evolução social. Pois as antropologias se encontram toda vez diante da atribulação que consiste em que as generalizações empíricas de características comportamentais são fracas demais, enquanto enunciados ontológicos sobre a essência do homem são fortes demais.

2. Auto-objetivação *versus* autorreflexão

Os limites do cientificismo se mostram nos limites da auto-objetivação dos que exercem a metodologia como teoria

14 Cf. a primeira parte de minha investigação sobre *Legitimationsprobleme im Spätkapitalismus*.

do conhecimento (inconfessa). Uma teoria cientificista da ciência fundamenta, com efeito, a pretensão de exclusividade das ciências objetivantes, sem que ela mesma possa partilhar o *status* destas. Só é lícito à comunidade de comunicação dos pesquisadores reflexivos, na medida em que vê sua tarefa justamente na justificação de uma autocompreensão cientificista das ciências, tematizar-se a si mesma nos termos de uma ciência objetivante: ela não pode tomar a sério, sob os pontos de vista da *lógica* da pesquisa, o contexto da argumentação que produz e a comunidade de interação que representa. Não é permitido à comunidade dos pesquisadores perceber-se como sujeito da reflexão; sua atitude cientificista fundamental obriga-a à auto-objetivação. Assim, o teórico cientificista da ciência tem de rejeitar a exigência de autorreflexão – à qual não poderia ceder sem abandonar sua teoria –, indicando o programa que, uma vez executado, tornará *sem objeto* todas as exigências de autorreflexão. Se, pela primeira vez, as próprias discussões metateóricas puderem ser explicadas suficientemente no quadro das ciências objetivantes, divisaremos a confusão categorial que, de acordo com o cientificismo, consiste em que exigimos fundamentações transcendentais onde nada aparece como fenômeno empiricamente explicável.

Em vista de um *programa*, pode-se certamente esperar argumentos sobre a plausibilidade a favor de sua exequibilidade. *De início*, a tentativa de apresentar o programa de auto-objetivação como auspicioso foi empreendida na forma do reducionismo clássico. Nesse contexto, distinguem-se, por um lado, determinadas descrições daquilo a ser reduzido (intenções e ações, relações intersubjetivas, motivos, estados ou episódios interiores e assim por diante), e, por outro, um quadro teórico em que são admissíveis explicações dos fenômenos, descritos inicialmente de forma não objetivista (por exemplo, a linguagem teórica da neurofisiologia, da biocibernética, da psicologia behaviorista ou, de modo geral, as propriedades formais de uma linguagem empirista). A discussão analítica sobre a relação de espírito e corpo, ação e comportamento, fundamento e causa, foi conduzida de Carnap e Feigl até Sellar e Davidson, com o resultado de que, nesse plano das clarificações *categoriais*, apenas despontam, cada vez com maior evidência, as aporias lógicas de um reducionismo cada vez mais refinado pela análise da linguagem.[15] O discernimento sobre a dependência de enunciados observacionais em relação às teorias e da dependência das próprias teorias em relação aos paradigmas conduziu, *na sequência*, a uma revisão da estratégia, tirando o chão da antiga problemática de *mind and body*. A exigência de reduzir enunciados não objetivistas é substituída hoje pela exigência de, dada a possibilidade, buscar e desenvolver novas teorias que permitam reformular enunciados não objetivistas (tanto quanto enunciados convencionais e objetivistas) em um quadro categorial não convencional e mais adequado à meta da explicação teórica.

O progresso científico é concebido – esta é a etapa *seguinte* da "plausibilização" – como uma crítica fundamental, não antecipável, da linguagem, a qual mina pouco a pouco o sistema de referências reflexivo da linguagem corrente, transformando o mundo da vida com os substitutos da linguagem teórica, de sorte que não se pode excluir uma auto-objetivação progressiva dos sujeitos falantes e agentes, e com isso, um dia, também a possibilidade da autotematização objetivista da comunidade

15 Sobre isso, cf. Giegel, *Die Logik seelischer Ereignisse*.

dos pesquisadores (*displacement hypothesis*). A debilidade dessa tese, defendida em distintas versões por Feyerabend, Sellars, Rorty, J. J. C. Smart, entre outros,[16] consiste em que ela é, ao mesmo tempo, liberal demais e não liberal o suficiente. Não liberal o suficiente, pois, quando se abandona, junto com programa reducionista, também o pressuposto segundo o qual um sistema de descrição objetivista para explicações admissíveis pode ser caracterizado *a fortiori*, então o processo de substituição de teorias convencionais por novas teorias de modo algum é prejulgado no sentido do *primado das ciências objetivantes*; com efeito, pode ser que, por exemplo, as ciências reconstrutivas do tipo da linguística, ou até mesmo as ciências críticas do tipo da psicanálise, se revelem superiores em relação às ciências do comportamento do tipo da teoria do aprendizado. Por outro lado, se alguém quer regular, como Feyerabend em seus trabalhos mais recentes,[17] o progresso científico *somente* por um *principle of proliferation*, então se verá obrigado, logo a seguir, a levar adiante a liberalidade (ou a indiferença), até chegar ao abandono da própria ideia de progresso científico: nesse caso, a crença em bruxas pode rivalizar seriamente com a mecânica newtoniana.

Uma *terceira* possibilidade de tornar plausível o programa de auto-objetivação, mas de uma maneira ambígua, foi aberta, enfim, por C. F. von Weizsäcker, com a tese ambiciosa segundo a qual as leis fundamentais da física não formulam resultados de experiências especiais (embora tenham sido encontradas factualmente ao longo de uma fileira de experiências especiais),

16 Sobre isso, cf. Bernstein, *Praxis and Action*, p.281 et seq.

17 Feyerabend, Against Method; id., Von der beschränkten Gültigkeit methodologischer Regeln, *Neue Hefte für Philosophie*, n.2/3.

mas, pelo contrário, elas explicitam as condições necessárias de toda experiência possível:

> O programa que Kant formulou para a física clássica é hoje ou inexequível ou se revelará exequível se, com afirmações convincentes sobre as condições de possibilidade da experiência, for construída exatamente a física unitária, determinada inequivocamente em relação ao conteúdo, à qual aspira o desenvolvimento hodierno tão manifestamente.[18]

Esse programa parece se destinar a dar a vitória justamente à filosofia transcendental; na verdade, porém, sua execução significaria que o cientificismo mantém seu direito de uma maneira surpreendente. Pois, para Weizsäcker, os limites da física são os limites do pensamento conceitual. Ele espera que, com as proposições de uma teoria universal da natureza (que acabaria a série de teorias "acabadas" de Heisenberg sob as condições da "consistência semântica"),[19] são expressas as regularidades universais de todo acontecimento objetivável, isto é, que pode ser colocado sob alternativas empiricamente decidíveis, no que a validade dessas proposições pode ser *atribuída* ao fato de que as leis fundamentais da física *significam* as condições de possibilidade da objetivação de todo acontecimento. Essa interpretação meramente constata uma equivalência semântica entre enunciados cientificistas fundamentais de uma teoria universal da natureza, por um lado, e os enunciados reflexivos sobre as condições transcendentais da experiência possível, por outro; as duas coisas são consideradas distintas, e mesmo

18 Weizsäcker, *Die Einheit der Natur*, p.192.

19 Ibid., p.196 et seq.

incompatíveis, na medida em que a identidade entre espírito e natureza não pode ainda ser pensada, em todo caso, não da maneira certa. Nisso consiste, todavia, também a dificuldade desse programa; enquanto ele não é executado, Weizsäcker só pode *asseverar* que se dissolverá o paradoxo de uma física cuja validade é *fundamentada* transcendentalmente, embora deva poder *explicar*, por seu turno, as operações transcendentais do sujeito cognoscente. Pode-se ver do mesmo modo que essa teoria deveria ser, ao mesmo tempo, teoria e metateoria (e para essa estrutura há apenas *um* modelo conhecido, a saber, a linguagem corrente, que permite a comunicação somente sob as condições da metacomunicação *simultânea*).

Se o cientificismo precisa se refugiar na expectativa incerta de que uma teoria consumada das partículas elementares assume a figura, parecendo paradoxal ainda hoje, de uma ciência da natureza (e da objetivação da natureza por parte do homem cognoscente) ao mesmo tempo objetivista e transcendental, é legítimo examinar o que se deve, pois, alcançar pelo caminho alternativo da autorreflexão. Weizsäcker vê bem a situação criada por Kant e Darwin e, ademais, a elucidada peculiarmente pela pretensão monopolista das ciências objetivantes, das quais a física é exemplar:

> Em primeiro lugar, todo conhecimento "objetivo", na medida em que é um ato de um sujeito, existe sob certas condições "subjetivas". Em segundo lugar, pergunta-se o que podemos enunciar sobre o sujeito do conhecimento, se consideramos que ele mesmo vive no mundo dos objetos como uma de suas partes.[20]

20 Ibid., p.140-141.

Também Plessner viu o dilema que surgiu da inevitabilidade e da inexequibilidade simultâneas da reflexão transcendental:[21] a formação categorial dos domínios de objetos, sobre o quais se erigem as ciências objetivantes, revela um *a priori* sintético da experiência ligada à ação; mas, ao mesmo tempo, o sujeito dessa experiência é um produto da história da espécie e da natureza, e é dotado de competências que, *ao mesmo tempo*, teriam de ser reconstruídas em sua lógica e explicadas empiricamente em seu surgimento. (Esse dilema se ampliaria, convertendo-se em um trilema, se a pretensão de monopólio das ciências objetivantes se estendesse também à reconstrução racional das condições subjetivas necessárias do conhecimento.) As investigações propedêuticas sobre conhecimento e interesse se destinaram a mostrar *como* surgiu essa pretensão cientificista e *que* ela é levantada sem razão.

Nesse livro, eu tentei expor, na forma de uma *história da argumentação*, que:

a) com a análise de Kant das condições subjetivas necessárias da experiência possível, criou-se um *tipo* de fundamentação não objetivista, que nenhuma teoria da ciência que se apresente como teoria do conhecimento poderá negligenciar sem interromper arbitrariamente a reflexão;[22]

b) os sucessores de Kant não tomam mais como *dadas* as condições transcendentais (categorias e formas de intuição), e tampouco o próprio sujeito, que efetua as operações sintéticas sob essas condições; antes, eles as concebem na

21 Plessner, *Conditio Humana*, p.14 et seq.

22 Cf. Mittelstrass, *Das praktische Fundament der Wissenschaft*, p.15 et seq.; Apel, *Transformation der Philosophie*, v.2, p.405 et seq.

qualidade de produzidas – no entanto, de tal modo que elevam idealistamente o saber-se de um saber já reflexivo, convertendo-o em autor daquele processo de produção;

c) Marx evita as dificuldades de um começo absoluto, atribuindo a história de surgimento dos constituintes da experiência possível ao processo de reprodução social da espécie – no entanto, sem fundamentar, na consequência dessa abordagem, a teoria do conhecimento como teoria da sociedade;[23]

d) o positivismo, de Comte a Mach, abandona, em vista da crise da teoria do conhecimento, a exigência de fundamentação reflexiva do conhecimento de modo geral em favor do objetivismo (cujo programa, todavia, só no cientificismo da filosofia analítica foi exaustivamente executado, em um movimento grandioso de pensamento que vai de Russel e – o primeiro – Wittgenstein, passa por Carnap e Popper e chega a um ponto de autoironia com Sellars e Feyerabend);

e) porém, já em paralelo com o positivismo mais antigo (embora não influenciado por ele), procedem da reflexão sobre os processos de pesquisa nas ciências naturais e nas do espírito abordagens para uma teoria da ciência que reabilitam a forma da fundamentação transcendental, sem ter em conta, idealistamente, um sujeito do conhecimento que escapasse à história da emergência natural e à história da formação social: Peirce investiga o *a priori* pragmático da experiência de coisas e eventos, ligado à

23 Sobre o conceito de síntese social, cf. também: Sohn-Rethel, *Geistige und körperliche Arbeit*.

ação, enquanto Dilthey investiga o *a priori* comunicativo da experiência em interações linguisticamente mediadas;

f) finalmente, com a psicanálise se estabelece um ciência que, a despeito do mal-entendido cientificista que o fundador tem de si mesmo, faz pela primeira vez um uso da autorreflexão como método, no que a autorreflexão significa aqui a descoberta e a *superação analítica do pseudo a priori* das barreiras da percepção e das compulsões na ação, motivadas inconscientemente.

Em meu livro, conduzi a história esboçada da argumentação até chegar ao limiar da concepção de uma filosofia transcendental transformada. Essa própria concepção foi elucidada em alguns trabalhos tanto por Apel quanto por mim, sem que pudéssemos pretender ter dado às questões corretas – como suponho – respostas já suficientes.

Em que sentido nos é permitido falar, no interior de uma teoria da constituição da experiência, de uma fundamentação "transcendental" do conhecimento (e de uma teoria da verdade como consenso), se, apesar das competências a respeito de regras, racionalmente reconstruíveis, um sujeito caracterizado por essas competências não pode ser suposto para além dos sujeitos "empíricos", naturalmente originados e socialmente formados? Supondo que a consciência transcendental é uma hipostasiação, por quais unidades "empíricas" seria possível substituí-la então: grupos particulares de pesquisadores, a comunidade universal de todos os pesquisadores, "a" sociedade, no sentido de um sujeito espécie que se constitui a si mesmo, ou a sociedade como uma espécie que se encontra em evolução social? Se faz todo sentido distinguir entre os sistemas de regras transcendentais, reconstruíveis na atitude reflexiva, e as condições marginais e os mecanismos com os quais podemos explicar em primeiro lugar o surgimento desses universais, em seguida a aquisição das competências correspondentes e, enfim, o processo de formação de sujeitos caracterizados pela capacidade de fala e de ação – as teorias da evolução nas quais efetuamos semelhantes explicações poderão ter a forma de ciências objetivantes, e, na medida em que isso venha a ser o caso, o sentido de "objetivar" teria de alterar-se? E finalmente: como pensar a unidade da razão se nós não apenas, como Kant, distinguimos entre razão teórica e razão prática, mas – ao contrário da arquitetônica do sistema kantiano – partimos de domínios de objetos diferenciais e distinguimos entre um *a priori* pragmático e um *a priori* comunicativo, e, por outro lado, contrapomos a constituição dos objetos da experiência possível ao resgate argumentativo de pretensões de validade discursiva, a fim de distinguir entre a interpretação da experiência ligada à ação e a argumentação? As respostas a essas questões devem levar a uma revisão do conceito de transcendental.

Quando se tem diante dos olhos a concepção de uma filosofia transcendental transformada como ponto de fuga da pré-história do cientificismo contemporâneo, entender-se-á que não posso fazer muita coisa com a estratégia de muitas objeções que foram levantadas contra minha *interpretação dos autores em particular*: eu me refiro à tentativa de Bubner[24] de conferir ao conceito hegeliano de saber absoluto, contra as dúvidas convergentes que se erguem a partir de Kant e de Marx, uma

24 Bubner, Was ist Kritische Theorie, *Philosophische Rundschau*, p.21 et seq.

versão ainda plausível; eu me refiro à tentativa de Hahn[25] de alegar, contra a teoria do conhecimento materialista implicada em Marx, a teoria social explícita, como se a síntese mediante o trabalho social devesse ser analisada no mesmo plano que o próprio processo de trabalho social; eu me refiro também à tentativa de Nichols[26] de conceber a psicanálise, apoiando-se na autocompreensão de Freud, como ciência objetivante, embora nesse meio tempo as investigações teóricas e filológicas de Lorenzer[27] e Dahmer[28] tenham demonstrado, com fortes argumentos, que a metapsicologia não pode ser compreendida independentemente do sentido do processo terapêutico de uma autorreflexão metodicamente induzida.[29]

---

25 Hahn, Die theoretischen Grundlagen der Soziologie von J. Habermas, p.70 et seq.

26 Nichols, Science or Reflexion: Habermas on Freud, *Philosophy of Social Sciences*, v.2, p.261 et seq.

27 Lorenzer, *Sprachzerstörung und Rekonstruktion*; id., *Zur Begrüdung einer materialistischen Sozialisationstheorie*.

28 Dahmer, *Libido und Gesellschaft*, em especial parte I.

29 Eu atribuo a um *misplaced concreteness* [concretismo mal situado] a crítica de Lorenzer e de Hahn à minha distinção entre trabalho e interação (cf. Lorenzer, Symbol, Interaktion und Praxis, p.9 et seq., em especial, p.47 et seq.; id., *Über den Gegenstand der Psychoanalyse oder: Sprache und Interaktion*, em especial p.135 et seq.; Hahn, Die theoretischen Grundlagen der Soziologie von J. Habermas, p.70 et seq.). Eu não tenho nada contra *denominar* as duas coisas de práxis e tampouco contesto, de maneira alguma, que as ações instrumentais estão inseridas normalmente em contextos de ação comunicativa (atividades produtivas são na maior parte organizadas socialmente); mas eu não vejo nenhuma razão de por que nós deveríamos renunciar a *analisar* adequadamente um complexo, isto é, decompô-lo em suas partes. Aliás, eu tenho a impressão de que Lorenzer, assim como Hahn, querem antes marcar posição do que clarificar problemas com sua insistência retórica sobre a unidade de "produção" e "práxis".

3. Objetividade e verdade

Uma série de mal-entendidos, que gostaria de discutir depois da próxima seção, surgiu do fato de que, em *Conhecimento e interesse*, não distingui suficientemente entre problemas de constituição do objeto, por um lado, e problemas de validade, por outro. Apel desenvolveu, em suas interpretações de Peirce, a distinção correspondente entre "constituição de sentido" e "reflexão de validade".[30] O *sentido categorial* de um enunciado empírico se determina segundo a estrutura do domínio de objetos à qual se refere. Esse sentido se constitui com os objetos da experiência possível, ou seja, é o *a priori* material da experiência, sob o qual ao mesmo tempo abrimos a realidade, ao objetivá-la. Disso se distingue o *sentido, discursivamente resgatável*, da pretensão de validade que vinculamos implicitamente a cada enunciado afirmado. O sentido em que um enunciado pode ser verdadeiro ou falso não consiste nas condições da objetividade da experiência, mas na possibilidade de fundamentar argumentativamente uma pretensão de validade criticável. O sentido categorial de enunciados se refere ao tipo de objetos das experiências, dos quais enunciamos algo; o sentido da pretensão de validade discursiva de afirmações se refere à existência de estados de coisas, que reproduzimos em enunciados. O sentido categorial está contido no conteúdo proposicional de um ato de fala, a pretensão de validade, na parte performativa dele. Pois no sentido categorial se espelha sempre o aspecto sob o qual temos experiência de *algo no mundo* – como coisa ou evento, como pessoa ou como proferimento dela –; na pretensão de validade, em contrapartida, espelha-se o caráter vinculante in-

30 Apel, Einleitungen. In: Peirce, *Schriften*, v.1-2.

tersubjetivo com que algo pode ser afirmado daqueles objetos da experiência, isto é, um estado de coisas a título de um fato.

No contexto da discussão sobre as teorias da verdade, F. P. Ramsey lembrou a distinção entre objetos da experiência (coisas e eventos) e fatos.[31] Ele distingue o evento "a morte de César" do fato de que "César morreu". O enunciado de que César morreu *se refere* a um evento, do qual *se distingue* que tenha ocorrido e seja identificável, e ao qual *se atribui* uma certa determinação predicativa. Pode haver diversas descrições coextensivas do mesmo *evento* que não são sinônimas, por exemplo, "a morte de César" e "o assassinato de César"; mas o *fato* de que César foi assassinado, nós só podemos reproduzi-lo, sempre, com o *mesmo* enunciado – enunciados coextensivos que não são sinônimos não podem expressar o mesmo fato.[32]

Em sua confrontação com Austin,[33] Strawson intensificou a distinção de Ramsey: "*Facts are what statements (when true) state; they are not, like things or happenings on the face of the globe, witnessed or heard or seen broken or overturned, interrupted or prolonged, kicked, destroyed, mended or noisy*".[34] Coisas e eventos (pessoas e seus proferimen-

31 Ramsey, Facts and Propositions, *Proceedings of the Aristotelian Society*, v.3, 1927.

32 Cf., sobre isso, Gochet, *Esquisse d'une théorie nominaliste de la proposition*, p.92 et seq.; Gochet lembra também o argumento linguístico que Z. Vendler desenvolveu contra a equiparação feita por Austin entre fatos e "algo no mundo": Vendler, *Linguistics in Philosophy*, p.147.

33 Os dois ensaios foram reeditados em Pitcher, *Truth*, p.18 et seq., e p.32 et seq.

34 Strawson, Truth, p.38. [Trad.: "Fatos são o que afirmações (quando verdadeiras) afirmam; eles não são, como coisas ou acontecimentos sobre a face do globo, testemunhados, escutados ou vistos, quebrados ou derrubados, interrompidos ou prolongados, repelidos, destruídos, reparados ou ruidosos". – N. T.]

tos) são "algo no mundo" de que *temos experiência* ou com o que *lidamos*; são objetos da experiência possível (ligada à ação) ou ações (apoiadas em experiências). Fatos, em contrapartida, são estados de coisas existentes, que *afirmamos* em enunciados. Em enunciados aparecem expressões denotativas (nomes e descrições), que se referem a objetos da experiência (referência), para que possamos enunciar algo sobre eles com determinações predicativas (predicação). Mas esse "algo", um estado de coisas como "o estar-morto de César" ou, para mencionar o exemplo de Austin, "o estar-sobre-o-tapete do gato", é um *conteúdo proposicional* e não uma coisa nem um evento que poderia ser datado e localizado "no mundo": "*being alarmed by a fact is not like being frightened by a shadow. It is being alarmed, because...*".[35] Enquanto expressões denotativas servem para identificar objetos da experiência, não há nenhum referente para proposições ou para as determinações predicativas que se apresentam nas proposições: "*The king, person etc., referred to is the material correlate of the referring part of the statement; the quality or property the referent is said to 'possess' is the* pseudo*material correlate of the statement as a whole*".[36] Com isso, no entanto, chegou-se apenas a uma delimitação negativa. Gostar-se-ia de saber o que deve significar nesse contexto a "correspondência pseudomaterial". Parece-me que a questão sobre o *status* ontológico de fatos em geral é colocada de maneira falsa: a suposição de que fatos "são algo" de

35 Ibid., p.39. [Trad.: "ser alarmado por um fato não é como ser amedrontado por uma sombra. É ser alarmado porque..." – N. T.]

36 Ibid., p.37. [Trad.: "O rei, a pessoa etc. referido é o material correlato da parte referente da afirmação; a qualidade ou a propriedade das quais se diz que o referente 'possui' é o correlato *pseudo*material da afirmação como um todo." – N. T.]

maneira *análoga* a objetos, dos quais temos experiências ou com os quais lidamos, não tem, a rigor, sentido algum.

Se *dissemos* que fatos são estados de coisas que existem, então, *visamos* não a existência de objetos, mas a *verdade* dos conteúdos proposicionais, no que, porém, *supomos* a existência de objetos identificáveis, *dos* quais afirmamos o conteúdo proposicional. Fatos são derivados de estados de coisas, e estados de coisas são o conteúdo proposicional de afirmações, cuja pretensão de verdade foi problematizada e colocada em discussão. Um *estado de coisas* é o conteúdo de um enunciado que não é afirmado direta mas hipoteticamente: portanto, o conteúdo proposicional de uma afirmação com pretensão de validade virtualizada. Mas, se um estado de coisas é o conteúdo discursivamente tematizado de um enunciado problematizado, então denominamos fatos o conteúdo de um enunciado, que foi tematizado em um discurso concluído (por ora) e nesse meio tempo "desproblematizado": o que gostaríamos de afirmar como verdadeiro *depois* de um exame discursivo. Fatos são o conteúdo de enunciados feitos em afirmações "que se mantiveram de pé". Em suma, o sentido de "fatos" e de "estado de coisas" não pode ser clarificado sem uma referência a "discursos", nos quais clarificamos a pretensão de validade virtualizada de afirmações.

É por isso que, em meu ensaio sobre as teorias da verdade,[37] ressaltei a forma de comunicação do discurso em relação à práxis de vida, na qual efetuamos ações e fazemos experiência.

---

37 Habermas, Wahrheitstheorien; cf. também minha introdução à nova edição de *Teoria e práxis*; Habermas, Luhmann, *Theorie der Gesellschaft oder Sozialtechnologie – Was leistet die Systemforchung?*, p.114 et seq., 195 et seq.

Não posso aqui aprofundar as propriedades formais das situações ideais de fala, ou seja, aquela estrutura da comunicação que possibilita a argumentação; mas eu gostaria de lembrar as funções distintas de discurso e práxis de vida.

Discursos servem ao exame de pretensões de validade problematizadas de opiniões (e normas). A única coerção admitida em discursos é a do melhor argumento; o único motivo admitido é o da busca cooperativa da verdade. Em razão de sua estrutura comunicativa, os discursos são liberados das coerções da ação; eles tampouco abrem espaço para processos de *obtenção* de informações; discursos são desonerados da ação e desconectados da experiência. Informações se introduzem nos discursos, e a produção de discursos consiste no resgate [*Einlösung*] (reconhecimento) ou na dissolução [*Auflösung*] da pretensão de validade problemática. No processo discursivo, nada é produzido, fora o argumento. Fatos se encontram sob a reserva de existência: discute-se sobre *estados de coisas*. A virtualização peculiar, possibilitando o pensamento hipotético, atinge as pretensões de validade ingenuamente aceitas nos domínios da ação comunicativa e da instrumental, ligados à práxis de vida. Aqui, na práxis de vida, as *experiências* ligadas à ação são obtidas e trocadas. Afirmações que servem à comunicação de experiência são, elas próprias, ações. A objetividade das experiências consiste, então, no fato de que podem ser intersubjetivamente partilhadas. Visto que experiências aparecem com a pretensão de objetividade, existe a possibilidade do erro e do engano – em tais casos, a opinião que expressa uma experiência (presumível) é "meramente subjetiva". Só que essa *objetividade* de uma experiência afirmada não é idêntica à *verdade* de um enunciado afirmado.

Uma afirmação que *é* uma ação comunicativa *implica* uma pretensão de validade, isto é, *supõe* a verdade do enunciado afirmado, enquanto *tematiza* a experiência com um objeto no mundo. Se *é* uma experiência, tem de pretender objetividade para si. O que se mostra também na vivência da certeza sensível que sempre acompanha as percepções: estas não podem ser falsas. Se nos enganamos, então não era *esta* percepção, mas uma diferente da que visávamos; ou não era *de modo algum* uma percepção, embora tivéssemos pensado perceber algo. *Se* percebo algo, então cabe a essa experiência também objetividade, mais precisamente, por força do quadro categorial em que interpretei minha experiência *a priori* como uma experiência com objetos no mundo. Essa objetividade da experiência, que afirmo em contextos de ação comunicativa, torna-se patente tão logo eu aja com base na experiência comunicada, no êxito controlável da ação.[38]

As coisas se passam de outro modo com a *mesma* afirmação, se ela deixa de ser um elemento da ação comunicativa e se torna elemento de um discurso. Nesse caso, ela tematiza um estado de coisas, tendo em vista uma pretensão de validade explicitamente feita e colocada em questão, e *supõe* que esse estado de coisas, se ele existe (quer dizer, se é um fato), pode ser confirmado por experiências. Por exemplo, pode-se fazer um experimento, mas esse experimento é algo diferente da experiência, estruturalmente análoga, que se faria e se afirmaria no contexto da práxis de vida. Pois um experimento serve

38 Cf. o conceito de verdade comportamental desenvolvido por Weizsäcker, no ensaio, Modelle des Gesunden und Kranken, Guten und Bösen, Wahren und Falschen, p.320 et seq.

para, por assim dizer, extrair as experiências da práxis de vida, dadas as finalidades da argumentação, *transformando-as em dados*. Ao afirmar um *estado de coisas*, eu não afirmo exatamente uma experiência (que é objetiva); quando muito, posso aduzir experiências estruturalmente análogas como dados, a fim de fundamentar a pretensão de verdade levantada para o enunciado afirmado. A verdade, como justificação de pretensão de validade implicada em uma afirmação, não se mostra, como a objetividade da experiência, na ação controlada pelo êxito, mas somente na argumentação bem-sucedida, pela qual se resgata a pretensão de validade problematizada.

A própria experiência com objetos no mundo é um processo que ocorre no mundo; por isso, a objetividade da experiência se confirma, por sua vez, em processos que posso interpretar como reação da realidade a ações ou a alternativas produzidas. Fatos, em contrapartida, não são ocorrências; a verdade de proposições não se confirmam, por isso, em processos que ocorrem no mundo, mas no consenso obtido argumentativamente. As pretensões jurídicas permitem uma comparação.[39] Por exemplo, se queremos clarificar o sentido de um título de propriedade, podemos colocar duas questões distintas: a) a que esse título me autoriza?; e b) o que ele significa *como* um título jurídico? À primeira questão podemos responder indicando ações permitidas: o título de propriedade me autoriza a dispor livremente de coisas definidas. À outra questão podemos responder nos referindo às garantias que existem para o caso de alguém contestar o meu direito: posso conseguir, caso

39 A. McCarthy sugere essa comparação em um ensaio, ainda não publicado, sobre minha teoria da verdade.

necessário, um reconhecimento geral para minha propriedade, na qualidade de título jurídico, por meio de procedimentos jurídicos. As coisas se passam assim também com o sentido da validade e com a pretensão de validade de uma afirmação: a *objetividade* de uma experiência significa que alguém pode contar com o êxito ou o malogro de determinadas ações; a *verdade* de uma proposição afirmada em discursos significa que alguém pode ser levado, com razões, a reconhecer como justificada a pretensão de validade da afirmação.

Certamente, existe em enunciados observacionais elementares, como "essa bola é vermelha", um estreito parentesco entre a objetividade da experiência e a verdade da proposição que se expressou em uma afirmação correspondente: pode-se dizer talvez que o fato (discursivamente examinável) de que a bola é vermelha possa estar "fundado" em experiências correspondentes (pretendendo objetividade) com a bola vermelha; ou, também, o inverso: na experiência objetiva que eu fiz com uma bola vermelha, "mostrar-se-ia" o fato de que a bola é vermelha. Mas mais distantes e mais complicadas são essas relações de parentesco entre objetividade e verdade, tão logo nos voltamos para enunciados negativos ou gerais (que, com efeito, desde Platão são discutidos também como contraexemplos de uma teoria da correspondência que confunde objetividade e verdade).

As condições da objetividade da experiência, que podem ser clarificadas em uma *teoria da constituição do objeto*, não são idênticas às condições da argumentação, que podem ser clarificadas em uma *teoria da verdade* que desdobra a lógica do discurso; mas se encontram vinculadas em virtude das estruturas da intersubjetividade linguística. Nossa comunicação linguística possui uma estrutura dupla (perceptível de resto na forma do ato de fala elementar): o entendimento acerca de experiências e conteúdos proposicionais só é permitido na metacomunicação simultânea sobre a escolha de uma das relações interpessoais possíveis. Nisso se expressa o entrelaçamento entre operações cognitivas e motivos de ações e a intersubjetividade linguística, específico do ser humano, até onde posso ver:[40] na etapa sociocultural do desenvolvimento, o comportamento animal se reorganiza sob os imperativos das pretensões de validade.[41] A linguagem funciona aí à maneira de um transformador. Na medida em que processos psíquicos como sensações, carências e sentimentos se inserem nas estruturas da intersubjetividade linguística, episódios ou estados internos se transformam em conteúdos intencionais; pois intenções só podem se estabilizar reflexivamente, isto é, lançando pontes temporais entre intenções aguardadas como recíprocas. Sensações, carências e sentimentos (prazer/desprazer) se transformam por esse caminho em percepções, desejos e fruições ou sofrimentos,[42] que depois ou aparecem com pretensão de objetividade ou são meramente subjetivos. Percepções de objetos da experiência são sempre proferidas na qualidade de objetivas: como *afirmações*. Desejos *podem* ser proferidos como objetivos; nesse caso, pretendem expressar interesses universalizáveis, justificados por normas de ação: como mandamentos. Em correspondência

40 Spuhler (org.), *The Evolution of Man's Capacity for Culture*.

41 Sobre a função antropológica de pretensões de validade, cf. Claessens, *Instinkt, Psyche, Geltung*; também Glaser, *Soziales und instrumentales Handeln, Probleme der Technologie bei A. Gehlen und J. Habermas*, p.80 et seq.

42 Eu percebo algo, desejo algo, desfruto algo ou sofro por algo; mas eu "tenho" sensações, carências e sentimentos.

com isso, na medida em que são objetiváveis, as fruições podem ser justificadas por *standards* valorativos: justamente como *valorações*. Afirmações (juízos declarativos), *mandamentos* (juízos normativos) e valorações (juízos valorativos) expressam um "conteúdo de experiência" objetivo, no que a objetividade da percepção é assegurada pela estrutura intersubjetivamente partilhada de objetos da experiência possível, a objetividade dos mandamentos e das valorações, porém, pelo caráter intersubjetivamente vinculante de normas de ação ou *standards* valorativos. Enquanto há interesses e valorações não universalizáveis, ou seja, desejos particulares e fruições ou sofrimentos privados, as percepções não objetiváveis não são percepções, mas "imaginações", fantasias, representações etc.

Essa circunstância nos torna atentos para uma diferença interessante. O caráter universalizável de interesses e valorações depende de normas e valores que encontram reconhecimento intersubjetivo sob as circunstâncias dadas. Nisso a pretensão cognitiva de juízos de valor, de enunciados normativos e valorativos não se apoia, contudo, na circunstância empírica do reconhecimento *factual*, mas na *resgatabilidade* discursiva da pretensão de validade de normas de ação e de *standards* valorativos subjacentes em cada caso: essas pretensões de correção e adequabilidade podem ser examinados, fundamentados ou reprovados em discursos *práticos*. A objetividade não tem, portanto, nenhum outro sentido do que o fato de que as normas e os *standards* subjacentes podem pretender validade, portanto, de que são *universais*. A objetividade do conteúdo de experiência de afirmações, em contrapartida, não se deixa de modo algum *reduzir*, como vimos, à resgatabilidade discursiva da pretensão de verdade que erguem para enunciados correspondentes.

Decerto, a verdade de uma proposição pode ser examinada e fundamentada ou reprovada somente no quadro do discurso, mais exatamente, de um discurso *teórico*. Porém, a verdade da teoria que aduzimos talvez para a fundamentação de enunciados em particular, de modo algum determina a *objetividade* de seu conteúdo de experiência: esta não se mede, em geral, por argumentos, mas por confirmações cumulativas nos contextos da ação. Para a objetividade de percepções afirmadas, precisamos, portanto, contestar o que supomos para a objetividade de mandamentos e valorações: que ela deriva da validade discursivamente examinável de teorias ou normas e *standards* aduzidas a favor da argumentação. Pelo contrário, a objetividade da percepção se define em um *a priori* da experiência possível.

O *a priori* da experiência (a estrutura dos objetos da experiência possível) é independente do *a priori* da argumentação (das condições dos discursos possíveis). Todavia, as teorias das ciências empíricas (que se acumulam nas fundamentações) são limitadas por *ambos a priori*. Teorias só podem se formar e desenvolver, ao mesmo tempo, *sob as condições* da argumentação e *nos limites* da objetivação prévia do acontecimento passível de experiência. "Sob as condições da argumentação" significa: na forma de sistemas de enunciados discursivamente examinados; "nos limites da objetivação prévia do acontecimento passível de experiência" significa: em uma linguagem teórica cujos predicados fundamentais permanecem referidos aos objetos da experiência possível, constituídos de maneira independente. As linguagens teóricas que se alteram descontinuamente no curso do progresso científico podem *interpretar* as estruturas dos domínios de objetos pré-científicos e, de certo modo, também reformulá-las; mas, enquanto não nos tornarmos anjos ou animais, não poderão *transformá-las* nas condições de *outro* domínio de objetos. A cada vez, são as experiências com os objetos idênticos de *nosso* mundo que são interpretadas de maneira diversa, segundo os critérios do progresso científico. A identidade das experiências na multiplicidade de suas interpretações é assegurada pelas condições da objetivação possível. A interpretação de Copenhague da teoria quântica trouxe à consciência, de maneira dramática, *esse* discernimento: os conceitos "clássicos" com que o aparelho medidor tem de ser descrito designam os limites do domínio de objetos dos corpos em movimento, que se constituem pré-cientificamente e que as teorias não clássicas da física mais recente interpretam de maneira diferente, mas não podem transformar em um outro domínio de objetos.[43]

4. Conhecimento e interesse

A separação entre o *a priori* da argumentação e o *a priori* da experiência, à qual cheguei pelo caminho da ocupação com questões da pragmática universal e da teoria da verdade (e impelido pela crítica ao longo de anos de meu amigo K.-O. Apel), faz então que pareçam compatíveis também teses que até agora se apresentavam em concorrência entre si. A *unidade da argumentação* é compatível com uma *constituição diferencial do sentido dos domínios de objetos*. A argumentação se encontra em

43 Cf. sobre isso: Weizsäcker, *Die Einheit der Natur*, p.157 et seq.; sobre a relação de progresso teórico e o *a priori* do mundo da vida, cf. a discussão em torno dos fundamentos da protofísica proposta por Dingler e Lorenzen. Em breve, um volume editado por G. Böhme a respeito disso sairá na série *Theorie Diskussion*.

todas as ciências sob *as mesmas* condições do resgate discursivo de pretensões de verdade. Essas condições da racionalidade não restringida de maneira cientificista podem ser clarificadas no quadro de uma lógica do discurso teórico. Nesse contexto, também as determinações universais da crítica, que o racionalismo crítico autonomiza como um "método" em relação às normas fundamentais da fala racional,[44] alcança o que lhe cabe de direito. O programa da ciência unitária confunde, sem dúvida, a unidade da argumentação, isto é, dos pressupostos da fundamentação da validade de teorias, com a unidade das próprias teorias. Essa pretensão exagerada é repelida por uma teoria da constituição da experiência que reconstrói o contexto da formação da teoria e a lógica da pesquisa com as condições transcendentais do surgimento (e do emprego) do saber teórico. Por outro lado, a *diferenciação* bem fundamentada dos objetos da experiência possível não pode se converter nem em uma objeção contra a *unidade* da argumentação[45] nem em uma objeção contra a abertura do progresso científico, portanto, contra uma *multiplicidade* (sempre variando sistematicamente) de interpretações científicas do mesmo domínio de objetos.[46]

Peirce e Dilthey se depararam, graças às investigações lógicas dos processos de pesquisa nas ciências da natureza ou nas do espírito, com diversos domínios pré-científicos de objetos da experiência possível. Naturalmente, suas análises, historicamente atualizadas por mim, devem poder ser levadas a cabo

---

44 Cf. também Mittelstrass, *Das praktische Fundament der Philosophie*.

45 Como parece temer Albert, Kritische Rationalität und Politische Theologie, p.45 et seq.

46 A essa suspeita se expõe a protofísica de Dingler e Lorenzen; cf.. Düsberg, *Eine Kritik der Protophysik von P. Lorenzen und P. Janich*.

em uma perspectiva sistemática. Para tanto, um posfácio não é o local correto. Mas, ao enumerar os passos da análise que seriam necessários, eu quero ao menos precisar essa tarefa:

a) *Distinção entre experiência sensória (observação) e experiência comunicativa (compreensão).* O que percebemos em coisas e acontecimentos é, de maneira prototípica, uma experiência que pretende objetividade e pode expressar-se em afirmações. Uma mudança de atitude entre o processo de observação e a afirmação do observado não ocorre. A compreensão do sentido, em contrapartida, possui duas etapas. Na primeira, ela se liga à atitude não objetivante da performance de atos de fala: só quando estabelecemos performativamente uma relação interpessoal *entendemos* qual afirmação, questão ou exigência, qual promessa, qual conselho etc. alguém profere diante de mim. O *que* entendemos nessa atitude não objetivante, portanto a própria experiência, é peculiarmente objetivado ao convertermo-la na etapa seguinte em conteúdo de uma afirmação. Para fazer experiências com objetos do domínio da comunicação, com pessoas, ações, instituições, tradições etc., precisamos *compreender* a performance das manifestações; mas, ao afirmarmos uma tal experiência, a experiência resvala do *plano da intersubjetividade*, no qual foi feita, para o *plano dos conteúdos proposicionais*. Para poder compreender a proposição "Peter dá uma ordem a Hans", eu preciso ter tido, em algum momento, na qualidade de participante de uma comunicação, a experiência do que significa dar ou receber uma ordem.

Afirmações que reproduzem uma concatenação de observações, nós as denominamos a seguir de *descrição*; afirmações que reproduzem a compreensão de uma série de manifestações, isto é, uma história, vamos denominá-las *narrativa*.

b) *Distinção entre objetos da experiência sensória possível e a experiência comunicativa possível.* Fazemos descrições (que reproduzem experiências sensórias) em uma linguagem diferente daquela de narrativas (que reproduzem experiências comunicativas). As expressões denotativas da linguagem precisam permitir, no primeiro caso, a identificação de coisas e eventos, no outro caso, também a identificação de pessoas e manifestações (ou de objetos culturais): elas delimitam de antemão a classe de referentes admissíveis. Ora, nós identificamos os objetos sobre os quais enunciamos algo (com base em experiências que fizemos com eles) ou ostensivamente, ou com o auxílio de nomes e descrições. Estas precisam ou associar ou conter determinações predicativas. Sem dúvida, determinações predicativas não são usadas de maneira predicativa em conexão com expressões denotativas, mas um sistema de referências em funcionamento precisa ter um certo conteúdo proposicional.[47] Esse conteúdo mínimo nas dimensões qualitativas dos objetos em geral é o quadro categorial em que objetivamos o acontecimento experimentável na qualidade de experimentável. Nisso a psicologia cognitivista do desenvolvimento de Piaget confirma as investigações de Kant: ao menos as categorias de substância, espaço, tempo e causalidade são necessárias

47 Os conteúdos proposicionais, por meio dos quais nós identificamos objetos, são mencionados, mas não afirmados.

para determinar um sistema de referências de objetos da experiência possível.

c) A *ligação diferencial da experiência com a ação* (a distinção entre *a priori pragmático e comunicativo da experiência*). Minha interpretação de Peirce e Dilthey rendeu, como creio, indicadores suficientes para supor que a categorização como "corpos em movimento" ou como "pessoas agentes e falantes" produzem *a priori* uma ligação com a ação, de tal maneira que os "corpos observáveis" significam, ao mesmo tempo, "corpos instrumentalmente tratáveis (manipuláveis)", e que "pessoas compreensíveis" significam, ao mesmo tempo, "participantes de interações linguisticamente mediadas": isto é, podem ser um "algo", o objeto da ação instrumental, ou o defrontante em interações. Nós geramos os dois domínios de objetos fundamentais ao "esquematizarmos" o mesmo conjunto de categorias (ou esquemas cognitivos) nos domínios respectivos da ação instrumental ou da ação comunicativa. Uma análise conceitual dos objetos da experiência sensória e comunicativa, por um lado, e da ação instrumental e comunicativa, por outro, teria de confirmar esse nexo *transcendental* entre experiência e ação, afirmado em todo caso como nexo categorial na psicologia (Piaget), na antropologia (Gehlen) e na filosofia (Dewey, Heidegger).[48]

d) *Práxis de vida* versus *práxis de pesquisa*. Neste livro, coloquei em relevo o nexo de conhecimento e interesse, sem distinguir com precisão suficiente o limiar crítico entre comunicações, que se encontram no contexto da expe-

48 Wright, *Explanation und Understanding*.

riência e da ação, e discursos, que possibilitam um saber fundamentado, isto é, teórico. Decerto, a constituição dos domínios de objetos científicos se deixa conceber de determinada maneira como uma continuação das objetivações que já efetuamos na práxis de vida. Mas a pretensão de "objetividade", genuinamente levantada com a ciência, apoia-se naquela virtualização fundamental (institucionalmente assegurada e não só pragmaticamente incontornável) da pressão da experiência e da decisão, a qual possibilita o exame discursivo de pretensões de validade *hipotéticas* e a acumulação de saber *fundamentado*, isto é, a formação de teorias. A tarefa de uma teoria da ciência não objetivista, eu a vejo na demonstração em detalhes de que a lógica da pesquisa *é* a lógica do nexo entre o *a priori* da experiência e o *a priori* da argumentação. Em particular, encontramo-nos diante da tarefa de analisar como os procedimentos de medição, que regulam a transformação de experiências em dados, asseguram que os conceitos fundamentais das teorias permaneçam interpretáveis no interior dos limites da objetivação, efetuada todas as vezes de maneira pré-científica, do acontecimento passível de experiência. Nesse contexto, é preciso diferenciar, sobretudo, entre as ações da práxis de vida estruturalmente análogas, de um lado, e as operações dependentes de discursos, de outro; por exemplo, entre ação instrumental e ação experimental.[49] Uma teoria

49 Em uma investigação sagaz sobre o realismo, H. Schnädelbach criticou com razão que eu não distingo com suficiente clareza entre a ação instrumental e a experimental: "Eu proponho uma distinção

mais ampla no lado da ação instrumental, no sentido de Habermas: aquela entre ação *técnica* e *experimental*. Os dois contextos são caracterizados pelo aspecto instrumental, mas a finalidade que guia a escolha racional dos meios os distingue. Subjaz à ação técnica, em primeiro lugar, uma unidade não problematizada de 'convicção' (*belief*) e 'hábito comportamental' (*habit*), no sentido de Peirce, a qual se atualiza para alcançar uma meta da ação definida previamente. A ação experimental no sentido mais amplo se distingue disso pelo fato que aquela unidade de *belief* e *habit* é ela própria problematizada e torna-se ensejo de pesquisa, como Peirce a concebe: isto é, a tentativa ativa de restabelecimento, de acordo com o método científico. Portanto, as 'convicções' que na ação técnica são meios para a realização de metas de ação aparecem na ação instrumental no lugar da finalidade, na medida em que se trata da eliminação do distúrbio de sua estabilidade. Ambos os tipos de ação são, no entanto, instrumentais, na medida em que a própria estabilização de *beliefs/habits* perturbados é almejada novamente pelo emprego instrumental de *beliefs/habits* não problematizados (saber preliminar, métodos, instrumentos). Mas eles se distinguem pela finalidade a que se subordina a própria ação instrumental: a finalidade da aplicação bem-sucedida de uma 'convicção' em tentativas técnicas de ação pressupõe o que concerne às condições de sua realizabilidade, a estabilidade dessa 'convicção'. É preciso dar razão à insistência de Popper na diferença entre os predicados 'verdadeiro' e 'bem-sucedido', na medida em que ele assinala a diferença de dimensão entre o êxito na estabilização e o da aplicação de 'convicções'. Na ação instrumental de modo geral, a própria verdade das 'convicções' instrumentalmente instituídas não é tema – tão pouco quanto o emprego bem-sucedido de instrumentos permite a concentração da atenção sobre o instrumento; com isso, não existem aqui tampouco possibilidades de aplicação para os predicados 'independente' ou 'real'. A ação técnica, porém, distingue-se da experimental pelo fato de que nela as 'convicções' em geral não são tema, enquanto na ação experimental as 'convicções' não tematizadas são remetidas em termos técnicos e instrumentais às 'convicções' que se tornaram tema devido à sua problematização.

material da medição explica aquelas condições da formação de teorias, postas com a constituição do respectivo domínio de objetos.[50]

e) *Interesses condutores do conhecimento*. Fatos não são constituídos, pois fatos não são entidades *no mundo*, mas correlatos de enunciados no plano da *argumentação*. Mas os objetos da experiência possível ligada à ação são constituídos; e as experiências fundamentais ou opiniões pertencem a domínios diferenciais da experiência e da ação. Ora, se tais afirmações são tematizadas como carentes de fundamentação e se transformam em proposições de um discurso,

---

Só por isso nós distinguimos o êxito técnico do progresso do saber. Não a interpretação instrumentalista, mas somente a tecnicista do *faktum* da 'ciência' pode ser criticada, por isso, como incompatível com a ideia de progresso empírico do saber. A questão do interesse técnico orientador do conhecimento, que segundo Habermas forma o quadro constitutivo das ciências empírico-analíticas, permanece de início intocada por isso, pois a diferença postulada entre a técnica e o experimento não é desde já incluída, com efeito, quando se concede que a estabilização de *beliefs/habits* na ação experimental é almejada para a sua aplicabilidade técnica" (Schnädelbach, Über den Realismus, *Zeitschrift für allgemeine Wissenschaftstheorie*, v.3, p.88 et seq.

50 Em função do *a priori* pragmático das ciências naturais objetivantes, a "protofísica" desenvolvida por Dingler, Lorenzen, Janich entre outros, que possui, com efeito, a forma de uma teoria da medição fisicalista, quer resolver essa tarefa; desde minha investigação sobre a lógica das ciências sociais (1967), eu estou convicto de que uma "protossociologia" tem de assumir a forma de uma teoria universal da comunicação linguística. Cf. Habermas, *Logik der Sozialwissenschaften*; cf. também minha introdução à nova edição de *Teoria e Práxis*; e, de minha resposta a Luhmann, a seção sobre "Konstitution der Erfahrungswelt und sprachliche Kommunikation". In: Habermas; Luhmann, *Theorie der Gesellschaft*, p.202 et seq.

elas perdem a ligação com seu contexto de procedência na práxis de vida apenas em *um* aspecto: suas pretensões de validade, *pressupostas* na práxis de vida, são suspensas e examinadas. Em outro aspecto, porém, aquele vínculo permanece: a sintaxe referencial da linguagem, em que o saber teórico é formulado, permanece reacoplado com a lógica de um contexto pré-científico correspondente da experiência e da ação. Por isso, as proposições teóricas fundamentadas de discursos só podem ser oferecidas, por sua vez, em contextos específicos de emprego. Nisso se mostra o nexo de conhecimento e interesse. Enunciados sobre o domínio fenomênico de coisas e eventos (ou sobre as estruturas profundas que se manifestam em coisas e eventos) só podem ser *re*traduzidos em orientações para a ação racional com relação a fins (em tecnologias e em estratégias); enunciados sobre o domínio fenomênico de pessoas e manifestações (ou sobre as estruturas profundas dos sistemas sociais), apenas em orientações para ação comunicativa (em saber prático). Os interesses condutores do conhecimento salvaguardam a unidade do respectivo sistema de ação e da experiência perante o discurso; eles preservam uma *ligação latente do saber teórico com a ação*, para além da transformação de opiniões em proposições teóricas e para além de sua retransformação em saber orientador da ação – mas de modo algum suspendem a diferença entre as experiências afirmadas no contexto de ação, por um lado, e os enunciados sobre fatos, fundamentados no discurso, por outro; tanto menos afetam a diferença entre pretensões de validade factualmente reconhecidas e as fundamentadas. Que as explicações causais (que se apoiam em um saber empírico-analítico) possam ser transpostas *fundamentalmente* para um saber tecnicamente aplicável, e as explicações narrativas (que se apoiam em um saber hermenêutico), para um saber prático, é algo que permaneceria um acidente notável, se não pudéssemos explicar essa circunstância a partir daquela inserção condicionada do saber teórico em um contexto universal de interesses, fundamentando-o necessariamente como transcendental.

f) *O interesse emancipador do conhecimento e a destruição dos pseudos a priori*. Enquanto o interesse técnico e o interesse prático do conhecimento estão fundados em estruturas profundas (invariantes?) da ação e da experiência, ou seja, ligados aos constituintes do sistema social,[51] o *interesse emancipador do conhecimento* possui um *status* derivado. Ele assegura o nexo de saber teórico e uma práxis de vida, isto é, um "domínio de objetos" que só surge sob as condições da comunicação *sistematicamente distorcida* e de uma repressão ilusoriamente legitimada. Por isso, é derivado também o tipo de experiência e de ação que corresponde a esse domínio de objetos. A experiência com a pseudonatureza é peculiarmente reflexiva e se entrelaça com a ação de superar as coerções pseudonaturais; eu só *experimento* a coação, que provém de objetificações não transparentes, apesar de autoproduzidas, no instante do inteirar-se analítico e da *dissolução* de uma pseudo-objetividade enraizada em motivos inconscientes ou em interesses reprimidos.

51 Cf. Eder, Komplexität, Evolution und Geschichte, p.9 et seq.

5. Objeções

Se abstraio a tentativa de reconstruir a psicanálise na qualidade de uma ciência que se vale da autorreflexão como método, efetuada nos capítulos 9, 10 e 11, complementada em meu estudo sobre a pretensão de universalidade da hermenêutica[52] e prosseguida por Lorenzer (*Sprachzerstörung und Rekonstruktion* [Destruição da linguagem e reconstrução]), bem como por Dahmer (*Libido und Gesellschaft* [Libido e sociedade]), tentativa que considero uma *proposta suficientemente precisada*, não se poderá afirmar que o programa esboçado de a) a d), apesar de estudos particulares excelentes,[53] esteja já *estabelecido*; mas minha introdução histórico-sistemática a esse programa pode contribuir, ainda assim, com argumentos de plausibilidade tão claros, que fico surpreso tanto com a veemência de algumas reações,[54] quanto com os mal-entendidos fundamentais.[55] Com

52 In: Apel, *Hermeneutik und ideologiekritik*, p.120 et seq.

53 Por exemplo, Wellmer, *Kausalität und Erklärung*.

54 Do lado realista, por exemplo, Albert, Kritische Rationalität und Politische Theologie; Lobkowicz, Interesse und Objektivität, *Philosophische Rundschau*, n.16, p.249 et seq. [Reeditado em: *Philosophy of Social Sciences*, n.2, p.193 et seq.]; do lado marxista, por exemplo, Hahn, *Die theoretischen Grundlagen der Soziologie von J. Habermas*, p.70 et seq.; Ritsert; Rohlshausen, *Der Konservativismus der Kritischen Theorie*, p.80 et seq.

55 Em vista de alguns autores, "mal-entendido" é certamente um eufemismo; eles parecem encontrar satisfação em debilitar teses que ninguém ergueu; exemplos típicos oferece a conferência de Simon-Schaefer, proferida em 1972, no congresso de filosofia de Kiel. Só duas demonstrações do absurdo que Simon-Schefer me imputa sem pestanejar: "Para as ciências histórico-hermenêuticas, cuja meta é possibilitar a comunicação inter-humana, Habermas res-

toda brevidade, gostaria de abordar quatro das objeções mais importantes.

a) *R. Bubner*[56] supõe que o conceito de interesse exclui a função de fundamentação que os "interesses condutores do conhecimento" devem assumir em minha construção:

> De um interesse são [...] característicos os traços da particularidade e da *irracionalidade parcial*. Uma reflexão crítica teria de deparar-se com esse caráter, como um caráter necessariamente oculto em todo interesse *qua* interesse. Mas se perderia o discernimento exigido sobre o vínculo constitutivo entre imediatez e inconsciência no interesse, quando se censura nos interesses concretos, presentes, seu aspecto restrito, a fim de remeter para um interesse melhor, menos restrito. Pois as razões que depõem a favor deste não podem ser as mesmas que depõem contra aquele, na medida em que trata de interesses nos dois casos. Pois se con-

tringe a obrigatoriedade da lógica (formal), pois, de acordo com sua interpretação, a lógica é uma metodologia abstrata, cuja finalidade só pode ser possibilitar nas ciências técnicas a construção dedutiva de sistemas de enunciados". E ainda um pouco mais disparatado: "De acordo com isso, Marx e Freud teriam se iludido sobre seus próprios interesses, eles teriam desenvolvido teoria corretas, ou seja, emancipatórias, por um interesse falso. Esse exemplo mostra inequivocamente que a correção de interesses e métodos conceituais não pode ser efetuada da maneira que Habermas gostaria. Proposições verdadeiras não são justamente restritas em sua validez por interesses pelos quais seus descobridores se deixaram conduzir" (Simon-Schefer, Über die Parallelisierung von Interessen und Wissenschaftsorten, *Verhandlungen des 10. deutschen Philosophenkongresses*, ainda não publicado, no manuscrito, p.9 e 11.

56 Bubner, Was ist Kritische Theorie.

sidera sempre que interesses concorrem entre si, sem que nesse plano possam ser dadas razões reais para uma decisão. A reflexão crítica sobre o caráter restrito e a insuficiência dos interesses dados não podem simplesmente apelar para um outro interesse.[57]

A *suposição* de que todos os interesses são particulares é, sem dúvida, usual nas escolas empiristas e decisionistas da ética, mas, se ela se refere a algo mais que uma definição, então é contestável com boas razões. Como eu detalhei em outro lugar,[58] nos discursos práticos pode-se examinar quais normas expressam interesses *capazes de universalização* e em quais subjazem apenas interesses particulares (portanto, no melhor dos casos, passíveis de compromisso, isto é, sob as condições do poder igualmente distribuído).[59] Normas a serem justificadas em discursos e interesses capazes de universalização têm um núcleo não convencional: não são meramente *dados* de maneira empírica nem simplesmente *postos* por força de decisões, mas são, ao mesmo tempo, *formados* e *averiguados* de um modo não contingente – se for possível haver algo como uma vontade *racional* de modo geral. A meta cognitiva dos processos discursivos de formação da vontade consiste no consenso suscitado argumentativamente acerca da capacidade de universalização de interesses propostos.

Isso vale para normas de ação e normas valorativas. Sobre normas cognitivas, no entanto, se são fundamentais o suficien-

---

57 Ibid., p.232.

58 Habermas, Wahrheitstheorien; id., *Legitimationsprobleme im Spätkapitalismus*, parte III.

59 Cf. também minha confrontação com Spaemann, Habermas, Die Utopie des guten Herrschers, *Merkur*, n.26, p.1266 et seq.

te, não pode ser conduzido nenhum discurso; pois, em relação a normas de conhecimento fundamentais, não temos o mesmo grau de liberdade de reconhecer e rejeitar como em relação às normas de ação e de valoração capazes de justificação. Nós reconhecemos "desde sempre" normas de conhecimento quando nos pomos a reconstruí-las racionalmente. Contudo, também elas *podem* expressar interesses. Tais interesses condutores do conhecimento não são capazes de uma justificação *no sentido de discursos práticos*: eles não podem ser *reconhecidos* na formação discursiva da vontade como *capazes de universalização*, mas só podem ser *encontrados* como interesses *universais* pela via da reconstrução racional das condições de objetividade possível de experiências. A universalidade dos interesses do conhecimento significa que, na constituição dos domínios de objetos, impõem-se as condições de reprodução da espécie ou das formas de vida sociocultural *como tais*. E se trata de uma base de *interesses* porque as estratégias cognitivas da produção de saber (verdadeiro) aplicável técnica, prática e emancipadoramente se ligam às classes universais de problemas de reprodução da vida, postos de antemão com os constituintes dos sistemas sociais. A *imediatez* da antecipação interessada de possíveis soluções de problemas pode ser suprimida certamente pela reflexão: nesse aspecto, os interesses do conhecimento podem ser "retidos", mas a reflexão não teria nem a força nem uma razão para "suprimir" os interesses do conhecimento.

b) *L. Krüger*[60] supõe que eu misturo esforços da razão teórica com esforços da razão prática e afirmo uma ligação das ciências

60 Krüger, Überlegungen zum Verhältnis wissenschaftlicher Erkenntnis und gesellschaftlicher Interessen, *Georgia Augusta*, p.18 et seq.

com a práxis no sentido de recusar "a diferença, amplamente aceita, entre enunciados sobre fatos e recomendações ou instruções para a ação". Ora, eu jamais neguei a diferença lógica entre afirmações (enunciados declarativos) e recomendações (enunciados normativos); pelo contrário, insisto em que afirmações devem ser fundamentadas em discursos *teóricos*, na forma de explicações, recomendações em discursos *práticos*, na forma de justificações.[61] A suspeita de Krüger se funda, pois, em uma outra tese que ele me atribui:

> Se nós perguntamos o que alguém quer dizer com a afirmação de que um determinado enunciado científico possui validade, portanto, um direito ao reconhecimento intersubjetivo, a resposta tem de referir-se ao interesse subjacente à respectiva ciência. Embora Habermas não o exprima claramente em parte alguma, eu só posso entendê-lo aqui de tal maneira que ele quer dizer que a validade dos enunciados, ou o reconhecimento da verdade dos enunciados, tem de ser *justificada* com a remissão àquele interesse. De fato, essa interpretação é confirmada pela teoria da verdade como consenso, apresentada em tempos recentes por Habermas, de acordo com a qual todas as decisões sobre verdadeiro e falso devem apelar para a obtenção de acordo entre os seres humanos na efetuação da ação em comum.

Nesse contexto, Krüger remete a uma passagem de *Conhecimento e interesse*, onde se diz:

> A lógica das ciências da natureza e das do espírito não tem de lidar, como a lógica transcendental, com a constituição da razão

61 Habermas, Wahrheitstheorien.

teórica pura, mas com as regras metodológicas para a organização de processos de pesquisa. Essas regras não têm mais o *status* de regras transcendentais puras; elas têm um valor posicional transcendental, mas procedem de contextos de vida factuais: de estruturas de uma espécie que reproduz sua vida por meio de processos de aprendizagem do trabalho socialmente organizado, tanto quanto por meio de processos de entendimento em interações mediadas pela linguagem corrente. Pelo nexo de interesses dessas condições de vida fundamentais mede-se, por isso, o sentido da validade de enunciados que podem ser obtidos no interior dos sistemas de referências quase-transcendentais dos processos de pesquisa das ciências da natureza e das do espírito.

Dessa passagem se depreende que eu concilio o "*sentido da validade* de enunciados", mas de modo algum *a satisfação da própria pretensão de validade*, com a constituição pré-científica dos objetos da experiência possível. A verdade de uma proposição não pode ser medida pela satisfação de interesses,[62] mas somente pelo resgate argumentativo da própria pretensão de validade. Justamente para *separar* com maior clareza o problema da constituição do sentido do problema de validade, eu tentei desenvolver uma teoria da verdade como consenso, defendendo-a contra teorias da verdade concorrentes; nesse âmbito, todavia, o consenso discursivamente fundamentado de modo algum deve se produzir "na efetuação da ação em comum", mas sob

62 Formulações descuidadas do ano de 1963, às quais Krüger se refere nesse contexto, foram revisadas por mim nesse meio tempo; cf. Habermas, Analytische Wissenschaftstheorie und Dialektik, p.306.

as condições inequívocas de uma situação ideal de fala, isto é, de uma comunicação *desonerada* das coerções da ação.[63]

c) *Albert,*[64] *Lobkowicz,*[65] *Ballestrem e McCarthy*[66] levantam objeções contra uma interpretação instrumentalista das ciências objetivantes:

> Na medida em que as teorias das ciências naturais transmitem informações sobre a realidade, elas se prestam à aplicação prática bem-sucedida conforme este ou aquele interesse (e não o inverso: o interesse prático determinando os critérios de verdade dessas ciências) [...] Tanto a interpretação da ciência desenvolvida por Peirce como também a crítica do sentido pragmática que lhe subjaz foram expostas desde o começo a objeções graves. Habermas sabe que o próprio Peirce viu as dificuldades e defendeu cada vez mais um conceito objetivista de conhecimento. Esse desenvolvimento [...] é visto como necessário quase universalmente (como

63 A investigação de A. Beckermannn sobre os pressupostos realistas da teoria do consenso padece, aliás, do mesmo mal-entendido. Quando se parte falsamente de que "em uma teoria do consenso, que define a verdade como acordo no discurso, a ideia de argumentação torna--se inteiramente desprovida de função", uma teoria do consenso, como eu a defendo, tem de levar a disparates. Em meu trabalho sobre as teorias da verdade, eu investigo as condições do consenso obtido argumentativamente. Cf. Beckermann, Die realistischen Voraussetzungen der Konsensustheorie von J. Habermas, *Zeitschrift für allgemeine Wissenschaftstheorie*, v.3, p.63 et seq., citação p.67.

64 Albert, Kritische Rationalität und Politische Theologie.

65 Lobkowicz, Interesse und Objektivität, *Philosophische Rundschau*, n.16, p.267 et seq.

66 Ballestrem; McCarthy, Thesen zur Begründung einer Kritischen Theorie der Gesellschaft, *Zeitschrift für allgemeine Wissenschaftstheoire*, v.3, p.53 et seq.

pelo próprio Peirce) por causa da insustentabilidade da posição pragmatista mais radical.[67]

Durante o tempo em que não havia me confrontado com Peirce de maneira mais aprofundada e era influenciado com mais força por Dewey, sempre não resistia à tentação de ressaltar, contra a concepção realista de conhecimento, um pragmatismo que implicava um *conceito instrumentalista de verdade*. Mas, em *Conhecimento e interesse*, eu desenvolvo os pontos de vista de um *pragmatismo transcendental* que de modo algum pode ser unificado com a concepção segundo a qual o êxito da ação instrumental é um critério suficiente da verdade de enunciados. O pragmatismo do Peirce da fase média[68] significa uma concepção crítica do *sentido* da realidade, em vínculo com um conceito de verdade próprio à teoria do consenso (e de maneira alguma instrumentalista). Nesse ponto já se inscreve a separação entre problemas de constituição do objeto e problemas da verdade. Quando as máximas pragmáticas regulam o *sentido* das *expressões* admissíveis nas ciências empíricas e, com isso, restringem a aplicação dessas expressões a objetos da experiência possível no interior do círculo de funções da ação instrumental, também o *sentido da validade* de *enunciados* admissíveis sobre esse domínio de objetos é interpretado indiretamente de forma pragmatista, a saber, da seguinte maneira: "eles abrangem a realidade tendo em vista uma disposição técnica, possível sempre e em toda parte sob condi-

67 Ibid.

68 Cf. sobre isso também a introdução de K.-O. Apel in: Peirce, *Schriften*, v.1, p.108 et seq.; além disso, Wartenburg, *Logischer Sozialismus*, p.83 et seq., 145 et seq.; sobre a transformação do questionamento kantiano, id., p.42 et seq.

ções especificadas".[69] Por mais controversa que seja, essa derivação do sentido da validade de enunciados a partir de determinadas estruturas universais da experiência e da ação não implica, por si só, nem em Peirce, nem em minha obra, uma *interpretação pragmatista da satisfação da pretensão de validade*, isto é, da verdade de enunciados. Uma derivação transcendental do sentido categorial de enunciados só *incluiria* uma fundamentação transcendental da verdade de enunciados se eu pudesse introduzir, com base no idealismo kantiano, um "princípio supremo de todos os juízos sintéticos".[70] Isso não é possível; pois a própria *objetividade* da experiência só poderia ser uma condição suficiente da *verdade* de enunciados observacionais elementares se *não* tivéssemos de conceber o progresso técnico como um desenvolvimento crítico de linguagens teóricas que interpretam cada vez mais "adequadamente" o domínio de objetos constituído de maneira pré-científica. A "adequação" de uma linguagem teórica é uma função da verdade das proposições teóricas possíveis nela; se sua pretensão de verdade não fosse resgatada pela argumentação, mas por experiências, o progresso técnico seria pensável somente como produção de *novas* experiências e não como nova interpretação das *mesmas* experiências. Por isso, é mais plausível a hipótese segundo a qual a objetividade de uma experiência não garante a *verdade* de uma afirmação correspondente, mas somente a unidade dessa experiência na multiplicidade das afirmações com as quais ela é interpretada.

d) *Lobkowicz* põe a objetividade do conhecimento científico, no sentido de "fiel à realidade", em oposição à ligação do conhe-

69 P.241 nesse volume.

70 Kant, *Kritik der reinen Vernunft*, p.154 et seq.

cimento com os interesses universais condutores do conhecimento; de modo notável, ele chegou à opinião de que unicamente o interesse emancipador do conhecimento "pode ser sem dúvida um interesse condutor do conhecimento, mas não *se*dutor do conhecimento".[71] Este é um mal-entendido trivial; pois *toda* abordagem transcendental exclui *a limine* que possa haver fidelidade à realidade no sentido do realismo. As teorias da correspondência acabam em uma hipostasiação dos fatos como entidades no mundo; descobrir uma aparência objetivista nisso reside no propósito e na lógica de toda teoria do conhecimento que reflita sobre as condições de possibilidade da experiência em geral. Ao clarificar a estrutura categorial dos objetos da experiência possível, toda filosofia transcendental pretende identificar, ao mesmo tempo, as condições da objetividade da experiência. Ora, eu introduzo os interesses condutores do conhecimento para esclarecer o nexo objetivo de fatos dependentes de discursos com domínios de objetos constituídos pré-cientificamente. A construção de interesses do conhecimento deve tornar compreensível a inserção sistemática, embora condicional, do saber teórico discursivamente produzido na práxis de vida de uma forma de vida reproduzível apenas por meio de proferimentos suscetíveis de verdade. Sob esses pressupostos, é analiticamente um contrassenso afirmar uma oposição entre a objetividade da experiência e aqueles interesses do conhecimento que definem os pontos de vista da objetivação de um acontecimento que só se tornou passível de experiência por meio deles.

---

71 Lobkowicz, Interesse und Objektivität, *Philosophische Rundschau*, n.16, p.269.

Em outro lugar, Lobkowicz se volta também contra a abordagem da filosofia transcendental como tal:

> O que Habermas denomina "objetivação da realidade sob o ponto de vista da disposição técnica possível" poderia ser circunscrito, sem maiores dificuldades, com o auxílio do conceito clássico de abstração, na forma do abstrair ou do deixar de ver aspectos da realidade que não são tecnicamente aplicáveis. Isso teria, entre outras coisas, a vantagem de que a possibilidade de uma interpretação realista não seria obstruída de antemão por um mero fetichismo verbal. Em uma passagem, Habermas fala de uma "experiência restringida", correspondente a uma realidade objetivante; essa expressão só faz sentido quando se sabe de uma experiência não restringida, pressupondo-a não como um "modo deficiente" do conhecimento instrumental, mas, inversamente, como o pano de fundo necessário do último.[72]

De fato, é uma questão interessante saber em que sentido *a* objetivação da realidade deveria poder *restringir* experiências, para qual não há manifestamente, *qua* objetivação da natureza, uma alternativa conhecida. Sem dúvida, as investigações fenomenológicas da percepção (por exemplo, Merleau-Ponty) podem tornar plausível que o *a priori* pragmático da experiência embaça e encobre um círculo dado com o horizonte de experiências não objetivado – mas, *na medida em que* as experiências sensórias *em geral* devem poder alcançar objetividade e, com isso, comunicabilidade, elas só se tornaram possíveis, ao que parece, por uma organização pragmática dos objetos da experiência.

---

72 Ibid., p.266.

Com isso, no entanto, o modo de falar transcendental não se torna supérfluo, como pensa Lobkowicz. Pois uma abordagem realista do conhecimento, se abstraio todos os outros disparates, obstruiria a análise das *condições* do incondicionado. As funções que o conhecimento possui no interior dos contextos universais da práxis de vida só podem ser explicadas de maneira auspiciosa, como eu julgo – sem questionar de um ponto de vista empirista a pretensão de *incondicionalidade* da verdade –, no quadro de uma filosofia transcendental transformada. Enquanto os interesses do conhecimento forem identificados e analisados pelo caminho de uma reflexão sobre a lógica da pesquisa das ciências da natureza e do espírito, eles poderão pretender um *status* "transcendental"; porém, tão logo sejam concebidos como resultado da história natural, como que por uma antropologia do conhecimento, eles possuirão um *status* "empírico". Eu coloco "empírico" entre aspas porque uma teoria da evolução, da qual se exige que explique em termos de história natural as propriedades emergentes características da forma de vida sociocultural (com outras palavras, os constituintes dos sistemas sociais), não pode ser desenvolvida, por seu turno, no quadro transcendental das ciências objetivantes.

6. Reconstrução *versus* autocrítica

Minhas investigações em *Conhecimento e interesse* não padecem apenas da falta de uma distinção precisa entre objetividade e verdade, mas também da ausência de uma diferenciação entre reconstrução e autorreflexão no sentido da crítica. Só posteriormente se tornou claro para mim que o uso linguístico tradicional de "reflexão", remontando ao idealismo alemão, recobre as duas coisas (e as confunde): de um lado, a reflexão sobre as condições de possibilidade de competências do sujeito cognoscente, falante e agente em geral, e de outro, a reflexão sobre as limitações inconscientemente produzidas, às quais um determinado sujeito (ou um determinado grupo de sujeitos, ou um determinado sujeito genérico) se submete em seu próprio processo de formação. O primeiro tipo de reflexão assumiu em Kant e em seus sucessores a forma de uma *fundamentação transcendental* do saber teórico possível (e da ação moral). Ao se fundamentar transcendentalmente uma teoria, ou de modo geral um conhecimento teórico, familiariza-se com o círculo das condições subjetivas inevitáveis que tornam possível *e* restringem ao mesmo tempo a teoria: a fundamentação transcendental critica ao mesmo tempo uma autocompreensão exaltada da teoria. Entrementes, essa reflexão acabou assumindo também a forma da reconstrução racional de regras gerativas ou de esquemas cognitivos. Em especial, o paradigma da linguagem levou a uma transformação da figura de pensamento transcendental (determinante ainda na filosofia da linguagem de Humboldt), de tal sorte que não é preciso mais acrescentar um sujeito transcendental ao sistema de condições, categorias ou de regras. Basta conceber o caráter gerativo das próprias regras de maneira tal que o domínio das regras gerativas, portanto, o surgimento de uma competência e, com isso, a formação de um sujeito caracterizado por competências, se torna uma segunda questão, analítica e empiricamente independente. Em especial, a análise de Wittgenstein de "seguir uma regra" e as categorias de Chomsky de "regra gerativa" e "competência linguística", que se reportam a Humboldt, contribuíram para uma versão específica da reconstrução racional de condições de possibilidade da linguagem, da cognição e da ação.

Na *Fenomenologia*, Hegel associou a delimitação autocrítica da consciência, que ocorre por meio da análise transcendental do condicionamento de algo sabido inicialmente de maneira ingênua, com a reflexão no sentido *diferente* de uma dissolução crítica da pseudo-objetividade autoproduzida, e isso significa: com a *libertação analítica* em relação à *aparência objetiva*. Depois Freud desligou essa autocrítica dos contextos da teoria do conhecimento, remetendo-a para a experiência reflexiva de um sujeito que se ilude sobre si mesmo sob os padrões de percepção e de ação compulsivamente restringidos e que, no discernimento dessas ilusões, se liberta de si mesmo.

Por conseguinte, a crítica se distingue das reconstruções porque:

- ela se dirige a objetos da experiência que só são descobertos em sua pseudo-objetividade, ao passo que a base de dados das reconstruções consiste em "objetos" que, como proposições, ações, operações cognitivas etc., são sabidos conscientemente de antemão como produções de um sujeito;
- ela se estende, além disso, a algo particular, a saber: ao processo de formação particular de uma identidade do Eu ou de grupo, ao passo que as reconstruções abrangem sistemas de regras anônimas, às quais qualquer sujeito pode seguir com as respectivas competências;
- enfim, ela torna consciente algo inconsciente, de maneira rica em consequências práticas e transforma os elementos determinantes de uma *falsa* consciência, ao passo que

as reconstruções explicitam, *sem consequências práticas*, um *know how* amplamente correto, ou seja, o saber intuitivo que é adquirido com uma competência para a regra.

Concluindo, eu gostaria de pelo menos mencionar os pontos de vista sob os quais a diferenciação no conceito de autorreflexão pode ter sentido.

a) De início, também *Conhecimento e interesse* tem um duplo caráter, que Lobkowicz[73] observou, entre outros. Eu efetuei essa investigação com os meios da reconstrução das condições do conhecimento com o propósito crítico de abalar uma autocompreensão cientificista falsa das ciências. Isso eu já elucidei.

b) As ciências "reconstrutivas", como a lógica e a linguística geral, possuem um *status* semelhante ao da teoria da linguagem (pragmática universal) e da ciência que hoje recebem a herança de uma filosofia transcendental (transformada). Até mesmo a filosofia moral, na medida em que é capaz de derivar as regras universais de uma ética comunicativa a partir das normas fundamentais da fala racional, vai se estabelecer como ciência reconstrutiva.[74] No caso dos sistemas de regras reconstruíveis, não se trata de elementos cognitivos da práxis de vida, cujas pretensões de validade foram problematizadas; não se trata tampouco de teoremas científicos que são acumulados na fundamentação de tais pretensões de validade; pelo contrário, para a reconstrução de sistemas de regras precisa-se de um impulso que provém dos próprios discursos: justamente da reflexão sobre os pressupostos aos quais sempre nos entrega-

73 Ibid., p.270.

74 Cf. a seção sobre a capacidade de verdade das questões práticas in: Habermas, *Legitimationsprobleme im Spätkapitalismus*.

mos ingenuamente na fala racional. Nesse aspecto, esse tipo de saber sempre possui o *status* de um saber especial, de um saber "puro".

Um tipo peculiar de ciências se constituiu sobre o fundamento das tentativas de uma reconstrução racional de diversas competências; eu me refiro às ciências genéticas, segundo o padrão da psicologia cognitivista do desenvolvimento. Ao mesmo tempo, elas procedem de forma reconstrutiva e empírica, ao tentar explicar o desenvolvimento ou a aquisição de competências cognitivas, linguísticas e comunicativas a partir de padrões lógicos reconstruíveis *e* de mecanismos empíricos. Nesse contexto, resulta o problema de saber como explicar o surgimento dos próprios sistemas abstratos de regras (ou de estruturas condicionantes ou esquemas). Tanto Piaget como Chomsky supõe programas "inatos", que são "desencadeados" pela estimulação específica de cada fase; o problema que deve ser clarificado com essa suposição é estruturalmente análogo ao problema tocado acima de um surgimento, na história natural, das condições transcendentais da experiência possível. Por isso, eu suponho que a hipótese de programas "inatos" é insuficiente já por razões lógicas.

c) As ciências "críticas", como a psicanálise e a teoria da sociedade, são igualmente dependentes de reconstruções bem-sucedidas de competências universais. Assim, por exemplo, uma pragmática universal que apreende as condições da possibilidade do entendimento linguístico em geral é o fundamento teórico da explicação de comunicações sistematicamente distorcidas e de processos de socialização desviantes. Nesse aspecto, eu concordo com Ch. Nichols, quando ele insiste em que uma ciência crítica como a psicanálise "*must rely upon a theoretical framework which exists independently of its clinical technique, and its criteria of validation*";[75] só que não pode ser o quadro teórico de uma ciência objetivante. Se o psicanalista tem de possuir, conforme a interpretação proposta por mim,[76] um conceito preliminar da estrutura da comunicação não distorcida em linguagem corrente, a fim de poder atribuir sua distorção sistemática à confusão de dois níveis de organização pré-linguística e linguística, separados na história do desenvolvimento, então ele precisa de uma reconstrução das condições de possibilidade da *fala normal*: a respeito disso, porém, uma ciência da comunicação que proceda de maneira objetivante não pode esclarecê-lo.[77]

d) Enfim, a distinção entre reconstrução e crítica lança uma luz sobre as considerações que *Rohrmoser* e *Theunissen* levantaram contra o "naturalismo" de uma filosofia transcendental transformada. Eu devo a Theunissen objeções diferenciadas, porque ele se dá conta das implicações de uma abordagem que ele descreve, com distância, da seguinte maneira:

> Segundo Habermas, os interesses condutores do conhecimento possibilitam o conhecimento objetivo porque eles

75 Nichols, Science or Reflexion: Habermas on Freud, *Philosophy of the Social Sciences*, v.2, p.261 et seq. [Trad.: "precisa se fiar em um quadro teórico que existe independentemente de sua técnica clínica, e de *seus* critérios de validação" – N. T.]

76 Habermas, Der Universalitätsanspruch der Hermeneutik, p.139.

77 Sobre os problemas lógicos de uma teoria crítica do desenvolvimento social, cf. a seção sobre o modelo de interesses capazes de generalização e reprimidos, in: Habermas, *Legitimationsprobleme im Spätkapitalismus*.

> superam a subjetividade deteriorada do indivíduo e do grupo na intersubjetividade da espécie humana. Eles devem ser, como operações transcendentais – e nisso reside a correção de Kant nos termos dos hegelianos de esquerda –, de procedência ao mesmo tempo empírica, em razão da contingência do gênero humano.[78]

Com o "afastamento da objetividade absoluta em relação à história", chegar-se-ia a uma renaturalização de um sujeito empírico sobrecarregado de maneira pseudotranscendental: "No desencontro de sua intenção, ela [a teoria crítica] ameaça recair na etapa que se propôs ultrapassar: no âmbito de uma ontologia natural agora indubitavelmente objetivista ou, no mínimo, de um pensamento que concede à natureza a primazia sobre a história, elevando-a à categoria de origem absoluta".[79]

A diferença entre mim e Theunissen se deixa concentrar em *um* ponto: de modo algum eu considero um "lugar comum" que "a intersubjetividade, mesmo que ela se complete na espécie humana, é apenas subjetividade ampliada".[80] Pelo contrário, a reconstrução da fala de modo geral, nos termos da pragmática

78 Theunissen, *Gesellchaft und Geschichte*.

79 Ibid., p.13; no mesmo sentido, Rohrmoser: "A destruição da filosofia como metafísica e ontologia tem a consequência de que a teoria que quer fundamentar a práxis crítica e emancipatória já não pode mais propiciar para sua fundamentação nada senão um interesse factual contingente. A transcendentalização do conceito de interesse é, com efeito, em sua formulação, apenas o encobrimento desse fato brutal. Mas, se se trata de meros interesses, naturais em última instância, então se pode também dizer que a sociedade tem um interesse em permanecer ao que ela é" (Rohrmoser, *Das Elend der Kritischen Theorie*, p.102).

80 Theunissen, *Gesellchaft und Geschichte*, p.31.

universal, torna patente que, em todo entendimento linguístico, por mais elementar que seja, *têm* de ser reconhecidas pretensões de validade criticáveis (a saber, a verdade de enunciados e a correção de normas); pretensões de validade que se apresentam *com incondicionalidade*, visto que podem ser resgatadas *apenas discursivamente*. Mas, que a espécie humana, em sua forma de vida sociocultural, só possa se reproduzir mediante a ideia altamente não natural da verdade, no sentido da *possibilidade* do entendimento universal, suposta desde sempre de maneira contrafactual, é manifestamente um *faktum* da natureza – o qual deveríamos tentar compreender. Visto que a fala empírica é somente *possível* por meio de normas fundamentais da fala racional, a discrepância entre uma comunidade de comunicação real e uma comunidade de comunicação inevitavelmente idealizada (ainda que só pressuposta como ideal) se insere não só na argumentação, mas já na práxis de vida dos sistemas sociais – talvez se possa renovar dessa forma a doutrina kantiana do *faktum* da razão.

Observações sobre *Conhecimento e interesse* – trinta anos depois

Quando fui informado de que meu livro *Conhecimento e interesse*, publicado há trinta anos, iria ser o ensejo de um evento especial no quadro do Congresso de Sociologia em Freiburg, não fiquei exatamente entusiasmado. Eu não sinto uma grande inclinação para ser objeto de comemorações nostálgicas. Com uma mescla de sentimentos, vi que vinha ao meu encontro a obrigação de ler um livro que se tornou estranho a mim no curso de décadas. Uma surpresa desagradável tampouco tardou, ainda por cima. Na página 104 continua a se encontrar a expressão "discussão senhorial". Em 1969, um repórter da *Spiegel* me pedira explicações por conta da notável transformação de "livre de dominação" [*herrschaftsfrei*] em "senhorial" [*herrschaftlich*]; só agora eu noto que o erro ominoso da impressão tampouco foi corrigido ainda no exemplar 67 mil da edição de bolso de 1973. Isso só comprovou para mim, de todo modo, que eu jamais voltara a colocar a mão no livro como leitor.

A surpresa agradável foi deparar-me com um texto que não está mal composto e, em certa medida, possui uma escrita altiva. Que me perdoem o narcisismo: a leitura desencadeou em mim uma reação emotiva semelhante àquela de *História e consciência de classe*, nos anos 1950 – um leve lamento por uma tal forma de argumentação pertencer ao passado. A perspectiva da reconciliação, própria do idealismo alemão, o *pathos* fichtiano da liberdade, um conceito como a autoconstituição da espécie – estes são aspectos amarelecidos, de certa maneira. Mesmo nas passagens em que o conteúdo me convence, incomoda um tom algo pomposo, por exemplo, na página 98:

> Uma sociedade deve a emancipação em face do poder da natureza externa aos processos de trabalho, isto é, à produção de saber tecnicamente aplicável [...] a emancipação em face da coerção da natureza interna é alcançada na medida em que as instituições detentoras do poder são substituídas por uma organização das inter-relações sociais que se liga unicamente (!) à comunicação livre de dominação.

Após a despedida de todas as figuras de pensamento da filosofia da história, temos de defender a autocompreensão normativa da modernidade, contra os seus detratores cultos, com outros meios argumentativos – por exemplo, como tentei fazer em *Faktizität und Geltung* [Facticidade e validade]. Hoje, como ontem, considero a fluidificação de uma dominação política que se encontra sob as pressões públicas por legitimação uma conquista e um objetivo permanente das sociedades democraticamente organizadas; mas os próprios discursos públicos carecem de institucionalização.

Na retrospectiva de um autor, que naturalmente se inclina a considerar as posições tomadas anteriormente mais como etapas de um processo de aprendizagem, gostaria de apresentar três comentários: 1) sobre as razões de por que me distanciei de *Conhecimento e interesse*; 2) sobre os discernimentos e as problematizações do livro que permanecem atuais; e 3) sobre o contexto da filosofia alemã do pós-guerra, no qual se originou o estudo.

1) Permitam-se mencionar de início uma série de revisões:[1]

a) A ideia de uma "história da espécie" que, de um lado, é determinada pelo processo de autoprodução (nas formas do trabalho socialmente organizado) e, de outro, por um processo de formação (na forma da ação comunicativa e de sua repressão), pertence ainda à economia conceitual da filosofia do sujeito. Também naquele tempo eu de modo algum contava com as leis da filosofia da história; mas não me livrara ainda inteiramente das sugestões mentalistas. No entanto, a operação com totalidades – com sujeitos em grande formato – já se encontrava então em contradição com a "intersubjetividade refletida" da práxis linguística cotidiana, que, um ano antes, havia analisado em um levantamento bibliográfico sobre a "lógica das ciências sociais" (1967).

b) Desse modo, eu deveria ter visto que a tentativa de transferir o modelo freudiano de neurose da patogênese de indivíduos em particular para o surgimento

---

1 Para as referências explícitas, cf. J. Habermas, *Teoria e práxis* (introdução à nova edição); id., Posfácio de 1973 de *Conhecimento e interesse*; id., *A lógica das ciências sociais* (prefácio à nova edição). Cf. também a excelente introdução de Richard J. Bernstein em *Habermas and Modernity*, p.1-23; e McCarthy, *Kritik der Verständigungsverhältnisse*.

e o desenvolvimento de instituições sociais estava condenada ao fracasso (p.406: "As mesmas constelações que impelem os indivíduos à neurose levam a sociedade a erigir instituições").[2] Naquele momento, estava fixado negativamente no forte institucionalismo, em geral na psicologia social de Arnol Gehlen;[3] também por isso me deixei seduzir por uma estratégia teórica abstratamente contraposta.

c) Além disso, a concepção de *Conhecimento e interesse*, como expliquei no Posfácio de 1973, padece de uma confusão entre dois significados distintos (do conceito idealista) de "autorreflexão". É preciso distinguir entre a dissolução crítica de autoilusões que limitam o sujeito vivente também em suas operações cognitivas, e a explicitação daquele saber intuitivo que unicamente torna possível nossa fala, ação e conhecimento normais. A investigação das condições de algo sabido de início ingenuamente se ramifica em diversas direções. A libertação analítica de pseudo-objetividades autoproduzidas requer um procedimento diferente da reconstrução racional de um saber universal, mas implícito, de como falar uma linguagem, efetuar uma ação ou emitir um juízo.

d) Dados esses falsos encaminhamentos, explica-se por que na época a crítica da ideologia se me apresentava como *o* novo padrão de uma teoria crítica da

---

2 Cf. minha crítica em: Habermas, A psicologia social de Alexander Mitscherlich. In: *Textos e contextos*.

3 Gehlen, *Urmensch und Spätkultur*; id., *Die Seele im technischen Zeitalter*.

sociedade. Esse estreitamento é insatisfatório pelo menos em dois aspectos. Em primeiro lugar, falta uma explicação mais exata do critério pelo qual se pode criticar uma "falsa consciência". Certamente, eu me orientei pela ideia, inspirada por Hegel e Freud, de um aumento de autonomia mediante a conscientização de motivos subjetivos silenciados. Mas só mais tarde eu tentei clarificar essa ideia à luz das reflexões no âmbito da teoria da comunicação. Em segundo lugar, as formas clássicas de ideologia nas sociedades de nosso tipo perderam o seu significado: como o capitalismo funciona e que padrão distributivo ele produz é algo que se lê hoje em quase todo jornal diário. Ambas as considerações apontam na mesma direção: eu concordo com Foucault em que aquele poder que não quer se admitir a si mesmo se instala nos poros dos discursos e das práticas cotidianas. As microanálises desse poder carecem, no entanto, de um pano de fundo teórico generalizador que fundamente o "aspecto sistemático" na variedade das comunicações distorcidas.

e) Finalmente, entrei em atribulações com a teoria das formas de saber, na qual penetraram estímulos de meu estudo muito precoce da sociologia do saber de Scheler. Essas dificuldades não podem ser inteiramente remediadas com a importante distinção introduzida por Apel (discutida no "Posfácio de 1973", p.441) entre "constituição de sentido" e "reflexão de validade". Pois os domínios de objetos de um sistema científico altamente diferenciado não se deixam reduzir linearmente à constituição, no mundo da vida, de espécies de objetos ligadas à ação. Aqui, na práxis e na comunicação cotidianas, referimo-nos, de fato, aos recortes da realidade que são selecionados pré-cientificamente e marcados por perspectivas da ação. O que na época analisei sob os pontos de vista da teoria do conhecimento como constituição de domínios de objetos descrevo hoje sob os pontos de vida da teoria da linguagem como "pressuposições pragmáticas de mundos". As perspectivas da experiência possível, entrelaçadas com os tipos de ação, sublimaram-se, tornando-se a pressuposição de um mundo objetivo ou de um mundo social, a qual os que agem comunicativamente efetuam em sua práxis interpretativa diária, a fim de poder se referir em comum às coisas e aos eventos, ou às pessoas e suas interações.

f) Não escrevi *Conhecimento e interesse* para criticar a pesquisa convencional feita nas ciências sociais, mas para combater uma compreensão cientificista dessa práxis, de acordo com a qual outras abordagens, sobretudo as interpretativas e as críticas, deveriam ser banidas da atividade científica séria. Porém, visto que tais combates metateóricos permaneceram improdutivos, abandonei logo a seguir o projeto de justificar a teoria crítica da sociedade, em primeira linha, nos termos da metodologia e da teoria do conhecimento, dedicando-me às questões substanciais de uma teoria da ação comunicativa. O programa de efetuar uma teoria do conhecimento ou da ciência como uma teoria da sociedade foi retomado por Luhmann de outro modo. Sob a premissa da coesão de sistemas autopoiéticos, ele renovou a pretensão autorreflexiva e totalizante da teoria da sociedade que abandonei. Com a estrutura pluralista da teoria da ação comunicativa, minha concepção da divisão do trabalho entre filosofia e sociologia se alterou.

2) Isso em relação à *pars destruens*. Para que se torne visível por que poderia valer a pena ler ainda hoje o livro com um propósito sistemático, permitam-me quatro comentários construtivos, seguindo a ordem dos capítulos sobre Hegel e Marx, Peirce, Dilthey e Freud.

   a) Se hoje leio os primeiros dois capítulos tendo como pano de fundo a discussão sobre Hegel reavivada por Pippin e Pinkard, McDowell e Brandon, vejo-me confirmado na linha de ataque de minha argumentação. A análise do passo duplo da crítica hegeliana de Kant e da crítica marxiana de Hegel mirava na direção correta. Certamente, eu tornei aguda a reflexão fenomenológica de Hegel, que o espírito experimenta em si mesmo pelo caminho das formações da consciência, da consciência de si e da razão, apontando-a de antemão para a autorreflexão crítica no sentido da análise freudiana. Mas, de fato, os argumentos de Hegel a favor de uma concepção genética das condições subjetivas da validez de experiências possíveis, em todo caso no que concerne à ontogênese, foram retomados antes por Piaget. Seja como for, na época eu quis juntar a epistemologia genética de Hegel com as implicações da teoria marxiana, isto é, com as premissas sobre uma procedência do homem na história natural e sobre suas formas de vida socioculturais. Na discussão atual sobre Hegel, eu ainda hoje me deixo levar pela mesma intenção.

b) Nos capítulos sobre Peirce, trata-se de início da questão de como a experiência se constitui no "círculo de funções da ação instrumental", de como ela se entrelaça com as práticas do "arranjar-se", de *coping*. O pragmatismo repete a crítica de Hegel à suposta imediatez da certeza sensível, isto é, ao "mito do dado". A crítica, que se dirige contra as suposições empíricas de uma base de experiência formada de estímulos sensíveis ou de sensações não interpretados, é defendida hoje, em uma ou outra versão, por Davidson, Putnam, Rorty, entre outros. *Depois* de Wittgenstein, quase faz parte do *common sense* filosófico que o contato sensível com a realidade é mediado performativamente, pela participação em práticas. Igualmente atual é também o outro tema – o realismo dos universais renovado pelo último Peirce. Hoje eu defendo, como na época, a diferença que existe entre mundo da vida e mundo objetivo. Uma descrição, nos termos do realismo dos universais, da constituição ontológica do mundo objetivo de coisas e eventos observáveis, com os quais nos confrontamos como que por fora, não se sai melhor do que uma descrição nominalista da construção categorial de um mundo da vida linguisticamente estruturado e acessível como que por dentro, da perspectiva dos participantes.

c) Nos outros capítulos, eu discuto o modelo de Dilthey sobre *vivência, expressão e compreensão*, a fim de explicar a dimensão hermenêutica do acesso compreensivo ao domínio de objetos simbolicamente estruturado das ciências do espírito e da sociedade. Nesse contexto, eu me nutro inalteravelmente dos discernimentos da hermenêutica de Gadamer, da qual me apropriei com certas reservas críticas. Na época, tornei claro para mim as estruturas do mundo da vida e da práxis comunicativa cotidiana e, como me parece, obtive discernimentos que conduzem à teoria da ação comunicativa e à pragmática linguística. Entre outras coisas, absorveu-me aquela reflexividade da linguagem corrente que mais tarde investiguei com mais exatidão, lançando mão da dupla estrutura dos atos de fala. Na época, eu já compreendera a linguagem também como *medium* que explica a possibilidade de uma individuação mediante a socialização. Esta era a chave para uma concepção da identidade do Eu que se tornou importante para a teoria da socialização.[4]

d) Ainda hoje sustento a interpretação da psicanálise nos termos da teoria da comunicação.[5] As críticas a essa concepção, seja pelo aspecto metodológico (Grünbaum), seja por parte daqueles que se atêm a uma teoria ortodoxa da pulsão (Horn), convenceram-me tão pouco quanto as abordagens alternativas da interpretação (por exemplo, aquelas de Lacan). Introduzi-

4 Krappmann, *Soziologische Dimensionen der Identität*.

5 Heim, *Die Rationalität der Psychoanalyse*.

do primeiramente por Alfred Lorenzer, o modelo de segregação de sentidos significantes da comunicação pública leva a uma conceitualização proveitosa dos motivos inconscientes. A derivação do modelo estrutural (de "Eu", "Isso" e "Supereu") das experiências específicas do diálogo analítico entre paciente e médico conduziu-me ao conceito de comunicação sistematicamente distorcida. A compreensão dialógica da autorreflexão – no sentido de um esclarecimento comunicativamente compreendido sobre os motivos inconscientes – permite também uma interpretação sociológica dos mecanismos de defesa: estes convertem os distúrbios interpessoais da interação familial em um distúrbio intrapsíquico da comunicação do paciente consigo mesmo. Eu lamento que não tenha podido testar minhas "reflexões sobre patologia da comunicação"[6] em investigações empíricas.

3) Eu quero concluir com uma observação sobre o contexto de surgimento de *Conhecimento e interesse*. A concepção dos três interesses do conhecimento se deve, como sabido, a uma cooperação com Karl-Otto Apel, que eu conhecera durante meus estudos no começo dos anos 1950. Naquela época, em Bonn, fomos introduzidos academicamente no mundo do historicismo e nos apropriamos do Heidegger de *Ser e tempo*. Eu menciono isso para lembrar uma situação mais que pretérita de que mesmo os mais velhos entre os leitores dificilmente puderam

6 Habermas, *Vorstudien und Ergänzungen zur Theorie des kommunikativen Handelns*, p.226-270.

tomar conhecimento. Mas é de se lembrar o passado da assim chamada "querela do positivismo". A tensão entre o Racionalismo Crítico e a Teoria Crítica, que se externou, no começo dos anos 1960, na polêmica entre Popper e Adorno, encobriu – a começar pela consciência da sociologia alemã – uma outra oposição, com conotações ao mesmo tempo políticas e objetivas. Retornando da emigração, essas duas vertentes, a teoria analítica da ciência e a teoria crítica da sociedade, encontraram-se, com efeito, diante de uma hermenêutica que foi prosseguida ininterruptamente durante a época do nazismo. Na virada dos anos 1950 para os 1960, essa tensão causou rumores nas cabeças de uma geração que, como Apel e eu, começáramos nossos estudos depois da guerra sob a influência ininterrupta de Dilthey, Husserl e Heidegger – e viu essa tradição ser continuada no presente, com vigor. A constelação determinada por Gadamer, Adorno e Popper explica, em todo caso, as duas linhas de ataque de uma crítica imanente da hermenêutica, como a que eu e Apel efetuamos.

Com maior clareza, Apel se defendeu – já naquela época, nos fins dos anos 1950 – contra as implicações historicistas, hoje diríamos "contextualistas", de uma compreensão da hermenêutica filosófica marcada pelo último Heidegger. Com efeito, Gadamer era da opinião de que a certificação hermenêutica do núcleo vivo de uma tradição depende de um acordo dado não problemático e, nesse aspecto, "basilar". Visa-se com isso o horizonte comum da compreensão de si e do mundo de uma comunidade linguística, à qual o intérprete deve pertencer tanto quanto o autor do texto que aquele quer compreender. Visto que o intérprete é inserido dessa maneira no processo da tradição, a exegese do texto consiste na aplicação de um saber presuntivamente superior sobre a situação presente. A tentativa de assimilar as interpretações em enunciados científicos aparece, por isso, como um mal-entendido. Gadamer reduz o antigo princípio hermenêutico de compreender melhor um autor ao princípio de entendê-lo reiteradamente de maneira diferente. Em contraposição a isso, Apel insiste em que a hermenêutica, como uma disciplina científica, tem de ater-se à meta e aos critérios da compreensão melhor. Tendo em vista o desafio da crítica da razão que um contextualismo hermenêutico representava, vê-se o sentido metacrítico da concepção dos interesses do conhecimento. Na constelação mencionada, era natural tematizar o pluralismo de tradições e visões de mundo, ditas "incomensuráveis" logo em seguida, sob o duplo aspecto do conhecimento científico e do esclarecimento. O esclarecimento se distingue da ciência, com efeito, por conta da referência reflexiva ao sujeito cognoscente: ele "não é primariamente um progresso do saber, mas a perda de ingenuidade".[7] Contra um Gadamer anticientífico, pudemos apelar, com Popper, para o testemunho do processo de aprendizagem das ciências empíricas: apesar de tudo, não havia um aumento cumulativo do saber? E contra o Gadamer tradicionalista, foi possível trazer à baila, com Adorno, o argumento da crítica da ideologia:

7 Martens; Schnädelbach, *Philosophie*.

com a dominância de um acordo "basilar" na história da recepção, não se imporia também uma violência factual dos vencedores, que justamente destrói as condições de uma comunicação sem coerção? Por essas duas linhas de argumentação, da crítica da ideologia e da crítica da ciência, restringimos então a pretensão de universalidade da hermenêutica conforme esses dois aspectos, sem contestar a compreensão hermenêutica manejada com método seu lugar legítimo. Assim, a concepção triádica do conhecimento foi motivada *também* por uma metacrítica da razão historicista.

Referências bibliográficas

ADORNO, T. W. *Negative Dialektik*. Frankfurt am Main: Suhrkamp, 1967. [Ed. Bras.: *Dialética negativa*. Rio de Janeiro: Zahar, 2009.]

______. *Zur Metakritik der Erkenntnistheorie*. Stuttgart: Kohlhammer, 1956.

ALBERT, H. Kritische Rationalität und Politische Theologie. In: *Plädoyer für Kritischen Rationalismus*. Frankfurt am Main, 1971.

APEL, K.-O. Die Entfaltung der sprachanalytischen Philosophie und das Problem der Geisteswissenschaften. *Philosophisches. Jahrbuch*. v.72. 1965.

______. Einleitung. In: PEIRCE, Ch. S. *Schriften*. Frankfurt am Main: Suhrkamp, 1967.

______. *Hermeneutik und Ideologiekritik*, Frankfurt: Suhrkamp, 1971.

______. Szientifik, Hermeneutik, Ideologiekritik. *Man and World*, v.I, 1968.

______. *Transformation der Philosophie*. Frankfurt am Main: Suhrkamp, 1973, v.II.

BALLESTREM, K.; MCCARTHY, A. Thesen zur Begründung einer Kritischen Theorie der Gesellschaft. *Zeitschrift für allgemeine Wissenschaftstheoire*, v.III, 1970.

BECKERMANN, A. Die realistischen Voraussetzungen der Konsensustheorie von J. Habermas. *Zeitschrift für allgemeine Wissenschaftstheorie*, v.III, 1972.

BERNSTEIN, R. J. (org.). *Habermas and Modernity*. Oxford: Basil Blackwell, 1985.

______. *Praxis and Action*. Philadelphia: University Pennsylvania Press, 1971.

BEYER, R. *Die Sünden der Frankfurter Schule*. Berlin: Akademie Verlag, 1971.

BUBNER, R. *Dialektische Elemente einer Forschungslogik*. In: *Dialektik und Wissenschaft*. Frankfurt am Main: Suhrkamp, 1972.

______. Was ist Kritische Theorie. *Philosophische Rundschau*, n.16, 1969. [Reeditado em: APEL, K.-O. *Hermeneutik und Ideologiekritik*. Frankfurt: Suhrkamp, 1971.]

CLAESSENS, D. *Instinkt, Psyche, Geltung*. Opladen: Westdeutscher Verlag, 1968.

COMTE, A. *Discours sur l'esprit positif*. Ed. Fetscher. Hamburg: Felix Meiner, 1956.

______. *Soziologie*. Jena: Fischer, 1923.

DAHMER, H. *Libido und Gesellschaft*. Frankfurt am Main: Suhrkamp, 1973.

DANTO, A. C. *Analytical Philosophy of History*. Cambridge: Cambridge University Press, 1965.

DILTHEY, W. Abhandlungen zur Grundlegung der Geisteswissenschaften. In: *Gesammelte Schriften*. Gottingen: Vandenhoeck & Ruprecht, 1913-1967, v.V.

______. Der Aufbau der geschichtlichen Welt in den Geisteswissenschaften. In: *Gesammelte Schriften*. Gottingen: Vandenhoeck & Ruprecht, 1913-1967, v.VII.

______. Einleitung in die Geisteswissenschaften. In: *Gesammelte Schriften*. Gottingen: Vandenhoeck & Ruprecht, 1913-1967, v.I.

DÜSBERG, K. J. *Eine Kritik der Protophysik von P. Lorenzen und P. Janich*. Dissertação. Frankfurt am Main, 1973.

EDER, K. Komplexität, Evolution und Geschichte. In: MACIEJEWSKI, F. (org.) *Theorie der Gesellschaft oder Sozialtechnologie*. v.I, Frankfurt am Main: Suhrkamp, 1973.

FEYERABEND, P. Against Method. In: M. RADNER, S. WINOKUR (orgs.). *Minnesota studies in the philosophy of science*. v.V, 1970.

FEYERABEND, P. Von der beschränkten Gültigkeit methodologischer Regeln. *Neue Hefte für Philosophie*, n.2/3, 1972.

FICHTE, J. G. Erste Einleitung in die Wissenschaftslehre. In: *Ausgewählte Werke*. Ed. Medicus. Hamburg: Felix Meiner, 1962.

______. Versuch einer neuen Darstellung der Wissenschaftslehre. In: *Ausgewählte Werke*. Ed. Medicus. Hamburg: Felix Meiner, 1962.

______. Zweite Einleitung in die Wissenschaftslehre. In: *Ausgewählte Werke*. Ed. Medicus. Hamburg: Felix Meiner, 1962.

FOGARASI, B. *Logik*. Berlin: Aufbau Verlag, 1955.

FREUD, S. Abriß der Psychoanalyse. In: *Gesammelte Werke*. Londres: Imago, 1940-1952, v.XVII.

______. Bemerkungen zu Theorie und Praxis der Traumdeutung. In: *Gesammelte Werke*. Londres: Imago, 1940-1952, v.XIII.

______. Bemerkungen zur Übertragungsliebe. In: *Gesammelte Werke*. Londres: Imago, 1940-1952, v.X.

______. Das Ich und das Es. In: *Gesammelte Werke*. Londres: Imago, 1940-1952, v.XIII.

______. Die endliche und die unentliche Analyse. In: *Gesammelte Werke*. Londres: Imago, 1940-1952, v.XVI.

______.Die Handhabung der Traumdeutung in der Psychoanalyse. In: *Gesammelte Werke*. Londres: Imago, 1940-1952, v.VIII.

______. Die Traumdeutung. In: *Gesammelte Werke*. Londres: Imago, 1940-1952, v.II/III.

______. Erinnern, Wiederholen und Durcharbeiten. In: *Gesammelte Werke*. Londres: Imago, 1940-1952, v.X.

______. *Gesammelte Werke*. Londres: Imago, 1940-1952.

______. Hemmung, Symptom, Angst. In: *Gesammelte Werke*. Londres: Imago, 1940-1952, v.XIV.

______. Konstruktionen in der Analyse. In: *Gesammelte Werke*. Londres: Imago, 1940-1952, v.XVI.

______. Metapsychologische Ergänzungen zur Traumlehre. In: *Gesammelte Werke*. Londres: Imago, 1940-1952, v.X.

______. Neue Folge der Vorlesungen zur Einführung in die Psychoanalyse. In: *Gesammelte Werke*. Londres: Imago, 1940-1952, v.XV.

FREUD, S. Über den Traum. In: *Gesammelte Werke*. Londres: Imago, 1940-1952, v.II/III.

______. Über wilde Psychoanalyse. In: *Gesammelte Werke*. Londres: Imago, 1940-1952, v.VIII.

______. Wege der psychoanalytischen Therapie. In: *Gesammelte Werke*. Londres: Imago, 1940-1952, v.XII.

______. Zur Psychopathologie des Alltagslebens. In: *Gesammelte Werke*. Londres: Imago, 1940-1952, v.IV.

FULDA, H. *Das Problem einer Einleitung in Hegels Wissenchaft der Logik*. Frankfurt am Main: Klostermann, 1965.

GADAMER, H.-G. *Wahrheit und Methode*. Tübingen: Mohr, 1965.

GEHLEN, A. *Die Seele im technischen Zeitalter*. Hamburg: Rowohlt, 1957.

______. *Urmensch und Spätkultur*. Bonn: Athenäum, 1956.

GIEGEL, H. J. *Die Logik seelischer Ereignisse*. Frankfurt am Main: Suhrkamp, 1969.

GLASER, W. *Soziales und instrumentales Handeln, Probleme der Technologie bei A. Gehlen und J. Habermas*. Stuttgart: Kohlhammer, 1972.

GOCHET, P. *Esquisse d'une théorie nominaliste de la proposition*. Paris: Armand Colin, 1972.

HABERMAS, J.; LUHMANN, N. *Theorie der Gesellschaft oder Sozialtechnologie – Was leistet die Systemforchung?* Frankfurt am Main: Suhrkamp, 1971.

HABERMAS, J. Analytische Wissenschaftstheorie und Dialektik. In: TOPITSCH, E. (org.). *Logik der Sozialwissenschaften*. Köln: Kiepenhauer & Witsch, 1965.

______. Arbeit und Interaktion. Bemerkungen zu Hegels Jenenser Philosophie des Geistes. In: BRAUN, H.; RIEDEL, M. (orgs). *Natur und Geschichte*. Stuttgart: Kohlhammer, 1968.

______. Die Utopie des guten Herrschers. *Merkur*, n.26, 1972.

______. Erkenntnis und Interesse. In: *Technik und Wissenschaft als "Ideologie"*. Frankfurt am Main: Suhrkamp, 1968.

______. *Legitimationsprobleme im Spätkapitalismus*. Frankfurt am Main: Suhrkamp, 1973.

______. *Logik der Sozialwissenschaften*. Frankfurt am Main: Suhrkamp, 1970.

HABERMAS, J. Marxism als Kritik. In: *Theorie und Praxis*. Neuwied, 1967. [Ed. Bras.: *Teoria e práxis*. São Paulo: Editora Unesp, 2013.]

______. Nachwort zu *Hegels Politische Schriften*. Frankfurt am main: Suhrkamp, 1966.

______. Technik und Wissenschaft als "Ideologie". In: *Technik und Wissenschaft als "Ideologie"*. Frankfurt am Main: Suhrkamp, 1968.

______. *Texte und Kontexte*. Frankfurt am Main: Suhrkamp, 1992. [Ed. Bras.: *Textos e contextos*. São Paulo: Editora Unesp, 2014.]

______. Vorbereitende Bemerkungen zu einer Theorie der kommunikativen Kompetenz. In: HABERMAS, J.; LUHMANN, N. *Theorie der Gesellschaft oder Sozialtechnologie – Was leistet die Systemforchung?* Frankfurt am Main: Suhrkamp, 1971.

______. *Vorstudien und Ergänzungen zur Theorie des kommunikativen Handelns*. Frankfurt am Main: Suhrkamp, 1984.

______. Wahrheitstheorien. In: *Festschrift für W. Schulz*. Pfullingen, no prelo.

______. Zur Diskussion um Marx und den Marxismus. In: *Theorie und Praxis*. Neuwied, 1967.

______. Zur Logik der Sozialwissenschaften. In: *Philosophische Rundschau*, suplemento n.5. Tübingen, 1967.

HAHN, E. Die theoretischen Grundlagen der Soziologie von J. Habermas. In: HEISELER, J. H. (org.). *Die Frankfurter Schule im Lichte des Marxismus*. Frankfurt am Main: Verlag Marxistische Blätter, 1970.

HEGEL, G. W. F. *Enzyklopädie 1830*. Ed. Nicolin e Pöggeler. Hamburg: Felix Meiner, 1959.

______. *Logik*, Ed. Lasson. Leipzig: Felix Meiner, 1923.

______. *Phänomenologie des Geistes*. Ed. Hoffmeister. Hamburg: Felix Meiner.

______. Vorlesungen über die Geschichte der Philosophie. In: *Sämtliche Werke*. Ed. Glockner, Stuttgart: Frommann, 1949-1959.

HEIDEGGER, M. *Sein und Zeit*. Halle: Niemeyer, 1928.

HEIM, R. *Die Rationalität der Psychoanalyse*. Basel: Stroemfeld, 1993.

HENRICH, D. *Fichtes ursprüngliche Einsicht*. Frankfurt am Main: Klostermann, 1967.

HESSE. M. In Defence of Objectivity. In: *Proceedings of the British Academy*, 1972.

HILL, M. A. J. Habermas: A Social Science of the Mind. *Philosophy of the Social Sciences*, v.2, 1972.

JONES, E. *Das Leben und Werk von Sigmund Freud*. v.I, Berna: Huber, 1960.

KAMBARTEL, F. *Erfahrung und Struktur*. Frankfurt am Main: Suhrkamp, 1968.

KAMLAH, W.; LORENZEN, P. *Logische Propädeutik*, Mannheim: Bibliographisches Institut 1967.

KANT, I. Die Metaphysik der Sitten. In: *Werke*. Ed. Weischedel. Wiesbaden: Insel, 1958. v.IV. [Ed. Bras.: *Metafísica dos costumes*. Petrópolis: Vozes, 2013.]

______. Grundlegung zur Metaphysik der Sitten. In: *Werke*. Ed. Weischedel. Wiesbaden: Insel, 1958. v.IV. [Ed. Bras.: *Fundamentação da metafísica dos costumes*. São Paulo: Barcarolla, 2009.]

______. Kritik der praktischen Vernunft. In: *Werke*. Ed. Weischedel. Wiesbaden: Insel, 1958. v.IV.

______. Kritik der reinen Vernunft. In: *Werke*. Ed. Weischedel. Wiesbaden: Insel, 1958. [Ed. Bras.: *Crítica da razão pura*. Petrópolis: Vozes, 2012.]

______. Kritik der Urteilskraft. In: *Werke*. Ed. Weischedel. Wiesbaden: Insel, 1958. v.V.

KOSÍK, K. *Die Dialektik des Konkreten*. Frankfurt am Main: Suhrkamp, 1967.

KRAPPMANN, L. *Soziologische Dimensionen der Identität*. Stuttgart: Klett, 1971.

KRÜGER, L. Überlegungen zum Verhältnis wissenschaftlicher Erkenntnis und gesellschaftlicher Interessen. In: *Georgia Augusta*, Göttingen, maio 1972.

LAKATOS, I.; MUSGRAVE, A. (orgs.). *Criticism and the Growth of Knowledge*. Cambridge: Cambridge University Press, 1970.

LOBKOWICZ, N. Interesse und Objektivität. *Philosophische Rundschau*, n.16, 1969.

LORENZ, K. *Elemente der Sprachkritik*. Frankfurt am Main: Suhrkamp, 1970.

______. "Gestaltwahrnehmung als Quelle wissenschaftlicher Erkenntnis". In: *Gesammelte Abhandlungen*. v.II. Munique: Piper, 1966.

LORENZEN, P. *Methodisches Denken*, Frankfurt am Main: Suhrkamp, 1968.

______. Szientismus versus Dialektik. In: BUBNER, K. C.; WIEHL, R. (orgs.). *Festschrift für Gadamer*. Tübingen: Mohr, 1970, v.I.

LORENZER, A. *Der Prozeß des Verstehens in der psychoanalytischen Operation* (manuscrito).

______. *Sprachzerstörung und Rekonstruktion*. Frankfurt am Main: Suhrkamp, 1970.

______. Symbol, Interaktion und Praxis. In: *Psychoanalyse als Sozialwissenschaft*. Frankfurt am Main: Suhrkamp, 1971.

______. *Über den Gegenstand der Psychoanalyse oder: Sprache und Interaktion*, Frankfurt am Main: Suhrkamp, 1973.

______. *Zur Begrüdung einer materialistischen Sozialisationstheorie*. Frankfurt am Main: Suhrkamp, 1972.

LUKÁCS, G. *Der junge Hegel*. Zurique: Europa Verlag, 1948.

MAAS, U.; WUNDERLICH, D. *Pragmatik und sprachliches Handeln*. Frankfurt am Main: Athenäum, 1972.

MACH, E. *Die Analyse der Empfindungen und das Verhältnis des Physischen zum Psychischen*. 6.ed. Jena: G. Fischer, 1911.

______. *Erkenntnis und Irrtum*. Leipzig: Barth, 1905.

MACINTYRE. A. C. *Das Unbewußte*. Frankfurt am Main, 1968.

MARCUSE, H. *Triebstruktur und Gesellschaft*. Frankfurt am Main: Suhrkamp, 1965.

MARTENS, E.; SCHNÄDELBACH, H, *Philosophie*. Hamburg: Rowohlt, 1985.

MARX, K.; ENGELS, F. Deutsche Ideologie. In: *Werke*. v.3. Berlin: Dietz, 1959.

MARX, K. *Briefe an Kugelmann*. Berlin: Dietz, 1952.

______. *Das Kapital*. Berlin: Dietz, 1960.

______. *Grundrisse der Kritik der Politischen Ökonomie*. Berlin: Dietz, 1953.

______. Ökonomisch-philosophische Manuskripte. In: *Gesamtausgabe* (MEGA), I, 3. Berlin, 1932.

______. *Zur Kritik der Politischen Ökonomie*. Berlin: Dietz, 1958.

McCARTHY, T. A. *Kritik der Verständigungsverhältnisse*. Frankfurt am Main: Suhrkamp, 1989.

MISCH, G. *Lebensphilosophie und Phänomenologie*. Bonn: Cohen, 1930.

MITTELSTRASS, J. *Das praktische Fundament der Wissenschaft*. Konstanz: Universitätsverlag, 1972.

MURPHY, M. G. *The Development of Peirce's Philosophy*. Cambridge, Mass.: Harvard University Press, 1961.

NICHOLS, C. Science or Reflexion: Habermas on Freud. In: *Philosophy of Social Sciences*, v.2, 1972.

NIETZSCHE, F. F. Nietzsche, *Werke in 3 Bänden*. Ed. Schlechta. 2.ed. Munique: Hanser, 1960.

PEIRCE, C. S. A Survey of Pragmaticism. In: *Collected Papers*. Ed. Hanshorne e Weiss. Cambridge, Mass.: Harvard University Press, 1931-1935, vol.V.

______. Berkeley. In: *Collected Papers*. Ed. Hanshorne e Weiss. Cambridge, Mass.: Harvard University Press, 1931-1935, v.VIII.

______. *Collected Papers*. Ed. Hanshorne e Weiss. Cambridge, Mass.: Harvard University Press, 1931-1935.

______. Consequences of Four Incapicities. In: *Collected Papers*. Ed. Hanshorne e Weiss. Cambridge, Mass.: Harvard University Press, 1931-1935, v.V.

______. Deduction, Induction, Hypothesis. In: *Collected Papers*. Ed. Hanshorne e Weiss. Cambridge, Mass.: Harvard University Press, 1931-1935, v.II.

______. Elements of Logic. In: *Collected Papers*. Ed. Hanshorne e Weiss. Cambridge, Mass.: Harvard University Press, 1931-1935, v.II.

______. Grounds of Validity. In: *Collected Papers*. Ed. Hanshorne e Weiss. Cambridge, Mass.: Harvard University Press, 1931-1935, v.V.

______. How to Make our Ideas Clear. In: *Collected Papers*. Ed. Hanshorne e Weiss. Cambridge, Mass.: Harvard University Press, 1931-1935, v.V.

______. Lectures on Pragmatism. In: *Collected Papers*. Ed. Hanshorne e Weiss. Cambridge, Mass.: Harvard University Press, 1931-1935, v.V.

______. Philosophy of Mind. In: *Collected Papers*. Ed. Hanshorne e Weiss. Cambridge, Mass.: Harvard University Press, 1931-1935, v.VII.

______. Probability of Induction. In: *Collected Papers*. Ed. Hanshorne e Weiss. Cambridge, Mass.: Harvard University Press, 1931-1935, v.II.

PEIRCE, C. S. Questions Concerning Certain Faculties Claimed for Man. In: *Collected Papers*. Ed. Hanshorne e Weiss. Cambridge, Mass.: Harvard University Press, 1931-1935, v.V.

______. *Schriften*. Ed. K.-O. Apel. Frankfurt am Main: Suhrkam, 1967.

______. Scientific Method. In: *Collected Papers*. Ed. Hanshorne e Weiss. Cambridge, Mass.: Harvard University Press, 1931-1935, v.VII.

______. The Logic of 1873. In: *Collected Papers*. Ed. Hanshorne e Weiss. Cambridge, Mass.: Harvard University Press, 1931-1935, v.VII.

______. Three Types of Reasoning. In: *Collected Papers*. Ed. Hanshorne e Weiss. Cambridge, Mass.: Harvard University Press, 1931-1935, v.V.

______. What Pragmatism Is. In: *Collected Papers*. Ed. Hanshorne e Weiss. Cambridge, Mass.: Harvard University Press, 1931-1935, v.V.

______. Why Study Logic?. In: *Collected Papers*. Ed. Hanshorne e Weiss. Cambridge, Mass.: Harvard University Press, 1931-1935, v.II.

PETROVIC, G. *Marx in the Midtwentieth Century*. New York: Doubleday Anchor, 1967.

PITCHER, G. *Truth*. Englewood Cliffs, 1964.

PLESSNER, H. *Conditio Humana*. Pfullingen: Neske, 1964.

______. *Lachen und Weinen*. Berna: Francke, 1961.

______. Über Hermeneutik des nichtsprachlichen Ausdrucks. Conferência para o VIII Congresso Alemão de Filosofia em Heidelberg, 1966.

POPPER, K. *Logik der Forschung*. 2. ed. Tübingen: Mohr, 1966.

______. *Die offene Gesellschaft und ihre Feinde*. v.II. Berna: Francke, 1958.

______. *The Poverty of Historicism*. Londres: Routledge & Kegan Paul, 1957.

RADNITZKY, G. *Contemporary Schools of Metascience*. Göteborg: Scandinavian University Books, 1968.

RAMSEY, F. P. Facts and Propositions. *Proceedings of the Aristotelian Society*. v.III, 1927.

RICKERT, H. Die vier Arten des Allgemeinen in der Geschichte. In: *Grenzen der naturwissenchaftlichen Begriffsbildung*. Tübingen: Mohr, 1929.

______. *Kulturwissenschaft und Naturwissenschaft*. Freiburg: Mohr, 1899.

RITSERT, J.; ROHLSHAUSEN, C. *Der Konservativismus der Kritischen Theorie*. Frankfurt am Main, 1971.

ROHRMOSER, G. Das Elend der Kritischen Theorie. Freiburg: Rombasch, 1970.

SARTRE, J.-P. *Kritik der dialektischen Vernunft*. Hamburg: Rowohlt, 1967.

SCHMIDT, A. *Der Begriff der Natur in der Lehre von Marx*. Frankfurt am Main: Suhrkamp, 1962.

SCHNÄDELBACH, H. "Über den Realismus". *Zeitschrift für allgemeine Wissenschaftstheorie*, v.III, 1972.

______. Dispositionsbegriffe der Erkenntnistheorie. *Zeitschrift für allgemeine Wissenschaftstheorie*, v.II, 1971.

______. *Erfahrung, Begrüdung und Reflexion*. Frankfurt, 1971.

SEARLE, J. R. *Sprechakte*. Frankfurt am Main, 1971.

SIMON-SCHEFER, R. Über die Parallelisierung von Interessen und Wissenschaftsorten. *Verhandlungen des 10. deutschen* Philosophenkongresses, 1972, manuscrito.

SOHN-RETHEL, A. *Geistige und körperliche Arbeit*. Frankfurt, 1970.

SPUHLER, J. N. (org.). *The Evolution of Man's Capacity for Culture*. Detroit, 1965.

STRAWSON, P. F. Truth. In: PITCHER, G. *Truth*. Englewood Cliffs, 1964.

THEUNISSEN, M. *Gesellchaft und Geschichte*. Berlin, 1969.

TOULMIN, S. *Human Understanding*. Princeton, 1972.

TUGENDHAT, E. Phänomenologie und Sprachanalyse. In: R. BUBNER, K.; CRAMER, R. W. (orgs.). *Festschrift für Gadamer*. Tübingen: Mohr, 1970, v.II.

VENDLER, Z. *Linguistics in Philosophy*. Nova York, 1967.

WARTENBURG, G. *Logischer Sozialismus*. Frankfurt am Main, 1971.

WEIZSÄCKER, C. F. von. *Die Einheit der Natur*. Munique, 1971.

WELLMER, A. *Kausalität und Erklärung*, tese de habilitação, Frankfurt am Main, 1970.

______. *Methodologie als Erkenntnistheorie*. Frankfurt am Main: Suhrkamp, 1967.

WINDELBAND, W. *Geschichte und Naturwissenschaft*. Freiburg, 1894.

WRIGHT, G. H. *Explanation und Understanding*. Londres, 1971.

WUNDERLICH, D. (org.). *Linguistische Pragmatik*. Frankfurt, 1972.

Índice onomástico

N

P

R

S

V

W

Coleção Habermas

Sobre a constituição da Europa: um ensaio
Tradução e notas de Denilson Luis Werle, Luiz Repa e Rúrion Melo

Fé e saber
Tradução de Fernando Costa Mattos

Teoria e práxis: estudos de filosofia social
Tradução e apresentação de Rúrion Melo

Mudança estrutural da esfera pública
Tradução e notas de Denílson Luís Werle

Próximos lançamentos

Na esteira da tecnocracia
Tradução de Luiz Repa

A nova obscuridade
Tradução de Luiz Repa

Texto e contexto
Tradução e notas de Antonio Ianni Segatto

SOBRE O LIVRO

Formato: 14 x 21 cm
Mancha: 23 x 44 paicas
Tipologia: Venetian 301 12,5/16
Papel: Off-white 80 g/m² (miolo)
Cartão Supremo 250 g/m² (capa)
1ª edição: 2014

EQUIPE DE REALIZAÇÃO

Capa
Andrea Yanaguita

Edição de texto
Frederico Tell Ventura (Copidesque)
Arlete Sousa (Revisão)

Editoração Eletrônica
Eduardo Seiji Seki (Diagramação)

Assistência Editorial
Alberto Bononi

Impresso por :

Graphium gráfica e editora

Tel.:11 2769-9056